D1484125

TORAH

© BN Publishing

Fax: 1 (815)6428329

Contact Us: info@bnpublishing.net

www.bnpublishing.net

Diseño y diagramación: K.S

Diseño Portada: J.N.

CONTENIDOS

LIBRO DE GÉNESIS

Capítulo 1

1:1 En el principio creó Dios los cielos y la tierra.

1:2 Y la tierra estaba desordenada y vacía, y la oscuridad estaba sobre la faz del abismo, y el Espíritu de Dios se movía sobre la faz de las aguas.

1:3 Y dijo Dios: Sea la luz; y fue la luz.

1:4 Y vio Dios que la luz era buena; y separó Dios la luz de las tinieblas.

1:5 Y llamó Dios a la luz Día, y a la oscuridad llamó Noche. Y fue la tarde y la mañana del día uno.

1:6 Y dijo Dios: Haya un firmamento en medio de las aguas, y separe las aguas de las aguas.

1:7 E hizo Dios el firmamento, y separó las aguas que estaban debajo del firmamento, de las aguas que estaban sobre el firmamento. Y fue así.

1:8 Y llamó Dios a la expansión Cielos. Y fue la tarde y la mañana el día segundo.

1:9 Y dijo Dios: Júntense las aguas que están debajo de los cielos en un lugar, y que se vea lo seco. Y fue así.

1:10 Y llamó Dios a lo seco Tierra, y a la reunión de las aguas llamó mares. Y vio Dios que era bueno.

1:11 Y dijo Dios: Produzca la tierra hierba verde, hierba que dé semilla; árbol fruto que dé fruto según su género, que su semilla esté en él, sobre la tierra. Y fue así.

1:12 Y sacó la tierra hierba verde, hierba que da semilla según su naturaleza, y árbol que da fruto, cuya semilla está en él, según su género. Y vio Dios que era bueno.

1:13 Y fue la tarde y la mañana el día tercero.

1:14 Y dijo Dios: Haya luceros en la expansión de los cielos para separar el día de la noche; y sirvan de señales para las festividades para días y años,

1:15 y sean por luceros en la expansión de los cielos para alumbrar sobre la tierra. Y fue así.

1:16 E hizo Dios las dos grandes luceros; el lucero mayor para que señorease en el día, y el lucero menor para que señorease en la noche, e hizo también las estrellas.

1:17 Y las puso Dios en la expansión de los cielos para alumbrar sobre la tierra,

1:18 y para señorear en el día y en la noche, y para separar la luz de las tinieblas. Y vio Dios que era bueno.

1:19 Y fue la tarde y la mañana el día cuarto.

1:20 Y dijo Dios: Produzcan las aguas seres vivientes, y aves que vuelen sobre la tierra, sobre la faz de la expansión de los cielos.

1:21 Y creó Dios los grandes animales marinos, y todo ser viviente que se mueve, que las aguas produjeron según su género, y toda ave alada según su especie. Y vio Dios que era bueno.

1:22 Y los bendijo Dios, diciendo: Fructifíquense y multiplíquense, y llenen las aguas en los mares, y que se multipliquen las aves en la tierra.

1:23 Y fue la tarde y la mañana el día quinto.

1:24 Luego dijo Dios: Produzca la tierra seres vivientes según su género, bestias, reptiles y animales de la tierra según su especie. Y fue así.

1:25 E hizo Dios animales de la tierra según su género, y ganado según su género, y todo animal que se arrastra sobre la tierra según su especie. Y vio Dios que era bueno.

1:26 Y dijo Dios: Hagamos al hombre a nuestra imagen, conforme a nuestra semejanza; y señoree en los peces del mar, en las aves de los cielos, en las bestias, en toda la tierra, y en todo animal que se arrastra sobre la tierra.

1:27 Y creó Dios al hombre a su imagen, a imagen de Dios lo creó; hombre y hembra los creó.

1:28 Y los bendijo Dios, y les dijo: Fructifíquense y multiplíquense; llenen la tierra, y conquístenla, y señoreen en los peces del mar, en las aves de los cielos, y en todas las bestias que se mueven sobre la tierra.

1:29 Y dijo Dios: He aquí que les he dado toda planta que da semilla, que está sobre toda la tierra, y todo árbol en que hay fruto y que da semilla; les serán para comer.

1:30 Y a toda bestia de la tierra, y a todas las aves de los cielos, y a todo lo que se arrastra sobre la tierra, en que hay vida, toda planta verde les será para comer. Y fue así.

1:31 Y vio Dios todo lo que había hecho, y he aquí que era bueno en gran manera. Y fue la tarde y la mañana el día sexto.

Capítulo 2

2:1 Y fueron acabados los cielos y la tierra, y todos los componentes de ellos.

2:2 Y acabó Dios en el día séptimo la obra que hizo; y cesó el día séptimo de toda la obra que hizo.

2:3 Y bendijo Dios al día séptimo, y lo santificó, porque en él cesó de toda la obra que había hecho para hacer.

2:4 Estos son los orígenes de los cielos y de la tierra cuando fueron creados, el día que El Eterno Dios hizo la tierra y los cielos,

2:5 y toda planta del campo antes que fuese en la tierra, y toda hierba del campo antes que naciese; porque El Eterno Dios aún no había hecho llover sobre la tierra, ni había hombre para que labrase la tierra,

2:6 y un vapor subía de la tierra, el cual regaba toda la faz de la tierra.

2:7 Entonces El Eterno Dios formó al hombre del polvo de la tierra, y sopló en su nariz aliento de vida, y fue el hombre un ser viviente.

2:8 Y El Eterno Dios plantó un jardín en el Edén, al oriente; y puso allí al hombre que había formado.

2:9 Y El Eterno Dios hizo nacer de la tierra todo árbol delicioso a la vista, y bueno para comer; también el árbol de vida en medio del jardín, y el árbol del conocimiento del bien y del mal.

2:10 Y salía de Edén un río para regar el jardín, y de allí se repartía en cuatro brazos.

2:11 El nombre del uno era Pishón; éste es el que rodea toda la tierra de Javiláh, donde hay oro;

2:12 y el oro de aquella tierra es bueno; hay allí también bedelio y ónice.

2:13 El nombre del segundo río es Guijón; éste es el que rodea toda la tierra de Kush.

2:14 Y el nombre del tercer río es Jidékel; éste es el que va al oriente de Ashúr. Y el cuarto río es el Perát.

2:15 Y tomó, El Eterno Dios al hombre, y lo puso en el jardín de Edén, para que lo labrara y lo cuidase.

2:16 Y mandó El Eterno Dios al hombre, diciendo: De todo árbol del jardín podrás comer;

2:17 más del árbol del conocimiento del bien y del mal no comerás; porque el día que de él comieres, ciertamente morirás.

2:18 Y dijo El Eterno Dios: No es bueno que el hombre esté solo; le haré una ayuda compatible para él.

2:19 Y formó el Eterno Dios de la tierra toda bestia del campo, y toda ave de los cielos, y las trajo a Adám para que viese cómo las había de llamar; y todo lo que Adám llamó a los animales vivientes, ese es su nombre.

2:20 Y puso Adám nombre a toda bestia y ave de los cielos y a todo ganado del campo; y Adám no halló una ayuda compatible para él.

2:21 Entonces El Eterno Dios hizo caer sueño profundo sobre Adám, y mientras éste dormía, tomó una de sus costillas, y cerró la carne en su lugar.

2:22 Y de la costilla que El Eterno Dios tomó del hombre, hizo una mujer, y la trajo al hombre.

2:23 Y dijo Adám: Esto es ahora hueso de mis huesos y carne de mi carne; ésta será llamada Isháh (Mujer), porque del Ish (Hombre) fue tomada.

2:24 Por tanto, dejará el hombre a su padre y a su madre, y se unirá a su mujer, y serán una sola carne.

2:25 Y estaban ambos desnudos, Adám y su mujer, y no se avergonzaban.

Capítulo 3

3:1 Y la serpiente era astuta, más que todos los animales del campo que El Eterno Dios había hecho; la cual dijo a la mujer: ¿Conque Dios les ha dicho: No coman de todo árbol del jardín?

3:2 Y la mujer respondió a la serpiente: Del fruto de los árboles del jardín podemos comer;

3:3 pero del fruto del árbol que está en medio del jardín dijo Dios: No coman de él, ni lo toquen, para que no mueran.

3:4 Y dijo la serpiente a la mujer: Ciertamente no morirán;

3:5 sino que sabe Dios que el día que coman de él, se abrirán sus ojos, y serán como Dios, sabiendo el bien y el mal.

3:6 Y vio la mujer que el árbol era bueno para comer, y que era agradable a los ojos, y árbol codiciable para alcanzar la sabiduría; y tomó de su fruto, y comió; y dio también a su marido, el cual comió así como ella.

3:7 Entonces fueron abiertos los ojos de ambos, y conocieron que estaban desnudos; entonces cosieron hojas de higuera, y se hicieron ropas.

3:8 Y oyeron la voz de El Eterno Dios que se paseaba en el jardín, al aire del día; y el hombre y su mujer se escondieron de la presencia de El Eterno Dios entre los árboles del jardín.

3:9 Y llamó El Eterno Dios al hombre, y le dijo: ¿Dónde estás tú?

3:10 Y él respondió: Oí Tu voz en el jardín, y tuve miedo, porque estaba desnudo; y me escondí.

3:11 Y (Dios) le dijo: ¿Quién te enseñó que estabas desnudo? ¿Has comido del árbol de que yo te mandé no comieras?

3:12 Y el hombre respondió: La mujer que me diste por compañera me dio del árbol, y yo comí.

3:13 Entonces El Eterno Dios dijo a la mujer: ¿Qué es lo que has hecho? Y dijo la mujer: La serpiente me engañó, y comí.

3:14 Y El Eterno Dios dijo a la serpiente: Por cuanto esto hiciste, maldita serás entre todos los animales y entre todas las bestias del campo; sobre tu pecho andarás, y polvo comerás todos los días de tu vida.

3:15 Y pondré enemistad entre ti y la mujer, y entre tu descendencia y su descendencia; ésta te herirá en la cabeza, y tú le herirás en el talón.

3:16 A la mujer dijo: Multiplicaré en gran manera los dolores en tu parto; con dolor darás a luz hijos; y desearás a tu marido, y él te dominará.

3:17 Y al hombre dijo: Por cuanto obedeciste a la voz de tu mujer, y comiste del árbol de que te mandé diciendo: No comerás de él; maldita será la tierra por tu causa; con dolor comerás de ella todos los días de tu vida.

3:18 Espinos y cardos te producirá, y comerás plantas del campo.

3:19 Con el sudor de tu rostro comerás el pan hasta que vuelvas a la tierra, porque de ella fuiste tomado; pues polvo eres, y al polvo volverás.

3:20 Y llamó Adám el nombre de su mujer, Javáh, por cuanto ella era madre de todo ser viviente (del género humano).

3:21 Y El Eterno Dios hizo al hombre y a su mujer túnicas de pieles, y los vistió.

3:22 Y dijo El Eterno Dios: He aquí el hombre es como uno de nosotros, sabiendo el bien y el mal; y ahora, que no vaya a extender su mano, y tome también del árbol de la vida, y coma, y viva para siempre.

3:23 Y lo expulsó El Eterno del jardín del Edén, para que labrase la tierra de la cual fue tomado.

3:24 Y (después de que) echó fuera al hombre, puso al oriente del jardín de Edén a los kerubím, y una espada encendida que se volteaba por todos lados, para guardar el camino del árbol de la vida.

Capítulo 4

4:1 Conoció Adám a su mujer Javáh, la cual concibió y dio a luz a Káin, y dijo: he adquirido un hombre de El Eterno.

4:2 Después dio a luz a su hermano a Hébel. Y Hébel fue pastor de ovejas, y Káin fue labrador de la tierra.

4:3 Y aconteció al cabo de un tiempo, que Káin trajo del fruto de la tierra una ofrenda a El Eterno.

4:4 Y Hébel trajo también de los primogénitos de sus ovejas, de lo más gordo de ellas. Y miró El Eterno con agrado a Hébel y a su ofrenda;

4:5 pero no miró con agrado a Káin y a la ofrenda suya. Y se enojó Káin en gran manera, y decayó su semblante (se deprimió).

4:6 Entonces El Eterno dijo a Káin: ¿Por qué te has enojado, y por qué ha decaído tu semblante?

4:7 Si bien hicieres, ¿no serás enaltecido? y si no hicieres bien, el pecado está acechándote; él te desea, mas tú puedes vencerlo.

4:8 Y dijo Káin a su hermano Hébel: Salgamos al campo. Y aconteció que estando ellos en el campo, Káin se levantó contra su hermano Hébel, y lo mató.

4:9 Y El Eterno dijo a Káin: ¿Dónde está Hébel tu hermano? Y él respondió: No sé. ¿Acaso soy el guardián de mi hermano?

4:10 Y él le dijo: ¿Qué has hecho? La voz de la sangre de tu hermano clama a mí desde la tierra.

4:11 Y ahora, maldito eres tú más que la tierra, que abrió su boca para recibir de tu mano la sangre de tu hermano.

4:12 Cuando trabajes la tierra, no te volverá a dar su fuerza; errante y extranjero serás en la tierra.

4:13 Y dijo Káin a El Eterno: Grande es mi castigo para ser soportado.

4:14 He aquí me echas hoy de la tierra, ¿puedo acaso esconderme de Tu presencia?, seré errante y extranjero en la tierra; y sucederá que cualquiera que me hallare, me matará.

4:15 Y le respondió El Eterno: Ciertamente cualquiera que matare a Káin, siete veces será vengado. Entonces El Eterno puso una señal en Káin, para que no lo matase cualquiera que le hallara.

4:16 Y salió Káin de delante de El Eterno, y habitó en tierra de Nod, al oriente de Edén.

4:17 Y conoció Káin a su mujer, la cual concibió y dio a luz a Janój; y edificó una ciudad, y llamó el nombre de la ciudad como el nombre de su hijo, Janój.

4:18 Y a Janój le nació Irád, e Irád engendró a Mejuiaél, y Mejuiaél engendró a Metushaél, y Metushaél engendró a Lémej.

4:19 Y Lémej tomó para sí dos mujeres; el nombre de la una fue Adáh, y el nombre de la otra, Tziláh.

4:20 Y Adáh dio a luz a Iabál, el cual fue padre de los que habitan en tiendas y crían ganados.

4:21 Y el nombre de su hermano fue Iubál, el cual fue padre de todos los que tocan arpa y flauta.

4:22 Y Tziláh también dio a luz a Túbal-Káin, artífice de toda obra de bronce y de hierro; y la hermana de Túbal-Káin fue Naamáh.

4:23 Y dijo Lémej a sus mujeres: Adáh y Tziláh, escuchen mi voz;
Mujeres de Lémej, escuchen mi dicho: ¿Acaso maté a un hombre por haberlo herido (intencionalmente), o a un muchacho por haberlo golpeado (intencionalmente)?

4:24 Si siete veces fue vengado Káin, Lémej en verdad será vengado setenta y siete veces.

4:25 Y conoció de nuevo Adám a su mujer, la cual dio a luz un hijo, y llamó su nombre Shet: Porque Dios (dijo ella) me ha sustituido otro hijo en lugar de Hébel, a quien mató Káin.

4:26 Y a Shet también le nació un hijo, y llamó su nombre Enósh. Desde entonces los hombres comenzaron a invocar el nombre de El Eterno.

Capítulo 5

5:1 Este es el libro de las generaciones de Adám. El día en que creó Dios al hombre, a semejanza de Dios lo hizo.

5:2 Macho y hembra los creó; y los bendijo, y llamó el nombre de ellos Adám, el día en que fueron creados.

5:3 Y vivió Adám ciento treinta años, y engendró un hijo a su semejanza, conforme a su imagen, y llamó su nombre Shet.

5:4 Y fueron los días de Adám después que engendró a Shet, ochocientos años, y engendró hijos e hijas.

5:5 Y fueron todos los días que vivió Adám novecientos treinta años; y murió.

5:6 Vivió Shet ciento cinco años, y engendró a Enósh.

5:7 Y vivió Shet, después que engendró a Enósh, ochocientos siete años, y engendró hijos e hijas.

5:8 Y fueron todos los días de Shet novecientos doce años; y murió.

5:9 Y vivió Enósh noventa años, y engendró a Keinán.

5:10 Y vivió Enósh, después que engendró a Keinán, ochocientos quince años, y engendró hijos e hijas.

5:11 Y fueron todos los días de Enósh novecientos cinco años; y murió.

5:12 Vivió Keinán setenta años, y engendró a Mahalalél.

5:13 Y vivió Keinán, después que engendró a Mahalalél, ochocientos cuarenta años, y engendró hijos e hijas.

5:14 Y fueron todos los días de Keinán novecientos diez años; y murió.

5:15 Y vivió Mahalalél sesenta y cinco años, y engendró a Iéred.

5:16 Y vivió Mahalalél, después que engendró a Iéred, ochocientos treinta años, y engendró hijos e hijas.

5:17 Y fueron todos los días de Mahalalél ochocientos noventa y cinco años; y murió.

5:18 Vivió Iéred ciento sesenta y dos años, y engendró a Janój.

5:19 Y vivió Iéred, después que engendró a Janój, ochocientos años, y engendró hijos e hijas.

5:20 Y fueron todos los días de Iéred novecientos sesenta y dos años; y murió.

5:21 Vivió Janój sesenta y cinco años, y engendró a Metushélaj.

5:22 Y caminó Janój con Dios, después que engendró a Metushélaj, trescientos años, y engendró hijos e hijas.

5:23 Y fueron todos los días de Janój trescientos sesenta y cinco años.

5:24 Y caminó Janój con Dios, y no estaba, porque lo llevó Dios.

5:25 Vivió Metushélaj ciento ochenta y siete años, y engendró a Lémej.

5:26 Y vivió Metushélaj, después que engendró a Lémej, setecientos ochenta y dos años, y engendró hijos e hijas.

5:27 Y fueron todos los días de Metushélaj novecientos sesenta y nueve años; y murió.

5:28 Y vivió Lémej ciento ochenta y dos años, y engendró un hijo;

5:29 y llamó su nombre Nóaj, diciendo: Este nos dará descanso de nuestras obras y del sufrimiento de nuestras manos, a causa de la tierra que El Eterno maldijo.

5:30 Y vivió Lémej, después que engendró a Nóaj, quinientos noventa y cinco años, y engendró hijos e hijas.

5:31 Y fueron todos los días de Lémej setecientos setenta y siete años; y murió.

5:32 Y siendo Nóaj de quinientos años, engendró a Shem, a Jam y a Iáfet.

Capítulo 6

6:1 Aconteció que cuando comenzaron los hombres a multiplicarse sobre la faz de la tierra, y les nacieron hijas,

6:2 que viendo los hijos de los importantes que las hijas de los hombres eran hermosas, tomaron para sí mujeres, escogiendo entre todas.

6:3 Y dijo El Eterno: No contenderá mi espíritu con el hombre para siempre, porque ciertamente él es carne; mas serán sus días ciento veinte años.

6:4 Había gigantes en la tierra en aquellos días, y también después que se llegaron los hijos de los importantes a las hijas de los hombres, y les engendraron hijos. Estos fueron fuertes que desde la antigüedad fueron hombres de renombre

6:5 Y vio El Eterno que la maldad de los hombres era mucha en la tierra, y que toda inclinación de los pensamientos del corazón de ellos era de continuo solamente el mal.

6:6 Y se arrepintió El Eterno de haber hecho hombre en la tierra, y le dolió en su corazón.

6:7 Y dijo El Eterno: Borraré de sobre la faz de la tierra a los hombres que he creado, desde el hombre hasta la bestia, y hasta el reptil y las aves del cielo; pues me arrepiento de haberlos hecho.

6:8 Pero Nóaj halló gracia ante los ojos de El Eterno.

6:9 Estas son las generaciones de Nóaj: Nóaj, era un hombre justo, era completo en su generación; con Dios caminó Nóaj.

6:10 Y engendró Nóaj tres hijos: a Shem, a Jam y a Iáfet.

6:11 Y se corrompió la tierra delante de Dios, y estaba la tierra llena de pecado.

6:12 Y miró Dios la tierra, y he aquí que estaba corrompida; porque toda carne había corrompido su camino sobre la tierra.

6:13 Y dijo Dios a Nóaj: He decidido el fin de todo ser, porque la tierra está llena de pecado a causa de ellos; y he aquí que yo los destruiré con la tierra.

6:14 Hazte un arca de madera de gófer; harás compartimentos en el arca, y la recubrirás con brea por dentro y por fuera.

6:15 Y de esta manera la harás: de trescientos codos la longitud del arca, de cincuenta codos su anchura, y de treinta codos su altura.

6:16 Una ventana harás al arca, y la acabarás a un codo de elevación por la parte de arriba; y pondrás la puerta del arca a su lado; y le harás piso bajo, segundo y tercero.

6:17 Y he aquí que Yo traigo un diluvio de aguas sobre la tierra, para destruir toda carne en que haya espíritu de vida debajo del cielo; todo lo que hay en la tierra morirá.

6:18 Más estableceré mi pacto contigo, y entrarás en el arca tú, tus hijos, tu mujer, y las mujeres de tus hijos contigo.

6:19 Y de todo lo que vive, de toda carne, dos de cada especie meterás en el arca, para que tengan vida contigo; macho y hembra serán.

6:20 De las aves según su especie, y de las bestias según su especie, de todo reptil de la tierra según su especie, dos de cada especie entrarán contigo, para que tengan vida.

6:21 Y toma contigo de todo alimento que se come, y almacénalo, y servirá de sustento para ti y para ellos.

6:22 Y lo hizo así Nóaj; hizo conforme a todo lo que Dios le mandó.

Capítulo 7

7:1 Y dijo El Eterno a Nóaj: Entra tú y toda tu casa en el arca; porque a ti he visto justo delante de mí en esta generación.

7:2 De todo animal puro tomarás siete parejas, macho y su hembra; mas de los animales que no son puros, una pareja, el macho y su hembra.

7:3 También de las aves de los cielos, siete parejas, macho y hembra, para conservar viva la especie sobre la faz de la tierra.

7:4 Porque pasados aún siete días, yo haré llover sobre la tierra cuarenta días y cuarenta noches; y borraré de sobre la faz de la tierra a todo ser viviente que hice.

7:5 E hizo Nóaj conforme a todo lo que le mandó El Eterno.

7:6 Era Nóaj de seiscientos años cuando el diluvio de las aguas vino sobre la tierra.

7:7 Y por causa de las aguas del diluvio entró Nóaj al arca, y con él sus hijos, su mujer, y las mujeres de sus hijos.

7:8 De los animales limpios, y de los animales que no eran limpios, y de las aves, y de todo lo que se arrastra sobre la tierra,

7:9 de dos en dos entraron con Nóaj en el arca; macho y hembra, como mandó Dios a Nóaj.

7:10 Y sucedió que al séptimo día las aguas del diluvio vinieron sobre la tierra.

7:11 El año seiscientos de la vida de Nóaj, en el mes segundo, a los diecisiete días del mes, aquel día fueron rotas todas las fuentes del grande abismo, y las cataratas de los cielos fueron abiertas,

7:12 y hubo lluvia sobre la tierra cuarenta días y cuarenta noches.

7:13 En este mismo día entraron Nóaj, y Shem, Jam y Iáfet hijos de Nóaj, la mujer de Nóaj, y las tres mujeres de sus hijos, con él en el arca;

7:14 ellos, y todos los animales silvestres según sus especies, y todos los animales domesticados según sus especies, y todo reptil que se arrastra sobre la tierra según su especie, y toda ave según su especie, y todo pájaro de toda especie.

7:15 Y vinieron con Nóaj al arca, de dos en dos de toda carne en que había espíritu de vida.

7:16 Y los que vinieron, macho y hembra de toda carne vinieron, como le había mandado Dios; y El Eterno le cerró la puerta.

7:17 Y fue el diluvio cuarenta días sobre la tierra; y las aguas crecieron, y alzaron el arca, y se elevó sobre la tierra.

7:18 Y subieron las aguas y crecieron en gran manera sobre la tierra; y flotaba el arca sobre la superficie de las aguas.

7:19 Y las aguas subieron mucho sobre la tierra; y todos los montes altos que había debajo de los cielos, fueron cubiertos.

7:20 Quince codos más alto subieron las aguas, después que fueron cubiertos los montes.

7:21 Y murió toda carne que se mueve sobre la tierra, así de aves como de ganado y de bestias, y de todo reptil que se arrastra sobre la tierra, y todo hombre.

7:22 Todo lo que tenía aliento de espíritu de vida en sus narices, todo lo que había en la tierra, murió.

7:23 Así fue borrado todo ser que vivía sobre la faz de la tierra, desde el hombre hasta la bestia, los reptiles, y las aves del cielo; y fueron borrados de la tierra, y quedó solamente Nóaj, y los que con él estaban en el arca.

7:24 Y prevalecieron las aguas sobre la tierra ciento cincuenta días.

Capítulo 8

8:1 Y se acordó Dios de Nóaj, y de todos los animales, y de todas las bestias que estaban con él en el arca; e hizo pasar Dios un viento sobre la tierra, y disminuyeron las aguas.

8:2 Y se cerraron las fuentes del abismo y las cataratas de los cielos; y la lluvia de los cielos fue detenida.

8:3 Y las aguas decrecían gradualmente de sobre la tierra; y se retiraron las aguas al cabo de ciento cincuenta días.

8:4 Y reposó el arca en el mes séptimo, a los diecisiete días del mes, sobre el monte Ararát.

8:5 Y las aguas fueron decreciendo hasta el mes décimo; en el décimo, al primero del mes, se descubrieron las cimas de los montes.

8:6 Sucedió que al cabo de cuarenta días abrió Nóaj la ventana del arca que había hecho,

8:7 y envió un cuervo, el cual salió, y estuvo yendo y volviendo hasta que las aguas se secaron sobre la tierra.

8:8 Envió también de sí una paloma, para ver si las aguas se habían retirado de sobre la faz de la tierra.

8:9 Y no halló la paloma donde sentar la planta de su pie, y volvió a él al arca, porque las aguas estaban aún sobre la faz de toda la tierra. Entonces él extendió su mano, y tomándola, la hizo entrar consigo en el arca.

8:10 Esperó aún otros siete días, y volvió a enviar la paloma fuera del arca.

8:11 Y la paloma volvió a él a la hora de la tarde; y he aquí que traía una hoja de olivo en su pico; y entendió Nóaj que las aguas se habían retirado de sobre la tierra.

8:12 Y esperó aún otros siete días, y envió la paloma, la cual no volvió ya más a él.

8:13 Y sucedió que en el año seiscientos uno de Nóaj, en el mes primero, el día primero del mes, las aguas se secaron sobre la tierra; y quitó Nóaj la cubierta del arca, y miró, y he aquí que la faz de la tierra estaba seca.

8:14 Y en el mes segundo, a los veintisiete días del mes, se secó la tierra.

8:15 Y habló Dios a Nóaj, diciendo:

8:16 Sal del arca tú, y tu mujer, y tus hijos, y las mujeres de tus hijos contigo.

8:17 Todos los animales que están contigo de toda carne, de aves y de bestias y de todo reptil que se arrastra sobre la tierra, sacarás contigo; y vayan por la tierra, y fructifíquense y multiplíquense sobre la tierra.

8:18 Y salió Nóaj, y sus hijos, su mujer, y las mujeres de sus hijos con él.

8:19 Todos los animales, y todo reptil y toda ave, todo lo que se mueve sobre la tierra según sus especies, salieron del arca.

8:20 Y edificó Nóaj un altar a El Eterno, y tomó de todo animal puro y de toda ave pura, y ofreció holocausto en el altar.

8:21 Y percibió El Eterno olor grato; y dijo El Eterno en su corazón: No volveré más a maldecir la tierra por causa del hombre; porque la inclinación del corazón del hombre es malo desde su juventud; ni volveré más a destruir todo ser viviente, como he hecho.

8:22 Mientras la tierra permanezca, no cesarán la siembra y cosecha, el frío y el calor, el verano y el invierno, y el día y la noche.

Capítulo 9

9:1 Y bendijo Dios a Nóaj y a sus hijos, y les dijo: Fructifíquense y multiplíquense, y llenen la tierra.

9:2 El temor y el miedo a ustedes estarán sobre todo animal de la tierra, y sobre toda ave de los cielos, en todo lo que se mueva sobre la tierra, y en todos los peces del mar; son entregados en sus manos.

9:3 Todo lo que se mueve y vive, les será como alimento: así como los vegetales, les he dado todo.

9:4 Pero carne con su vida, que es su sangre, no comerán.

9:5 Porque ciertamente demandaré la sangre de sus vidas; de mano de todo animal la demandaré, y de mano del hombre; de mano de un hombre a su hermano voy a pedir cuenta de toda vida humana.

9:6 El que derramare sangre de hombre, por el hombre su sangre será derramada; porque a imagen de Dios es hecho el hombre.

9:7 Y ustedes fructifíquense y multiplíquense; procreen abundantemente en la tierra, y multiplíquense en ella.

9:8 Y dijo Dios a Nóaj y a sus hijos con él, diciendo:

9:9 He aquí que Yo establezco Mi pacto con ustedes, y con sus descendientes después de ustedes;

9:10 y con todo ser viviente que está con ustedes; aves, animales y toda bestia de la tierra que está con ustedes, desde todos los que salieron del arca hasta todo animal de la tierra.

9:11 Estableceré Mi pacto con ustedes, y no exterminaré ya más toda carne con aguas de diluvio, ni habrá más diluvio para destruir la tierra.

9:12 Y dijo Dios: Esta es la señal del pacto que Yo establezco entre Mí y ustedes y todo ser viviente que está con ustedes, por todas las generaciones:

9:13 Mi arco he puesto en las nubes, el cual será por señal del pacto entre Mí y la tierra.

9:14 Y sucederá que cuando haga venir nubes sobre la tierra, se dejará ver entonces mi arco en las nubes.

9:15 Y me acordaré del pacto Mío, que hay entre Mí y ustedes y todo ser viviente de toda carne; y no habrá más diluvio de aguas para destruir toda carne.

9:16 Estará el arco en las nubes, y lo veré, y recordaré del pacto perpetuo entre Dios y todo ser viviente, con toda carne que hay sobre la tierra.

9:17 Y dijo Dios a Nóaj: Esta es la señal del pacto que he establecido entre mí y toda carne que está sobre la tierra.

9:18 Y los hijos de Nóaj que salieron del arca fueron Shem, Jam y Iáfet; y Jam es el padre de Kenáan.

9:19 Estos tres son los hijos de Nóaj, y de ellos fue llena toda la tierra.

9:20 Después comenzó Nóaj a labrar la tierra, y plantó una viña;

9:21 y bebió del vino, y se embriagó, y estaba descubierto en medio de su tienda.

9:22 Y Jam, padre de Kenáan, vio la desnudez de su padre, y lo dijo a sus dos hermanos que estaban afuera.

9:23 Entonces Shem y Iáfet tomaron la ropa, y la pusieron sobre sus propios hombros, y andando hacia atrás, cubrieron la desnudez de su padre, teniendo vueltos sus rostros, y así no vieron la desnudez de su padre.

9:24 Y despertó Nóaj de su embriaguez, y supo lo que le había hecho su hijo pequeño,

9:25 y dijo: Maldito sea Kenáan; Siervo de siervos será a sus hermanos.

9:26 Dijo más: Bendito por El Eterno mi Dios sea Shem y sea Kenáan su siervo.

9:27 Engrandezca Dios a Iáfet, que habite en las tiendas de Shem y sea Kenáan su siervo.

9:28 Y vivió Nóaj después del diluvio trescientos cincuenta años.

9:29 Y fueron todos los días de Nóaj novecientos cincuenta años; y murió.

Capítulo 10

10:1 Estas son las generaciones de los hijos de Nóaj: Shem, Jam y Iáfet, a quienes nacieron hijos después del diluvio.

10:2 Los hijos de Iáfet: Gómer, Magóg, Madái, Iaván, Tubál, Méshej y Tirás.

10:3 Los hijos de Gómer: Ashkanáz, Rifát y Togarmáh.

10:4 Los hijos de Iaván: Elisháh, Tarshísh, Kitím y Dodaním.

10:5 De éstos se poblaron las costas, cada cual según su lengua, conforme a sus familias en sus naciones.

10:6 Los hijos de Jam: Kush, Mitzráim, Fut y Kenáan.

10:7 Y los hijos de Kush: Sebá, Javiláh, Sabtáh, Ramáh y Sabtejá. Y los hijos de Ramáh: Shéba y Dedán.

10:8 Y Kush engendró a Nimród, quien llegó a ser el primer poderoso en la tierra.

10:9 Este fue vigoroso cazador delante de El Eterno; por lo cual se dice: Así como Nimród, vigoroso cazador delante de El Eterno.

10:10 Y fue el comienzo de su reino Babél, Érej, Akád y Jalnéh, en la tierra de Shinár.

10:11 De esta tierra salió para Ashúr, y edificó Nínveh, Rejobót Ir y Kálaj,

10:12 y Résen entre Nínveh y Kálaj, la cual es ciudad grande.

10:13 mitzráim engendró a ludím, a anamím, a lehabím, a naftujím,

10:14 a patrusím, a kaslujím, de donde salieron los pelishtím, y a kaftorím.

10:15 Y Kenáan engendró a Tzidón su primogénito, a Jet,

10:16 al iebusí, al emorí, al guirgashí,

10:17 al jiví, al arkí, al siní,

10:18 al arvadí, al tzemarí y al jamatí; y después se dispersaron las familias de los kenaaní.

10:19 Y fue el territorio de los kenaaní desde Tzidón, en dirección a Guerár, hasta Ázah; y en dirección de Sedóm, Amoráh, Admáh y Tzeboím, hasta Lásha.

10:20 Estos son los hijos de Jam por sus familias, por sus lenguas, en sus tierras, en sus naciones.

10:21 También le nacieron hijos a Shem, padre de todos los hijos de Éber, y hermano mayor de Iáfet.

10:22 Los hijos de Shem fueron Eilám, Ashúr, Arpajshád, Lud y Arám.

10:23 Y los hijos de Arám: Utz, Jul, Guéter y Mash.

10:24 Arpajshád engendró a Shálaj, y Shálaj engendró a Éber.

10:25 Y a Éber nacieron dos hijos: el nombre de uno fue Péleg, porque en sus días fue repartida la tierra; y el nombre de su hermano, Iaketán.

10:26 Y Iaketán engendró a Almodád, Shálef, Jatzarmávet, Iáraj,

10:27 Hadorám, Uzál, Dikláh,

10:28 Obál, Abimaél, Shebá,

10:29 Ofír, Javiláh y Iobáb; todos estos fueron hijos de Iaketán.

10:30 Y la tierra en que habitaron fue desde Mesa en dirección de Sefár, hasta la región montañosa del oriente.

10:31 Estos fueron los hijos de Shem por sus familias, por sus lenguas, en sus tierras, en sus naciones.

10:32 Estas son las familias de los hijos de Nóaj por sus descendencias, en sus naciones; y de éstos se esparcieron las naciones en la tierra después del diluvio.

Capítulo 11

11:1 Tenía entonces toda la tierra una sola lengua y unas mismas palabras.

11:2 Y aconteció que cuando salieron de oriente, hallaron una llanura en la tierra de Shinár, y se establecieron allí.

11:3 Y se dijeron unos a otros: Vamos, hagamos ladrillos y cozámoslo con fuego. Y les sirvió el ladrillo en lugar de piedra, y el asfalto en lugar de mezcla.

11:4 Y dijeron: Vamos, edifiquémonos una ciudad y una torre, cuya cúspide llegue al cielo; y hagámonos un nombre, por si fuéremos esparcidos sobre la faz de toda la tierra.

11:5 Y descendió El Eterno para ver la ciudad y la torre que edificaban los hijos de los hombres.

11:6 Y dijo El Eterno: He aquí el pueblo es uno, y todos estos tienen un solo lenguaje; y han comenzado la obra, y nada les hará desistir ahora de lo que han pensado hacer.

11:7 Y ahora, descendamos, y confundamos allí su lengua, para que ninguno entienda el habla de su compañero.

11:8 Así los esparció El Eterno desde allí sobre la faz de toda la tierra, y dejaron de edificar la ciudad.

11:9 Por esto fue llamado el nombre de ella Babel, porque allí confundió El Eterno el lenguaje de toda la tierra, y desde allí los esparció sobre la faz de toda la tierra.

11:10 Estas son las generaciones de Shem: Shem, de edad de cien años, engendró a Arpajshad, dos años después del diluvio.

11:11 Y vivió Shem, después que engendró a Arpajshád, quinientos años, y engendró hijos e hijas.

11:12 Arpajshad vivió treinta y cinco años, y engendró a Shálaj.

11:13 Y vivió Arpajshad, después que engendró a Shálaj, cuatrocientos tres años, y engendró hijos e hijas.

11:14 Shálaj vivió treinta años, y engendró a Éber.

11:15 Y vivió Shálaj, después que engendró a Éber, cuatrocientos tres años, y engendró hijos e hijas.

11:16 Éber vivió treinta y cuatro años, y engendró a Péleg.

11:17 Y vivió Éber, después que engendró a Péleg, cuatrocientos treinta años, y engendró hijos e hijas.

11:18 Péleg vivió treinta años, y engendró a Reú.

11:19 Y vivió Péleg, después que engendró a Reú, doscientos nueve años, y engendró hijos e hijas.

11:20 Reú vivió treinta y dos años, y engendró a Serúg.

11:21 Y vivió Reú, después que engendró a Serúg, doscientos siete años, y engendró hijos e hijas.

11:22 Serúg vivió treinta años, y engendró a Najór.

11:23 Y vivió Serúg, después que engendró a Najór, doscientos años, y engendró hijos e hijas.

11:24 Najór vivió veintinueve años, y engendró a Téraj.

11:25 Y vivió Najór, después que engendró a Téraj, ciento diecinueve años, y engendró hijos e hijas.

11:26 Téraj vivió setenta años, y engendró a Abrám, a Najór y a Harán.

11:27 Estas son las generaciones de Téraj: Téraj engendró a Abrám, a Najór y a Harán; y Harán engendró a Lot.

11:28 Y murió Harán antes que su padre Téraj en la tierra de su nacimiento, en Ur Kasdím.

11:29 Y tomaron Abrám y Najór para sí mujeres; el nombre de la mujer de Abrám era Sarái, y el nombre de la mujer de Najór, Milkáh, hija de Harán, padre de Milkáh y de Iskáh.

11:30 Más Sarái era estéril, y no tenía hijo.

11:31 Y tomó Téraj a Abrám su hijo, y a Lot hijo de Harán, hijo de su hijo, y a Sarái su nuera, mujer de Abrám su hijo, y salió con ellos de Ur Kasdím, para ir a la tierra de Kenáan; y vinieron hasta Harán, y se quedaron allí.

11:32 Y fueron los días de Téraj doscientos cinco años; y murió Téraj en Jarán.

Capítulo 12

12:1 Pero El Eterno había dicho a Abrám: Vete para ti de tu tierra y de tu parentela, y de la casa de tu padre, a la tierra que te mostraré.

12:2 Y haré de ti una nación grande, y te bendeciré, y engrandeceré tu nombre, y serás bendición.

12:3 Bendeciré a los que te bendijeren, y a los que te maldijeren maldeciré; y serán benditas en ti todas las familias de la tierra.

12:4 Y se fue Abrám, como El Eterno le dijo; y Lot fue con él. Y era Abrám de edad de setenta y cinco años cuando salió de Jarán.

12:5 Y tomó Abrám a Sarái su mujer, y a Lot hijo de su hermano, y todos sus bienes que habían ganado y las personas que habían adquirido en Harán, y salieron para ir a tierra de Kenáan; y a tierra de Kenáan llegaron.

12:6 Y pasó Abrám por aquella tierra hasta el lugar de Shéjem, hasta la planicie de Moréh; y el kenaaní estaba entonces en la tierra.

12:7 Y apareció El Eterno a Abrám, y le dijo: A tu descendencia daré esta tierra. Y edificó allí un altar a El Eterno, quien le había aparecido.

12:8 Luego se pasó de allí a un monte al oriente de Bet-El, y plantó su tienda, teniendo a Bet-El al occidente y Hái al oriente; y edificó allí altar a El Eterno, e invocó el nombre de El Eterno.

12:9 Y Abrám partió de allí, caminando y yendo hacia el Négueb.

12:10 Hubo entonces hambre en la tierra, y descendió Abrám a Egipto para morar allá; porque era grande el hambre en la tierra.

12:11 Y aconteció que cuando estaba para entrar en Egipto, dijo a Sarái su mujer: He aquí, ahora conozco que eres mujer de hermoso aspecto;

12:12 y cuando te vean los egipcios, dirán: Su mujer es; y me matarán a mí, y a ti te dejarán con vida.

12:13 Y ahora, di que eres mi hermana, para que me vaya bien por causa tuya, y viva mi alma por causa de ti.

12:14 Y aconteció que cuando entró Abrám en Egipto, los egipcios vieron que la mujer era hermosa en gran manera.

12:15 También la vieron los príncipes de Faraón, y la alabaron delante de él; y fue llevada la mujer a casa de Faraón.

12:16 E hizo bien a Abrám por causa de ella; y él tuvo ovejas, vacas, asnos, siervos, criadas, asnas y camellos.

12:17 Mas El Eterno hirió a Faraón y a su casa con grandes plagas, por causa de Sarái mujer de Abrám.

12:18 Entonces Faraón llamó a Abrám, y le dijo: ¿Qué es esto que has hecho conmigo? ¿Por qué no me declaraste que era tu mujer?

12:19 ¿Por qué dijiste: Es mi hermana, poniéndome en ocasión de tomarla para mí por mujer? Y ahora, aquí está tu mujer; tómala, y vete.

12:20 Entonces Faraón dio orden a su gente acerca de Abrám; y le acompañaron, y a su mujer, con todo lo que tenía.

Capítulo 13

13:1 Y subió Abrám de Egipto hacia el Négueb, él y su mujer, con todo lo que tenía, y con él Lot.

13:2 Y Abrám era riquísimo en ganado, en plata y en oro.

13:3 Y anduvo en sus viajes desde el Négueb hacia Bet-El, hasta el lugar donde había estado antes su tienda entre Bet-El y Hái,

13:4 al lugar del altar que había hecho allí antes; e invocó allí Abrám el nombre de El Eterno.

13:5 También Lot, que andaba con Abrám, tenía ovejas, vacas y tiendas.

13:6 Y la tierra no era suficiente para que habitasen juntos, pues sus posesiones eran muchas, y no podían habitar juntos.

13:7 Y hubo contienda entre los pastores del ganado de Abrám y los pastores del ganado de Lot; y el kenaaní y el perizí habitaban entonces en la tierra.

13:8 Y dijo Abrám a Lot: No haya ahora altercado entre nosotros dos, entre mis pastores y los tuyos, porque somos hermanos.

13:9 ¿No está toda la tierra delante de ti? Yo te ruego que te apartes de mí. Si fueres a la mano izquierda, yo iré a la derecha; y si tú a la derecha, yo iré a la izquierda.

13:10 Y alzó Lot sus ojos, y vio toda la llanura del Yardén, que toda ella era de riego, como el jardín de El Eterno, como la tierra de Egipto en la dirección de Tzóar, antes que destruyese El Eterno a Sedóm y a Amoráh.

13:11 Entonces Lot escogió para sí toda la llanura del Yardén; y se fue Lot hacia el oriente, y se apartaron el uno del otro.

13:12 Abrám acampó en la tierra de Kenáan, en tanto que Lot habitó en las ciudades de la llanura, y fue poniendo sus tiendas hasta Sedóm.

13:13 Mas los hombres de Sedóm eran malos y pecadores contra El Eterno en gran manera.

13:14 Y El Eterno dijo a Abrám, después que Lot se apartó de él: Alza ahora tus ojos, y mira desde el lugar donde estás hacia el norte y el sur, y al oriente y al occidente.

13:15 Porque toda la tierra que ves, la daré a ti y a tu descendencia para siempre.

13:16 Y haré tu descendencia como el polvo de la tierra; que si alguno puede contar el polvo de la tierra, también tu descendencia será contada.

13:17 Levántate, ve por la tierra a lo largo de ella y a su ancho; porque a ti la daré.

13:18 Entonces Abrám, trasladó su tienda, vino y moró en el encinar de Mamré, que está en Jebrón, y edificó allí altar a El Eterno.

Capítulo 14

14:1 Aconteció en los días de Amrafél rey de Shinár, Aríoj rey de Elasár, Kedarlaómer rey de Eilám, y Tidál rey de Goím,

14:2 que éstos hicieron guerra contra Béra rey de Sedóm, contra Birshá rey de Amoráh, contra Shináb rey de Admáh, contra Sheméber rey de Tzeboím, y contra el rey de Belá, la cual es Tzóar.

14:3 Todos éstos se juntaron en el valle de Sidím, que es el Mar Salado.

14:4 Doce años habían servido a Kedarlaómer, y en el decimotercero se rebelaron.

14:5 Y en el año decimocuarto vino Kedarlaómer, y los reyes que estaban de su parte, y derrotaron a los refaím en Ashterót Karnáim, a los zuzím en Ham, a los eimím en Shavéh Kiriatáim,

14:6 y a los jorím en el monte de Seír, hasta la llanura de Parán, que está junto al desierto.

14:7 Y volvieron y vinieron a Éin Mishpát, que es Kadésh, y devastaron todo el país de los amalekí, y también al emorí que habitaba en Jatzetzón Tamár.

14:8 Y salieron el rey de Sedóm, el rey de Amoráh, el rey de Admáh, el rey de Tzeboím y el rey de Belá, que es Tzóar, y ordenaron contra ellos batalla en el valle de Sidím;

14:9 esto es, contra Kedarlaómer rey de Eilám, Tidál rey de Goím, Amrafél rey de Shinár, y Aríoj rey de Elasár; cuatro reyes contra cinco.

14:10 Y el valle de Sidím estaba lleno de pozos de asfalto; y cuando huyeron el rey de Sedóm y el de Amoráh, algunos cayeron allí; y los demás huyeron al monte.

14:11 Y tomaron toda la riqueza de Sedóm y de Amoráh, y todas sus provisiones, y se fueron.

14:12 Tomaron también a Lot, hijo del hermano de Abrám, que moraba en Sedóm, y sus bienes, y se fueron.

14:13 Y vino uno de los que escaparon, y lo anunció a Abrám el hebreo, que habitaba en el encinar de Mamré el emorí, hermano de Eshkól y hermano de Anér, los cuales eran aliados de Abrám.

14:14 Oyó Abrám que su pariente estaba prisionero, y armó a sus criados, los nacidos en su casa, trescientos dieciocho, y los siguió hasta Dan.

14:15 Y cayó sobre ellos de noche, él y sus siervos, y les atacó, y les fue siguiendo hasta Jobáh al norte de Damasco.

14:16 Y recobró todos los bienes, y también a Lot su pariente y sus bienes, y a las mujeres y demás gente.

14:17 Cuando volvía de la derrota de Kedarlaómer y de los reyes que con él estaban, salió el rey de Sedóm a recibirlo al valle de Shavéh, que es el Valle del Mélej.

14:18 Y Malkí-tzédek, rey de Shalém y sacerdote del Dios Altísimo, sacó pan y vino;

14:19 y le bendijo, diciendo: Bendito sea Abrám del Dios Altísimo, creador de los cielos y de la tierra;

14:20 y bendito sea el Dios Altísimo, que entregó tus enemigos en tu mano. Y le dio Abrám los diezmos de todo.

14:21 Entonces el rey de Sedóm dijo a Abrám: Dame las personas, y toma para ti los bienes.

14:22 Y respondió Abrám al rey de Sedóm: He alzado mi mano a El Eterno Dios Altísimo, creador de los cielos y de la tierra,

14:23 que desde un hilo hasta una correa de calzado, nada tomaré de todo lo que es tuyo, para que no digas: Yo enriquecí a Abrám;

14:24 excepto solamente lo que comieron los jóvenes, y la parte de los hombres que fueron conmigo, Anér, Eshkól y Mamré, los cuales tomarán su parte.

Capítulo 15

15:1 Después de estas cosas vino la palabra de El Eterno a Abrám en visión, diciendo: No temas, Abrám; Yo soy tu escudo, y tu recompensa es muy grande.

15:2 Y respondió Abrám: Señor El Eterno, ¿qué me darás, siendo así que ando sin hijo, y el mayordomo de mi casa es ese damasceno Eliézer?

15:3 Dijo también Abrám: Mira que no me has dado descendencia, y he aquí que será mi heredero un esclavo de mi casa.

15:4 Luego vino a él la palabra de El Eterno, diciendo: No te heredará éste, sino un hijo tuyo será el que te heredará.

15:5 Y lo llevó fuera, y le dijo: Mira ahora los cielos, y cuenta las estrellas, si las puedes contar. Y le dijo: Así será tu descendencia.

15:6 Y creyó a El Eterno, y Él se le consideró como virtud.

15:7 Y le dijo: Yo soy El Eterno, que te saqué de Ur Kasdím, para darte a heredar esta tierra.

15:8 Y él respondió: Señor El Eterno, ¿cómo sabré que la heredaré?

15:9 Y le dijo: Tráeme una becerra de tres años, y una cabra de tres años, y un carnero de tres años, una tórtola también, y un palomino.

15:10 Y tomó él todo esto, y los partió por la mitad, y puso cada mitad una enfrente de la otra; mas no partió las aves.

15:11 Y descendían aves de rapiña sobre los cuerpos muertos, y Abrám las ahuyentaba.

15:12 Más a la caída del sol sobrecogió el sueño a Abrám, y he aquí que el temor de una grande oscuridad cayó sobre él.

15:13 Y dijo (El Eterno) a Abrám: Ten por cierto que tu descendencia morará en tierra ajena, y será esclava allí, y será oprimida cuatrocientos años.

15:14 Más también a la nación a la cual servirán, juzgaré yo; y después de esto saldrán con gran riqueza.

15:15 Y tú vendrás a tus padres en paz, y serás sepultado en buena vejez.

15:16 Y en la cuarta generación volverán acá; porque aún no ha llegado a su colmo la maldad del emorí hasta aquí.

15:17 Y sucedió que puesto el sol, y ya oscurecido, se veía un horno humeando, y una antorcha de fuego que pasaba por entre los animales divididos.

15:18 En aquel día hizo El Eterno un pacto con Abrám, diciendo: A tu descendencia daré esta tierra, desde el río de Egipto hasta el río grande, el río Éufrates;

15:19 la tierra de los keiní, los kenizí, los kadmoní,

15:20 los jití, los perizí, los refaím,

15:21 los emorí, los kenaaní, los guirgashí y los iebusí.

Capítulo 16

16:1 Y Sarái mujer de Abrám no le daba hijos; y ella tenía una sierva egipcia, que se llamaba Hagár.

16:2 Dijo entonces Sarái a Abrám: Ya ves que El Eterno me ha hecho estéril; te ruego que te llegues a mi sierva; quizá tendré hijos de ella. Y atendió Abrám al ruego de Sarái.

16:3 Y Sarái mujer de Abrám tomó a Hagár su sierva egipcia, al cabo de diez años que había habitado Abrám en la tierra de Kenáan, y la dio por mujer a Abrám su marido.

16:4 Y él se llegó a Hagár, la cual concibió; y cuando vio que había concebido, miraba con desprecio a su señora.

16:5 Entonces Sarái dijo a Abrám: Mi afrenta sea sobre ti; yo te di mi sierva por mujer, y viéndose encinta, me mira con desprecio; juzgue El Eterno entre tú y yo.

16:6 Y respondió Abrám a Sarái: He aquí, tu sierva está en tu mano; haz con ella lo que bien te parezca. Y como Sarái la afligía, ella huyó de su presencia.

16:7 Y la halló el ángel de El Eterno junto a una fuente de agua en el desierto, junto a la fuente que está en el camino de Shur.

16:8 Y le dijo: Hagár, sierva de Sarái, ¿de dónde vienes tú, y a dónde vas? Y ella respondió: Huyo de delante de Sarái mi señora.

16:9 Y le dijo el ángel de El Eterno: Vuélvete a tu señora, y ponte sumisa bajo su mano.

16:10 Le dijo también el ángel de El Eterno: Multiplicaré tanto tu descendencia, que no podrá ser contada a causa de la multitud.

16:11 Además le dijo el ángel de El Eterno: He aquí que has concebido, y darás a luz un hijo, y llamarás su nombre Ishmaél, porque El Eterno ha oído tu aflicción.

16:12 Y él será hombre salvaje; su mano será contra todos, y la mano de todos contra él, y delante de todos sus hermanos habitará.

16:13 Entonces llamó el nombre de El Eterno que con ella hablaba: Tú eres Dios que ve; porque dijo: ¿Acaso pensé volver a ver aquí después de que ya había visto?

16:14 Por lo cual llamó al pozo: Lajái Roí. He aquí está entre Kadésh y Báred.

16:15 Y Hagár dio a luz un hijo a Abrám, y llamó Abrám el nombre del hijo que le dio Hagár, Ishmaél.

16:16 Y Abrám era de edad de ochenta y seis años, cuando Hagár dio a luz a Ishmaél.

Capítulo 17

17:1 Era Abrám de edad de noventa y nueve años, cuando le apareció El Eterno y le dijo: Yo soy el Dios Todopoderoso; anda delante de Mí y sé íntegro.

17:2 Y pondré mi pacto entre yo y tu, y te multiplicaré en gran manera.

17:3 Entonces Abrám se postró sobre su rostro, y Dios habló con él, diciendo:

17:4 He aquí mi pacto es contigo, y serás padre de muchedumbre de gentes.

17:5 Y no se llamará más tu nombre Abrám, sino que será tu nombre Abrahám, porque te he puesto por padre de muchedumbre de gentes.

17:6 Y te multiplicaré en gran manera, y haré naciones de ti, y reyes saldrán de ti.

17:7 Y estableceré mi pacto entre yo y tu, y tu descendencia después de ti en sus generaciones, por pacto perpetuo, para ser tu Dios, y el de tu descendencia después de ti.

17:8 Y te daré a ti, y a tu descendencia después de ti, la tierra en que moras, toda la tierra de Kenáan en heredad perpetua; y seré el Dios de ellos.

17:9 Dijo de nuevo Dios a Abrahám: En cuanto a ti, guardarás mi pacto, tú y tu descendencia después de ti por sus generaciones.

17:10 Este es mi pacto, que guardarás entre yo y ustedes y tu descendencia después de ti: Será circuncidado todo hombre de entre ustedes.

17:11 Y circuncidarán la carne de vuestro prepucio, y será por señal del pacto entre yo y ustedes.

17:12 Y de edad de ocho días será circuncidado todo hombre entre ustedes por sus generaciones; el nacido en casa, y el comprado por dinero a cualquier extranjero, que no fuere de tu linaje.

17:13 Debe ser circuncidado el nacido en tu casa, y el comprado por tu dinero; y estará mi pacto en vuestra carne por pacto perpetuo.

17:14 Y el hombre incircunciso, el que no hubiere circuncidado la carne de su prepucio, aquella persona será cortada de su pueblo; ha violado mi pacto.

17:15 Dijo también Dios a Abrahám: A Sarái tu mujer no la llamarás Sarái, sino Saráh será su nombre.

17:16 Y la bendeciré, y también te daré de ella hijo; sí, la bendeciré, y vendrá a ser madre de naciones; reyes de pueblos vendrán de ella.

17:17 Entonces Abrahám se postró sobre su rostro, y se rió, y dijo en su corazón: ¿A un hombre de cien años ha de nacer hijo? ¿Y Saráh, ya de noventa años, ha de concebir?

17:18 Y dijo Abrahám a Dios: Ojalá Ishmaél viva delante de ti.

17:19 Respondió Dios: Ciertamente Saráh tu mujer te dará a luz un hijo, y llamarás su nombre Itzják; y confirmaré mi pacto con él como pacto perpetuo para sus descendientes después de él.

17:20 Y en cuanto a Ishmaél, también te he oído; he aquí que le bendeciré, y le haré fructificar y multiplicar mucho en gran manera; doce príncipes engendrará, y haré de él una gran nación.

17:21 Y mi pacto estableceré con Itzják, el que Saráh te dará a luz por este tiempo el año que viene.

17:22 Y acabó de hablar con él, y subió Dios de estar con Abrahám.

17:23 Entonces tomó Abrahám a Ishmaél su hijo, y a todos los siervos nacidos en su casa, y a todos los comprados por su dinero, a todo hombre entre los domésticos de la casa de Abrahám, y circuncidó la carne del prepucio de ellos en aquel mismo día, como Dios le había dicho.

17:24 Era Abrahám de edad de noventa y nueve años cuando circuncidó la carne de su prepucio.

17:25 E Ishmaél su hijo era de trece años, cuando fue circuncidada la carne de su prepucio.

17:26 En el mismo día fueron circuncidados Abrahám e Ishmaél su hijo.

17:27 Y todos los hombres de su casa, el siervo nacido en casa, y el comprado del extranjero por dinero, fueron circuncidados con él.

Capítulo 18

18:1 Después le apareció El Eterno en el encinar de Mamré, estando él sentado a la puerta de su tienda en el calor del día.

18:2 Y alzó sus ojos y miró, y he aquí tres hombres que estaban junto a él; y cuando los vio, salió corriendo de la puerta de su tienda a recibirlos, y se postró en tierra,

18:3 y dijo: Señores míos, si ahora he hallado gracia en vuestros ojos, les ruego que no pasen de vuestro siervo.

18:4 Que se traiga ahora un poco de agua, y laven vuestros pies; y recuéstense debajo de el árbol,

18:5 y traeré un pedazo de pan, y sustenten vuestro corazón, y después pasaran; pues por eso han pasado cerca de vuestro siervo. Y ellos dijeron: Haz así como has dicho.

18:6 Entonces Abrahám fue de prisa a la tienda a Saráh, y le dijo: Toma pronto tres medidas de flor de harina, y amasa y haz panes redondos.

18:7 Y corrió Abrahám a las vacas, y tomó un becerro tierno y bueno, y lo dio al joven, y éste se dio prisa a prepararlo.

18:8 Tomó también mantequilla y leche, y el becerro que había preparado, y lo puso delante de ellos; y él estuvo de pie junto a ellos debajo del árbol, y comieron. **18:9** Y le dijeron: ¿Dónde está Saráh tu mujer? Y él respondió: Aquí en la tienda.

18:10 Entonces dijo: De cierto volveré a ti; y según el tiempo de la vida, he aquí que Saráh tu mujer tendrá un hijo. Y Saráh escuchaba a la puerta de la tienda, que estaba detrás de él.

18:11 Y Abrahám y Saráh eran viejos, de edad avanzada; y a Saráh le había cesado ya la costumbre de las mujeres.

18:12 Y se rió Saráh entre sí, diciendo: ¿Después que he envejecido habrá para mi rejuvenecimiento, siendo también mi señor ya viejo?

18:13 Entonces El Eterno dijo a Abrahám: ¿Por qué se ha reído Saráh diciendo?: ¿Será cierto que he de dar a luz siendo ya vieja?

18:14 ¿Hay para Dios alguna cosa difícil? Al tiempo señalado volveré a ti, y según el tiempo de la vida, Saráh tendrá un hijo.

18:15 Entonces Saráh negó, diciendo: No me reí; porque tuvo miedo. Y Él dijo: No es así, sino que te has reído.

18:16 Y los hombres se levantaron de allí, y miraron hacia Sedóm; y Abrahám iba con ellos acompañándolos.

18:17 Y El Eterno dijo: ¿Encubriré yo a Abrahám lo que voy a hacer,

18:18 habiendo de ser Abrahám una nación grande y fuerte, y habiendo de ser benditas en él todas las naciones de la tierra?

18:19 Porque yo sé que mandará a sus hijos y a su casa después de sí, que guarden el camino de El Eterno, haciendo caridad y juicio, para que haga venir El Eterno sobre Abrahám lo que ha hablado acerca de él.

18:20 Entonces El Eterno le dijo: Por cuanto el clamor contra Sedóm y Amoráh se aumenta más y más, y el pecado de ellos se ha agravado en extremo,

18:21 descenderé ahora, y veré si han consumado su obra según el clamor que ha venido hasta mí; y si no, lo sabré.

18:22 Y se apartaron de allí los hombres, y fueron hacia Sedóm; pero Abrahám estaba aún delante de El Eterno.

18:23 Y se acercó Abrahám y dijo: ¿Destruirás también al justo con el malvado?

18:24 Quizá haya cincuenta justos dentro de la ciudad: ¿destruirás también y no perdonarás al lugar por los cincuenta justos que estén dentro de él?

18:25 Lejos de ti el hacer tal, que hagas morir al justo con el malvado, y que sea el justo tratado como el malvado; nunca tal hagas. El Juez de toda la tierra, ¿no ha de hacer lo que es justo?

18:26 Y respondió El Eterno: Si hallare en Sedóm cincuenta justos dentro de la ciudad, perdonaré a todo este lugar por ellos.

18:27 Y Abrahám replicó y dijo: He aquí ahora que he comenzado a hablar a mi Señor, aunque soy polvo y ceniza.

18:28 Quizá faltarán de cincuenta justos cinco; ¿destruirás por aquellos cinco toda la ciudad? Y dijo: No la destruiré, si hallare allí cuarenta y cinco.

18:29 Y volvió a hablarle, y dijo: Quizá se hallarán allí cuarenta. Y respondió: No lo haré por los cuarenta.

18:30 Y dijo: No se enoje ahora mi Señor, si hablare: quizá se hallarán allí treinta. Y respondió: No lo haré si hallare allí treinta.

18:31 Y dijo: He aquí ahora que he atrevido a hablar a mi Señor: quizá se hallarán allí veinte. No la destruiré, respondió, por los veinte.

18:32 Y dijo: No se enoje ahora mi Señor, si hablare solamente una vez: quizá se hallarán allí diez. No la destruiré, respondió, por los diez.

18:33 Y El Eterno se fue, luego que acabó de hablar a Abrahám; y Abrahám volvió a su lugar.

Capítulo 19

19:1 Y llegaron los dos ángeles a Sedóm a la caída de la tarde; y Lot estaba sentado a la puerta de Sedóm. Y viéndolos Lot, se levantó a recibirlos, y se inclinó hacia el suelo,

19:2 Y dijo: Ahora, mis señores, les ruego que vengan a la casa de vuestro siervo y se hospeden, y laven vuestros pies; y por la mañana se levantarán, y seguirán vuestro camino. Y ellos respondieron: No, que en la calle nos quedaremos esta noche.

19:3 Sin embargo, él porfió con ellos mucho, y fueron con él, y entraron en su casa; y les hizo banquete, y coció panes sin levadura, y comieron.

19:4 Pero antes que se acostasen, rodearon la casa los hombres de la ciudad, los hombres de Sedóm, todo el pueblo junto, desde el más joven hasta el más viejo.

19:5 Y llamaron a Lot, y le dijeron: ¿Dónde están los hombres que vinieron a ti esta noche? Sácalos, para que los conozcamos.

19:6 Entonces Lot salió a ellos a la puerta, y cerró la puerta tras sí,

19:7 y dijo: Les ruego, hermanos míos, que no hagan tal maldad.

19:8 He aquí ahora yo tengo dos hijas que no han conocido hombre; las sacaré fuera, hagan de ellas como bien les parezca; solamente que a estos hombres no les hagan nada, ya que vinieron a la sombra de mi tejado.

19:9 Y ellos respondieron: Hazte a un lado; y añadieron: Vino este extraño para habitar entre nosotros, ¿y habrá de erigirse en juez? Ahora te haremos más mal que a ellos. Y hacían gran violencia al hombre, a Lot, y se acercaron para romper la puerta.

19:10 Entonces los hombres extendieron la mano, y metieron a Lot en casa con ellos, y cerraron la puerta.

19:11 Y a los hombres que estaban a la puerta de la casa hirieron con ceguera desde el menor hasta el mayor, de manera que se fatigaban buscando la puerta.

19:12 Y dijeron los hombres a Lot: ¿Tienes aquí alguno más? Yernos, y tus hijos y tus hijas, y todo lo que tienes en la ciudad, sácalo de este lugar;

19:13 porque vamos a destruir este lugar, por cuanto el clamor contra ellos ha subido delante de El Eterno; por tanto, El Eterno nos ha enviado para destruirlo.

19:14 Entonces salió Lot y habló a sus yernos, los que habían de tomar sus hijas, y les dijo: Levántense, salgan de este lugar; porque El Eterno va a destruir esta ciudad. Y pareció como burla a los ojos de sus yernos.

19:15 Y cuando estaba amaneciendo, los ángeles daban prisa a Lot, diciendo: Levántate, toma tu mujer, y tus dos hijas que se hallan aquí, para que no perezcas en el castigo de la ciudad.

19:16 Y deteniéndose él, los hombres lo agarraron de su mano, y de la mano de su mujer y de las manos de sus dos hijas, según la misericordia de El Eterno para con él; y lo sacaron y lo pusieron fuera de la ciudad.

19:17 Y cuando los hubieron llevado fuera, dijeron: Escapa por tu vida; no mires hacia atrás, ni pares en toda esta llanura; escapa al monte, no sea que perezcas.

19:18 Pero Lot les dijo: No, yo les ruego, señores míos.

19:19 He aquí ahora ha hallado vuestro siervo gracia en vuestros ojos, y han engrandecido su misericordia que han hecho conmigo dándome la vida; sin embargo, yo no podré escapar al monte, no sea que me alcance el mal, y muera.

19:20 He aquí ahora esta ciudad está cerca para huir allá, la cual es pequeña; déjenme escapar ahora allá ¿no es ella pequeña?, y salvaré mi vida.

19:21 Y le respondió: He aquí he recibido también tu súplica sobre esto, y no destruiré la ciudad de que has hablado.

19:22 Date prisa, escápate allá; porque nada podré hacer hasta que hayas llegado allí. Por eso fue llamado el nombre de la ciudad, Tzóar.

19:23 El sol salía sobre la tierra, cuando Lot llegó a Tzóar.

19:24 Entonces El Eterno hizo llover sobre Sedóm y sobre Amoráh azufre y fuego de parte de El Eterno desde los cielos;

19:25 y volteó las ciudades, y toda aquella llanura, con todos los moradores de aquellas ciudades, y el fruto de la tierra.

19:26 Y miró la mujer de Lot detrás de él, y se volvió estatua de sal.

19:27 Y subió Abrahám por la mañana al lugar donde había estado delante de El Eterno.

19:28 Y miró hacia Sedóm y Amoráh, y hacia toda la tierra de aquella llanura miró; y he aquí que el humo subía de la tierra como el humo de un horno.

19:29 Así, cuando destruyó Dios las ciudades de la llanura, Dios se acordó de Abrahám, y envió fuera a Lot de en medio de la destrucción, al voltear las ciudades donde Lot estaba.

19:30 Pero Lot subió de Tzóar y moró en el monte, y sus dos hijas con él; porque tuvo miedo de quedarse en Tzóar, y habitó en una cueva él y sus dos hijas.

19:31 Y dijo la mayor a la menor: Nuestro padre es viejo, y no queda hombre en la tierra que venga a nosotras conforme a la costumbre de toda la tierra.

19:32 Ven, demos a beber vino a nuestro padre, y durmamos con él, y haremos vivir de nuestro padre descendencia.

19:33 Y dieron a beber vino a su padre aquella noche, y entró la mayor, y durmió con su padre; mas él no sintió cuándo se acostó ella, ni cuándo se levantó.

19:34 El día siguiente, dijo la mayor a la menor: He aquí, yo dormí la noche pasada con mi padre; démosle a beber vino también esta noche, y entra y duerme con él, para que hagamos vivir de nuestro padre descendencia.

19:35 Y dieron a beber vino a su padre también aquella noche, y se levantó la menor, y durmió con él; pero él no supo cuándo se acostó ella, ni cuándo se levantó.

19:36 Y las dos hijas de Lot concibieron de su padre.

19:37 Y dio a luz la mayor un hijo, y llamó su nombre Moáb, el cual es padre de los moabím hasta hoy.

19:38 Y la menor también dio a luz un hijo, y llamó su nombre Ben-amí, el cual es padre de los amoním hasta hoy.

Capítulo 20

20:1 De allí partió Abrahám a la tierra del sur, y acampó entre Kadésh y Shur, y habitó como forastero en Guerár.

20:2 Y dijo Abrahám de Saráh su mujer: Es mi hermana. Y Abimélej rey de Guerár envió y tomó a Saráh.

20:3 Pero Dios vino a Abimélej en sueños de noche, y le dijo: He aquí, morirás, a causa de la mujer que has tomado, la cual esta casada.

20:4 Y Abimélej no se había llegado a ella, y dijo: Señor, ¿matarás también al justo?

20:5 ¿No me dijo él: Mi hermana es; y ella también dijo: Es mi hermano? con inocencia de mi corazón y con limpieza de mis manos he hecho esto.

20:6 Y le dijo Dios en sueños: Yo también sé que con inocencia de tu corazón has hecho esto; y yo también te detuve de pecar contra Mí, y así no te permití que la tocases.

20:7 Y ahora, devuelve la mujer a su marido; porque es profeta, y orará por ti, y vivirás. Y si no la devolvieres, sabe que de cierto morirás tú, y todos los tuyos.

20:8 Entonces Abimélej se levantó de mañana y llamó a todos sus siervos, y dijo todas estas palabras en los oídos de ellos; y temieron los hombres en gran manera.

20:9 Después llamó Abimélej a Abrahám, y le dijo: ¿Qué nos has hecho? ¿En qué pequé yo contra ti, que has atraído sobre mí y sobre mi reino tan grande pecado? Lo que no debiste hacer has hecho conmigo.

20:10 Dijo también Abimélej a Abrahám: ¿Qué pensabas, para que hicieses esto?

20:11 Y Abrahám respondió: Porque dije para mí: Ciertamente no hay temor de Dios en este lugar, y me matarán por causa de mi mujer.

20:12 Y la verdad también es mi hermana, hija de mi padre, más no hija de mi madre, y la tomé por mujer.

20:13 Y cuando Dios me hizo salir errante de la casa de mi padre, yo le dije: Esta es la bondad que tú harás conmigo, que en todos los lugares adonde lleguemos, digas de mí: Mi hermano es.

20:14 Entonces Abimélej tomó ovejas y vacas, y siervos y siervas, y se los dio a Abrahám, y le devolvió a Saráh su mujer.

20:15 Y dijo Abimélej: He aquí mi tierra está delante de ti; habita donde bien te parezca.

20:16 Y a Saráh dijo: He aquí le he dado mil monedas de plata a tu hermano; mira que él te es como un velo para los ojos de todos los que están contigo, y para con todos; así fue vindicada.

20:17 Y Abrahám oró a Dios; y Dios sanó a Abimélej y a su mujer, y a sus siervas, y tuvieron hijos.

20:18 Porque El Eterno había cerrado completamente toda matriz de la casa de Abimélej, a causa de Saráh mujer de Abrahám.

Capítulo 21

21:1 Y El Eterno visitó a Saráh, como había dicho, e hizo El Eterno con Saráh como había hablado.

21:2 Y Saráh concibió y dio a Abrahám un hijo en su vejez, en el tiempo que Dios le había dicho.

21:3 Y llamó Abrahám el nombre de su hijo que le nació, que le dio a luz Saráh, Itzják.

21:4 Y circuncidó Abrahám a su hijo Itzják de ocho días, como Dios le había mandado.

21:5 Y era Abrahám de cien años cuando nació Itzják su hijo.

21:6 Entonces dijo Saráh: Dios me ha hecho reír, y todo el que escuchare, se reirá conmigo.

21:7 Y dijo: ¿Quién dijera a Abrahám que Saráh habría de dar de mamar a hijos? Pues le he dado un hijo en su vejez.

21:8 Y creció el niño, y fue destetado; e hizo Abrahám gran banquete el día que fue destetado Itzják.

21:9 Y vio Saráh que el hijo de Hagár la egipcia, el cual ésta le había dado a luz a Abrahám, se burlaba.

21:10 Por tanto, dijo a Abrahám: Echa a esta sierva y a su hijo, porque el hijo de esta sierva no ha de heredar con Itzják mi hijo.

21:11 Este dicho pareció grave en gran manera a Abrahám a causa de su hijo.

21:12 Entonces dijo Dios a Abrahám: No te parezca grave a causa del muchacho y de tu sierva; en todo lo que te dijere Saráh, oye su voz, porque en Itzják te será llamada descendencia.

21:13 Y también del hijo de la sierva haré una nación, porque es tu descendiente.

21:14 Entonces Abrahám se levantó muy de mañana, y tomó pan, y una vasija de agua, y lo dio a Hagár, poniéndolo sobre su hombro, y le entregó el muchacho, y la despidió. Y ella salió y anduvo errante por el desierto de Beér Shéba.

21:15 Y le faltó el agua de la vasija, y echó al muchacho debajo de un arbusto,

21:16 Y anduvo y se sentó enfrente, lejos, a distancia de dos tiros de arco, porque dijo: No veré cuando el niño muere. Y se sentó enfrente y alzó su voz y lloró.

21:17 Y oyó Dios la voz del muchacho; y el ángel de Dios llamó a Hagár desde el cielo, y le dijo: ¿Qué tienes, Hagár? No temas; porque Dios ha oído la voz del muchacho en donde está.

21:18 Levántate, alza al muchacho, y sostenlo con tu mano, porque yo haré de él una gran nación.

21:19 Entonces Dios le abrió los ojos, y vio una fuente de agua; y fue y llenó la vasija de agua, y dio de beber al muchacho.

21:20 Y Dios estaba con el muchacho; y creció, y habitó en el desierto, y fue tirador de arco.

21:21 Y habitó en el desierto de Parán; y su madre le tomó mujer de la tierra de Egipto.

21:22 Aconteció en aquel mismo tiempo que habló Abimélej, y Fijól príncipe de su ejército, a Abrahám, diciendo: Dios está contigo en todo cuanto haces.

21:23 Y ahora, júrame aquí por Dios, que no faltarás a mí, ni a mi hijo ni a mi nieto, sino que conforme a la bondad que yo hice contigo, harás tú conmigo, y con la tierra en donde has morado.

21:24 Y respondió Abrahám: Yo juraré.

21:25 Y Abrahám discutió con Abimélej a causa de un pozo de agua, que los siervos de Abimélej le habían quitado.

21:26 Y respondió Abimélej: No sé quién haya hecho esto, ni tampoco tú me lo hiciste saber, ni yo lo he oído hasta hoy.

21:27 Y tomó Abrahám ovejas y vacas, y dio a Abimélej; e hicieron ambos un pacto.

21:28 Y puso Abrahám siete corderas del rebaño aparte.

21:29 Y dijo Abimélej a Abrahám: ¿Qué significan esas siete corderas que has puesto aparte?

21:30 Y él respondió: Que estas siete corderas tomarás de mi mano, para que me sirvan de testimonio de que yo cavé este pozo.

21:31 Por esto llamó a aquel lugar Beér Shéba; porque allí juraron ambos.

21:32 Así hicieron pacto en Beér Shéba; y se levantó Abimélej, y Fijól príncipe de su ejército, y volvieron a tierra de los pelishtím.

21:33 Y plantó Abrahám un jardín de árboles frutales en Beér Shéba, e invocó allí el nombre de El Eterno Dios.

21:34 Y moró Abrahám en tierra de los pelishtím muchos días.

Capítulo 22

22:1 Aconteció después de estas cosas, que probó Dios a Abrahám, y le dijo: Abrahám. Y él respondió: Heme aquí.

22:2 Y dijo: Toma ahora tu hijo, tu único, Itzják, a quien amas, y vete a tierra de Moriyáh, y ofrécelo allí en holocausto sobre uno de los montes que yo te diré.

22:3 Y Abrahám se levantó muy de mañana, y ensilló su asno, y tomó consigo dos siervos suyos, y a Itzják su hijo; y cortó leña para el holocausto, y se levantó, y fue al lugar que Dios le dijo.

22:4 Al tercer día alzó Abrahám sus ojos, y vio el lugar de lejos.

22:5 Entonces dijo Abrahám a sus siervos: Esperen aquí con el asno, y yo y el muchacho iremos hasta allí y serviremos (a Dios), y volveremos a ustedes.

22:6 Y tomó Abrahám la leña del holocausto, y la puso sobre Itzják su hijo, y él tomó en su mano el fuego y el cuchillo; y fueron ambos juntos.

22:7 Entonces habló Itzják a Abrahám su padre, y dijo: Padre mío. Y él respondió: Heme aquí, mi hijo. Y él dijo: He aquí el fuego y la leña; mas ¿dónde está el cordero para el holocausto?

22:8 Y respondió Abrahám: Dios se proveerá un cordero para el holocausto, hijo mío. E iban juntos.

22:9 Y cuando llegaron al lugar que Dios le había dicho, edificó allí Abrahám un altar, y compuso la leña, y ató a Itzják su hijo, y lo puso en el altar sobre la leña.

22:10 Y extendió Abrahám su mano y tomó el cuchillo para degollar a su hijo.

22:11 Entonces el ángel de El Eterno le dio voces desde el cielo, y dijo: Abrahám, Abrahám. Y él respondió: Heme aquí.

22:12 Y dijo: No extiendas tu mano sobre el muchacho, ni le hagas nada; porque ya conozco que temes a Dios, por cuanto no me rehusaste tu hijo, tu único.

22:13 Entonces alzó Abrahám sus ojos y miró, y he aquí a sus espaldas un carnero trabado en un zarzal por sus cuernos; y fue Abrahám y tomó el carnero, y lo ofreció en holocausto en lugar de su hijo.

22:14 Y llamó Abrahám el nombre de aquel lugar, El Eterno verá. Por tanto se dice hoy: En el monte de El Eterno será visto.

22:15 Y llamó el ángel de El Eterno a Abrahám por segunda vez desde el cielo,

22:16 y dijo: Por mí mismo he jurado, dice El Eterno, que por cuanto has hecho esto, y no me has rehusado tu hijo, tu único hijo;

22:17 de cierto te bendeciré, y multiplicaré tu descendencia como las estrellas del cielo y como la arena que está a la orilla del mar; y tu descendencia heredará las puertas de sus enemigos.

22:18 En tu simiente serán benditas todas las naciones de la tierra, por cuanto obedeciste a mi voz.

22:19 Y volvió Abrahám a sus siervos, y se levantaron y se fueron juntos a Beér Shéba; y habitó Abrahám en Beér Shéba.

22:20 Aconteció después de estas cosas, que fue dada noticia a Abrahám, diciendo: He aquí que también Milkáh ha dado a luz hijos a Najór tu hermano:

22:21 Utz su primogénito, Buz su hermano, Kemuél padre de Arám,

22:22 Késed, Jazó, Pildásh, Idláf y Betuél.

22:23 Y Betuél fue el padre de Ribkáh. Estos son los ocho hijos que dio a luz Milkáh, de Najór hermano de Abrahám.

22:24 Y su concubina, que se llamaba Reúmah, dio a luz también a Tébaj, a Gájam, a Tájash y a Maajáh.

Capítulo 23

23:1 Fue la vida de Saráh ciento veintisiete años; tantos fueron los años de la vida de Saráh.

23:2 Y murió Saráh en Kiriát-Arba, que es Jebrón, en la tierra de Kenáan; y vino Abrahám a hacer duelo por Saráh, y a llorarla.

23:3 Y se levantó Abrahám de delante de su fallecida, y habló a los hijos de Jet, diciendo:

23:4 Extranjero y forastero soy entre ustedes; den me propiedad para sepultura entre ustedes, y sepultaré mi muerta de delante de mí.

23:5 Y respondieron los hijos de Jet a Abrahám, y le dijeron:

23:6 Óyenos, señor nuestro; eres un príncipe de Dios entre nosotros; en lo mejor de nuestros sepulcros sepulta a tu muerta; ninguno de nosotros te negará su sepulcro, ni te impedirá que entierres tu muerta.

23:7 Y Abrahám se levantó, y se inclinó a la gente de aquella tierra, a los hijos de Jet,

23:8 y habló con ellos, diciendo: Si es de su voluntad de que yo sepulte mi muerta de delante de mí, escúchenme, e intercedan por mí con Efrón hijo de Tzójar,

23:9 para que me dé la cueva de Majpeláh, que tiene al extremo de su heredad; que por su justo precio me la dé, para posesión de sepultura en medio de ustedes.

23:10 Este Efrón estaba entre los hijos de Jet; y respondió Efrón el hití a Abrahám, en presencia de los hijos de Jet, de todos los que entraban por la puerta de su ciudad, diciendo:

23:11 No, señor mío, óyeme: te doy la heredad, y te doy también la cueva que está en ella; en presencia de los hijos de mi pueblo te la doy; sepulta tu muerta.

23:12 Entonces Abrahám se inclinó frente a la gente del lugar,

23:13 y respondió a Efrón en presencia del pueblo de la tierra, diciendo: Antes, si te place, te ruego que me oigas. Yo daré el precio de la heredad; tómalo de mí, y sepultaré en ella mi muerta.

23:14 Respondió Efrón a Abrahám, diciéndole:

23:15 Señor mío, escúchame: la tierra vale cuatrocientos shekalím de plata; ¿qué es esto entre tú y yo? Entierra a tu muerta.

23:16 Entonces Abrahám se convino con Efrón, y pesó Abrahám a Efrón el dinero que dijo, en presencia de los hijos de Jet, cuatrocientos shekalím de plata, de uso corriente entre mercaderes.

23:17 Y quedó la heredad de Efrón que estaba en Majpeláh al oriente de Mamré, la heredad con la cueva que estaba en ella, y todos los árboles que había en la heredad, y en todos sus contornos,

23:18 como propiedad de Abrahám, en presencia de los hijos de Jet y de todos los que entraban por la puerta de la ciudad.

23:19 Después de esto sepultó Abrahám a Saráh su mujer en la cueva de la heredad de Majpeláh al oriente de Mamré, que es Jebrón, en la tierra de Kenáan.

23:20 Y quedó el campo y la cueva que en ella había, a Abrahám, como una posesión para sepultura, recibida de los hijos de Jet.

Capítulo 24

24:1 Era Abrahám ya viejo, y bien avanzado en años; y El Eterno había bendecido a Abrahám en todo.

24:2 Y dijo Abrahám a un criado suyo, el más viejo de su casa, que era el que gobernaba en todo lo que tenía: Pon ahora tu mano debajo de mi muslo,

24:3 y te juramentaré por El Eterno, Dios de los cielos y Dios de la tierra, que no tomarás para mi hijo mujer de las hijas de los kenaaní, entre los cuales yo habito;

24:4 sino que irás a mi tierra y a mi parentela, y tomarás mujer para mi hijo Itzják.

24:5 El criado le respondió: Quizá la mujer no querrá venir conmigo a esta tierra. ¿Retornará tu hijo a la tierra de donde saliste?

24:6 Y Abrahám le dijo: Guárdate que no retornes a mi hijo allá.

24:7 El Eterno, Dios de los cielos, que me tomó de la casa de mi padre y de la tierra de mi parentela, y me habló y me juró, diciendo: A tu descendencia daré esta tierra; él enviará su ángel delante de ti, y tú traerás de allá mujer para mi hijo.

24:8 Y si la mujer no quisiere venir contigo, serás libre de este mi juramento; solamente que no retorne mi hijo allá.

24:9 Entonces el criado puso su mano debajo del muslo de Abrahám su señor, y le juró sobre este asunto.

24:10 Y el criado tomó diez camellos de los camellos de su señor, y se fue, tomando toda clase de regalos escogidos de su señor; y puesto en camino, llegó a Mesopotamia, a la ciudad de Najór.

24:11 E hizo arrodillar los camellos fuera de la ciudad, junto a un pozo de agua, a la hora de la tarde, la hora en que salen las muchachas por agua.

24:12 Y dijo: Oh El Eterno, Dios de mi señor Abrahám, dame, te ruego, el tener hoy buen encuentro, y haz misericordia con mi señor Abrahám.

24:13 He aquí yo estoy junto a la fuente de agua, y las hijas de los hombres de esta ciudad salen por agua.

24:14 Y sea que la joven a quien yo dijere: Baja tu cántaro, te ruego, para que yo beba, y ella respondiere: Bebe, y también daré de beber a tus camellos; que sea ésta la que tú has destinado para tu siervo Itzják; y en esto conoceré que habrás hecho bondad con mi señor.

24:15 Y aconteció que antes que él acabase de hablar, he aquí Ribkáh, que había nacido a Betuél, hijo de Milkáh mujer de Najór hermano de Abrahám, la cual salía con su cántaro sobre su hombro.

24:16 Y la joven era de aspecto muy hermoso, virgen, a la que hombre no había conocido; la cual descendió a la fuente, y llenó su cántaro, y lo subía.

24:17 Entonces el criado corrió hacia ella, y dijo: Te ruego que me des a beber un poco de agua de tu cántaro.

24:18 Ella respondió: Bebe, señor mío; y se dio prisa a bajar su cántaro sobre su mano, y le dio a beber.

24:19 Y cuando acabó de darle de beber, dijo: También para tus camellos sacaré agua, hasta que acaben de beber.

24:20 Y se dio prisa, y vació su cántaro en el bebedero, y corrió otra vez al pozo para sacar agua, y sacó para todos sus camellos.

24:21 Y el hombre estaba maravillado de ella, callando, para saber si El Eterno había prosperado su viaje, o no.

24:22 Y cuando los camellos acabaron de beber, le dio el hombre un pendiente de oro que pesaba medio shékel, y dos brazaletes que pesaban diez,

24:23 y dijo: ¿De quién eres hija? Te ruego que me digas: ¿hay en casa de tu padre lugar donde dormir?

24:24 Y ella respondió: Soy hija de Betuél hijo de Milkáh hija de Najór.

24:25 Y añadió: También hay en nuestra casa paja y mucho forraje, y lugar para posar.

24:26 El hombre entonces se inclinó, y adoró a El Eterno,

24:27 y dijo: Bendito sea El Eterno, Dios de mi amo Abrahám, que no apartó de mi amo su misericordia y su verdad, guiándome El Eterno en el camino a casa de los hermanos de mi amo.

24:28 Y la joven corrió, e hizo saber en casa de su madre estas cosas.

24:29 Y Ribkáh tenía un hermano que se llamaba Labán, el cual corrió afuera hacia el hombre, a la fuente.

24:30 Y cuando vio el pendiente y los brazaletes en las manos de su hermana, que decía: Así me habló aquel hombre, vino a él; y he aquí que estaba con los camellos junto a la fuente.

24:31 Y le dijo: Ven, bendito de El Eterno; ¿por qué estás fuera? He preparado la casa, y el lugar para los camellos.

24:32 Entonces el hombre vino a casa, y Labán desató los camellos; y les dio paja y forraje, y agua para lavar los pies de él, y los pies de los hombres que con él venían.

24:33 Y le pusieron delante qué comer; mas él dijo: No comeré hasta que haya dicho mi mensaje. Y él le dijo: Habla.

24:34 Entonces dijo: Yo soy criado de Abrahám.

24:35 Y El Eterno ha bendecido mucho a mi amo, y él se ha engrandecido; y le ha dado ovejas y vacas, plata y oro, siervos y siervas, camellos y asnos.

24:36 Y Saráh, mujer de mi amo, dio a luz en su vejez un hijo a mi señor, quien le ha dado a él todo cuanto tiene.

24:37 Y mi amo me hizo jurar, diciendo: No tomarás para mi hijo mujer de las hijas de los kenaaní, en cuya tierra habito;

24:38 sino que irás a la casa de mi padre y a mi parentela, y tomarás mujer para mi hijo.

24:39 Y yo dije: Quizás la mujer no querrá seguirme.

24:40 Entonces él me respondió: El Eterno, en cuya presencia he andado, enviará su ángel contigo, y prosperará tu camino; y tomarás para mi hijo mujer de mi familia y de la casa de mi padre.

24:41 Entonces serás libre de mi juramento, cuando hayas llegado a mi familia; y si no te la dieren, serás libre de mi juramento.

24:42 Y llegué hoy a la fuente, y dije: El Eterno, Dios de mi señor Abrahám, si Tú prosperas ahora mi camino por el cual ando,

24:43 he aquí yo estoy junto a la fuente de agua; y sea que la joven que saliere por agua, a la cual dijere: Dame de beber, te ruego, un poco de agua de tu cántaro,

24:44 y ella me respondiere: Bebe tú, y también para tus camellos sacaré agua; sea ésta la mujer que destinó El Eterno para el hijo de mi señor.

24:45 Antes que acabase de hablar en mi corazón, he aquí Ribkáh, que salía con su cántaro sobre su hombro; y descendió a la fuente, y sacó agua; y le dije: te ruego que me des de beber.

24:46 Y bajó prontamente su cántaro de encima de sí, y dijo: Bebe, y también a tus camellos daré de beber. Y bebí, y dio también de beber a mis camellos.

24:47 Entonces le pregunté, y dije: ¿De quién eres hija? Y ella respondió: Hija de Betuél hijo de Najór, que dio a luz Milkáh. Entonces le puse un pendiente en su nariz, y brazaletes en sus brazos;

24:48 y me incliné y adoré a El Eterno, y bendije a El Eterno Dios de mi señor Abrahám, que me había guiado por camino de verdad para tomar la hija del hermano de mi señor para su hijo.

24:49 Ahora, pues, si ustedes hacen misericordia y verdad con mi señor, decídmelo; y si no, decídmelo; y me iré a la derecha o a la izquierda.

24:50 Entonces Labán y Betuél respondieron y dijeron: De El Eterno ha salido esto; no podemos hablarte malo ni bueno.

24:51 He ahí Ribkáh delante de ti; tómala y vete, y sea mujer del hijo de tu señor, como lo ha dicho El Eterno.

24:52 Cuando el criado de Abrahám oyó sus palabras, se inclinó en tierra ante El Eterno.

24:53 Y sacó el criado alhajas de plata y alhajas de oro, y vestidos, y dio a Ribkáh; también dio cosas preciosas a su hermano y a su madre.

24:54 Y comieron y bebieron él y los hombres que venían con él, y durmieron; y levantándose de mañana, dijo: Envíenme a mi señor.

24:55 Entonces respondieron su hermano y su madre: Espere la joven con nosotros a lo menos diez días, y después irá.

24:56 Y él les dijo: No me detengáis, ya que El Eterno ha prosperado mi camino; envíenme para que me vaya a mi señor.

24:57 Ellos respondieron entonces: Llamemos a la joven y preguntémosle.

24:58 Y llamaron a Ribkáh, y le dijeron: ¿Irás tú con este hombre? Y ella respondió: Sí, iré.

24:59 Entonces dejaron ir a Ribkáh su hermana, y a su nodriza, y al criado de Abrahám y a sus hombres.

24:60 Y bendijeron a Ribkáh, y le dijeron: Hermana nuestra, sé madre de millares de millares, y posean tus descendientes la puerta de sus enemigos.

24:61 Entonces se levantó Ribkáh y sus muchachas, y montaron en los camellos, y siguieron al hombre; y el criado tomó a Ribkáh, y se fue.

24:62 Y venía Itzják del pozo Lajái Roí; porque él habitaba en el Négueb.

24:63 Y había salido Itzják a meditar al campo, a la hora de la tarde; y alzando sus ojos miró, y he aquí los camellos que venían.

24:64 Ribkáh también alzó sus ojos, y vio a Itzják, y descendió del camello;

24:65 porque había preguntado al criado: ¿Quién es este hombre que viene por el campo hacia nosotros? Y el criado había respondido: Este es mi señor. Ella entonces tomó el velo, y se cubrió.

24:66 Entonces el criado contó a Itzják todo lo que había hecho.

24:67 Y la trajo Itzják a la tienda de su madre Saráh, y tomó a Ribkáh por mujer, y la amó; y se consoló Itzják después de la muerte de su madre.

Capítulo 25

25:1 Abrahám tomó una mujer, cuyo nombre era Keturáh,

25:2 la cual le dio a luz a Zimrám, Iakeshán, Medán, Midián, Ishbák y Shuáj.

25:3 Y Iakeshán engendró a Shebá y a Dedán; e hijos de Dedán fueron Ashurím, Letushím y Leumím.

25:4 E hijos de Midián: Eifáh, Efér, Janój, Abidá y Eldaáh. Todos estos fueron hijos de Keturáh.

25:5 Y Abrahám dio todo cuanto tenía a Itzják.

25:6 Pero a los hijos de sus concubinas dio Abrahám dones, y los envió lejos de Itzják su hijo, mientras él vivía, hacia el oriente, a la tierra oriental.

25:7 Y estos fueron los días que vivió Abrahám: ciento setenta y cinco años.

25:8 Y exhaló el espíritu, y murió Abrahám en buena vejez, anciano y lleno de años, y fue unido a su pueblo.

25:9 Y lo sepultaron Itzják e Ishmaél sus hijos en la cueva de Majpeláh, en la heredad de Efrón hijo de Tzójar jití, que está enfrente de Mamré,

25:10 heredad que compró Abrahám de los hijos de Jet; allí fue sepultado Abrahám, y Saráh su mujer.

25:11 Y sucedió, después de muerto Abrahám, que Dios bendijo a Itzják su hijo; y habitó Itzják junto al pozo del Lejái Roí.

25:12 Estos son los descendientes de Ishmaél hijo de Abrahám, a quien le dio a luz Hagár la egipcia, sierva de Saráh;

25:13 Y estos son los nombres de los hijos de Ishmaél, nombrados en el orden de su nacimiento: El primogénito de Ishmaél, Nebaiót; luego Kedár, Adbeél, Mibsám,

25:14 Mishmá, Dúmah, Masá,

25:15 Jadád, Teimá, Ietúr, Nafísh y Kedmáh.

25:16 Estos son los hijos de Ishmaél, y estos sus nombres, por sus villas y por sus campamentos; doce príncipes por sus familias.

25:17 Y estos fueron los años de la vida de Ishmaél, ciento treinta y siete años; y exhaló el espíritu Ishmaél, y murió, y fue unido a su pueblo.

25:18 Y habitaron desde Javiláh hasta Shur, que está enfrente de Egipto viniendo a Ashúr; y murió en presencia de todos sus hermanos.

25:19 Estos son los descendientes de Itzják hijo de Abrahám: Abrahám engendró a Itzják,

25:20 y era Itzják de cuarenta años cuando tomó por mujer a Ribkáh, hija de Betuél el aramí de Padán-Arám, hermana de Labán el aramí.

25:21 Y oró Itzják a El Eterno por su mujer, que era estéril; y lo aceptó El Eterno, y concibió Ribkáh su mujer.

25:22 Y los hijos luchaban dentro de ella; y dijo: Si es así, ¿para qué vivo yo? Y fue a consultar a El Eterno;

25:23 y le respondió El Eterno: Dos naciones hay en tu vientre, dos pueblos serán divididos desde tus entrañas. Un pueblo será más fuerte que el otro pueblo, y el mayor servirá al menor.

25:24 Cuando se cumplieron sus días para dar a luz, he aquí había gemelos en su vientre.

25:25 Y salió el primero pelirrojo, y era todo velludo como un manto de pelo; y llamaron su nombre Esáv.

25:26 Después salió su hermano, trabada su mano al talón de Esáv; y fue llamado su nombre Iaakób. Y era Itzják de edad de sesenta años cuando ella los dio a luz.

25:27 Y crecieron los niños, y Esáv fue diestro en la caza, hombre del campo; pero Iaakób era hombre quieto, que habitaba en tiendas.

25:28 Y amó Itzják a Esáv, porque comía de su caza; mas Ribkáh amaba a Iaakób.

25:29 Y guisó Iaakób un potaje; y volviendo Esáv del campo, cansado,

25:30 dijo a Iaakób: Te ruego que me des a comer de ese guiso rojo, pues estoy muy cansado. Por tanto fue llamado su nombre Edóm.

25:31 Y Iaakób respondió: Véndeme en este día tu primogenitura.

25:32 Entonces dijo Esáv: He aquí yo me voy a morir; ¿para qué me servirá la primogenitura?

25:33 Y dijo Iaakób: Júramelo en este día. Y él le juró, y vendió a Iaakób su primogenitura.

25:34 Y Iaakób dio a Esáv pan y del guisado de las lentejas; y él comió y bebió, y se levantó y se fue. Así menospreció Esáv la primogenitura.

Capítulo 26

26:1 Después hubo hambre en la tierra, además de la primera hambre que hubo en los días de Abrahám; y se fue Itzják a Abimélej rey de los pelishtím, en Guerár.

26:2 Y se le apareció El Eterno, y le dijo: No desciendas a Egipto; habita en la tierra que yo te diré.

26:3 Habita como forastero en esta tierra, y estaré contigo, y te bendeciré; porque a ti y a tu descendencia daré todas estas tierras, y confirmaré el juramento que hice a Abrahám tu padre.

26:4 Multiplicaré tu descendencia como las estrellas del cielo, y daré a tu descendencia todas estas tierras; y todas las naciones de la tierra serán benditas en tu simiente,

26:5 por cuanto oyó Abrahám mi voz, y guardó mi precepto, mis mandamientos, mis estatutos y mis leyes.

26:6 Y se asentó Itzják en Guerár.

26:7 Y los hombres de aquel lugar le preguntaron acerca de su mujer; y él respondió: Es mi hermana; porque tuvo miedo de decir: Es mi mujer; pensando que tal vez los hombres del lugar lo matarían por causa de Ribkáh, pues ella era de hermoso aspecto.

26:8 Sucedió que después que él estuvo allí muchos días, Abimélej, rey de los pelishtím, mirando por una ventana, vio a Itzják que acariciaba a Ribkáh su mujer.

26:9 Y llamó Abimélej a Itzják, y dijo: He aquí ella es de cierto tu mujer. ¿Cómo dijiste: Es mi hermana? E Itzják le respondió: Porque dije: Quizá moriré por causa de ella.

26:10 Y Abimélej dijo: ¿Por qué nos has hecho esto? Por poco hubiera dormido alguno del pueblo con tu mujer, y hubieras traído sobre nosotros el pecado.

26:11 Entonces Abimélej mandó a todo el pueblo, diciendo: El que tocare a este hombre o a su mujer, de cierto morirá.

26:12 Y sembró Itzják en aquella tierra, y cosechó aquel año cien veces más; y le bendijo El Eterno.

26:13 El hombre se enriqueció, y fue prosperado, y se engrandeció hasta hacerse muy poderoso.

26:14 Y tuvo rebaño de ovejas, y rebaño de vacas, y mucha labranza; y los pelishtím le tuvieron envidia.

26:15 Y todos los pozos que habían abierto los criados de Abrahám su padre en sus días, los pelishtím los habían cegado y llenado de tierra.

26:16 Entonces dijo Abimélej a Itzják: Apártate de nosotros, porque mucho más poderoso que nosotros te has hecho.

26:17 E Itzják se fue de allí, y acampó en el valle de Guerár, y habitó allí.

26:18 Y volvió a abrir Itzják los pozos de agua que habían abierto en los días de Abrahám su padre, y que los pelishtím habían cegado después de la muerte de Abrahám; y los llamó por los nombres que su padre los había llamado.

26:19 Pero cuando los siervos de Itzják cavaron en el valle, y hallaron allí un pozo de aguas vivas,

26:20 los pastores de Guerár riñeron con los pastores de Itzják, diciendo: El agua es nuestra. Por eso llamó el nombre del pozo Ések, porque habían altercado con él.

26:21 Y abrieron otro pozo, y también riñeron sobre él; y llamó su nombre Sitnáh.

26:22 Y se apartó de allí, y abrió otro pozo, y no riñeron sobre él; y llamó su nombre Rejobót, y dijo: Porque ahora El Eterno nos ha dado un lugar ámplio, y fructificaremos en la tierra.

26:23 Y de allí subió a Beér Shéba.

26:24 Y se le apareció El Eterno aquella noche, y le dijo: Yo soy el Dios de Abrahám tu padre; no temas, porque yo estoy contigo, y yo bendeciré, y multiplicaré tu descendencia por causa de Abrahám mi siervo.

26:25 Y edificó allí un altar, e invocó el nombre de El Eterno, y plantó allí su tienda; y abrieron allí los siervos de Itzják un pozo.

26:26 Y Abimélej vino a él desde Guerár, con un grupo de amigos, y Fijól, capitán de su ejército.

26:27 Y les dijo Itzják: ¿Por qué vienen a mí, pues me han aborrecido, y me echaron de entre ustedes?

26:28 Y ellos respondieron: Hemos visto que El Eterno está contigo; y dijimos: Haya ahora juramento entre nosotros, entre tú y nosotros, y haremos pacto contigo,

26:29 que no nos hagas mal, como nosotros no te hemos tocado, y como solamente te hemos hecho bien, y te enviamos en paz; tú eres ahora bendito de El Eterno.

26:30 Entonces él les hizo banquete, y comieron y bebieron.

26:31 Y se levantaron de madrugada, y juraron el uno al otro; e Itzják los despidió, y ellos se despidieron de él en paz.

26:32 En aquel día sucedió que vinieron los criados de Itzják, y le dieron nuevas acerca del pozo que habían abierto, y le dijeron: Hemos hallado agua.

26:33 Y lo llamó Shéba; por esta causa el nombre de aquella ciudad es Beér Shéba hasta este día.

26:34 Y cuando Esáv era de cuarenta años, tomó por mujer a Iehúdit hija de Beerí jití, y a Basemát hija de Elón el jití;

26:35 y fueron amargura de espíritu para Itzják y para Ribkáh.

Capítulo 27

27:1 Aconteció que cuando Itzják envejeció, y sus ojos se oscurecieron quedando sin vista, llamó a Esáv su hijo mayor, y le dijo: Hijo mío. Y él respondió: Heme aquí.

27:2 Y él dijo: He aquí ya soy viejo, no sé el día de mi muerte.

27:3 Toma ahora tus armas, tu espada y tu arco, y sal al campo y tráeme lo que caces;

27:4 y prepárame delicias como a mí me gusta, y tráemelo, y comeré, para que yo te bendiga antes que muera.

27:5 Y Ribkáh estaba oyendo, cuando hablaba Itzják a Esáv su hijo; y se fue Esáv al campo para buscar la caza que había de traer.

27:6 Entonces Ribkáh habló a Iaakób su hijo, diciendo: He aquí yo he oído a tu padre que hablaba con Esáv tu hermano, diciendo:

27:7 Tráeme caza y prepárame delicias, para que coma, y te bendiga en presencia de El Eterno antes que yo muera.

27:8 Y ahora, hijo mío, obedece a mi voz en lo que te mando.

27:9 Ve ahora al ganado, y tráeme de allí dos buenos cabritos de las cabras, y haré de ellos manjares para tu padre, como a él le gusta;

27:10 y tú las llevarás a tu padre, y comerá, para que él te bendiga antes de su muerte.

27:11 Y Iaakób dijo a Ribkáh su madre: He aquí, Esáv mi hermano es hombre velloso, y yo lampiño.

27:12 Quizá me palpará mi padre, y me tendrá por burlador, y traeré sobre mí maldición y no bendición.

27:13 Y su madre respondió: Hijo mío, sea sobre mí tu maldición; solamente obedece a mi voz y ve y tráemelos.

27:14 Entonces él fue y los tomó, y los trajo a su madre; y su madre hizo manjares, como a su padre le gustaba.

27:15 Y tomó Ribkáh los vestidos de Esáv su hijo mayor, los preciosos, que ella tenía en casa, y vistió a Iaakób su hijo menor;

27:16 y cubrió sus manos y la parte de su cuello donde no tenía vello, con las pieles de los cabritos;

27:17 y entregó los manjares y el pan que había preparado, en manos de Iaakób su hijo.

27:18 Entonces éste fue a su padre y dijo: Padre mío. E Itzják respondió: Heme aquí; ¿quién eres, hijo mío?

27:19 Y Iaakób dijo a su padre: Yo soy, Esáv tu primogénito; he hecho como me dijiste: levántate por favor ahora, y siéntate, y come de mi caza, para que me bendigas.

27:20 Entonces Itzják dijo a su hijo: ¿Cómo es que la hallaste tan pronto, hijo mío? Y él respondió: Porque El Eterno tu Dios hizo que la encontrase delante de mí.

27:21 E Itzják dijo a Iaakób: Acércate ahora, y te palparé, hijo mío, por si eres mi hijo Esáv o no.

27:22 Y se acercó Iaakób a su padre Itzják, quien le palpó, y dijo: La voz es la voz de Iaakób, pero las manos, las manos de Esáv.

27:23 Y no le conoció, porque sus manos eran vellosas como las manos de Esáv; y le bendijo.

27:24 Y dijo: ¿Eres tú mi hijo Esáv? Y Iaakób respondió: Yo soy.

27:25 Dijo también: Acércamela, y comeré de la caza de mi hijo, para que yo te bendiga; y Iaakób se la acercó, e Itzják comió; le trajo también vino, y bebió.

27:26 Y le dijo Itzják su padre: Acércate ahora, y bésame, hijo mío.

27:27 Y Iaakób se acercó, y le besó; y olió Itzják el olor de sus vestidos, y le bendijo, diciendo: Mira, el olor de mi hijo, como el olor del campo que El Eterno ha bendecido;

27:28 Y que Dios te dé del rocío del cielo, y de las grosuras de la tierra, y abundancia de trigo y de mosto.

27:29 Que te sirvan pueblos, y naciones se inclinen a ti. Sé señor de tus hermanos y se inclinen ante ti los hijos de tu madre. Malditos los que te maldijeren y benditos los que te bendijeren.

27:30 Y aconteció, luego que Itzják acabó de bendecir a Iaakób, y apenas había salido Iaakób de delante de Itzják su padre, que Esáv su hermano volvió de cazar.

27:31 E hizo él también manjares, y trajo a su padre, y le dijo: Levántese mi padre, y coma de la caza de su hijo, para que me bendiga.

27:32 Entonces Itzják su padre le dijo: ¿Quién eres tú? Y él le dijo: Yo soy tu hijo, tu primogénito, Esáv.

27:33 Y se estremeció Itzják grandemente, y dijo: ¿Quién es el que vino aquí, que trajo caza, y me dio, y comí de todo antes que tú vinieses? Yo le bendije, y será bendito.

27:34 Cuando Esáv oyó las palabras de su padre, clamó con una muy grande y muy amarga exclamación, y le dijo: Bendíceme también a mí, padre mío.

27:35 Y él dijo: Vino tu hermano con astucia, y tomó tu bendición.

27:36 Y Esáv respondió: Bien llamaron su nombre Iaakób, pues ya me ha suplantado dos veces: se apoderó de mi primogenitura, y he aquí ahora ha tomado mi bendición. Y dijo: ¿No has guardado bendición para mí?

27:37 Itzják respondió y dijo a Esáv: He aquí yo le he puesto por señor tuyo, y le he dado por siervos a todos sus hermanos; de trigo y de vino le he provisto; ¿y ahora qué te haré a ti hijo mío?

27:38 Y Esáv respondió a su padre: ¿No tienes más que una sola bendición, padre mío? Bendíceme también a mí, padre mío. Y alzó Esáv su voz, y lloró.

27:39 Entonces Itzják su padre habló y le dijo:
He aquí, será tu habitación en grosuras de la tierra,
Y del rocío de los cielos de arriba;

27:40 Y por tu espada vivirás, y a tu hermano servirás; pero cuando te fortalezcas sacudirás su yugo de tu cerviz.

27:41 Y aborreció Esáv a Iaakób por la bendición con que su padre le había bendecido, y dijo en su corazón: Llegarán los días del luto de mi padre, y yo mataré a mi hermano Iaakób.

27:42 Y fueron dichas a Ribkáh las palabras de Esáv su hijo mayor; y ella envió y llamó a Iaakób su hijo menor, y le dijo: He aquí, Esáv tu hermano se consuela acerca de ti con la idea de matarte.

27:43 Y ahora, hijo mío, obedece a mi voz; levántate y huye a casa de Labán mi hermano en Jarán,

27:44 y mora con él algunos días, hasta que el enojo de tu hermano se mitigue;

27:45 hasta que se aplaque la ira de tu hermano contra ti, y olvide lo que le has hecho; yo enviaré entonces, y te traeré de allá. ¿Por qué seré privada de ambos en un día?

27:46 Y dijo Ribkáh a Itzják: Fastidio tengo de mi vida, a causa de las hijas de Jet. Si Iaakób toma mujer de las hijas de Jet, como éstas, de las hijas de esta tierra, ¿para qué quiero la vida?

Capítulo 28

28:1 Entonces Itzják llamó a Iaakób, y lo bendijo, y le mandó diciendo: No tomes mujer de las hijas de Kenáan.

28:2 Levántate, ve a Padán-Arám, a casa de Betuél, padre de tu madre, y toma allí mujer de las hijas de Labán, hermano de tu madre.

28:3 Y el Dios omnipotente te bendiga, y te haga fructificar y te multiplique, hasta llegar a ser multitud de pueblos;

28:4 y te dé la bendición de Abrahám, y a tu descendencia contigo, para que heredes la tierra en que moras, que Dios dio a Abrahám.

28:5 Así envió Itzják a Iaakób, el cual fue a Padán-Arám, a Labán hijo de Betuél Arameo, hermano de Ribkáh madre de Iaakób y de Esáv.

28:6 Y vio Esáv cómo Itzják había bendecido a Iaakób, y le había enviado a Padán-Arám, para tomar para sí mujer de allí; y que cuando le bendijo, le había mandado diciendo: No tomarás mujer de las hijas de kenáan;

28:7 y que Iaakób había obedecido a su padre y a su madre, y se había ido a Padán-Arám.

28:8 Vio asimismo Esáv que las hijas de kenáan parecían mal a Itzják su padre;

28:9 y se fue Esáv a Ishmaél, y tomó para sí por mujer a Majalát, hija de Ishmaél hijo de Abrahám, hermana de Nebaiót, además de sus otras mujeres.

28:10 Y salió Iaakób de Beér Shéba, y fue a Jarán.

28:11 Y llegó a un cierto lugar, y durmió allí, porque ya el sol se había puesto; y tomó de las piedras de aquel paraje y puso a su cabecera, y se acostó en aquel lugar.

28:12 Y soñó: y he aquí una escalera que estaba apoyada en tierra, y su extremo tocaba en el cielo; y he aquí ángeles de Dios que subían y descendían por ella.

28:13 Y he aquí, El Eterno estaba en lo alto de ella, el cual dijo: Yo soy El Eterno, el Dios de Abrahám tu padre, y el Dios de Itzják; la tierra en que estás acostado te la daré a ti y a tu descendencia.

28:14 Será tu descendencia como el polvo de la tierra, y te extenderás al occidente, al oriente, al norte y al sur; y todas las familias de la tierra serán benditas en ti y en tu descendencia.

28:15 He aquí, yo estoy contigo, y te guardaré por dondequiera que fueres, y volveré a traerte a esta tierra; porque no te dejaré hasta que haya hecho lo que te he dicho.

28:16 Y despertó Iaakób de su sueño, y dijo: Ciertamente El Eterno está en este lugar, y yo no lo sabía.

28:17 Y tuvo miedo, y dijo: ¡Cuán impresionante es este lugar! No es otra cosa que casa de Dios, y puerta del cielo.

28:18 Y se levantó Iaakób de mañana, y tomó la piedra que había puesto de cabecera, y la alzó por señal, y derramó aceite encima de ella.

28:19 Y llamó el nombre de aquel lugar Bet-El, aunque Luz era el nombre de la ciudad primero.

28:20 Y Iaakób hizo una promesa: Si fuere Dios conmigo, y me guardare en este viaje en que voy, y me diere pan para comer y vestido para vestir,

28:21 y si volviere en paz a casa de mi padre, El Eterno será mi Dios.

28:22 Y esta piedra que he puesto por señal, será casa de Dios; y de todo lo que me dieres, el diezmo apartaré para ti.

Capítulo 29

29:1 Siguió luego Iaakób su camino, y fue a la tierra de los orientales.

29:2 Y miró, y vio un pozo en el campo; y he aquí tres rebaños de ovejas que yacían cerca de él, porque de aquel pozo abrevaban los ganados; y había una gran piedra sobre la boca del pozo.

29:3 Y juntaban allí todos los rebaños; y revolvían la piedra de la boca del pozo, y abrevaban las ovejas, y volvían la piedra sobre la boca del pozo a su lugar.

29:4 Y les dijo Iaakób: Hermanos míos, ¿de dónde son? Y ellos respondieron: De Jarán somos.

29:5 El les dijo: ¿Conocen a Labán hijo de Najór? Y ellos dijeron: Sí, le conocemos.

29:6 Y él les dijo: ¿Está bien? Y ellos dijeron: Bien, y he aquí Rajél su hija viene con las ovejas.

29:7 Y él dijo: He aquí que aún queda mucho del día; no es tiempo todavía de recoger el ganado; den de beber a las ovejas, y vayan a apacentarlas.

29:8 Y ellos respondieron: No podemos, hasta que se junten todos los rebaños, y remuevan la piedra de la boca del pozo, para que abrevemos las ovejas.

29:9 Mientras él aún hablaba con ellos, Rajél vino con el rebaño de su padre, porque ella era la pastora.

29:10 Y sucedió que cuando Iaakób vio a Rajél, hija de Labán hermano de su madre, y las ovejas de Labán el hermano de su madre, se acercó Iaakób y removió la piedra de la boca del pozo, y abrevó el rebaño de Labán hermano de su madre.

29:11 Y Iaakób besó a Rajél, y alzó su voz y lloró.

29:12 Y Iaakób dijo a Rajél que él era pariente de su padre, y que era hijo de Ribkáh; y ella corrió, y dio las nuevas a su padre.

29:13 Así que oyó Labán las nuevas de Iaakób, hijo de su hermana, corrió a recibirlo, y lo abrazó, lo besó, y lo trajo a su casa; y él contó a Labán todas estas cosas.

29:14 Y Labán le dijo: Ciertamente hueso mío y carne mía eres. Y estuvo con él durante un mes.

29:15 Entonces dijo Labán a Iaakób: ¿Por ser tú mi hermano, me servirás gratuitamente? Dime cuál será tu salario.

29:16 Y Labán tenía dos hijas: el nombre de la mayor era Leáh, y el nombre de la menor, Rajél.

29:17 Y los ojos de Leáh eran melancólicos, pero Rajél era de lindo semblante y de hermoso parecer.

29:18 Y Iaakób amó a Rajél, y dijo: Yo te serviré siete años por Rajél tu hija menor.

29:19 Y Labán respondió: Mejor es que te la dé a ti, y no que la dé a otro hombre; quédate conmigo.

29:20 Así sirvió Iaakób por Rajél siete años; y le parecieron como pocos días, porque la amaba.

29:21 Entonces dijo Iaakób a Labán: Dame mi mujer, porque mi tiempo se ha cumplido, para unirme a ella.

29:22 Entonces Labán juntó a todos los hombres de aquel lugar, e hizo banquete.

29:23 Y sucedió que a la noche tomó a Leáh su hija, y se la trajo; y él se llegó a ella.

29:24 Y dio Labán su sierva Zilpáh a su hija Leáh por criada.

29:25 Venida la mañana, he aquí que era Leáh; y Iaakób dijo a Labán: ¿Qué es esto que me has hecho? ¿No te he servido por Rajél? ¿Por qué me has engañado?

29:26 Y Labán respondió: No se hace así en nuestro lugar, que se dé la menor antes de la mayor.

29:27 Cumple la semana de ésta, y se te dará también la otra, por el servicio que hagas conmigo otros siete años.

29:28 E hizo Iaakób así, y cumplió la semana de aquélla; y él le dio a Rajél su hija por mujer.

29:29 Y dio Labán a Rajél su hija su sierva Bilháh por criada.

29:30 Y se llegó también a Rajél, y la amó también más que a Leáh; y sirvió a Labán aún otros siete años.

29:31 Y vio El Eterno que Leáh era menospreciada, y le dio hijos; pero Rajél era estéril.

29:32 Y concibió Leáh, y dio a luz un hijo, y llamó su nombre Reubén, porque dijo: Ha mirado El Eterno mi aflicción; ahora, por tanto, me amará mi marido.

29:33 Concibió otra vez, y dio a luz un hijo, y dijo: Por cuanto oyó El Eterno que yo era menospreciada, me ha dado también éste. Y llamó su nombre Shimón.

29:34 Y concibió otra vez, y dio a luz un hijo, y dijo: Ahora esta vez se unirá mi marido conmigo, porque le he dado a luz tres hijos; por tanto, llamó su nombre Leví.

29:35 Concibió otra vez, y dio a luz un hijo, y dijo: Esta vez alabaré a El Eterno; por esto llamó su nombre Iehudáh; y dejó de dar a luz.

Capítulo 30

30:1 Viendo Rajél que no daba hijos a Iaakób, tuvo envidia de su hermana, y decía a Iaakób: Dame hijos, o si no, me muero.

30:2 Y Iaakób se enojó contra Rajél, y dijo: ¿Soy yo acaso Dios, que te impidió el fruto de tu vientre?

30:3 Y ella dijo: He aquí mi sierva Bilháh; llégate a ella, y dará a luz sobre mis rodillas, y yo también tendré hijos de ella.

30:4 Así le dio a Bilháh su sierva por mujer; y Iaakób se llegó a ella.

30:5 Y concibió Bilháh, y dio a luz un hijo a Iaakób.

30:6 Dijo entonces Rajél: Me juzgó Dios, y también oyó mi voz, y me dio un hijo. Por tanto llamó su nombre Dan.

30:7 Concibió otra vez Bilháh la sierva de Rajél, y dio a luz un segundo hijo a Iaakób.

30:8 Y dijo Rajél: He rezado a Dios, y fui correspondida igual que mi hermana, y he vencido. Y llamó su nombre Naftalí.

30:9 Y viendo Leáh, que había dejado de dar a luz, tomó a Zilpáh su sierva, y la dio a Iaakób por mujer.

30:10 Y Zilpáh sierva de Leáh dio a luz un hijo a Iaakób.

30:11 Y dijo Leáh: Vino la buena suerte; y llamó su nombre Gad.

30:12 Luego Zilpáh la sierva de Leáh dio a luz otro hijo a Iaakób.

30:13 Y dijo Leáh: Para dicha mía; porque las mujeres me dirán dichosa; y llamó su nombre Ásher.

30:14 Fue Reubén en tiempo de la siega de los trigos, y halló mandrágoras en el campo, y las trajo a Leáh su madre; y dijo Rajél a Leáh: Te ruego que me des de las mandrágoras de tu hijo.

30:15 Y ella respondió: ¿Es poco que hayas tomado mi marido, sino que también te has de llevar las mandrágoras de mi hijo? Y dijo Rajél: dormirá contigo esta noche por las mandrágoras de tu hijo.

30:16 Y cuando Iaakób volvía del campo a la tarde, salió Leáh a él, y le dijo: Llégate a mí, porque a la verdad te he alquilado por las mandrágoras de mi hijo. Y durmió con ella aquella noche.

30:17 Y oyó Dios a Leáh; y concibió, y dio a luz el quinto hijo a Iaakób.

30:18 Y dijo Leáh: Dios me ha dado mi recompensa, por cuanto di mi sierva a mi marido; por eso llamó su nombre Isajár.

30:19 Después concibió Leáh otra vez, y dio a luz el sexto hijo a Iaakób.

30:20 Y dijo Leáh: Dios me ha dado una buena dote; ahora morará conmigo mi marido, porque le he dado a luz seis hijos; y llamó su nombre Zebulún.

30:21 Después dio a luz una hija, y llamó su nombre Dináh.

30:22 Y se acordó Dios de Rajél, y la oyó Dios, y le concedió hijos.

30:23 Y concibió, y dio a luz un hijo, y dijo: Dios ha quitado mi afrenta;

30:24 y llamó su nombre Ioséf, diciendo: Añádame El Eterno otro hijo.

30:25 Aconteció cuando Rajél hubo dado a luz a Ioséf, que Iaakób dijo a Labán: Envíame, e iré a mi lugar, y a mi tierra.

30:26 Dame mis mujeres y mis hijos, por las cuales he servido contigo, y déjame ir; pues tú sabes los servicios que te he hecho.

30:27 Y Labán le respondió: ¿Acaso no he hallado gracia en tus ojos?. Adiviné que El Eterno me ha bendecido por tu causa.

30:28 Y dijo: Señálame tu salario, y yo lo daré.

30:29 Y él respondió: Tú sabes cómo te he servido, y lo que llegó a ser tu ganado conmigo.

30:30 Porque poco tenías antes de mi venida, y ha crecido en gran número, y El Eterno te ha bendecido con mi llegada; y ahora, ¿cuándo trabajaré también por mi propia casa?

30:31 Y él dijo: ¿Qué te daré? Y respondió Iaakób: No me des nada; si hicieres por mí esto, volveré a apacentar tus ovejas.

30:32 Yo pasaré hoy por todo tu rebaño, poniendo aparte todas las ovejas manchadas y salpicadas de color, y todas las ovejas de color oscuro, y las manchadas y salpicadas de color entre las cabras; y esto será mi salario.

30:33 Así responderá por mí mi honradez mañana, cuando vengas a reconocer mi salario; toda la que no fuere pintada ni manchada en las cabras, y de color oscuro entre mis ovejas, se me ha de tener como de hurto.

30:34 Dijo entonces Labán: Mira, sea como tú dices.

30:35 Y Labán apartó aquel día los machos cabríos manchados y rayados, y todas las cabras manchadas y salpicadas de color, y toda aquella que tenía en sí algo de blanco, y todas las de color oscuro entre las ovejas, y las puso en mano de sus hijos.

30:36 Y puso tres días de camino entre sí y Iaakób; y Iaakób apacentaba las otras ovejas de Labán.

30:37 Tomó luego Iaakób varas frescas de álamo, de avellano y de castaño, y descortezó en ellas tallados blancos, descubriendo así lo blanco de las varas.

30:38 Y puso las varas que había tallado delante del ganado, en los canales de los abrevaderos del agua donde venían a beber las ovejas, las cuales procreaban cuando venían a beber.

30:39 Así concebían las ovejas delante de las varas; y parían borregos listados, pintados y salpicados de diversos colores.

30:40 Y apartaba Iaakób los corderos, y ponía con su propio rebaño los listados y todo lo que era oscuro del rebaño de Labán. Y ponía su rebaño aparte, y no lo ponía con las ovejas de Labán.

30:41 Y sucedía que cuantas veces se hallaban en celo las ovejas más fuertes, Iaakób ponía las varas delante de las ovejas en los abrevaderos, para que concibiesen a la vista de las varas.

30:42 Pero cuando venían las ovejas más débiles, no las ponía; así eran las más débiles para Labán, y las más fuertes para Iaakób.

30:43 Y prospero el hombre muchísimo, y tuvo muchas ovejas, y siervas y siervos, y camellos y asnos.

Capítulo 31

31:1 Y oía Iaakób las palabras de los hijos de Labán, que decían: Iaakób ha tomado todo lo que era de nuestro padre, y de lo que era de nuestro padre ha adquirido toda esta riqueza.

31:2 Miraba también Iaakób el rostro de Labán, y veía que no era para con él como había sido antes.

31:3 También El Eterno dijo a Iaakób: Vuélvete a la tierra de tus padres, y a tu parentela, y yo estaré contigo.

31:4 Y envió Iaakób a llamar a Rajél y a Leáh al campo donde estaban sus ovejas,

31:5 y les dijo: Veo que el rostro de vuestro padre no es para conmigo como era antes; mas el Dios de mi padre ha estado conmigo.

31:6 Ustedes saben que con todas mis fuerzas he servido a vuestro padre;

31:7 y vuestro padre me ha engañado, y me ha cambiado el salario diez veces; pero Dios no le ha permitido que me hiciese mal.

31:8 Si él decía así: Los pintados serán tu salario, entonces todas las ovejas parían pintados; y si decía así: Los listados serán tu salario; entonces todas las ovejas parían listados.

31:9 Así quitó Dios el ganado de vuestro padre, y me lo dio a mí.

31:10 Y sucedió que al tiempo que las ovejas estaban en celo, alcé yo mis ojos y vi en sueños, y he aquí los machos que cubrían a las hembras eran listados, pintados y abigarrados.

31:11 Y me dijo el ángel de Dios en sueños: Iaakób. Y yo dije: Heme aquí.

31:12 Y él dijo: Alza ahora tus ojos, y verás que todos los machos que cubren a las hembras son listados, pintados y abigarrados; porque yo he visto todo lo que Labán te ha hecho.

31:13 Yo soy el Dios de Bet-El, donde tú ungiste la piedra, y donde me hiciste un voto. Levántate ahora y sal de esta tierra, y vuélvete a la tierra de tu nacimiento.

31:14 Respondieron Rajél y Leáh, y le dijeron: ¿Tenemos acaso parte o heredad en la casa de nuestro padre?

31:15 ¿No nos tiene ya como por extrañas, ya que nos vendió, y aun se ha comido del todo nuestro dinero?

31:16 Porque toda la riqueza que Dios ha quitado a nuestro padre, nuestra es y de nuestros hijos; y ahora, haz todo lo que Dios te ha dicho.

31:17 Entonces se levantó Iaakób, y subió sus hijos y sus mujeres sobre los camellos,

31:18 y puso en camino todo su ganado, y todo cuanto había adquirido, el ganado de su ganancia que había obtenido en Padán-Arám, para volverse a Itzják su padre en la tierra de Kenáan.

31:19 Pero Labán había ido a trasquilar sus ovejas; y Rajél hurtó los ídolos de su padre.

31:20 Y Iaakób engañó a Labán el aramí, no haciéndole saber que se iba.

31:21 Y huyó con todo lo que tenía; y se levantó y pasó el río, y se dirigió al monte de Guilad.

31:22 Y al tercer día fue dicho a Labán que Iaakób había huido.

31:23 Entonces Labán tomó a sus parientes consigo, y fue tras Iaakób camino de siete días, y le alcanzó en el monte de Guilad.

31:24 Y vino Dios a Labán el aramí en sueños aquella noche, y le dijo: Guárdate que no hables a Iaakób ni bien ni mal.

31:25 Y alcanzó Labán a Iaakób; y éste había fijado su tienda en el monte; y Labán acampó con sus parientes en el monte de Guilad.

31:26 Y dijo Labán a Iaakób: ¿Qué has hecho, que me engañaste, y has traído a mis hijas como prisioneras de guerra?

31:27 ¿Por qué te escondiste para huir, y me engañaste, y no me lo hiciste saber para que yo te despidiera con alegría y con cantares, con tamborín y arpa?

31:28 Y ni siquiera me dejaste besar a mis hijos y mis hijas. Y ahora, actuaste neciamente.

31:29 Poder hay en mi mano para hacerles mal; mas el Dios de tu padre me habló anoche diciendo: Guárdate que no hables a Iaakób ni bien ni mal.

31:30 Y ya que te ibas, porque tenías deseo de la casa de tu padre, ¿por qué me hurtaste mis dioses?

31:31 Respondió Iaakób y dijo a Labán: Porque tuve miedo; pues pensé que quizá me quitarías por fuerza tus hijas.

31:33 Entró Labán en la tienda de Iaakób, en la tienda de Leáh, y en la tienda de las dos siervas, y no los halló; y salió de la tienda de Leáh, y entró en la tienda de Rajél.

31:34 Pero tomó Rajél los ídolos y los puso en una montura de un camello, y se sentó sobre ellos; y buscó Labán en toda la tienda, y no los halló.

31:35 Y ella dijo a su padre: No se enoje mi señor, porque no me puedo levantar delante de ti; pues estoy con la costumbre de las mujeres. Y él buscó, pero no halló los ídolos.

31:36 Entonces Iaakób se enojó, y riñó con Labán; y respondió Iaakób y dijo a Labán: ¿Qué trasgresión es la mía? ¿Cuál es mi pecado, para que con tanto ardor hayas venido en mi persecución?

31:37 Ya que has buscado en todas mis cosas, ¿qué has hallado de todos los enseres de tu casa? Ponlo aquí delante de mis hermanos y de los tuyos, y juzguen entre nosotros.

31:38 Estos veinte años he estado contigo; tus ovejas y tus cabras nunca abortaron, ni yo comí carnero de tus ovejas.

31:39 Nunca te traje lo arrebatado por las fieras: yo pagaba el daño; lo hurtado así de día como de noche, a mí me lo cobrabas.

31:40 De día me consumía el calor, y de noche la helada, y el sueño huía de mis ojos.

31:41 Así he estado veinte años en tu casa; catorce años te serví por tus dos hijas, y seis años por tu ganado, y has cambiado mi salario diez veces.

31:42 Si el Dios de mi padre, Dios de Abrahám y temor de Itzják, no estuviera conmigo, de cierto me enviarías ahora con las manos vacías; pero Dios vio mi aflicción y el trabajo de mis manos, y te reprendió anoche.

31:43 Respondió Labán y dijo a Iaakób: Las hijas son hijas mías, y los hijos, hijos míos son, y las ovejas son mis ovejas, y todo lo que tú ves es mío: ¿y qué puedo yo hacer hoy a estas mis hijas, o a sus hijos que ellas han dado a luz?

31:44 Y ahora vamos y hagamos pacto yo y tú, y sea por testimonio entre nosotros dos.

31:45 Entonces Iaakób tomó una piedra, y la levantó por señal.

31:46 Y dijo Iaakób a sus hermanos: Recojan piedras. Y tomaron piedras e hicieron un montículo, y comieron allí sobre aquel montículo.

31:47 Y lo llamó Labán, Iegár Sahadutá; y lo llamó Iaakób, Galéd.

31:48 Porque Labán dijo: Este montículo es testigo hoy entre nosotros dos; por eso fue llamado su nombre Galéd;

31:49 y Mizpáh, por cuanto dijo: Observe El Eterno entre tú y yo, cuando nos apartemos el uno del otro.

31:50 Si afligieres a mis hijas, o si tomares otras mujeres además de mis hijas, no habrá nadie entre nosotros; mira, Dios es testigo entre nosotros dos.

31:51 Dijo más Labán a Iaakób: He aquí este montículo, y he aquí esta señal, que he erigido entre tú y yo.

31:52 Testigo sea este montículo, y testigo sea este monumento, que ni yo pasaré de este montículo contra ti, ni tú pasarás de este montículo ni de este monumento contra mí, para mal.

31:53 El Dios de Abrahám y el Dios de Najór juzguen entre nosotros, el Dios de sus padres. Y Iaakób juró por aquel a quien temía Itzják su padre.

31:54 Entonces Iaakób ofrendó sacrificios en el monte, y llamó a sus hermanos a comer pan; y comieron pan, y durmieron aquella noche en el monte.

Capítulo 32

32:1 Y se levantó Labán de mañana, y besó sus hijos y sus hijas, y los bendijo; y regresó y se volvió a su lugar.

32:2 Iaakób siguió su camino, y le salieron al encuentro ángeles de Dios.

32:3 Y dijo Iaakób cuando los vio: Campamento de Dios es este; y llamó el nombre de aquel lugar Majanáim.

32:4 Y envió Iaakób mensajeros delante de sí a Esáv su hermano, a la tierra de Seír, campo de Edóm.

32:5 Y les mandó diciendo: Así dirán a mi señor Esáv: Así dice tu siervo Iaakób: Con Labán he morado, y me he detenido hasta ahora;

32:6 y tengo vacas, asnos, ovejas, y siervos y siervas; y envío a decirlo a mi señor, para hallar gracia en tus ojos.

32:7 Y los mensajeros volvieron a Iaakób, diciendo: Vinimos a tu hermano Esáv, y él también viene a recibirte, y cuatrocientos hombres con él.

32:8 Entonces Iaakób tuvo gran temor, y se angustió; y distribuyó el pueblo que tenía consigo, y las ovejas y las vacas y los camellos, en dos campamentos.

32:9 Y dijo: Si viene Esáv contra un campamento y lo ataca, el otro campamento escapará.

32:10 Y dijo Iaakób: Dios de mi padre Abrahám, y Dios de mi padre Itzják, El Eterno, que me dijiste: Vuélvete a tu tierra y a tu parentela, y yo te haré bien;

32:11 menor soy que todas las misericordias y que toda la verdad que has hecho para con tu siervo; pues con mi bastón pasé el Yardén, y ahora estoy sobre dos campamentos.

32:12 Líbrame ahora de la mano de mi hermano, de la mano de Esáv, porque le temo; no venga acaso y me hiera la madre con los hijos.

32:13 Y tú has dicho: Yo te haré bien, y tu descendencia será como la arena del mar, que no se puede contar por la multitud.

32:14 Y durmió allí aquella noche, y tomó de lo que le vino a la mano un presente para su hermano Esáv:

32:15 doscientas cabras y veinte machos cabríos, doscientas ovejas y veinte carneros,

32:16 treinta camellas amamantadoras con sus crías, cuarenta vacas y diez novillos, veinte asnas y diez borricos.

32:17 Y lo entregó a sus siervos, cada manada de por sí; y dijo a sus siervos: Pasad delante de mí, y poned espacio entre manada y manada.

32:18 Y mandó al primero, diciendo: Si Esáv mi hermano te encontrare, y te preguntare, diciendo: ¿De quién eres? ¿Y adónde vas? ¿Y para quién es esto que llevas delante de ti?

32:19 entonces dirás: Es un presente de tu siervo Iaakób, que envía a mi señor Esáv; y he aquí también él viene tras nosotros.

32:20 Mandó también al segundo, y al tercero, y a todos los que iban tras aquellas manadas, diciendo: Conforme a esto hablaréis a Esáv, cuando le hallareis.

32:21 Y dirán también: He aquí tu siervo Iaakób viene tras nosotros. Porque dijo: Apaciguaré su ira con el presente que va delante de mí, y despúes veré su rostro; quizá me perdone.

32:22 Pasó el presente delante de él; y él durmió aquella noche en el campamento.

32:23 Y se levantó aquella noche, y tomó sus dos mujeres, y sus dos siervas, y sus once hijos, y pasó el cruce de Iabók.

32:24 Los tomó, pues, e hizo pasar el arroyo a ellos y a todo lo que tenía.

32:25 Así se quedó Iaakób solo; y luchó con él un hombre hasta que rayaba el alba.

32:26 Y cuando vio que no podía con él, tocó en el sitio del encaje de su muslo, y se descoyuntó el muslo de Iaakób mientras con él luchaba.

32:27 Y dijo: Déjame, porque raya el alba. Y Iaakób le respondió: No te dejaré, si no me bendices.

32:28 Y el hombre le dijo: ¿Cuál es tu nombre? Y él respondió: Iaakób.

32:29 Y el hombre le dijo: No se dirá más tu nombre Iaakób, sino Israel; porque has luchado con un ángel y con los hombres, y has vencido.

32:30 Entonces Iaakób le preguntó, y dijo: Declárame ahora tu nombre. Y el hombre respondió: ¿Por qué me preguntas por mi nombre? Y lo bendijo allí.

32:31 Y llamó Iaakób el nombre de aquel lugar, Peniél; porque dijo: Vi a un ángel cara a cara, y fue librada mi alma.

32:32 Y cuando había pasado Penuél, le salió el sol; y cojeaba de su cadera.

32:33 Por esto no comen los hijos de Israel, hasta hoy día, del tendón que se contrajo, el cual está en el encaje del muslo; porque tocó a Iaakób este sitio de su muslo en el tendón escogido.

Capítulo 33

33:1 Alzando Iaakób sus ojos, miró, y he aquí venía Esáv, y los cuatrocientos hombres con él; entonces repartió él los niños entre Leáh y Rajél y las dos siervas.

33:2 Y puso las siervas y sus niños delante, luego a Leáh y sus niños, y a Rajél y a Ioséf los últimos.

33:3 Y él pasó delante de ellos y se inclinó a tierra siete veces, hasta que llegó a su hermano.

33:4 Pero Esáv corrió a su encuentro y le abrazó, y se echó sobre su cuello, y le besó; y lloraron.

33:5 Y alzó sus ojos y vio a las mujeres y los niños, y dijo: ¿Quiénes son éstos? Y él respondió: Son los niños que Dios ha dado a tu siervo.

33:6 Luego vinieron las siervas, ellas y sus niños, y se inclinaron.

33:7 Y vino Leáh con sus niños, y se inclinaron; y después llegó Ioséf y Rajél, y también se inclinaron.

33:8 Y Esáv dijo: ¿Qué te propones con todos estos grupos que he encontrado? Y Iaakób respondió: El hallar gracia en los ojos de mi señor.

33:9 Y dijo Esáv: Tengo mucho, hermano mío; sea para ti lo que es tuyo.

33:10 Y dijo Iaakób: No, yo te ruego; si he hallado ahora gracia en tus ojos, acepta mi presente, porque he visto tu rostro, como si hubiera visto el rostro de un ángel, ya que con tanto favor me has recibido.

33:11 Acepta, te ruego, mi presente que te he traído, porque Dios me ha hecho merced, y tengo de todo. E insistió con él, y éste lo tomó.

33:12 Y Esáv dijo: Anda, vamos; y yo iré delante de ti.

33:13 Y Iaakób le dijo: Mi señor sabe que los niños son tiernos, y que tengo ovejas y vacas paridas; y si las fatigan, en un día morirán todas las ovejas.

33:14 Pase ahora mi señor delante de su siervo, y yo me iré poco a poco al paso del ganado que va delante de mí y al paso de los niños, hasta que llegue a mi señor a Seír.

33:15 Y Esáv dijo: Dejaré ahora contigo de la gente que viene conmigo. Y Iaakób dijo: ¿Para qué me vas a dar esto? Tan sólo me basta hallar gracia en los ojos de mi señor.

33:16 Así volvió Esáv aquel día por su camino a Seír.

33:17 Y Iaakób fue a Sukót, y edificó allí casa para sí, e hizo cabañas para su ganado; por tanto, llamó el nombre de aquel lugar Sukót.

33:18 Después Iaakób llegó sano y salvo a la ciudad de Shéjem, que está en la tierra de Kenáan, cuando venía de Padán-Arám; y acampó delante de la ciudad.

33:19 Y compró una parte del campo, donde plantó su tienda, de mano de los hijos de Jamór padre de Shejém, por cien monedas.

33:20 Y erigió allí un altar, y lo llamó El-Elohéi-Israel.

Capítulo 34

34:1 Salió Dináh la hija de Leáh, la cual ésta había dado a luz a Iaakób, a ver a las hijas del país.

34:2 Y la vio Shejém hijo de Jamór jiví, príncipe de aquella tierra, y la tomó, y se acostó con ella, y la violó.

34:3 Pero su alma se apegó a Dináh la hija de Leáh, y se enamoró de la joven, y habló al corazón de ella.

34:4 Y habló Shejém a Jamór su padre, diciendo: Tómame por mujer a esta joven.

34:5 Pero oyó Iaakób que Shejém había amancillado a Dináh su hija; y estando sus hijos con su ganado en el campo, calló Iaakób hasta que ellos viniesen.

34:6 Y se dirigió Jamór padre de Shejém a Iaakób, para hablar con él.

34:7 Y los hijos de Iaakób vinieron del campo cuando lo supieron; y se entristecieron los hombres, y se enojaron mucho, porque hizo vileza en Israel acostándose con la hija de Iaakób, lo que no se debía haber hecho.

34:8 Y Jamór habló con ellos, diciendo: El alma de mi hijo Shejém se ha apegado a vuestra hija; les ruego que se la den por mujer.

34:9 Y cásense con nosotros; dennos sus hijas, y tomen ustedes las nuestras.

34:10 Y habiten con nosotros, porque la tierra estará delante de ustedes; habiten y negocien en ella, y tomen en ella posesión.

34:11 Shejém también dijo al padre de Dináh y a los hermanos de ella: Halle yo gracia en vuestros ojos, y daré lo que me digan.

34:12 Aumenten a cargo mío muchos dotes y dones, y yo daré cuanto me digan; con tal que me den la joven por mujer.

34:13 Pero respondieron los hijos de Iaakób a Shejém y a Jamór su padre con palabras astutas, por cuanto había amancillado a Dináh su hermana.

34:14 Y les dijeron: No podemos hacer esto de dar nuestra hermana a un hombre incircunciso, porque entre nosotros es abominación.

34:15 Más con esta condición los complaceremos: si van a ser como nosotros, que se circuncide entre ustedes todo hombre.

34:16 Entonces les daremos nuestras hijas, y tomaremos nosotros las de ustedes; y habitaremos con ustedes, y seremos un pueblo.

34:17 Más si no nos prestan oído para circuncidarse, tomaremos nuestra hija y nos iremos.

34:18 Y parecieron bien sus palabras a Jamór, y a Shejém hijo de Jamór.

34:19 Y no tardó el joven en hacer aquello, porque la hija de Iaakób le había agradado; y él era el más distinguido de toda la casa de su padre.

34:20 Entonces Jamór y Shejém su hijo vinieron a la puerta de su ciudad, y hablaron a los hombres de su ciudad, diciendo:

34:21 Estos hombres son pacíficos con nosotros, y habitarán en el país, y traficarán en él; pues he aquí la tierra es bastante ancha para ellos; nosotros tomaremos sus hijas por mujeres, y les daremos las nuestras.

34:22 Más con esta condición consentirán estos hombres en habitar con nosotros, para que seamos un pueblo: que se circuncide todo hombre entre nosotros, así como ellos son circuncidados.

34:23 Su ganado, sus bienes y todas sus bestias serán nuestros; solamente convengamos con ellos, y habitarán con nosotros.

34:24 Y obedecieron a Jamór y a Shejém su hijo todos los que salían por la puerta de la ciudad, y circuncidaron a todo hombre, a cuantos salían por la puerta de su ciudad.

34:25 Pero sucedió que al tercer día, cuando sentían ellos el mayor dolor, dos de los hijos de Iaakób, Shimón y Leví, hermanos de Dináh, tomaron cada uno su espada, y vinieron contra la ciudad, que estaba desprevenida, y mataron a todo hombre.

34:26 Y a Jamór y a Shejém su hijo los mató a filo de espada; y tomaron a Dináh de casa de Shejém, y se fueron.

34:27 Y los hijos de Iaakób vinieron a los muertos, y saquearon la ciudad, por cuanto habían amancillado a su hermana.

34:28 Tomaron sus ovejas y vacas y sus asnos, y lo que había en la ciudad y en el campo,

34:29 y todos sus bienes; llevaron cautivos a todos sus niños y sus mujeres, y sacaron todo lo que había en casa.

34:30 Entonces dijo Iaakób a Shimón y a Leví: Me han turbado con hacerme abominable a los moradores de esta tierra, el kenaaní y el perizí; y teniendo yo pocos hombres, se juntarán contra mí y me atacarán, y seré destruido yo y mi casa.

34:31 Pero ellos respondieron: ¿Había él de tratar a nuestra hermana como a una prostituta?

Capítulo 35

35:1 Dijo Dios a Iaakób: Levántate y sube a Bet-El, y quédate allí; y haz allí un altar al Dios que te apareció cuando huías de tu hermano Esáv.

35:2 Entonces Iaakób dijo a su familia y a todos los que con él estaban: Quiten los dioses ajenos que hay entre ustedes, y purifíquense, y cámbiense sus vestidos.

35:3 Y levantémonos, y subamos a Bet-El; y haré allí altar al Dios que me respondió en el día de mi angustia, y ha estado conmigo en el camino que he andado.

35:4 Así dieron a Iaakób todos los dioses ajenos que había en poder de ellos, y los aretes que estaban en sus orejas; y Iaakób los escondió debajo de una encina que estaba junto a Shejém.

35:5 Y salieron, y el terror de Dios estuvo sobre las ciudades que había en sus alrededores, y no persiguieron a los hijos de Iaakób.

35:6 Y llegó Iaakób a Luz, que está en tierra de Kenáan (esta es Bet-El), él y todo el pueblo que con él estaba.

35:7 Y edificó allí un altar, y llamó al lugar El-Bet-El, porque allí le había aparecido Dios, cuando huía de su hermano.

35:8 Entonces murió Deboráh, nodriza de Ribkáh, y fue sepultada al pie de Bet-El, debajo de una encina, la cual fue llamada Alón-Bajút.

35:9 Apareció otra vez Dios a Iaakób, cuando había vuelto de Padán-Arám, y le bendijo.

35:10 Y le dijo Dios: Tu nombre es Iaakób; no se llamará más tu nombre Iaakób, sino Israel será tu nombre; y llamó su nombre Israel.

35:11 También le dijo Dios: Yo soy el Dios omnipotente: crece y multiplícate; una nación y congregación de naciones procederán de ti, y reyes saldrán de tu simiente.

35:12 La tierra que he dado a Abrahám y a Itzják, la daré a ti, y a tu descendencia después de ti daré la tierra.

35:13 Y se fue de él Dios, del lugar en donde había hablado con él.

35:14 Y Iaakób erigió una señal en el lugar donde había hablado con él, un monumento de piedra, y derramó sobre ella libación, y echó sobre ella aceite.

35:15 Y llamó Iaakób el nombre de aquel lugar donde Dios había hablado con él, Bet-El.

35:16 Después partieron de Bet-El; y había aún como media legua de tierra para llegar a Efrát, cuando dio a luz Rajél, y hubo dificultad en su parto.

35:17 Y aconteció, como había dificultad en su parto, que le dijo la partera: No temas, que también tendrás este hijo.

35:18 Y aconteció que al salírsele el alma (pues murió), llamó su nombre Benóni; mas su padre lo llamó Biniamín.

35:19 Así murió Rajél, y fue sepultada en el camino de Efrát, la cual es Bet Léjem.

35:20 Y levantó Iaakób un monumento sobre su sepultura; este es el monumento de la sepultura de Rajél hasta hoy.

35:21 Y salió Israel, y plantó su tienda más allá de Migdal-Eder.

35:22 Aconteció que cuando moraba Israel en aquella tierra, fue Reubén y durmió con Bilháh la concubina de su padre; lo cual llegó a saber Israel. Ahora bien, los hijos de Israel fueron doce:

35:23 los hijos de Leáh: Reubén el primogénito de Iaakób; Shimón, Leví, Iehudáh, Isajár y Zebulún.

35:24 Los hijos de Rajél: Ioséf y Biniamín.

35:25 Los hijos de Bilháh, sierva de Rajél: Dan y Naftalí.

35:26 Y los hijos de Zilpáh, sierva de Leáh: Gad y Ásher. Estos fueron los hijos de Iaakób, que le nacieron en Padán-Arám.

35:27 Después vino Iaakób a Itzják su padre a Mamré, a Kiriát Arba, que es Jebrón, donde habitaron Abrahám e Itzják.

35:28 Y fueron los días de Itzják ciento ochenta años.

35:29 Y exhaló el espíritu Itzják, y murió, y fue reunido a su pueblo, viejo y lleno de días; y lo sepultaron Esáv y Iaakób sus hijos.

Capítulo 36

36:1 Estas son las generaciones de Esáv, el cual es Edóm:

36:2 Esáv tomó sus mujeres de las hijas de kenáan: a Adáh, hija de Elón jití, a Ahalibamáh, hija de Anáh, hijo de Tzibon jiví,

36:3 y a Basemát hija de Ishmaél, hermana de Nebaiót.

36:4 Adáh dio a luz a Esáv a Elifáz; y Basemát dio a luz a Reuél.

36:5 Y Ahalibamáh dio a luz a Ieish, a Ialám y a Kóraj; estos son los hijos de Esáv, que le nacieron en la tierra de Kenáan.

36:6 Y Esáv tomó sus mujeres, sus hijos y sus hijas, y todas las personas de su casa, y sus ganados, y todas sus animales, y todo cuanto había adquirido en la tierra de Kenáan, y se fue a otra tierra, separándose de Iaakób su hermano.

36:7 Porque los bienes de ellos eran muchos; y no podían habitar juntos, ni la tierra en donde moraban los podía sostener a causa de sus ganados.

36:8 Y Esáv habitó en el monte de Seír; Esáv es edóm.

36:9 Estos son los descendientes de Esáv, padre de edóm, en el monte de Seír.

36:10 Estos son los nombres de los hijos de Esáv: Elifáz, hijo de Adáh mujer de Esáv; Reuél, hijo de Basemát mujer de Esáv.

36:11 Y los hijos de Elifáz fueron Teimán, Omár, Tzefó, Gatám y Kenáz.

36:12 Y Timna fue concubina de Elifáz hijo de Esáv, y ella le dio a luz a Amalék; estos son los hijos de Adáh, mujer de Esáv.

36:13 Los hijos de Reuél fueron Nájat, Zéraj, Shamáh y Mizáh; estos son los hijos de Basemát mujer de Esáv.

36:14 Estos fueron los hijos de Ahalibamáh mujer de Esáv, hija de Anáh, que fue hija de Tzibon: ella dio a luz a Ieush, Ialám y Kóraj, hijos de Esáv.

36:15 Estos son los jefes de entre los hijos de Esáv: hijos de Elifáz, primogénito de Esáv: los jefes Teimán, Omár, Tzefó, Kenáz,

36:16 Kóraj, Gatám y Amalék; estos son los jefes de Elifáz en la tierra de Edóm; estos fueron los hijos de Adáh.

36:17 Y estos son los hijos de Reuél, hijo de Esáv: los jefes Nájat, Zéraj, Shamáh y Mizáh; estos son los jefes de la línea de Reuél en la tierra de Edóm; estos hijos vienen de Basemát mujer de Esáv.

36:18 Y estos son los hijos de Ahalibamáh mujer de Esáv: los jefes Ieush, Ialám y Kóraj; estos fueron los jefes que salieron de Ahalibamáh mujer de Esáv, hija de Anáh.

36:19 Y estos son los hijos de Esáv, y sus jefes; él es Edóm.

36:20 Estos son los hijos de Seír el jorí, moradores de aquella tierra: Lotán, Shobál, Tzibon, Anáh,

36:21 Dishón, Étzer y Dishán; estos son los jefes de los jorím, hijos de Seír, en la tierra de Edóm.

36:22 Los hijos de Lotán fueron Jorí y Heimám; y Timna fue hermana de Lotán.

36:23 Los hijos de Shobál fueron Alván, Manájat, Eibál, Shefó y Onám.

36:24 Y los hijos de Tzibon fueron Ayáh y Anáh. Este Anáh es el que descubrió manantiales en el desierto, cuando apacentaba los asnos de Tzibon su padre.

36:25 Los hijos de Anáh fueron Dishón, y Ahalibamáh hija de Anáh.

36:26 Estos fueron los hijos de Dishán: Jemdán, Eshbán, Itrán y Jerán.

36:27 Y estos fueron los hijos de Étzer: Bilhán, Zaaván y Akán.

36:28 Estos fueron los hijos de Dishán: Utz y Arán.

36:29 Y estos fueron los jefes de los jorí: los jefes Lotán, Shobál, Tzibon, Anáh,

36:30 Dishón, Étzer y Dishán; estos fueron los jefes de los jorí, por sus mandos en la tierra de Seír.

36:31 Y los reyes que reinaron en la tierra de Edóm, antes que reinase rey sobre los hijos de Israel, fueron estos:

36:32 Belá hijo de Beor reinó en Edóm; y el nombre de su ciudad fue Dinhábah.

36:33 Murió Belá, y reinó en su lugar Iobáb hijo de Zéraj, de Batzérah.

36:34 Murió Iobáb, y en su lugar reinó Jushám, de tierra de los teimaní.

36:35 Murió Jushám, y reinó en su lugar Hadád hijo de Bedád, el que derrotó a Midián en el campo de Moáb; y el nombre de su ciudad fue Avít.

36:36 Murió Hadád, y en su lugar reinó Samláh de Masreká.

36:37 Murió Samláh, y reinó en su lugar Shaúl de Rejobót-hanahár.

36:38 Murió Shaúl, y en lugar suyo reinó Báal-janán hijo de Ajbór.

36:39 Y murió Báal-janán hijo de Ajbór, y reinó Hadár en lugar suyo; y el nombre de su ciudad fue Páu; y el nombre de su mujer, Meheitabél hija de Matréd, hija de Méi-zaháb.

36:40 Y estos son los nombres de los jefes de Esáv por sus familias, por sus lugares, y sus nombres: Timna, Alváh, Ietét,

36:41 Ahalibamáh, Eláh, Pinón,

36:42 Kenáz, Teimán, Mibtzár,

36:43 Magdiél e Irám. Estos fueron los jefes de Edóm según sus moradas en la tierra de su posesión. Edóm es el mismo Esáv, padre de los edomítas.

Capítulo 37

37:1 Y habitó Iaakób en la tierra donde había morado su padre, en la tierra de Kenáan.

37:2 Esta es la historia de la familia de Iaakób: Ioséf, siendo de edad de diecisiete años, apacentaba las ovejas con sus hermanos; y el joven estaba con los hijos de Bilháh y con los hijos de Zilpáh, mujeres de su padre; e informaba Ioséf a su padre malos informes de ellos.

37:3 Y amaba Israel a Ioséf más que a todos sus hijos, porque lo había tenido en su vejez; y le hizo una túnica de diversos colores.

37:4 Y viendo sus hermanos que su padre lo amaba más que a todos sus hermanos, comenzaron a odiarlo, y no podían hablarle pacíficamente.

37:5 Y soñó Ioséf un sueño, y lo contó a sus hermanos; y ellos llegaron a odiarle más todavía.

37:6 Y él les dijo: Escuchen ahora este sueño que he soñado:

37:7 He aquí que atábamos gavillas en medio del campo, y he aquí que mi gavilla se levantaba y estaba derecha, y que vuestras gavillas estaban alrededor y se inclinaban al mío.

37:8 Le respondieron sus hermanos: ¿Reinarás tú sobre nosotros, o dominarás sobre nosotros? Y lo odiaron aun más a causa de sus sueños y sus palabras.

37:9 Soñó aun otro sueño, y lo contó a sus hermanos, diciendo: He aquí que he soñado otro sueño, y he aquí que el sol y la luna y once estrellas se inclinaban a mí.

37:10 Y lo contó a su padre y a sus hermanos; y su padre le reprendió, y le dijo: ¿Qué sueño es este que soñaste? ¿Acaso vendremos yo y tu madre y tus hermanos a postrarnos en tierra ante ti?

37:11 Y sus hermanos le tenían envidia, mas su padre meditaba en esto.

37:12 Después fueron sus hermanos a apacentar las ovejas de su padre en Shéjem.

37:13 Y dijo Israel a Ioséf: Tus hermanos apacientan las ovejas en Shéjem: ven, y te enviaré a ellos. Y él respondió: Heme aquí.

37:14 E Israel le dijo: Ve ahora, mira cómo están tus hermanos y cómo están las ovejas, y tráeme la respuesta. Y lo envió del valle de Jebrón, y llegó a Shéjem.

37:15 Y lo halló un hombre, andando él errante por el campo, y le preguntó aquel hombre, diciendo: ¿Qué buscas?

37:16 Ioséf respondió: Busco a mis hermanos; te ruego que me muestres dónde están apacentando.

37:17 Aquel hombre respondió: Ya se han ido de aquí; y yo les oí decir: Vamos a Dotán. Entonces Ioséf fue tras de sus hermanos, y los halló en Dotán.

37:18 Cuando ellos lo vieron de lejos, antes que llegara cerca de ellos, conspiraron contra él para matarle.

37:19 Y dijeron el uno al otro: He aquí viene el soñador.

37:20 Y ahora vamos y matémoslo y echémoslo en un pozo, y diremos: Alguna bestia feroz lo devoró; y veremos qué será de sus sueños.

37:21 Cuando Reubén oyó esto, lo libró de sus manos, y dijo: No lo matemos.

37:22 Y les dijo Reubén: No derramen sangre; échenlo en este pozo que está en el desierto, y no pongan mano en él; por librarlo así de sus manos, para hacerlo volver a su padre.

37:23 Y sucedió que cuando llegó Ioséf a sus hermanos, ellos quitaron a Ioséf su túnica, la túnica de colores que tenía sobre sí;

37:24 y le tomaron y le echaron en el pozo; pero el pozo estaba vacío, no había en ella agua.

37:25 Y se sentaron a comer pan; y alzando los ojos miraron, y he aquí una caravana de ish-meelím que venía de Guilad, y sus camellos traían aromas, bálsamo y mirra, e iban a llevarlo a Egipto.

37:26 Entonces Iehudáh dijo a sus hermanos: ¿Qué provecho hay en que matemos a nuestro hermano y encubramos su muerte?

37:27 Vengan, y vendámoslo a los ishmeelím, y no sea nuestra mano sobre él; porque él es nuestro hermano, nuestra propia carne. Y sus hermanos convinieron con él.

37:28 Y cuando pasaban los mercaderes midianím, sacaron ellos a Ioséf del pozo, y le trajeron arriba. Y le vendieron a los ishmeelím por veinte piezas de plata. Y llevaron a Ioséf a Egipto.

37:29 Después Reubén volvió al pozo, y no halló a Ioséf dentro, y rasgó sus vestidos.

37:30 Y volvió a sus hermanos, y dijo: El joven no está con nosotros; y yo, ¿adónde iré yo?

37:31 Entonces tomaron ellos la túnica de Ioséf, y degollaron un cabrito de las cabras, y tiñeron la túnica con la sangre;

37:32 y enviaron la túnica de colores y la trajeron a su padre, y dijeron: Esto hemos hallado; reconoce ahora si es la túnica de tu hijo, o no.

37:33 Y él la reconoció, y dijo: La túnica de mi hijo es; alguna mala bestia lo devoró; Ioséf ha sido despedazado.

37:34 Entonces Iaakób rasgó sus vestidos, y se puso un saco sobre sus lomos, y guardó luto por su hijo muchos días.

37:35 Y se levantaron todos sus hijos y todas sus hijas para consolarlo; mas él no quiso recibir consuelo, y dijo: Hasta el día de mi sepultura estaré enlutado por mi hijo. Y lo lloró su padre.

37:36 Y los midianím lo vendieron en Egipto a Pótifar, oficial de Faraón, maestro de los matarifes.

Capítulo 38

38:1 Aconteció en aquel tiempo, que Iehudáh bajó de sus hermanos, y se dirigió a un hombre adulamí que se llamaba Jiráh.

38:2 Y vio allí Iehudáh la hija de un hombre kenaaní, el cual se llamaba Shua; y la tomó, y se llegó a ella.

38:3 Y ella concibió, y dio a luz un hijo, y llamó su nombre Er.

38:4 Concibió otra vez, y dio a luz un hijo, y llamó su nombre Onán.

38:5 Y volvió a concebir, y dio a luz un hijo, y llamó su nombre Sheláh. Y estaba en Jezib cuando lo dio a luz.

38:6 Después Iehudáh tomó mujer para su primogénito Er, la cual se llamaba Tamár.

38:7 Y Er, el primogénito de Iehudáh, fue malo ante los ojos de El Eterno, y le quitó El Eterno la vida.

38:8 Entonces Iehudáh dijo a Onán: Llégate a la mujer de tu hermano, y despósate con ella, y levanta descendencia a tu hermano.

38:9 Y sabiendo Onán que la descendencia no había de ser suya, sucedía que cuando se llegaba a la mujer de su hermano, eyaculaba en tierra, por no dar descendencia a su hermano.

38:10 Y desagradó en ojos de El Eterno lo que hacía, y a él también le quitó la vida.

38:11 Y Iehudáh dijo a Tamár su nuera: Quédate viuda en casa de tu padre, hasta que crezca Sheláh mi hijo; porque dijo: No sea que muera él también como sus hermanos. Y se fue Tamár, y estuvo en casa de su padre.

38:12 Pasaron muchos días, y murió la hija de Shua, mujer de Iehudáh. Después Iehudáh se consoló, y subía a los trasquiladores de sus ovejas a Timnát, él y su amigo Jiráh el adulamí.

38:13 Y fue dado aviso a Tamár, diciendo: He aquí tu suegro sube a Timnát a trasquilar sus ovejas.

38:14 Entonces se quitó ella los vestidos de su viudez, y se cubrió con un velo, y se cubrió, y se puso en la bifurcación que está en el camino a Timnát; porque veía que había crecido Sheláh, y ella no era dada a él por mujer.

38:15 Y la vio Iehudáh, y la tuvo por ramera, porque ella había cubierto su rostro.

38:16 Y se apartó del camino hacia ella, y le dijo: Déjame ahora llegarme a ti: pues no sabía que era su nuera; y ella dijo: ¿Qué me darás por llegarte a mí?

38:17 El respondió: Yo te enviaré del ganado un cabrito de las cabras. Y ella dijo: Dame una prenda hasta que lo envíes.

38:18 Entonces Iehudáh dijo: ¿Qué prenda te daré? Ella respondió: Tu sello, tu chal, y tu bastón que tienes en tu mano. Y él se los dio, y se llegó a ella, y ella concibió de él.

38:19 Luego se levantó y se fue, y se quitó el velo de sobre sí, y se vistió las ropas de su viudez.

38:20 Y Iehudáh envió el cabrito de las cabras por medio de su amigo el adulamí, para que éste recibiese la prenda de la mujer; pero no la halló.

38:21 Y preguntó a los hombres de aquel lugar, diciendo: ¿Dónde está la ramera de la bifurcación? Y ellos le dijeron: No ha estado aquí ramera alguna.

38:22 Entonces él se volvió a Iehudáh, y dijo: No la he hallado; y también los hombres del lugar dijeron: Aquí no ha estado ramera.

38:23 Y Iehudáh dijo: Tómeselo para sí, para que no seamos menospreciados; he aquí yo he enviado este cabrito, y tú no la hallaste.

38:24 Sucedió que al cabo de unos tres meses fue dado aviso a Iehudáh, diciendo: Tamár tu nuera se ha prostituído, y ciertamente está embarazada a causa de su prostitución. Y Iehudáh dijo: Sáquenla, y quémenla.

38:25 Pero ella, cuando la sacaban, envió a decir a su suegro: Del hombre cuyas son estas cosas, estoy encinta. También dijo: Reconoce de quién son estas cosas, el sello, el chal y el bastón.

38:26 Entonces Iehudáh los reconoció, y dijo: Más justa es ella que yo, por cuanto no la he dado a Sheláh mi hijo. Y nunca más la conoció.

38:27 Y aconteció que al tiempo de dar a luz, he aquí había gemelos en su seno.

38:28 Sucedió cuando daba a luz, que sacó la mano el uno, y la partera tomó y ató a su mano un hilo carmesí, diciendo: Este salió primero.

38:29 Pero volviendo él a meter la mano, he aquí salió su hermano; y ella dijo: ¡Con cuanta fuerza te impusiste! Y llamó su nombre Páretz.

38:30 Después salió su hermano, el que tenía en su mano el hilo carmesí, y llamó su nombre Záraj.

Capítulo 39

39:1 Y fue llevado Ioséf a Egipto. Pótifar oficial de Faraón, maestro de los matarifes, hombre egipcio, lo compró de los ishmeelím que lo habían llevado allá.

39:2 Más El Eterno estaba con Ioséf, y fue hombre próspero; y estaba en la casa de su amo el egipcio.

39:3 Y vio su amo que El Eterno estaba con él, y que todo lo que él hacía, El Eterno lo hacía prosperar en su mano.

39:4 Así halló Ioséf gracia en sus ojos, y le servía; y él le hizo mayordomo de su casa y entregó en su poder todo lo que tenía.

39:5 Y aconteció que desde cuando le dio el encargo de su casa y de todo lo que tenía, El Eterno bendijo la casa del egipcio a causa de Ioséf, y la bendición de El Eterno estaba sobre todo lo que tenía, así en casa como en el campo.

39:6 Y dejó todo lo que tenía en mano de Ioséf, y con él no se preocupaba de cosa alguna sino del pan que comía. Y era Ioséf de hermoso semblante y bella presencia.

39:7 Aconteció después de esto, que la mujer de su amo puso sus ojos en Ioséf, y dijo: Duerme conmigo.

39:8 Y él no quiso, y dijo a la mujer de su amo: He aquí que mi señor no se preocupa conmigo de lo que hay en casa, y ha puesto en mi mano todo lo que tiene.

39:9 No hay otro mayor que yo en esta casa, y ninguna cosa me ha reservado sino a ti, por cuanto tú eres su mujer; ¿cómo haría yo este gran mal, y pecaría contra Dios?

39:10 Hablando ella a Ioséf cada día, y no escuchándola él para acostarse al lado de ella, para estar con ella,

39:11 aconteció que entró él un día en casa para hacer su oficio, y no había nadie de los de casa allí.

39:12 Y ella lo tomó por su ropa, diciendo: Duerme conmigo. Entonces él dejó su ropa en las manos de ella, y huyó y salió.

39:13 Cuando vio ella que le había dejado su ropa en sus manos, y había huido fuera,

39:14 llamó a los de casa, y les habló diciendo: Miren, nos ha traído un hebreo para que hiciese burla de nosotros. Vino él a mí para dormir conmigo, y yo di grandes voces;

39:15 y viendo que yo alzaba la voz y gritaba, dejó junto a mí su ropa, y huyó y salió.

39:16 Y ella puso junto a sí la ropa de Ioséf, hasta que vino su señor a su casa.

39:17 Entonces le habló ella las mismas palabras, diciendo: El siervo hebreo que nos trajiste, vino a mí para deshonrarme.

39:18 Y cuando yo alcé mi voz y grité, él dejó su ropa junto a mí y huyó fuera.

39:19 Y sucedió que cuando oyó el amo de Ioséf las palabras que su mujer le hablaba, diciendo: Así me ha tratado tu siervo, se encendió su furor.

39:20 Y tomó su amo a Ioséf, y lo puso en la cárcel, donde estaban los presos del rey, y estuvo allí en la cárcel.

39:21 Pero El Eterno estaba con Ioséf y le extendió su misericordia, y le dio gracia en los ojos del jefe de la cárcel.

39:22 Y el jefe de la cárcel entregó en mano de Ioséf el cuidado de todos los presos que había en aquella prisión; todo lo que se hacía allí, él lo hacía.

39:23 No necesitaba atender el jefe de la cárcel cosa alguna de las que estaban al cuidado de Ioséf, porque El Eterno estaba con Ioséf, y lo que él hacía, El Eterno hacía que tenga éxito.

Capítulo 40

40:1 Aconteció después de estas cosas, que el copero del rey de Egipto y el panadero delinquieron contra su señor el rey de Egipto.

40:2 Y se enojó Faraón contra sus dos cortesanos, contra el jefe de los coperos y contra el jefe de los panaderos,

40:3 y los puso en la guardia en la casa del maestro de matarifes, en la cárcel donde Ioséf estaba preso.

40:4 Y el maestro de los matarifes encargó de ellos a Ioséf, y él les servía; y estuvieron un periodo de días en la prisión.

40:5 Y ambos, el copero y el panadero del rey de Egipto, que estaban arrestados en la prisión, tuvieron un sueño, cada uno su propio sueño en una misma noche, cada uno con su propio significado.

40:6 Vino a ellos Ioséf por la mañana, y los miró, y he aquí que estaban tristes.

40:7 Y él preguntó a aquellos oficiales de Faraón, que estaban con él en la prisión de la casa de su señor, diciendo: ¿Por qué parecen hoy mal vuestros semblantes?

40:8 Ellos le dijeron: Hemos tenido un sueño, y no hay quien lo interprete. Entonces les dijo Ioséf: ¿No son de Dios las interpretaciones? Cuéntenmelo ahora.

40:9 Entonces el jefe de los coperos contó su sueño a Ioséf, y le dijo: Yo soñaba que veía una vid delante de mí,

40:10 y en la vid tres ramas; y ella como que brotaba, y arrojaba su flor, viniendo a madurar sus racimos de uvas.

40:11 Y que la copa de Faraón estaba en mi mano, y tomaba yo las uvas y las exprimía en la copa de Faraón, y daba yo la copa en mano de Faraón.

40:12 Y le dijo Ioséf: Esta es su interpretación: las tres ramas son tres días.

40:13 Al cabo de tres días levantará Faraón tu cabeza, y te restituirá a tu puesto, y darás la copa a Faraón en su mano, como solías hacerlo cuando eras su copero.

40:14 Acuérdate de mí cuando te vaya bien, y te ruego que hagas bondad conmigo, y hagas mención de mí a Faraón, y me saques de esta casa.

40:15 Porque fui raptado de la tierra de los hebreos; y tampoco he hecho aquí nada por qué me pusiesen en la cárcel.

40:16 Viendo el jefe de los panaderos que había interpretado para bien, dijo a Ioséf: También yo soñé que veía tres canastillos blancos sobre mi cabeza.

40:17 En el canastillo más alto había de toda clase de manjares de pastelería para Faraón; y las aves las comían del canastillo de sobre mi cabeza.

40:18 Entonces respondió Ioséf, y dijo: Esta es su interpretación: Los tres canastillos tres días son.

40:19 Al cabo de tres días quitará Faraón tu cabeza de sobre ti, y te hará colgar en la horca, y las aves comerán tu carne de sobre ti.

40:20 Al tercer día, que era el día del cumpleaños de Faraón, el rey hizo banquete a todos sus sirvientes; y contó al jefe de los coperos y al jefe de los panaderos, entre sus servidores.

40:21 E hizo volver a su oficio al jefe de los coperos, y dio éste la copa en mano de Faraón.

40:22 Mas hizo ahorcar al jefe de los panaderos, como lo había interpretado Ioséf.

40:23 Y el jefe de los coperos no se acordó de Ioséf, sino que se olvido de él.

Capítulo 41

41:1 Aconteció que pasados dos años tuvo Faraón un sueño donde le parecía que estaba junto al río;

41:2 y que del río subían siete vacas, hermosas a la vista, y muy gordas, y pastaban en el prado.

41:3 Y que tras ellas subían del río otras siete vacas de feo aspecto y flacas, y se pararon cerca de las vacas hermosas a la orilla del río;

41:4 y que las vacas de feo aspecto y flacas devoraban a las siete vacas hermosas y muy gordas. Y despertó Faraón.

41:5 Se durmió de nuevo, y soñó la segunda vez: Que siete espigas llenas y hermosas crecían de una sola caña,

41:6 y que después de ellas salían otras siete espigas delgadas y marchitas del viento del este;

41:7 y las siete espigas delgadas devoraban a las siete espigas gruesas y llenas. Y despertó Faraón, y he aquí que era un sueño.

41:8 Sucedió que por la mañana estaba agitado su espíritu, y envió e hizo llamar a todos los magos de Egipto, y a todos sus sabios; y les contó Faraón sus sueños, mas no había quien los pudiese interpretar a Faraón.

41:9 Entonces el jefe de los coperos habló a Faraón, diciendo: Me acuerdo hoy de mis faltas.

41:10 Cuando Faraón se enojó contra sus siervos, nos echó a la prisión de la casa del capitán de la guardia a mí y al jefe de los panaderos.

41:11 Y él y yo tuvimos un sueño en la misma noche, y cada sueño tenía su propio significado.

41:12 Estaba allí con nosotros un joven hebreo, siervo del maestro de los matarifes; y se lo contamos, y él nos interpretó nuestros sueños, y declaró a cada uno conforme a su sueño.

41:13 Y aconteció que como él nos los interpretó, así fue: yo fui restablecido en mi puesto, y el otro fue colgado.

41:14 Entonces Faraón envió y llamó a Ioséf. Y lo sacaron apresuradamente de la cárcel, y se afeitó, y mudó sus vestidos, y vino a Faraón.

41:15 Y dijo Faraón a Ioséf: Yo he tenido un sueño, y no hay quien lo interprete; mas he oído decir de ti, que oyes sueños para interpretarlos.

41:16 Respondió Ioséf a Faraón, diciendo: No está en mí; Dios será el que de respuesta propicia a Faraón.

41:17 Entonces Faraón dijo a Ioséf: En mi sueño me parecía que estaba a la orilla del río;

41:18 y que del río subían siete vacas de gruesas carnes y hermosa apariencia, que pacían en el prado.

41:19 Y que otras siete vacas subían después de ellas, flacas y de muy feo aspecto; tan debilitadas, que no he visto otras semejantes en fealdad en toda la tierra de Egipto.

41:20 Y las vacas flacas y feas devoraban a las siete primeras vacas gordas;

41:21 y éstas entraban en sus entrañas, mas no se conocía que hubiesen entrado, porque la apariencia de las flacas era aún mala, como al principio. Y yo desperté.

41:22 Vi también soñando, que siete espigas crecían en una misma caña, llenas y hermosas.

41:23 Y que otras siete espigas delgadas, marchitas, abatidas del viento del éste, crecían después de ellas;

41:24 y las espigas delgadas devoraban a las siete espigas hermosas; y lo he dicho a los magos, mas no hay quien me lo interprete.

41:25 Entonces respondió Ioséf a Faraón: El sueño de Faraón es uno mismo; Dios ha mostrado a Faraón lo que va a hacer.

41:26 Las siete vacas hermosas siete años son; y las espigas hermosas son siete años: el sueño es uno mismo.

41:27 También las siete vacas flacas y feas que subían tras ellas, son siete años; y las siete espigas delgadas y marchitas del viento del este, siete años serán de hambre.

41:28 Esto es lo que respondo a Faraón. Lo que Dios va a hacer, lo ha mostrado a Faraón.

41:29 He aquí vienen siete años de gran abundancia en toda la tierra de Egipto.

41:30 Y tras ellos seguirán siete años de hambre; y toda la abundancia será olvidada en la tierra de Egipto, y el hambre consumirá la tierra.

41:31 Y aquella abundancia no se echará de ver, a causa del hambre siguiente la cual será gravísima.

41:32 Y el suceder el sueño a Faraón dos veces, significa que la cosa es firme de parte de Dios, y que Dios se apresura a hacerla.

41:33 Por tanto, provéase ahora Faraón de un hombre prudente y sabio, y póngalo sobre la tierra de Egipto.

41:34 Haga esto Faraón, y ponga gobernadores sobre el país, y prepare la tierra de Egipto en los siete años de la abundancia.

41:35 Y junten toda la provisión de estos buenos años que vienen, y recojan el trigo bajo la mano de Faraón para mantenimiento de las ciudades; y guárdenlo.

41:36 Y esté aquella provisión en depósito para el país, para los siete años de hambre que habrá en la tierra de Egipto; y el país no perecerá de hambre.

41:37 El asunto pareció bien a Faraón y a sus siervos,

41:38 y dijo Faraón a sus siervos: ¿Acaso hallaremos a otro hombre como éste, en quien esté el espíritu de Dios?

41:39 Y dijo Faraón a Ioséf: Pues que Dios te ha hecho saber todo esto, no hay entendido ni sabio como tú.

41:40 Tú estarás sobre mi casa, y por tu palabra se gobernará todo mi pueblo; solamente en el trono seré yo mayor que tú.

41:41 Dijo además Faraón a Ioséf: He aquí yo te he puesto sobre toda la tierra de Egipto.

41:42 Entonces Faraón quitó su anillo de su mano, y lo puso en la mano de Ioséf, y lo hizo vestir de ropas de lino finísimo, y puso un collar de oro en su cuello;

41:43 y lo hizo subir en su segundo carro, y pregonaron delante de él: ¡Consejero del rey! ; y lo puso sobre toda la tierra de Egipto.

41:44 Y dijo Faraón a Ioséf: Yo soy Faraón; y sin ti ninguno alzará su mano ni su pie en toda la tierra de Egipto.

41:45 Y llamó Faraón el nombre de Ioséf, Tzafenát Paenéaj; y le dio por mujer a Asenát, hija de Póti-féra sacerdote de On. Y salió Ioséf por toda la tierra de Egipto.

41:46 Era Ioséf de edad de treinta años cuando fue presentado delante de Faraón rey de Egipto; y salió Ioséf de delante de Faraón, y recorrió toda la tierra de Egipto.

41:47 En aquellos siete años de abundancia la tierra produjo a montones.

41:48 Y él reunió todo el alimento de los siete años de abundancia que hubo en la tierra de Egipto, y guardó alimento en las ciudades, poniendo en cada ciudad el alimento del campo de sus alrededores.

41:49 Recogió Ioséf trigo como arena del mar, mucho en extremo, hasta no poderse contar, porque no tenía número.

41:50 Y nacieron a Ioséf dos hijos antes que viniese el primer año del hambre, los cuales le dio a luz Asenát, hija de Póti-féra sacerdote de On.

41:51 Y llamó Ioséf el nombre del primogénito, Menashéh; porque dijo: Dios me hizo olvidar todo mi trabajo, y toda la casa de mi padre.

41:52 Y llamó el nombre del segundo, Efráim; porque dijo: Dios me hizo fructificar en la tierra de mi aflicción.

41:53 Así se cumplieron los siete años de abundancia que hubo en la tierra de Egipto.

41:54 Y comenzaron a venir los siete años del hambre, como Ioséf había dicho; y hubo hambre en todos los países, mas en toda la tierra de Egipto había pan.

41:55 Cuando se sintió el hambre en toda la tierra de Egipto, el pueblo clamó a Faraón por pan. Y dijo Faraón a todos los egipcios: Vayan a Ioséf, y hagan lo que él les diga.

41:56 Y el hambre estaba por toda la extensión del país. Entonces abrió Ioséf todo granero donde había, y vendía a los egipcios; porque había crecido el hambre en la tierra de Egipto.

41:57 Y de toda la tierra venían a Egipto para comprar de Ioséf, porque era fuerte el hambre en toda la tierra.

Capítulo 42

42:1 Viendo Iaakób que en Egipto había alimentos, dijo a sus hijos: ¿Por que se están mirando?

42:2 Y dijo: He aquí, yo he oído que hay víveres en Egipto; desciendan allá, y compren de allí para nosotros, para que podamos vivir, y no muramos.

42:3 Y descendieron los diez hermanos de Ioséf a comprar trigo en Egipto.

42:4 Más Iaakób no envió a Biniamín, hermano de Ioséf, con sus hermanos; porque dijo: No sea que le acontezca algún desastre.

42:5 Vinieron los hijos de Israel a comprar entre los que venían; porque había hambre en la tierra de Kenáan.

42:6 Y Ioséf era el señor de la tierra, quien le vendía a todo el pueblo de la tierra; y llegaron los hermanos de Ioséf, y se inclinaron a él rostro a tierra.

42:7 Y Ioséf, cuando vio a sus hermanos, los conoció; mas hizo como que no los conocía, y les habló ásperamente, y les dijo: ¿De dónde han venido? Ellos respondieron: De la tierra de Kenáan, para comprar alimentos.

42:8 Ioséf, pues, conoció a sus hermanos; pero ellos no le conocieron.

42:9 Entonces se acordó Ioséf de los sueños que había tenido acerca de ellos, y les dijo: Ustedes son espías; para ver lo descubierto del país han venido.

42:10 Ellos le respondieron: No, señor nuestro, sino que tus siervos han venido a comprar alimentos.

42:11 Todos nosotros somos hijos de un hombre; somos hombres honrados; tus siervos nunca fueron espías.

42:12 Pero Ioséf les dijo: No; para ver lo descubierto del país han venido.

42:13 Y ellos respondieron: Tus siervos somos doce hermanos, hijos de un hombre en la tierra de Kenáan; y he aquí el menor está hoy con nuestro padre, y el otro no está.

42:14 Y Ioséf les dijo: Eso es lo que les he dicho, afirmando que son espías.

42:15 En esto serán probados: Por la vida Faraón, que no saldrán de aquí, sino cuando vuestro hermano menor venga acá.

42:16 Envíen a uno de ustedes y que traiga a vuestro hermano, y ustedes quédense presos, y vuestras palabras serán probadas, si hay verdad en ustedes; y si no, por la vida del Faraón, que son espías.

42:17 Entonces los puso juntos en la cárcel por tres días.

42:18 Y al tercer día les dijo Ioséf: Hagan esto, y vivan: Yo temo a Dios.

42:19 Si son hombres honrados, quede preso en la cárcel uno de vuestros hermanos, y ustedes vayan y lleven el alimento para el hambre de vuestra casa.

42:20 Pero traigan a vuestro hermano menor, y serán verificadas vuestras palabras, y no morirán. Y ellos lo hicieron así.

42:21 Y decían el uno al otro: Verdaderamente hemos pecado contra nuestro hermano, pues vimos la angustia de su alma cuando nos rogaba, y no le escuchamos; por eso ha venido sobre nosotros esta angustia.

42:22 Entonces Reubén les respondió, diciendo: ¿No les hablé yo y dije: No pequen contra el joven, y no escucharon? He aquí también se nos demanda su sangre.

42:23 Pero ellos no sabían que los entendía Ioséf, porque había intérprete entre ellos.

42:24 Y se apartó Ioséf de ellos, y lloró; después volvió a ellos, y les habló, y tomó de entre ellos a Shimón, y lo aprisionó a vista de ellos.

42:25 Después mandó Ioséf que llenaran sus sacos de trigo, y devolviesen el dinero de cada uno de ellos, poniéndolo en su saco, y les diesen comida para el camino; y así se hizo con ellos.

42:26 Y ellos pusieron su trigo sobre sus asnos, y se fueron de allí.

42:27 Pero abriendo uno de ellos su saco para dar de comer a su asno en el mesón, vio su dinero que estaba en la boca de su costal.

42:28 Y dijo a sus hermanos: Mi dinero se me ha devuelto, y helo aquí en mi saco. Entonces se les sobresaltó el corazón, y espantados dijeron el uno al otro: ¿Qué es esto que nos ha hecho Dios?

42:29 Y venidos a Iaakób su padre en tierra de Kenáan, le contaron todo lo que les había acontecido, diciendo:

42:30 Aquel hombre, el señor de la tierra, nos habló ásperamente, y nos trató como a espías de la tierra.

42:31 Y nosotros le dijimos: Somos hombres honrados, nunca fuimos espías.

42:32 Somos doce hermanos, hijos de nuestro padre; uno no está, y el menor está hoy con nuestro padre en la tierra de Kenáan.

42:33 Entonces aquel hombre, el señor de la tierra, nos dijo: En esto conoceré que son hombres honrados: dejen conmigo uno de vuestros hermanos, y tomen para el hambre de vuestras casas, y vayan,

42:34 y tráiganme a su hermano el menor, para que yo sepa que no son espías, sino hombres honrados; así les daré a su hermano, y circularan libremente por la tierra.

42:35 Y aconteció que vaciando ellos sus sacos, he aquí que en el saco de cada uno estaba el atado de su dinero; y viendo ellos y su padre los atados de su dinero, tuvieron temor.

42:36 Entonces su padre Iaakób les dijo: Me han privado de mis hijos; Ioséf no está, ni Shimón tampoco, y a Biniamín le llevaréis; contra mí son todas estas cosas.

42:37 Y Reubén habló a su padre, diciendo: Podrás matar a mis dos hijos, si no te lo devuelvo; entrégalo en mi mano, que yo lo devolveré a ti.

42:38 Y él dijo: No descenderá mi hijo con ustedes, pues su hermano ha muerto, y él solo ha quedado; y si le aconteciere algún desastre en el camino por donde van, harán descender mis canas con dolor a la sepultura.

Capítulo 43

43:1 El hambre era grande en la tierra;

43:2 y aconteció que cuando acabaron de comer el trigo que trajeron de Egipto, les dijo su padre: Vuelvan, y compren para nosotros un poco de alimento.

43:3 Respondió Iehudáh, diciendo: Aquel hombre nos protestó con ánimo resuelto, diciendo: No verán mi rostro si no traen a su hermano con ustedes.

43:4 Si enviares a nuestro hermano con nosotros, descenderemos y te compraremos alimento.

43:5 Pero si no le enviares, no descenderemos; porque aquel hombre nos dijo: No verán mi rostro si no traen a su hermano con ustedes.

43:6 Dijo entonces Israel: ¿Por qué me hicieron tanto mal, declarando al hombre que tenían otro hermano?

43:7 Y ellos respondieron: Aquel hombre nos preguntó expresamente por nosotros, y por nuestra familia, diciendo: ¿Vive aún vuestro padre? ¿Tienen otro hermano? Y le declaramos conforme a estas palabras. ¿Acaso podíamos saber que él nos diría: Traigan a su hermano?

43:8 Entonces Iehudáh dijo a Israel su padre: Envía al joven conmigo, y nos levantaremos e iremos, a fin de que vivamos y no muramos nosotros, y tú, y nuestros niños.

43:9 Yo te respondo por él; a mí me pedirás cuenta. Si yo no te lo vuelvo a traer, y si no lo pongo delante de ti, seré para ti el culpable para siempre;

43:10 pues si no nos hubiéramos detenido, ciertamente hubiéramos ya vuelto dos veces.

43:11 Entonces Israel su padre les respondió: Si es así, háganlo; tomen de lo mejor de la tierra en vuestros sacos, y lleven a aquel hombre un presente, un poco de bálsamo, un poco de miel, aromas y mirra, nueces y almendras.

43:12 Y tomen en vuestras manos doble cantidad de dinero, y lleven en vuestra mano el dinero vuelto en las bocas de vuestros costales; quizá fue equivocación.

43:13 Tomen también a vuestro hermano, y levantense, y vuelvan a aquel hombre.

43:14 Y el Dios Omnipotente les dé misericordia delante de aquel hombre, y les devuelva al otro vuestro hermano, y a este Biniamín. Y si he de ser privado de mis hijos, séalo.

43:15 Entonces tomaron aquellos hombres el presente, y tomaron en su mano doble cantidad de dinero, y a Biniamín; y se levantaron y descendieron a Egipto, y se presentaron delante de Ioséf.

43:16 Y vio Ioséf a Biniamín con ellos, y dijo a quien estaba a cargo de su casa: Lleva a casa a esos hombres, y degüella una res y prepárala, ya que estos hombres comerán conmigo al mediodía.

43:17 E hizo el hombre como Ioséf dijo, y llevó a los hombres a casa de Ioséf.

43:18 Entonces aquellos hombres tuvieron temor, cuando fueron llevados a casa de Ioséf, y decían: Por el dinero que fue devuelto en nuestros costales la primera vez nos han traído aquí, para tendernos lazo, y atacarnos, y tomarnos por siervos a nosotros, y a nuestros asnos.

43:19 Y se acercaron a quien estaba a cargo de la casa de Ioséf, y le hablaron a la entrada de la casa.

43:20 Y dijeron: Ay, señor nuestro, nosotros en realidad de verdad descendimos al principio a comprar alimentos.

43:21 Y aconteció que cuando llegamos a la posada y abrimos nuestros costales, he aquí el dinero de cada uno estaba en la boca de su costal, nuestro dinero en su justo peso; y lo hemos vuelto a traer con nosotros.

43:22 Hemos también traído en nuestras manos otro dinero para comprar alimentos; nosotros no sabemos quién haya puesto nuestro dinero en nuestros costales.

43:23 El les respondió: Paz a ustedes, no teman; su Dios y el Dios de su padre les dio el tesoro en vuestros costales; yo recibí su dinero. Y trajo a Shimón a ellos.

43:24 Y llevó aquel hombre a los hombres a casa de Ioséf; y les dio agua, y lavaron sus pies, y dio de comer a sus asnos.

43:25 Y ellos prepararon el presente entretanto que venía Ioséf a mediodía, porque habían oído que allí habrían de comer pan.

43:26 Y vino Ioséf a casa, y ellos le trajeron el presente que tenían en su mano dentro de la casa, y se inclinaron ante él hasta la tierra.

43:27 Y él les preguntó por su paz, y dijo: ¿Está la paz con vuestro padre, el anciano de quien me hablaron? ¿Vive todavía?

43:28 Y ellos respondieron: Bien va a tu siervo nuestro padre; aún vive. Y se inclinaron, e hicieron reverencia.

43:29 Y alzando Ioséf sus ojos vio a Biniamín su hermano, hijo de su madre, y dijo: ¿Es éste su hermano menor, de quien me hablaron? Y dijo: Dios tenga misericordia de ti, hijo mío.

43:30 Entonces Ioséf se apresuró, porque se compadeció de su hermano, y buscó dónde llorar; y entró en su cámara, y lloró allí.

43:31 Y lavó su rostro y salió, y se contuvo, y dijo: Pongan pan.

43:32 Y pusieron para él aparte, y separadamente para ellos, y aparte para los egipcios que con él comían; porque los egipcios no pueden comer pan con los hebreos, lo cual es abominación a los egipcios.

43:33 Y se sentaron delante de él, el mayor conforme a su primogenitura, y el menor conforme a su menor edad; y estaban aquellos hombres atónitos mirándose el uno al otro.

43:34 Y Ioséf tomó porciones de delante de sí para ellos; mas la porción de Biniamín era cinco veces mayor que cualquiera de las de ellos. Y bebieron, y se embriagaron con él.

Capítulo 44

44:1 Mandó Ioséf al encargado de su casa, diciendo: Llena de alimento los costales de estos hombres, cuanto puedan llevar, y pon el dinero de cada uno en la boca de su costal.

44:2 Y pondrás mi copa, la copa de plata, en la boca del costal del menor, con el dinero de su trigo. Y él hizo como dijo Ioséf.

44:3 Venida la mañana, los hombres fueron despedidos con sus asnos.

44:4 Habiendo ellos salido de la ciudad, de la que aún no se habían alejado, dijo Ioséf al encargado de su casa: Levántate y sigue a esos hombres; y cuando los alcances, diles: ¿Por qué han vuelto mal por bien?

44:5 ¿No es ésta en la que bebe mi señor, y por la que suele adivinar? Han hecho mal en lo que hicieron.

44:6 Cuando él los alcanzó, les dijo estas palabras.

44:7 Y ellos le respondieron: ¿Por qué dice nuestro señor tales cosas? Es indigno para tus servidores hacer una cosa así.

44:8 He aquí, el dinero que hallamos en la boca de nuestros costales, te lo volvimos a traer desde la tierra de Kenáan; ¿y cómo habíamos de robar de casa de tu señor plata ni oro?

44:9 Aquel de tus siervos en quien fuere hallada la copa, que muera, y aun nosotros seremos siervos de mi señor. **44:10** Y él dijo: También ahora sea conforme a sus palabras; aquel en quien se hallare será mi siervo, y ustedes quedaran limpios de culpa.

44:11 Ellos entonces se dieron prisa, y derribando cada uno su costal en tierra, abrió cada cual el costal suyo.

44:12 Y buscó; desde el mayor comenzó, y acabó en el menor; y la copa fue hallada en el costal de Biniamín.

44:13 Entonces ellos rasgaron sus vestidos, y cargó cada uno su asno y volvieron a la ciudad.

44:14 Vino Iehudáh con sus hermanos a casa de Ioséf, que aún estaba allí, y se postraron delante de él en tierra.

44:15 Y les dijo Ioséf: ¿Qué acción es esta que han hecho? ¿No saben que un hombre como yo sabe adivinar?

44:16 Entonces dijo Iehudáh: ¿Qué diremos a mi señor? ¿Qué hablaremos, o con qué nos justificaremos? Dios ha hallado la maldad de tus siervos; he aquí, nosotros somos siervos de mi señor, nosotros, y también aquel en cuyo poder fue hallada la copa.

44:17 Ioséf respondió: Sería un sacrilegio para mí hacer algo así. El hombre en cuyo poder fue hallada la copa, él será mi siervo; ustedes vayan en paz a vuestro padre.

44:18 Entonces Iehudáh se acercó a él, y dijo: Ay, señor mío, te ruego que permitas que hable tu siervo una palabra en oídos de mi señor, y no se encienda tu enojo contra tu siervo, pues tú eres como Faraón.

44:19 Mi señor preguntó a sus siervos, diciendo: ¿Tienen padre o hermano?

44:20 Y nosotros respondimos a mi señor: Tenemos un padre anciano, y un hermano joven, pequeño aún, que le nació en su vejez; y un hermano suyo murió, y él solo quedó de los hijos de su madre; y su padre lo ama.

44:21 Y tú dijiste a tus siervos: Tráiganmelo, y pondré mis ojos sobre él.

44:22 Y nosotros dijimos a mi señor: El joven no puede dejar a su padre, porque si lo dejare, su padre morirá.

44:23 Y dijiste a tus siervos: Si vuestro hermano menor no desciende con ustedes, no verán más mi rostro.

44:24 Y aconteció que cuando llegamos a mi padre tu siervo, le contamos las palabras de mi señor.

44:25 Y dijo nuestro padre: Vuelvan a comprarnos un poco de alimento.

44:26 Y nosotros respondimos: No podemos ir; si nuestro hermano va con nosotros, iremos; porque no podremos ver el rostro del hombre, si no está con nosotros nuestro hermano el menor.

44:27 Entonces tu siervo mi padre nos dijo: Ustedes sabían que dos hijos me dio a luz mi mujer;

44:28 uno de ellos se fue de mi lado, y pienso de cierto que fue despedazado, y hasta ahora no lo he visto.

44:29 Y si toman también a éste de delante de mí, y le acontece algún desastre, harán descender mis canas con dolor a la sepultura.

44:30 Y ahora cuando vuelva yo a tu siervo mi padre, si el joven no va conmigo, como su vida está ligada a la vida de él,

44:31 sucederá que cuando no vea al joven, morirá; y tus siervos harán descender las canas de tu siervo nuestro padre con dolor a la sepultura.

44:32 Como tu siervo salió por fiador del joven con mi padre, diciendo: Si no te lo vuelvo a traer, entonces yo seré culpable ante mi padre para siempre;

44:33 te ruego, por tanto, que quede ahora tu siervo en lugar del joven por siervo de mi señor, y que el joven vaya con sus hermanos.

44:34 Porque ¿cómo volveré yo a mi padre sin el joven? No podré ver el mal que sobrevendrá a mi padre.

Capítulo 45

45:1 No podía ya Ioséf contenerse delante de todos los que estaban al lado suyo, y clamó: Hagan salir de mi presencia a todos. Y no quedó nadie con él, al darse a conocer Ioséf a sus hermanos.

45:2 Entonces se dio a llorar a gritos; y oyeron los egipcios, y oyó también la casa de Faraón.

45:3 Y dijo Ioséf a sus hermanos: Yo soy Ioséf; ¿vive aún mi padre? Y sus hermanos no pudieron responderle, porque estaban desconcertados delante de él.

45:4 Entonces dijo Ioséf a sus hermanos: Acérquense ahora a mí. Y ellos se acercaron. Y él dijo: Yo soy Ioséf su hermano, el que vendieron a Egipto.

45:5 Ahora, no se entristezcan, ni les pese de haberme vendido acá; porque para preservar (vuestra) vida me envió Dios delante de ustedes.

45:6 Pues ya ha habido dos años de hambre en medio de la tierra, y aún quedan cinco años en los cuales ni habrá arada ni siega.

45:7 Y Dios me envió delante de ustedes, para preservarlos sobre la tierra, y para darles vida por medio de gran liberación.

45:8 Y así, no me enviaron acá ustedes, sino Dios, que me ha puesto por padre de Faraón y por señor de toda su casa, y por gobernador en toda la tierra de Egipto.

45:9 Apúrense, y suban a lo de mi padre y díganle: Así dice tu hijo Ioséf: Dios me ha puesto por señor de todo Egipto; ven a mí, no te detengas.

45:10 Habitarás en la tierra de Góshen, y estarás cerca de mí, tú y tus hijos, y los hijos de tus hijos, tus ganados y tus vacas, y todo lo que tienes.

45:11 Y allí te alimentaré, pues aún quedan cinco años de hambre, para que no perezcas de pobreza tú y tu casa, y todo lo que tienes.

45:12 He aquí, sus ojos ven, y los ojos de mi hermano Biniamín, que mi boca les habla.

45:13 Harán saber a mi padre toda mi gloria en Egipto, y todo lo que han visto; y apúrense, y traigan a mi padre acá.

45:14 Y se echó sobre el cuello de Biniamín su hermano, y lloró; y también Biniamín lloró sobre su cuello.

45:15 Y besó a todos sus hermanos, y lloró sobre ellos; y después sus hermanos hablaron con él.

45:16 Y se oyó la noticia en la casa de Faraón, diciendo: Los hermanos de Ioséf han venido. Y esto agradó en los ojos de Faraón y de sus siervos.

45:17 Y dijo Faraón a Ioséf: Di a tus hermanos: Hagan esto: carguen sus animales, y vayan, vuelvan a la tierra de Kenáan;

45:18 y tomen a su padre y a sus familias y vengan a mí, porque yo les daré lo bueno de la tierra de Egipto, y comerán de la abundancia de la tierra.

45:19 Y a ti estoy ordenando (que les digas): tomen de la tierra de Egipto carros para sus niños y sus mujeres, y traigan a vuestro padre, y vengan.

45:20 Y no se preocupen por sus enseres, porque la riqueza de la tierra de Egipto será de ustedes.

45:21 Y lo hicieron así los hijos de Israel; y les dio Ioséf carros conforme a la orden de Faraón, y les suministró víveres para el camino.

45:22 A cada uno de todos ellos dio mudas de vestidos, y a Biniamín dio trescientas piezas de plata, y cinco mudas de vestidos.

45:23 Y a su padre envió esto: diez asnos cargados de lo mejor de Egipto, y diez asnas cargadas de trigo, y pan y comida, para su padre en el camino.

45:24 Y despidió a sus hermanos, y ellos se fueron. Y él les dijo: No peleen por el camino.

45:25 Y subieron de Egipto, y llegaron a la tierra de Kenáan a Iaakób su padre.

45:26 Y le dieron las nuevas, diciendo: Ioséf vive aún; y él es señor en toda la tierra de Egipto. Y el corazón de Iaakób se afligió, porque no les creía.

45:27 Y ellos le contaron todas las palabras de Ioséf, que él les había hablado; y viendo Iaakób los carros que Ioséf enviaba para llevarlo, su espíritu revivió.

45:28 Entonces dijo Israel: Basta; Ioséf mi hijo vive todavía; iré, y le veré antes que yo muera.

Capítulo 46

46:1 Y viajo Israel con todo lo que tenía, y vino a Beér Shéba, y ofreció sacrificios al Dios de su padre Itzják.

46:2 Y habló Dios a Israel en visiones de noche, y dijo: Iaakób, Iaakób. Y él respondió: Heme aquí.

46:3 Y dijo: Yo soy Dios, el Dios de tu padre; no temas de descender a Egipto, porque allí yo haré de ti una gran nación.

46:4 Yo descenderé contigo a Egipto, y yo también te haré volver; y la mano de Ioséf cerrará tus ojos.

46:5 Y se levantó Iaakób de Beér Shéba; y tomaron los hijos de Israel a su padre Iaakób, y a sus niños, y a sus mujeres, en los carros que Faraón había enviado para llevarlo.

46:6 Y tomaron sus ganados, y sus bienes que habían adquirido en la tierra de Kenáan, y vinieron a Egipto, Iaakób y toda su descendencia consigo;

46:7 sus hijos, y los hijos de sus hijos consigo; sus hijas, y las hijas de sus hijos, y a toda su descendencia trajo consigo a Egipto.

46:8 Y estos son los nombres de los hijos de Israel, que entraron en Egipto, Iaakób y sus hijos: Reubén, el primogénito de Iaakób.

46:9 Y los hijos de Reubén: Janój, Falú, Jetzrón y Jarmí.

46:10 Los hijos de Shimón: Iemuél, Iamín, Óhad, Iajín, Tzójar. Y Shaúl hijo de la kenaaní.

46:11 Los hijos de Leví: Guershón, Kehát y Merarí.

46:12 Los hijos de Iehudáh: Er, Onán, Sheláh, Péretz y Zéraj; mas Er y Onán murieron en la tierra de Kenáan. Y los hijos de Péretz fueron Jetzrón y Jamúl.

46:13 Los hijos de Isajár: Tola, Fuváh, Iób y Shimrón.

46:14 Los hijos de Zebulún: Séred, Elón y Iajleél.

46:15 Estos fueron los hijos de Leáh, los que dio a luz a Iaakób en Padán-Arám, y además su hija Dináh; treinta y tres las personas todas de sus hijos e hijas.

46:16 Los hijos de Gad: Tzifión, Jaguí, Shuní, Etzbón, Erí, Arodí y Arelí.

46:17 Y los hijos de Ásher: Imnáh, Ishváh, Ishví, Beriah, y Séraj hermana de ellos. Los hijos de Beriah: Jéber y Malkiél.

46:18 Estos fueron los hijos de Zilpáh, la que Labán dio a su hija Leáh, y dio a luz éstos a Iaakób; por todas dieciséis personas.

46:19 Los hijos de Rajél, mujer de Iaakób: Ioséf y Biniamín.

46:20 Y nacieron a Ioséf en la tierra de Egipto Menashéh y Efráim, los que le dio a luz Asenát, hija de Póti-féra sacerdote de On.

46:21 Los hijos de Biniamín fueron Belá, Béjer, Ashbél, Guerá, Naamán, Ejí, Rosh, Mupím, Jupím y Áred.

46:22 Estos fueron los hijos de Rajél, que nacieron a Iaakób; por todas catorce personas.

46:23 Los hijos de Dan: Jushím.

46:24 Los hijos de Naftalí: Iajtzeél, Guní, Iétzer y Shilém.

46:25 Estos fueron los hijos de Bilháh, la que dio Labán a Rajél su hija, y dio a luz éstos a Iaakób; en total siete personas.

46:26 Todas las personas que vinieron con Iaakób a Egipto, procedentes de sus descendencias, sin las mujeres de los hijos de Iaakób, todas las personas fueron sesenta y seis.

46:27 Y los hijos de Ioséf, que le nacieron en Egipto, dos personas. Todas las personas de la casa de Iaakób, que entraron en Egipto, fueron setenta.

46:28 Y envió Iaakób a Iehudáh delante de sí a Ioséf, para que le viniese a ver en Góshen; y llegaron a la tierra de Góshen.

46:29 Y Ioséf preparó su carro y vino a recibir a Israel su padre en Góshen; y se manifestó a él, y se echó sobre su cuello, y lloró sobre su cuello largamente.

46:30 Entonces Israel dijo a Ioséf: Muera yo ahora, ya que he visto tu rostro, y sé que aún vives.

46:31 Y Ioséf dijo a sus hermanos, y a la casa de su padre: Subiré y lo haré saber a Faraón, y le diré: Mis hermanos y la casa de mi padre, que estaban en la tierra de Kenáan, han venido a mí.

46:32 Y los hombres son pastores de ovejas, porque son hombres ganaderos; y han traído sus ovejas y sus vacas, y todo lo que tenían.

46:33 Y cuando Faraón los llame y les diga: ¿Cuál es vuestro oficio?

46:34 entonces dirán: Hombres de ganadería han sido tus siervos desde nuestra juventud hasta ahora, nosotros y nuestros padres; a fin de que habiten en la tierra de Góshen, porque para los egipcios es abominación todo pastor de ovejas.

Capítulo 47

47:1 Y fue Ioséf y lo hizo saber a Faraón, y dijo: Mi padre y mis hermanos, y sus ovejas y sus vacas, con todo lo que tienen, han venido de la tierra de Kenáan, y he aquí están en la tierra de Góshen.

47:2 Y de algunos de sus hermanos tomó cinco hombres, y los presentó delante de Faraón.

47:3 Y Faraón dijo a sus hermanos: ¿Cuál es vuestro oficio? Y ellos respondieron a Faraón: Pastores de ovejas son tus siervos, así nosotros como nuestros padres.

47:4 Dijeron además a Faraón: Para morar en esta tierra hemos venido; porque no hay pasto para las ovejas de tus siervos, pues el hambre es grave en la tierra de Kenáan; por tanto, te rogamos ahora que permitas que habiten tus siervos en la tierra de Góshen.

47:5 Entonces Faraón habló a Ioséf, diciendo: Tu padre y tus hermanos han venido a ti.

47:6 La tierra de Egipto delante de ti está; en lo mejor de la tierra haz habitar a tu padre y a tus hermanos; habiten en la tierra de Góshen; y si entiendes que hay entre ellos hombres capaces, ponlos por encargados del ganado mío.

47:7 También Ioséf introdujo a Iaakób su padre, y lo presentó delante de Faraón; y Iaakób bendijo a Faraón.

47:8 Y dijo Faraón a Iaakób: ¿Cuántos son los días de los años de tu vida?

47:9 Y Iaakób respondió a Faraón: Los días de los años de mi peregrinación son ciento treinta años; pocos y malos han sido los días de los años de mi vida, y no han llegado a los días de los años de la vida de mis padres en los días de su peregrinación.

47:10 Y Iaakób bendijo a Faraón, y salió de la presencia de Faraón.

47:11 Así Ioséf hizo habitar a su padre y a sus hermanos, y les dio posesión en la tierra de Egipto, en lo mejor de la tierra, en la tierra de Ramsés, como mandó Faraón.

47:12 Y alimentaba Ioséf a su padre y a sus hermanos, y a toda la casa de su padre, con pan, según el número de los hijos.

47:13 No había pan en toda la tierra, y el hambre era muy grave, por lo que desfalleció de hambre la tierra de Egipto y la tierra de Kenáan.

47:14 Y recogió Ioséf todo el dinero que había en la tierra de Egipto y en la tierra de Kenáan, por los alimentos que de él compraban; y metió Ioséf el dinero en casa de Faraón.

47:15 Acabado el dinero de la tierra de Egipto y de la tierra de Kenáan, vino todo Egipto a Ioséf, diciendo: Danos pan; ¿por qué moriremos delante de ti, por haberse acabado el dinero?

47:16 Y Ioséf dijo: Entreguen sus ganados y yo les daré por sus ganados, si se ha acabado el dinero.

47:17 Y ellos trajeron sus ganados a Ioséf, y Ioséf les dio alimentos por caballos, y por el ganado de las ovejas, y por el ganado de las vacas, y por asnos; y les sustentó de pan por todos sus ganados aquel año.

47:18 Acabado aquel año, vinieron a él el segundo año, y le dijeron: No encubrimos a nuestro señor que el dinero ciertamente se ha acabado; también el ganado es ya de nuestro señor; nada ha quedado delante de nuestro señor sino nuestros cuerpos y nuestra tierra.

47:19 ¿Por qué moriremos delante de tus ojos, así nosotros como nuestra tierra? Cómpranos a nosotros y a nuestra tierra por pan, y seremos nosotros y nuestra tierra siervos de Faraón; y danos semilla para que vivamos y no muramos, y no sea asolada la tierra.

47:20 Entonces compró Ioséf toda la tierra de Egipto para Faraón; pues los egipcios vendieron cada uno sus tierras, porque se agravó el hambre sobre ellos; y la tierra vino a ser de Faraón.

47:21 Y al pueblo lo hizo pasar a las ciudades, desde un extremo al otro del territorio de Egipto.

47:22 Solamente la tierra de los sacerdotes no compró, por cuanto los sacerdotes tenían ración de Faraón, y ellos comían la ración que Faraón les daba; por eso no vendieron su tierra.

47:23 Y Ioséf dijo al pueblo: He aquí los he comprado hoy, a ustedes y a su tierra, para Faraón; He aquí semilla, y siembren la tierra.

47:24 De los frutos darán el quinto a Faraón, y las cuatro partes serán de ustedes para sembrar las tierras, y para vuestro mantenimiento, y de los que están en sus casas, y para que coman sus niños.

47:25 Y ellos respondieron: La vida nos has dado; hallemos gracia en ojos de nuestro señor, y seamos siervos de Faraón.

47:26 Entonces Ioséf lo puso por ley hasta hoy sobre la tierra de Egipto, señalando para Faraón el quinto, excepto sólo la tierra de los sacerdotes, que no fue de Faraón.

47:27 Así habitó Israel en la tierra de Egipto, en la tierra de Góshen; y tomaron posesión de ella, y se aumentaron, y se multiplicaron en gran manera.

47:28 Y vivió Iaakób en la tierra de Egipto diecisiete años; y fueron los días de Iaakób, los años de su vida, ciento cuarenta y siete años.

47:29 Y llegaron los días de Israel para morir, y llamó a Ioséf su hijo, y le dijo: Si he hallado ahora gracia en tus ojos, te ruego que pongas tu mano debajo de mi muslo, y harás conmigo misericordia y verdad. Te ruego que no me entierres en Egipto.

47:30 Mas cuando descance con mis padres, me llevarás de Egipto y me sepultarás en el sepulcro de ellos. Y Ioséf respondió: Haré como tú dices.

47:31 E (Israel) dijo: Júramelo. Y (Ioséf) le juró. Entonces Israel se inclinó sobre la cabecera de la cama.

Capítulo 48

48:1 Sucedió después de estas cosas que dijeron a Ioséf: He aquí tu padre está enfermo. Y él tomó consigo a sus dos hijos, Menashéh y Efráim.

48:2 Y se le hizo saber a Iaakób, diciendo: He aquí tu hijo Ioséf viene a ti. Entonces se esforzó Israel, y se sentó sobre la cama,

48:3 y dijo a Ioséf: El Dios Omnipotente me apareció en Luz en la tierra de Kenáan, y me bendijo,

48:4 y me dijo: He aquí yo te haré crecer, y te multiplicaré, y te pondré por congregación de naciones; y daré esta tierra a tu descendencia después de ti por heredad perpetua.

48:5 Y ahora tus dos hijos Efráim y Menashéh, que te nacieron en la tierra de Egipto, antes que viniese a ti a la tierra de Egipto, míos son; como Reubén y Shimón, serán míos.

48:6 Y los que después de ellos has engendrado, serán tuyos; por el nombre de sus hermanos serán llamados en sus heredades.

48:7 Porque cuando yo venía de Padán-Arám, se me murió Rajél en la tierra de Kenáan, en el camino, como medio trecho de tierra viniendo a Efrát; y la sepulté allí en el camino de Efrát, que es Bet Léjem.

48:8 Y vio Israel los hijos de Ioséf, y dijo: ¿Quiénes son éstos?

48:9 Y respondió Ioséf a su padre: Son mis hijos, que Dios me ha dado aquí. Y él dijo: Acércalos ahora a mí, y los bendeciré.

48:10 Y los ojos de Israel estaban tan agravados por la vejez, que no podía ver. Y los hizo acercarse a él, y él los besó y los abrazó.

48:11 Y dijo Israel a Ioséf: No pensaba yo ver tu rostro, y he aquí Dios me ha hecho ver también a tu descendencia.

48:12 Entonces Ioséf los sacó de entre sus rodillas, y se inclinó a tierra.

48:13 Y los tomó Ioséf a ambos, Efráim a su derecha, a la izquierda de Israel, y Menashéh a su izquierda, a la derecha de Israel; y los acercó a él.

48:14 Entonces Israel extendió su mano derecha, y la puso sobre la cabeza de Efráim, que era el menor, y su mano izquierda sobre la cabeza de Menashéh, colocando así sus manos adrede, aunque Menashéh era el primogénito.

48:15 Y bendijo a Ioséf, diciendo: El Dios en cuya presencia anduvieron mis padres Abrahám e Itzják, el Dios que me mantiene desde que yo soy hasta este día,

48:16 el Ángel que me rescato de todo mal, bendiga a estos jóvenes; y sea perpetuado en ellos mi nombre, y el nombre de mis padres Abrahám e Itzják, y multiplíquense en gran manera en medio de la tierra.

48:17 Pero viendo Ioséf que su padre ponía la mano derecha sobre la cabeza de Efráim, le causó esto disgusto; y asió la mano de su padre, para cambiarla de la cabeza de Efráim a la cabeza de Menashéh.

48:18 Y dijo Ioséf a su padre: No así, padre mío, porque éste es el primogénito; pon tu mano derecha sobre su cabeza.

48:19 Mas su padre no quiso, y dijo: Lo sé, hijo mío, lo sé; también él vendrá a ser un pueblo, y será también engrandecido; pero su hermano menor será más grande que él, y su descendencia será numerosa entre las naciones.

48:20 Y los bendijo aquel día, diciendo: En ti bendecirá Israel, diciendo: Hágate Dios como a Efráim y como a Menashéh. Y puso a Efráim antes de Menashéh.

48:21 Y dijo Israel a Ioséf: He aquí yo muero; pero Dios estará con ustedes, y los hará volver a la tierra de vuestros padres.

48:22 Y yo te he dado a ti, Shéjem, una parte más que a tus hermanos, la cual tomé yo de mano del emorí con mi espada y con mi arco.

Capítulo 49

49:1 Y llamó Iaakób a sus hijos, y dijo: Júntense, y les diré lo que les ha de acontecer al fin de los días.

49:2 Júntense y escuchen, hijos de Iaakób; escuchen a su padre Israel.

49:3 Reubén, tú eres mi primogénito, mi fortaleza, y el principio de mi vigor; principal en dignidad, principal en poder.

49:4 Impulsivo como las aguas, no serás el principal, por cuanto subiste al lecho de tu padre; entonces te envileciste, subiendo a mí lecho.

49:5 Shimón y Leví son hermanos; armas de violencia sus armas.

49:6 En su conspiración no entre mi alma, ni mi espíritu se junte en su compañía, porque en su furor mataron hombres y con plena voluntad han destrozado toros.

49:7 Maldito su furor, que fue fiero, y su ira, que fue dura. Yo los apartaré en Iaakób, los esparciré en Israel.

49:8 Iehudáh, te alabarán tus hermanos; tu mano en la cerviz de tus enemigos; los hijos de tu padre se inclinarán a ti.

49:9 Cachorro de león, Iehudáh; de la presa te elevaste, hijo mío.

Se encorvó, se echó como león, como león viejo: ¿quién lo levantará?

49:10 No será quitado el cetro de Iehudáh ni el legislador de entre sus descendientes, hasta que venga Shilóh; a él se congregarán los pueblos.

49:11 Atando a la vid su burro y a la cepa el hijo de su asna, lavó en el vino su vestido y en la sangre de uvas su manto.

49:12 Sus ojos, rojos del vino y sus dientes blancos de la leche.

49:13 Zebulún en puertos de mar habitará; será para puerto de naves y su límite hasta Tzidón.

49:14 Isaiár, asno fuerte que se recuesta entre las fronteras;

49:15 Y vio que el descanso era bueno y que la tierra era deleitosa, bajó su hombro para llevar carga, y fue un trabajador.

49:16 Dan vengará a su pueblo, como una de las tribus de Israel.

49:17 Será Dan serpiente junto al camino, víbora junto a la senda, que muerde los talones del caballo y hace caer hacia atrás al jinete.

49:18 Tu salvación espero, oh El Eterno.

49:19 Gad, ejército lo acometerá, mas él acometerá al fin.

49:20 El pan de Ásher será substancioso; él dará deleites al rey.

49:21 Naftalí, cierva mensajera que pronunciará dichos hermosos.

49:22 Hijo agraciado es Ioséf, hijo agraciado para el ojo que lo ve, las chicas escalaron alturas para contemplarlo.

49:23 Le causaron amargura, se convirtieron en sus enemigos,

y le odiaron los arqueros;

49:24 Mas su arco se mantuvo firme y los brazos fueron cubiertos con oro, por las manos del Dios Todopoderoso de Iaakób de ahí se hizo pastor de la Roca de Israel,

49:25 Por el Dios de tu padre, el cual te ayudará, por el Dios Omnipotente, el cual te bendecirá con bendiciones de los cielos de arriba, con bendiciones del abismo que está abajo, con bendiciones de los pechos y del vientre.

49:26 Las bendiciones de tu padre fueron mayores que las bendiciones de mis progenitores; hasta los límites de los montes del mundo serán sobre la cabeza de Ioséf, y sobre la frente del que fue apartado de entre sus hermanos.

49:27 Biniamín es lobo predador: por la mañana comerá la presa y a la tarde repartirá los despojos.

49:28 Todos éstos fueron las doce tribus de Israel, y esto fue lo que su padre les dijo, al bendecirlos; a cada uno por su bendición los bendijo.

49:29 Les mandó luego, y les dijo: Yo voy a ser reunido con mi pueblo. Sepúltenme con mis padres en la cueva que está en el campo de Efrón el jití,

49:30 en la cueva que está en el campo de Majpeláh, al oriente de Mamré en la tierra de Kenáan, la cual compró Abrahám con el mismo campo de Efrón el jití, para heredad de sepultura.

49:31 Allí sepultaron a Abrahám y a Saráh su mujer; allí sepultaron a Itzják y a Ribkáh su mujer; allí también sepulté yo a Leáh.

49:32 La compra del campo y de la cueva que está en él, fue de los hijos de Jet.

49:33 Y cuando acabó Iaakób de dar mandamientos a sus hijos, encogió sus pies en la cama, y expiró, y fue reunido a su pueblo.

Capítulo 50

50:1 Entonces se echó Ioséf sobre el rostro de su padre, y lloró sobre él, y lo besó.

50:2 Y mandó Ioséf a sus siervos los médicos que embalsamasen a su padre; y los médicos embalsamaron a Israel.

50:3 Y le cumplieron cuarenta días, porque así cumplían los días de los embalsamados, y lo lloraron los egipcios setenta días.

50:4 Y pasados los días de su luto, habló Ioséf a los de la casa de Faraón, diciendo: Si he hallado ahora gracia en vuestros ojos, les ruego que hablen en oídos de Faraón, diciendo:

50:5 Mi padre me hizo jurar, diciendo: He aquí que voy a morir; en el sepulcro que cavé para mí en la tierra de Kenáan, allí me sepultarás; ruego que vaya yo ahora y sepulte a mi padre, y volveré.

50:6 Y Faraón dijo: Ve, y sepulta a tu padre, como él te hizo jurar.

50:7 Entonces Ioséf subió para sepultar a su padre; y subieron con él todos los siervos de Faraón, los ancianos de su casa, y todos los ancianos de la tierra de Egipto,

50:8 y toda la casa de Ioséf, y sus hermanos, y la casa de su padre; solamente dejaron en la tierra de Góshen sus niños, y sus ovejas y sus vacas.

50:9 Subieron también con él carros y gente de a caballo, y se hizo un cortejo muy grande.

50:10 Y cuando llegaron a Góren Haatád, que está al otro lado del Yardén, hicieron allí una grande y muy triste lamentación; y Ioséf hizo a su padre duelo por siete días.

50:11 Y viendo los moradores de la tierra, los kenaaní, el llanto en Góren Hatád, dijeron: Llanto grande es este de los egipcios; por eso fue llamado su nombre Abél-Mitzráim, que está al otro lado del Yardén.

50:12 E hicieron sus hijos con él según les había mandado:

50:13 pues lo llevaron sus hijos a la tierra de Kenáan, y lo sepultaron en la cueva del campo de Majpeláh, la que había comprado Abrahám con el mismo campo, para heredad de sepultura, de Efrón el jití, al oriente de Mamré.

50:14 Y volvió Ioséf a Egipto, él y sus hermanos, y todos los que subieron con él a sepultar a su padre, después que lo hubo sepultado.

50:15 Viendo los hermanos de Ioséf que su padre había muerto, dijeron: Quizá nos aborrecerá Ioséf, y nos dará el pago de todo el mal que le hicimos.

50:16 Y enviaron a decir a Ioséf: Tu padre mandó antes de su muerte, diciendo:

50:17 Así dirán a Ioséf: Te ruego que perdones ahora la maldad de tus hermanos y su pecado, porque mal te trataron; por tanto, ahora te rogamos que perdones la maldad de los siervos del Dios de tu padre. Y Ioséf lloró mientras hablaban.

50:18 Vinieron también sus hermanos y se postraron delante de él, y dijeron: Henos aquí por siervos tuyos.

50:19 Y les respondió Ioséf: No teman; ¿acaso estoy yo en lugar de Dios?

50:20 Ustedes pensaron mal contra mí, mas Dios lo encaminó a bien, para hacer lo que vemos hoy, para mantener en vida a un gran pueblo.

50:21 Y ahora, no tengan miedo; yo los sustentaré a ustedes y a sus hijos. Así los consoló, y les habló al corazón.

50:22 Y habitó Ioséf en Egipto, él y la casa de su padre; y vivió Ioséf ciento diez años.

50:23 Y vio Ioséf los hijos de Efráim hasta la tercera generación; también los hijos de Majír hijo de Menashéh fueron criados sobre las rodillas de Ioséf.

50:24 Y Ioséf dijo a sus hermanos: Yo voy a morir; mas Dios ciertamente los recordará, y los hará subir de esta tierra a la tierra que juró a Abrahám, a Itzják y a Iaakób.

50:25 E hizo jurar Ioséf a los hijos de Israel, diciendo: Dios ciertamente los recordará, y harán llevar de aquí mis huesos.

50:26 Y murió Ioséf a la edad de ciento diez años; y lo embalsamaron, y fue puesto en un ataúd en Egipto.

JAZÁK, JAZÁK VENITJAZÉK
(¡Sé fuerte, sé fuerte, y nos fortaleceremos!)

LIBRO DEL ÉXODO

Capítulo 1

1:1 Y estos son los nombres de los hijos de Israel que vinieron a Egipto con Iaakób; cada uno entró con su familia:

1:2 Reubén, Shimón, Leví, Iehudáh,

1:3 Isajár, Zebulún, Biniamín,

1:4 Dan, Naftalí, Gad y Ásher.

1:5 Y todas las almas que salieron del muslo de Iaakób fueron setenta almas. Y Ioséf estaba en Egipto.

1:6 Y murió Ioséf, y todos sus hermanos, y toda esa generación.

1:7 Y los hijos de Israel se fructificaron y se multiplicaron, y fueron aumentados y se fortalecieron mucho, y se llenó la tierra de ellos.

1:8 Y se levantó un nuevo rey sobre Egipto que no conoció a Ioséf;

1:9 Y dijo a su pueblo, el pueblo de los hijos de Israel es más numeroso y fuerte que nosotros.

1:10 Vamos y tramemos algo para con él, para que no se multiplique, y suceda que cuando hubiese una guerra, se una a nuestros enemigos y pelee contra nosotros, y nos expulse de la tierra.

1:11 Entonces pusieron sobre ellos recaudadores de impuestos que los afligiesen con sus cargas; y edificaron para Faraón las ciudades de almacenaje, Pitón y Ramsés.

1:12 Pero cuanto más los oprimían, más se multiplicaban y crecían, de manera que los egipcios aborrecían a los hijos de Israel.

1:13 Y los egipcios hicieron servir a los hijos de Israel con dureza,

1:14 y amargaron sus vida con dura servidumbre, en hacer barro y ladrillo, y en toda labor del campo y todo trabajo al cual los obligaban, era con dureza.

1:15 Y habló el rey de Egipto a las parteras hebreas, una de las cuales se llamaba Shifráh, y otra Puáh,

1:16 Y les dijo: cuando den a luz las hebreas, y vean el asiento(donde la mujer esta dando a luz), si es hijo, mátenlo; y si es hija, entonces déjenla viva.

1:17 Pero las parteras temieron a Dios, y no hicieron como les mandó el rey de Egipto, sino que preservaron la vida a los niños.

1:18 Y el rey de Egipto hizo llamar a las parteras y les dijo: ¿Por qué hicieron esto, que han dejado a los niños vivos?

1:19 Y las parteras respondieron a Faraón: Porque las mujeres hebreas no son como las egipcias; sino que son de gran vitalidad, y dan a luz antes que la partera venga a ellas.

1:20 Y Dios hizo bien a las parteras; y el pueblo se multiplicó y se fortaleció en gran manera.

1:21 Y por haber las parteras temido a Dios, les hizo casas (linajes).

1:22 Y ordeno a todo su pueblo, diciendo: Echen al río a todo hijo que nazca, y a toda hija déjenla vida.

Capítulo 2

2:1 Y fue un hombre de la casa de Leví y tomó (por mujer) a una hija de Leví,

2:2 Y la mujer concibió, y dio a luz un hijo; y vio que era bueno, y lo escondió por tres meses.

2:3 Pero no pudiendo ocultarle más tiempo, tomó un canasto de juncos y lo recubrió con asfalto y brea, y colocó en ella al niño y lo puso entre los juncos a la orilla del río.

2:4 Y su hermana se paro a lo lejos, para ver lo que le sucedería.

2:5 Y descendió la hija de Faraón a bañarse al río, y sus doncellas se paseaban por la orilla del río, y vio ella el canasto entre los juncos, y envió una criada suya a que lo tomase.

2:6 Y cuando la abrió, vio al niño; y he aquí que el niño lloraba. Y teniendo compasión de él, dijo: Este es de los niños de los hebreos.

2:7 Entonces su hermana dijo a la hija de Faraón: ¿Iré a llamarte una nodriza de las hebreas, para que te críe este niño?

2:8 Y la hija de Faraón respondió: Ve. Entonces fue la doncella, y llamó a la madre del niño,

2:9 a la cual dijo la hija de Faraón: Lleva a este niño y críamelo, y yo te lo pagaré. Y la mujer tomó al niño y lo crió.

2:10 Y creció el niño, y ella lo trajo a la hija de Faraón, y fue para ella como un hijo, y le puso por nombre Moshe, diciendo: Porque de las aguas lo saqué.

2:11 En aquellos días, cuando Moshe creció, que salió a donde estaban sus hermanos, y los vio en sus sufrimientos, y vio a un egipcio que golpeaba a un hebreo, de sus hermanos.

2:12 Entonces miró a todas partes, y viendo que no había ningún hombre, mató al egipcio y lo ocultó en la arena.

2:13 Al día siguiente salió y vio a dos hebreos que peleaban; entonces dijo (al agresor): Malvado, ¿Por qué vas a golpear a tu prójimo?

2:14 Y él respondió: ¿Quién te ha puesto a ti por gobernador y juez sobre nosotros? ¿Piensas matarme como mataste al egipcio? Entonces Moshe tuvo miedo, y dijo: ¡Seguramente se ha divulgado este asunto!

2:15 Oyendo Faraón acerca de este hecho, y quiso matar a Moshe; pero Moshe huyó de delante de Faraón, y habitó en la tierra de Midián y se sentó junto al pozo.

2:16 Y sacerdote de Midián tenía siete hijas que vinieron a sacar agua para llenar los bebederos y dar de beber a las ovejas de su padre.

2:17 Mas los pastores vinieron y las echaron de allí; entonces Moshe se levantó y las defendió, y dio de beber a sus ovejas.

2:18 Y volviendo ellas a Reuél su padre, él les dijo: ¿Por qué han vuelto tan pronto, hoy?

2:19 Ellas respondieron: Un hombre egipcio nos defendió de mano de los pastores, y también nos sacó el agua, y dio de beber a las ovejas.

2:20 Y dijo a sus hijas: ¿Dónde está? ¿Por qué han dejado a ese hombre? Llámenlo para que coma pan.

2:21 Y aceptó Moshe quedarse con aquel hombre; y él dio su hija Tziporáh (por mujer) a Moshe.

2:22 Y ella dio a luz un hijo; y él le puso por nombre Guershón, porque dijo: Forastero soy en tierra extraña.

2:23 Aconteció que después de muchos días murió el rey de Egipto, y los hijos de Israel gemían a causa de la servidumbre, y clamaron; y subió a Dios el clamor de ellos desde su servidumbre.

2:24 Y escucho Dios la lamentación, y se acordó de su pacto con Abrahám, Itzják y Iaakób.

2:25 Y miró Dios a los hijos de Israel, y los tomó en cuenta.

Capítulo 3

3:1 Moshe estaba apacentando las ovejas de Itró su suegro, sacerdote de Midián, y llevó las ovejas a través del desierto, y llegó hasta Joréb, monte de Dios.

3:2 Y se le apareció el Ángel de El Eterno en una llama de fuego en medio de una zarza; y él miró, y vio que la zarza ardía en fuego, y la zarza no se consumía.

3:3 Entonces Moshe dijo: Me aproximaré para contemplar esta gran visión, por qué causa no se quema la zarza.

3:4 Viendo El Eterno que él iba a ver, lo llamó Dios de en medio de la zarza, y dijo: ¡Moshe, Moshe! Y él respondió: Heme aquí.

3:5 Y dijo: No te acerques; quita tu calzado de tus pies, porque el lugar en que tú estás parado, es tierra santa.

3:6 Y dijo: Yo soy el Dios de tu padre, el Dios de Abrahám, el Dios de Itzják, y el Dios de Iaakób. Entonces Moshe cubrió su rostro, porque tuvo miedo de mirar a Dios.

3:7 Dijo luego El Eterno: Ciertamente he visto la aflicción de Mi pueblo que está en Egipto, y he oído su clamor a causa de sus opresores; pues he conocido sus sufrimientos,

3:8 y por eso he descendido para librarlos de mano de los egipcios, y sacarlos de aquella tierra a una tierra buena y ancha, a una tierra que fluye leche y miel, a los lugares del kenaaní, del jití, del emorí, del perizí, del jiví y del iebusí.

3:9 Y ahora, he aquí que el clamor, de los hijos de Israel ha venido delante de mí, y también he visto la opresión con que los egipcios los oprimen.

3:10 Y ahora, ve y te enviaré a Faraón, para que saques a Mi pueblo, a los hijos de Israel de Egipto.

3:11 Y Moshe dijo a Dios: ¿Quién soy yo para que vaya a Faraón, y saque de Egipto a los hijos de Israel?

3:12 Y El respondió: Porque Yo estaré contigo; y esto te será a ti por señal de que Yo te he enviado: cuando hayas sacado de Egipto al pueblo, servirán a Dios en este monte.

3:13 Dijo Moshe a Dios: He aquí que yo voy a ir a los hijos de Israel, y les voy a decir: El Dios de sus padres me ha enviado a ustedes. Si ellos me preguntaren: ¿Cuál es su nombre?, ¿qué les responderé?

3:14 Y respondió Dios a Moshe: Ehiéh Ashér Ehiéh (seré el que seré). Y dijo: Así dirás a los hijos de Israel: Ehiéh me envió a ustedes.

3:15 Además dijo Dios a Moshe: Así dirás a los hijos de Israel: El Eterno, el Dios de vuestros padres, el Dios de Abrahám, Dios de Itzják y Dios de Iaakób, me ha enviado a ustedes. Este es Mi nombre para siempre; con él se me recordará de generación en generación.

3:16 Ve, y reúne a los ancianos de Israel, y diles: El Eterno, el Dios de vuestros padres, se me apareció, el Dios de Abrahám, de Itzják y de Iaakób, diciendo: Ciertamente los he recordado, y he visto lo que les han hecho en Egipto;

3:17 Y He dicho: Yo los sacaré de la aflicción de Egipto a la tierra del kenaaní, del jití, del emorí, del perizí, del jiví y del iebusí, a una tierra que fluye leche y miel.

3:18 Y escucharán tu voz; e irás tú, y los ancianos de Israel, al rey de Egipto, y le dirán: El Eterno, el Dios de los hebreos se nos ha aparecido; Ahora permítenos por favor que vayamos camino de tres días en el desierto para ofrecer sacrificios al Eterno, nuestro Dios.

3:19 Mas yo sé que el rey de Egipto no los dejará ir sino por mano fuerte.

3:20 Y yo extenderé Mi mano, y golpearé a Egipto con todas mis maravillas que haré en él, y después de esto los dejará ir.

3:21 Y yo daré a este pueblo gracia en los ojos de los egipcios, para que cuando salgan, no se vayan con las manos vacías;

3:22 sino que pedirá cada mujer a su vecina y a la que se aloje en su casa, utensilios de plata, utensilios de oro, y vestidos, los cuales pondrán sobre sus hijos y sus hijas; y despojarán a Egipto.

Capítulo 4

4:1 Entonces Moshe respondió diciendo: Ellos no me creerán, ni oirán mi voz; porque dirán: No se te ha aparecido El Eterno.

4:2 Y le dijo El Eterno: ¿Qué es eso que tienes en tu mano? Y él respondió: Una vara.

4:3 El le dijo: Échala a la tierra. Y él la echó a la tierra, y se hizo una serpiente; y Moshe se escapó de ella.

4:4 Entonces dijo El Eterno a Moshe: Extiende tu mano, y tómala por la cola. Y él extendió su mano, y la tomó, y se volvió vara en su mano.

4:5 Para que crean que se te ha aparecido El Eterno, el Dios de sus padres, el Dios de Abrahám, Dios de Itzják y Dios de Iaakób.

4:6 Le dijo además El Eterno: Mete ahora tu mano en tu pecho. Y él metió la mano en su pecho; y cuando la sacó, he aquí que su mano tenía tzaráat (lepra) y estaba como la nieve.

4:7 Y le dijo El Eterno: Vuelve a meter tu mano en tu pecho. Y él volvió a meter su mano en su pecho; y al sacarla de nuevo del pecho, se había vuelto como el resto de su carne.

4:8 Si sucediera que no te creyeren ni escucharan la voz de la primera señal, creerán a la voz de la última señal.

4:9 Y si aún no creyeren a estas dos señales, ni oyeren tu voz, tomarás de las aguas del río y las derramarás en la tierra; y se cambiarán aquellas aguas que tomarás del río y se harán sangre en la tierra.

4:10 Entonces dijo Moshe a El Eterno: ¡Ay, Señor! nunca he sido hombre de fácil palabra, ni de ayer ni anteayer, ni desde que hablaste a Tu siervo; porque soy pesado de boca y pesado de lengua.

4:11 Y El Eterno le respondió: ¿Quién dio la boca al hombre? ¿O quién lo hace mudo, sordo, vidente o ciego? ¿Acaso no Yo, El Eterno?

4:12 Ahora ve, y yo estaré con tu boca, y te enseñaré lo que hayas de hablar.

4:13 Y él dijo: ¡Ay, Señor! envía, te ruego, por mano de (otro) que quieras enviar.

4:14 Entonces El Eterno se enojó con Moshe, y dijo: ¿No conozco yo a tu hermano Aharón el leví, y que él habla bien? Y he aquí que él saldrá a recibirte, y al verte se alegrará en su corazón.

4:15 Tú hablarás a él, y pondrás en su boca las palabras, y yo estaré con tu boca y con la suya, y les enseñaré lo que tenga que hacer.

4:16 Y él hablará por ti al pueblo; él te será a ti en lugar de boca, y tú serás su líder.

4:17 Y tomarás en tu mano esta vara, con la cual harás las señales.

4:18 Se fue Moshe, y volviendo a su suegro Iéter, le dijo: Iré ahora, y volveré a mis hermanos que están en Egipto, para ver si aún viven. Y dijo Itró a Moshe: Ve en paz.

4:19 Y dijo El Eterno a Moshe en Midián: Ve y vuélvete a Egipto, porque han muerto todos los que buscaban tu vida.

4:20 Entonces Moshe tomó su mujer y sus hijos, y los puso sobre un burro, y volvió a la tierra de Egipto. Y tomó también Moshe la vara de Dios en su mano.

4:21 Y dijo El Eterno a Moshe: En tu camino de vuelta a Egipto, observa todas las maravillas que he puesto en tu mano y las harás delante de Faraón; pero Yo endureceré su corazón, de modo que no dejará ir al pueblo.

4:22 Y le dirás a Faraón: El Eterno ha dicho así: Israel es Mi hijo, Mi primogénito.

4:23 Ya te he dicho que dejes ir a Mi hijo, para que me sirva, mas no has querido dejarlo ir; he aquí yo voy a matar a tu hijo, tu primogénito.

4:24 Y aconteció en el camino, que en una posada, El Eterno le salió al encuentro, y quiso matarlo.

4:25 Entonces Tziporáh tomó una piedra filosa y cortó el prepucio de su hijo, y lo echó a sus pies, diciendo (en relación a su hijo): eres un esposo de sangre para mí.

4:26 Así le dejó luego ir. Y ella dijo: Mi esposo estuvo a punto de morir a causa de la circuncisión.

4:27 Y El Eterno dijo a Aharón: Ve a recibir a Moshe al desierto. Y él fue, y lo encontró en el monte de Dios, y le besó.

4:28 Entonces le dijo Moshe a Aharón todas las palabras de El Eterno que le enviaba, y todas las señales que le había encomendado.

4:29 Y fueron Moshe y Aharón, y reunieron a todos los ancianos de los hijos de Israel.

4:30 Y habló Aharón acerca de todas las cosas que El Eterno había dicho a Moshe, e hizo las señales delante de los ojos del pueblo.

4:31 Y el pueblo creyó; y escucho que El Eterno había visitado a los hijos de Israel, y que había visto su aflicción, se inclinaron y prosternaron.

Capítulo 5

5:1 Después Moshe y Aharón fueron y dijeron a Faraón: El Eterno, el Dios de Israel dice así: Deja ir a Mi pueblo para que me celebren en el desierto.

5:2 Y respondió Faraón: ¿Quién es El Eterno, para que yo escuche su voz y deje ir a Israel? Yo no conozco a El Eterno, ni tampoco dejaré ir a Israel.

5:3 Y ellos dijeron: El Dios de los hebreos se nos ha presentado; Permítenos por favor que vayamos por un camino de tres días por el desierto, y ofrezcamos sacrificios a El Eterno nuestro Dios, para que no nos mate a nosotros con peste o con espada.

5:4 Entonces el rey de Egipto les dijo: Moshe y Aharón, ¿por qué distraen al pueblo de su trabajo? Vuelvan a sus tareas.

5:5 Dijo también Faraón: El pueblo de la tierra es ahora mucho, y ustedes les hacen cesar de sus tareas.

5:6 Y mandó Faraón aquel mismo día a los opresores del pueblo que lo tenían a su cargo, y a sus capataces, diciendo:

5:7 De aquí en adelante no darán más paja al pueblo para hacer ladrillo, como hasta ahora; sino que vayan ellos y recojan por sí mismos la paja.

5:8 Y les impondrán la misma cuota de ladrillos que hacían antes, y no les disminuirán nada; porque están ociosos, por eso claman diciendo: Vamos y ofrezcamos sacrificios a nuestro Dios.

5:9 Hagan más pesado el trabajo sobre los hombres, para que se ocupen en ella, y no hagan caso a palabras mentirosas.

5:10 Y salieron los opresores del pueblo y sus capataces, hablaron al pueblo, diciendo: Así dijo Faraón: Ya no se les dará más paja.

5:11 Ustedes vayan y recojan la paja donde la hallen; pero nada se disminuirá nada de su trabajo.

5:12 Entonces se esparció el pueblo por toda la tierra de Egipto para recoger rastrojo en lugar de paja.

5:13 Y los opresores los apremiaban, diciendo: Acaben su obra, la tarea de cada día en su día, como cuando había paja.

5:14 Y fueron golpeados los capataces de los hijos de Israel, a quienes los opresores del Faraón habían puesto sobre ellos, diciéndoles: ¿Por qué no han acabado vuestra tarea de hacer ladrillos como antes, ni ayer ni hoy?

5:15 Y los capataces de los hijos de Israel vinieron a Faraón y se quejaron a él, diciendo: ¿Por qué haces así con tus siervos?

5:16 Paja no se da a tus siervos, y con todo nos dicen: Hagan el ladrillo. Y he aquí tus siervos son golpeados, mas la culpa la tiene tu propia gente.

5:17 Y él respondió: Están ociosos, sí, ociosos, y por eso dicen: Vamos y ofrezcamos sacrificios a El Eterno.

5:18 Ahora, vayan y trabajen. No se les dará paja, mas han de entregar la misma cuota de ladrillos.

5:19 Entonces los capataces de los hijos de Israel se dieron cuenta de su mala situación de sus hermanos, al decírseles: No se disminuirá nada de vuestra cuota diaria de ladrillos.

5:20 Y se encontraron con Moshe y Aharón, que estaban de pie frente a ellos, cuando salían de la presencia de Faraón,

5:21 Les dijeron: Mire El Eterno sobre ustedes, y juzgue; pues nos han hecho odiosos a los ojos de Faraón y a los ojos de sus siervos, poniéndoles la espada en su mano para que nos maten.

5:22 Entonces Moshe se volvió a El Eterno, y dijo: Señor, ¿por qué afliges a este pueblo? ¿Para qué me enviaste?

5:23 Porque desde que yo vine a Faraón para hablarle en tu nombre, ha afligido a este pueblo; y Tú ciertamente no has librado a Tu pueblo.

Capítulo 6

6:1 Y dijo El Eterno a Moshe: Ahora verás lo que haré a Faraón; porque con mano fuerte los dejará ir, y con mano fuerte los expulsará de su tierra.

6:2 Habló Dios a Moshe, y le dijo: Yo soy EL ETERNO.

6:3 Y aparecí a Abrahám, a Itzják y a Iaakób como El Shadái (Dios Todopoderoso), mas en Mi nombre EL ETERNO no me di a conocer a ellos.

6:4 También establecí Mi pacto con ellos, de darles la tierra de Kenáan, la tierra de sus peregrinaciones, donde habían morado como extranjeros.

6:5 Asimismo yo he escuchado el clamor de los hijos de Israel, a quienes hacen servir los egipcios, y recordé Mi pacto.

6:6 Por lo tanto, di a los hijos de Israel: Yo soy EL ETERNO; y los sacaré de debajo de las tareas pesadas de Egipto, y los salvaré de su servidumbre, y los redimiré con brazo extendido, y con juicios grandes;

6:7 y los tomaré por Mi pueblo y seré su Dios; y ustedes sabrán que yo soy El Eterno su Dios, que los sacó de debajo de las tareas pesadas de Egipto.

6:8 Y los llevaré a la tierra por la cual alcé Mi mano que la daría a Abrahám, a Itzják y a Iaakób; y yo se las daré como herencia. Yo EL ETERNO.

6:9 Habló Moshe de esta manera a los hijos de Israel; pero ellos no escucharon a Moshe a causa de su estrechez de espíritu, y de la dureza de su servidumbre.

6:10 Y habló El Eterno a Moshe, diciendo:

6:11 Entra y habla a Faraón rey de Egipto, que deje ir de su tierra a los hijos de Israel.

6:12 Y respondió Moshe delante de El Eterno, diciendo: He aquí, los hijos de Israel no me escuchan; ¿cómo, pues, me escuchará Faraón, teniendo yo dificultad para hablar?

6:13 Entonces El Eterno habló a Moshe y a Aharón y les dio instrucciones para los hijos de Israel, y para Faraón rey de Egipto, a fin de sacar a los hijos de Israel de la tierra de Egipto.

6:14 Estos son los jefes de sus casas paternas: Los hijos de Reubén, el primogénito de Israel: Janój, Palú, Jetzrón y Karmí; estas son las familias de Reubén.

6:15 Los hijos de Shimón: Iemuél, Iamín, Óhad, Iajín, Tzójar, y Shaúl hijo de la kenaaní. Estas son las familias de Shimón.

6:16 Estos son los nombres de los hijos de Leví por sus generaciones: Guershón, Kehát y Merarí. Y los años de la vida de Leví fueron ciento treinta y siete años.

6:17 Los hijos de Guershón: Libní y Shimí, por sus familias.

6:18 Y los hijos de Kehát: Amrám, Itzhár, Jebrón y Uziél. Y los años de la vida de Kehát fueron ciento treinta y tres años.

6:19 Y los hijos de Merarí: Majlí y Mushí. Estas son las familias de Leví por sus generaciones.

6:20 Y tomó Amrám a Iojébed su tía por mujer, la cual dio a luz a Aharón y a Moshe. Y los años de la vida de Amrám fueron ciento treinta y siete años.

6:21 Los hijos de Itzhár: Kóraj, Néfeg y Zijrí.

6:22 Y los hijos de Uziél: Mishaél, Eltzafán y Sitrí.

6:23 Y tomó Aharón a Elishéba hija de Aminadáb, hermana de Najshón por mujer; la cual dio a luz a Nadáb, Abihú, Elazár e Itamár.

6:24 Los hijos de Kóraj: Asír, Elkanáh y Abiasáf. Estas son las familias de los karjí.

6:25 Y Elazár hijo de Aharón tomó para sí mujer de las hijas de Putiél, la cual dio a luz a Pínjas. Y estos son los jefes de los padres de los leviím por sus familias.

6:26 Estos son Aharón y Moshe, a los cuales El Eterno dijo: Saquen a los hijos de Israel de la tierra de Egipto según sus congregaciones.

6:27 Estos son los que hablaron a Faraón rey de Egipto, para sacar de Egipto a los hijos de Israel. Estos son Moshe y Aharón.

6:28 Y fue en el día en que habló El Eterno a Moshe en la tierra de Egipto,

6:29 Y El Eterno habló a Moshe, diciendo: Yo soy EL ETERNO; di a Faraón rey de Egipto todas las cosas que yo te digo a ti.

6:30 Y respondió Moshe delante de El Eterno: He aquí, yo tengo dificultad para hablar; ¿cómo, pues, me ha de escuchar Faraón?

Capítulo 7

7:1 El Eterno dijo a Moshe: Mira, yo te he puesto como juez y castigador sobre Faraón, y tu hermano Aharón será tu vocero.

7:2 Tú dirás todas las cosas que yo te mande, y Aharón tu hermano hablará a Faraón, para que envíe de su tierra a los hijos de Israel.

7:3 Y yo endureceré el corazón de Faraón, y multiplicaré mis señales y mis maravillas en la tierra de Egipto.

7:4 Y no los escuchara Faraón; mas yo pondré Mi mano sobre Egipto, y sacaré a mis congregaciones, Mi pueblo, los hijos de Israel, de la tierra de Egipto, con grandes juicios.

7:5 Y sabrán los egipcios que yo soy El Eterno, cuando extienda Mi mano sobre Egipto, y saque a los hijos de Israel de en medio de ellos.

7:6 E hizo Moshe y Aharón como El Eterno les mandó; así lo hicieron.

7:7 Era Moshe de edad de ochenta años, y Aharón de edad de ochenta y tres, cuando hablaron a Faraón.

7:8 Habló El Eterno a Moshe y a Aharón, diciendo:

7:9 Si Faraón les dijere: Muéstrenme una señal; dirás a Aharón: Toma tu vara, y échala delante de Faraón, y se convertirá en serpiente.

7:10 Y fueron Moshe y Aharón a Faraón, e hicieron como El Eterno lo había mandado. Y echó Aharón su vara delante de Faraón y de sus siervos, y se hizo serpiente.

7:11 Entonces llamó también Faraón a sabios y hechiceros, e hicieron también los hechiceros de Egipto con sus magias, lo mismo;

7:12 Y echó cada uno su vara, las cuales se convirtieron en serpientes; mas la vara de Aharón devoró las varas de ellos.

7:13 Y el corazón de Faraón se endureció, y no los escuchó, como El Eterno lo había dicho.

7:14 Entonces El Eterno dijo a Moshe: El corazón de Faraón está endurecido, y no quiere dejar ir al pueblo.

7:15 Ve por la mañana a Faraón, he aquí que él sale al agua; y tú párate en la orilla delante de él, y la vara que se volvió serpiente toma en tu mano,

7:16 y dile: El Eterno el Dios de los hebreos me ha enviado a ti, para decirte: Deja ir a Mi pueblo, para que me sirva en el desierto; y he aquí que hasta ahora no has escuchado.

7:17 Así ha dicho El Eterno: En esto conocerás que yo soy El Eterno: he aquí, yo golpearé con la vara que tengo en mi mano el agua que está en el río, y se convertirá en sangre.

7:18 Y los peces que hay en el río morirán, y apestará el río, y se cansarán los egipcios por no poder beber agua del río.

7:19 Y El Eterno dijo a Moshe: Di a Aharón: Toma tu vara, y extiende tu mano sobre las aguas de Egipto, sobre sus ríos, sobre sus arroyos y sobre sus lagunas, y sobre todos sus depósitos de aguas, para que se conviertan en sangre, y habrá sangre por toda la tierra de Egipto, así en los vasos de madera como en los de piedra.

7:20 E hicieron así, Moshe y Aharón como El Eterno lo mandó; y alzando la vara golpeó las aguas que había en el río, a los ojos de Faraón y de sus siervos; y todas las aguas que había en el río se convirtieron en sangre.

7:21 Asimismo los peces que había en el río murieron; y apestó el río, tanto que los egipcios no podían beber de él. Y hubo sangre por toda la tierra de Egipto.

7:22 E hicieron lo mismo los hechiceros de Egipto con sus encantamientos; y el corazón de Faraón se endureció, y no los escuchó; como lo había dicho El Eterno.

7:23 Y Faraón se volvió y fue a su casa, y no dio atención tampoco a esto.

7:24 Y en todo Egipto hicieron pozos alrededor del río para beber, porque no podían beber de las aguas del río.

7:25 Y se completaron siete días después que golpeo El Eterno el río.

7:26 Y dijo El Eterno a Moshe: Ve a Faraón y dile: Así ha dicho El Eterno: Deja ir a Mi pueblo, para que me sirva.

7:27 Y si no lo quisieres dejar ir, he aquí que voy a herir todos tus territorios con ranas.

7:28 Y el río criará ranas, las cuales subirán y entrarán en tu casa, en la habitación donde duermes, y sobre tu cama, y en las casas de tus siervos, en tu pueblo, en tus hornos y en el resto de tus provisiones.

7:29 Y sobre ti, sobre tu pueblo, y sobre todos tus siervos subirán las ranas.

Capítulo 8

8:1 Y El Eterno dijo a Moshe: Di a Aharón: Extiende tu mano con tu vara sobre los ríos, canales y lagunas, y haz subir ranas sobre la tierra de Egipto.

8:2 Y extendió Aharón su mano sobre las aguas de Egipto, y subieron ranas que cubrieron la tierra de Egipto.

8:3 E hicieron lo mismo los hechiceros con sus encantamientos, e hicieron subir ranas sobre la tierra de Egipto.

8:4 Y llamó Faraón a Moshe y a Aharón, y les dijo: Rueguen a El Eterno para que quite las ranas de mí y de mi pueblo, y dejaré ir a tu pueblo para que ofrezca sacrificios a El Eterno.

8:5 Y dijo Moshe a Faraón: Pide gloriosamente (libremente), e dime cuándo debo orar por ti, por tus siervos y por tu pueblo, para que las ranas sean quitadas de ti y de tus casas, y que solamente queden en el río.

8:6 Y él dijo: Mañana. Y (Moshe) respondió: Se hará conforme a tu palabra, para que sepas que no hay como El Eterno nuestro Dios.

8:7 Y se irán las ranas de ti, y de tus casas, de tus siervos y de tu pueblo, y solamente en el río quedarán.

8:8 Entonces salieron Moshe y Aharón de la presencia de Faraón. Y clamó Moshe a El Eterno acerca de las ranas que había mandado a Faraón.

8:9 E hizo El Eterno conforme a la palabra de Moshe, y murieron las ranas de las casas, de los patios y de los campos.

8:10 Y las juntaron en montones, y apestaba la tierra.

8:11 Pero viendo Faraón que le habían dado reposo, endureció su corazón y no los escuchó, como El Eterno lo había dicho.

8:12 Y dijo El Eterno a Moshe: Di a Aharón: Extiende tu vara y golpea el polvo de la tierra, para que se vuelva piojos por toda la tierra de Egipto.

8:13 Y ellos lo hicieron así; y Aharón extendió su mano con su vara, y golpeó el polvo de la tierra, el cual se volvió piojos, así en los hombres como en las bestias; todo el polvo de la tierra se volvió piojos en toda la tierra de Egipto.

8:14 E hicieron así también los hechiceros con sus encantamientos, para sacar piojos; pero no pudieron. Y hubo piojos tanto en los hombres como en las bestias.

8:15 Y dijeron los hechiceros a Faraón: Dedo de Dios es éste. Mas el corazón de Faraón se endureció, y no los escuchó, como lo había dicho El Eterno.

8:16 El Eterno dijo a Moshe: Levántate de mañana y ponte delante de Faraón, he aquí él sale al río; y dile: El Eterno ha dicho así: Deja ir a Mi pueblo, para que me sirva.

8:17 Porque si no dejas ir a Mi pueblo, he aquí yo enviaré sobre ti, sobre tus siervos, sobre tu pueblo y sobre tus casas toda clase de animales salvajes; y se llenarán las casas de los egipcios de toda clase de animales salvajes, y asimismo la tierra sobre la cual ellos estén.

8:18 Y aquel día haré distinción de la tierra de Góshen, en la cual habita Mi pueblo, para que ninguna clase de animales salvajes haya en ella, a fin de que sepas que yo soy El Eterno en medio de la tierra.

8:19 Y pondré una separación entre Mi pueblo y el tuyo. Mañana será esta señal.

8:20 Y lo hizo El Eterno así, y vino toda clase de animales salvajes dañinos sobre la casa de Faraón, sobre las casas de sus siervos, y sobre todo la tierra de Egipto; y la tierra fue devastada a causa de los animales salvajes.

8:21 Y llamó Faraón a Moshe y a Aharón, y les dijo: Vayan, ofrezcan sacrificio a vuestro Dios en la tierra.

8:22 Y Moshe respondió: No es correcto que hagamos así, porque ofreceríamos a El Eterno nuestro Dios la abominación de los egipcios. Acaso, si sacrificáramos la abominación de los egipcios delante de ellos, ¿no nos apedrearían?

8:23 Iremos camino de tres idas en el desierto, y ofreceremos sacrificios a El Eterno nuestro Dios, como él nos dirá.

8:24 Dijo Faraón: Yo los dejaré ir para que ofrezcan sacrificios a El Eterno su Dios en el desierto, con tal que no vayan más lejos; rueguen (a El Eterno) por mí.

8:25 Y respondió Moshe: He aquí, al salir yo de tu presencia, rogaré a El Eterno que los animales salvajes se vayan de Faraón, y de sus siervos, y de su pueblo mañana; mas no vuelva el Faraón a mentir no dejando ir al pueblo para que ofrezca sacrificios a El Eterno.

8:26 Entonces Moshe salió de la presencia de Faraón, y rogó a El Eterno.

8:27 Y El Eterno hizo conforme a la palabra de Moshe, y quitó todos aquellos animales salvajes de Faraón, de sus siervos y de su pueblo, no quedó ni uno.

8:28 Más Faraón endureció esta vez también su corazón, y no dejó ir al pueblo.

Capítulo 9

9:1 Y dijo El Eterno dijo a Moshe: Entra a la presencia de Faraón, y dile: El Eterno, el Dios de los hebreos, dice así: Deja ir a Mi pueblo, para que me sirva.

9:2 Porque si no lo quieres dejar ir, y todavía los detienes,

9:3 he aquí la mano de El Eterno estará sobre tus ganados que están en el campo, caballos, asnos, camellos, vacas y ovejas, con una epidemia muy grave.

9:4 Y El Eterno hará distinción entre los ganados de Israel y los de Egipto, de modo que nada muera de todo lo de los hijos de Israel.

9:5 Y El Eterno fijó plazo, diciendo: Mañana hará El Eterno esta cosa en la tierra.

9:6 Al día siguiente El Eterno hizo aquello, y murió todo el ganado de Egipto; mas del ganado de los hijos de Israel no murió ni uno.

9:7 Y envió Faraón, y he aquí que del ganado de los hijos de Israel no había muerto ni uno. Mas el corazón de Faraón se endureció, y no envió al pueblo.

9:8 Y El Eterno dijo a Moshe y a Aharón: Tomen puñados de ceniza de un horno, y lo arrojará Moshe hacia el cielo ante los ojos de Faraón;

9:9 y vendrá a ser polvo sobre toda la tierra de Egipto, y producirá sarna que causará llagas en los hombres y en los animales, por toda la tierra de Egipto.

9:10 Y tomaron ceniza del horno, y se pusieron delante de Faraón, y las arrojó Moshe hacia el cielo; y hubo sarna que causó llagas tanto en los hombres como en los animales.

9:11 Y los hechiceros no podían estar delante de Moshe a causa de la sarna, porque hubo sarna en los hechiceros y en todos los egipcios.

9:12 Pero El Eterno endureció el corazón de Faraón, y no los escuchó, como El Eterno le había dicho a Moshe.

9:13 Y dijo El Eterno a Moshe: Levántate de mañana, y ponte delante de Faraón, y dile: El Eterno, el Dios de los hebreos, dice así: Deja ir a Mi pueblo, para que me sirva.

9:14 Porque Yo enviaré esta vez todas mis plagas a tu corazón, sobre tus siervos y sobre tu pueblo, para que sepas que no hay otro como Yo en toda la tierra.

9:15 Porque ahora, si Yo hubiese extendido Mi mano para golpearte a ti y a tu pueblo con plaga, habrías sido borrado de la tierra.

9:16 Sin embargo, Yo te he mantenido en pie, para hacerte ver Mi poder y para que Mi nombre sea anunciado en toda la tierra.

9:17 Todavía oprimes a Mi pueblo, impidiéndoles salir.

9:18 He aquí que mañana a estas horas yo haré llover un granizo muy grave, como el cual nunca hubo en Egipto, desde el día que se fundó hasta ahora.

9:19 Y ahora, envía a recoger tu ganado, y todo lo que tienes en el campo; porque todo hombre o animal que se halle en el campo, y no sea recogido a casa, el granizo caerá sobre él, y morirá.

9:20 De los siervos de Faraón, el que tuvo temor de la palabra de El Eterno, hizo que sus siervos y su ganado huyesen a las casas;

9:21 mas el que no puso en su corazón la palabra de El Eterno, dejó sus criados y sus ganados en el campo.

9:22 Y El Eterno dijo a Moshe: Extiende tu mano hacia el cielo, para que venga granizo en toda la tierra de Egipto sobre los hombres, y sobre los animales, y sobre toda la hierba del campo en la tierra de Egipto.

9:23 Y extendió Moshe su vara hacia el cielo, y El Eterno hizo tronar y granizar, y el fuego se descargó sobre la tierra; y El Eterno hizo llover granizo sobre la tierra de Egipto.

9:24 Hubo granizo, y fuego mezclado con el granizo muy gravemente, como el cual nunca hubo en toda la tierra de Egipto desde que fue una nación.

9:25 Y golpeó el granizo en toda la tierra de Egipto todo lo que estaba en el campo, así hombres como animales; asimismo destrozó el granizo toda la hierba del campo, y quebró todos los árboles del campo.

9:26 Solamente en la tierra de Góshen, donde estaban los hijos de Israel, no hubo granizo.

9:27 Entonces Faraón envió a llamar a Moshe y a Aharón, y les dijo: He pecado esta vez; El Eterno es justo, y yo y mi pueblo somos malvados.

9:28 Rueguen a El Eterno para que cesen los truenos Divinos y el granizo, y yo los dejaré ir, y no se detendrán más.

9:29 Y le respondió Moshe: Tan pronto salga yo de la ciudad, extenderé mis manos a El Eterno, los truenos cesarán, y no habrá más granizo; para que sepas que de El Eterno es la tierra.

9:30 Más en cuanto a ti y a tus siervos, yo sé que no temen todavía al Eterno Dios.

9:31 El lino y la cebada fueron destrozados, porque la cebada estaba ya espigada, y el lino en flor.

9:32 Mas el trigo y el centeno no fueron destrozados, porque maduran tarde.

9:33 Y salio Moshe de la presencia de Faraón, fuera de la ciudad, y extendió sus manos a El Eterno, y cesaron los truenos y el granizo, y la lluvia no cayó más sobre la tierra.

9:34 Y viendo Faraón que la lluvia había cesado, y el granizo y los truenos, volvió a pecar, y endurecieron su corazón él y sus siervos.

9:35 Y el corazón de Faraón se endureció, y no dejó ir a los hijos de Israel, como El Eterno lo había dicho por medio de Moshe.

Capítulo 10

10:1 El Eterno dijo a Moshe: Ve a la presencia de Faraón; porque yo he endurecido su corazón, y el corazón de sus siervos, para poner estas, mis señales entre ellos,

10:2 y para que cuentes a tus hijos y a tus nietos las cosas que yo hice en Egipto, y mis señales que hice entre ellos; para que sepan que yo soy El Eterno.

10:3 Y vinieron Moshe y Aharón a Faraón, y le dijeron: El Eterno el Dios de los hebreos ha dicho así: ¿Hasta cuándo te negarás a humillarte delante de Mí? Deja ir a Mi pueblo, para que me sirvan.

10:4 Pues si rehúsas dejarlo ir, he aquí que mañana Yo traeré langostas dentro de tu territorio,

10:5 la cual cubrirá la faz de la tierra, de modo que no pueda verse la tierra; y ella comerá el residuo que escapó, lo que les quedó del granizo; comerá asimismo todo árbol que les crece en el campo.

10:6 Y llenará tus casas, y las casas de todos tus siervos, y las casas de todos los egipcios, como no vieron tus padres ni tus abuelos, desde que ellos fueron sobre la tierra hasta hoy. Y se volvió y salió de delante de Faraón.

10:7 Y los siervos de Faraón le dijeron: ¿Hasta cuándo será éste una amenaza para nosotros? Envía a estos hombres, para que sirvan a El Eterno su Dios. ¿Acaso no sabes todavía que Egipto está ya perdido?

10:8 E hicieron volver a Moshe y Aharón ante Faraón, el cual les dijo: Vayan y sirvan a El Eterno, su Dios. ¿Quiénes son los que irán?

10:9 Y Moshe respondió: Iremos con nuestros niños y con nuestros ancianos, con nuestros hijos y con nuestras hijas; con nuestras ovejas y con nuestras vacas iremos; porque es nuestra fiesta para El Eterno.

10:10 Y él les dijo: ¡Así sea, que El Eterno este con ustedes! ¿Cómo los voy a dejar ir a ustedes y a vuestros niños? ¡Miren cómo el mal está delante de ustedes!

10:11 No será así; que vayan sólo los hombres y sirvan a El Eterno, pues esto es lo que ustedes pidieron. Y los expulsaron de la presencia de Faraón.

10:12 Y dijo El Eterno a Moshe: Extiende tu mano sobre la tierra de Egipto para traer la langosta, a fin de que suba sobre la tierra de Egipto y consuma toda la hierba de la tierra, todo lo que el granizo dejó.

10:13 Y extendió Moshe su vara sobre la tierra de Egipto, y El Eterno trajo un viento oriental sobre la tierra (de Egipto) todo aquel día y toda aquella noche; y cuando llego la mañana el viento de oriente trajo la langosta.

10:14 Y subió la langosta sobre toda la tierra de Egipto, y se posó en todos los límites de Egipto, (la plaga era) muy grave, como ella no hubo antes ni la habrá después;

10:15 y cubrió la faz de todo la tierra (de Egipto), y oscureció la tierra (de Egipto); y consumió toda la hierba de la tierra (de Egipto), y todo el fruto de los árboles que había dejado el granizo; no quedó cosa verde en árboles ni en hierba del campo, en toda la tierra de Egipto.

10:16 Y se apresuró Faraón a llamar a Moshe y a Aharón, y dijo: He pecado contra El Eterno vuestro Dios, y contra ustedes.

10:17 Mas ahora perdonen por favor mi pecado solamente esta vez, y rueguen a El Eterno vuestro Dios que quite de mí al menos esta plaga mortal.

10:18 Y salió Moshe de delante de Faraón, y rogó a El Eterno.

10:19 Entonces El Eterno hizo tornar un viento occidental muy fuerte, y quitó la langosta y la arrojó en el Iám Suf (mar rojo); ni una langosta quedó en todos los límites de Egipto.

10:20 Pero El Eterno endureció el corazón de Faraón, y éste no dejó ir a los hijos de Israel.

10:21 Y dijo El Eterno a Moshe: Extiende tu mano hacia el cielo, para que haya oscuridad sobre la tierra de Egipto, y se palpará la oscuridad.

10:22 Y extendió Moshe su mano hacia el cielo, y hubo densas tinieblas sobre toda la tierra de Egipto, por tres días.

10:23 Ninguno vio a su prójimo, ni nadie se levantó de su lugar en tres días; mas todos los hijos de Israel tenían luz en sus habitaciones.

10:24 Entonces Faraón hizo llamar a Moshe, y dijo: Vayan, sirvan a El Eterno; solamente queden sus ovejas y sus vacas; vayan también sus niños con ustedes.

10:25 Y Moshe respondió: Tú también nos darás sacrificios y holocaustos que sacrifiquemos para El Eterno nuestro Dios.

10:26 También nuestros ganados irán con nosotros; no quedará ni una pezuña; porque de ellos tomaremos para servir a El Eterno nuestro Dios, y no sabemos con qué serviremos a El Eterno hasta que lleguemos allá.

10:27 Pero El Eterno endureció el corazón de Faraón, y no quiso dejarlos ir.

10:28 Y le dijo Faraón: Retírate de mí; Cuídate de no volver a ver mi rostro, porque el día que veas mi rostro, morirás.

10:29 Y Moshe respondió: Bien dijiste; no volveré a ver tu rostro.

Capítulo 11

11:1 Y dijo El Eterno a Moshe: Otra plaga traeré sobre Faraón y sobre Egipto, después de la cual él los dejará ir de aquí; y los expulsará de aquí.

11:2 Habla por favor al pueblo, y que cada uno pida a su compañero (egipcio), y cada una a su compañera (egipcio), utensilios de plata y utensilios de oro.

11:3 Y dio El Eterno gracia al pueblo en los ojos de los egipcios. También Moshe era muy grande en la tierra de Egipto, a los ojos de los siervos del Faraón y a los ojos del pueblo.

11:4 Entonces dijo Moshe: Así ha dicho El Eterno: Como a medianoche saldré en medio de Egipto,

11:5 y morirá todo primogénito en la tierra de Egipto, desde el primogénito de Faraón que se sienta en su trono, hasta el primogénito de la sierva que está tras el molino, y todo primogénito de los animales.

11:6 Y habrá gran clamor por toda la tierra de Egipto, como el cual nunca hubo, ni jamás habrá.

11:7 Pero contra los hijos de Israel no ladrará un perro, desde el hombre hasta animal, para que sepan que El Eterno hace diferencia entre los egipcios y los israelitas.

11:8 Y descenderán a mí todos estos tus siervos, e inclinados delante de mí dirán: Andante, tú y todo el pueblo que te sigue; y después de esto yo saldré. Y salió de la presencia de Faraón muy enojado.

11:9 Y El Eterno dijo a Moshe: Faraón no los escuchara, para que se multipliquen mis maravillas en la tierra de Egipto.

11:10 Moshe y Aharón hicieron todas estas maravillas delante de Faraón; Y endureció El Eterno el corazón de Faraón, y no envió a los hijos de Israel de su tierra.

Capítulo 12

12:1 Y dijo El Eterno a Moshe y a Aharón en la tierra de Egipto, diciendo:

12:2 Este mes será para ustedes principio de los meses; será para ustedes el primero de los meses del año.

12:3 Háblenle a toda la congregación de Israel, diciendo: En el diez de este mes tomen cada uno un cordero según su casa paterna, un cordero por casa.

12:4 Mas si la familia fuere tan pequeña que no baste para comer el cordero, entonces él y su vecino más cercano a su casa tomarán uno según el número de las personas; conforme a lo que come cada uno, harás la cuenta sobre el cordero.

12:5 El cordero será sin defecto, macho de un año; lo tomarán de los corderos o de las cabras.

12:6 Y lo guardaran hasta el día catorce de este mes, y lo degollará toda la congregación del pueblo de Israel a la tarde.

12:7 Y tomarán de la sangre, y la pondrán en los dos marcos y en el dintel de las casas en que lo coman.

12:8 Y comerán la carne aquella noche asada al fuego, y panes sin levadura; con hierbas amargas lo comerán.

12:9 No coman de ella a medio asar, ni cocida en agua, sino asada al fuego; su cabeza con sus patas y sus entrañas.

12:10 Ninguna cosa dejarán de él hasta la mañana; y lo que quedare hasta la mañana, lo quemarán en el fuego.

12:11 Y lo comerán así: con sus cinturones ajustados a la cintura, el calzado en sus pies, y el bastón en su mano; y lo comerán apresuradamente; es el (sacrificio de) Pésaj de El Eterno.

12:12 Pasaré por la tierra de Egipto aquella noche, y golpearé a todo primogénito en la tierra de Egipto, así de los hombres como de los animales; y haré juicios a todos los dioses de Egipto. Yo El Eterno.

12:13 Y la sangre les será por señal en las casas donde ustedes estén; y veré la sangre y los pasaré por alto, y no habrá en ustedes plaga de mortandad cuando golpee la tierra de Egipto.

12:14 Y este día les será en recuerdo, y lo celebrarán como fiesta solemne para El Eterno durante sus generaciones; por decreto perpetuo lo celebrarán.

12:15 Siete días comerán panes sin levadura; pero el primer día harán que no haya levadura en sus casas; porque cualquiera que comiese leudado desde el primer día hasta el séptimo, será cortada su alma de Israel.

12:16 El primer día habrá santa convocación, y asimismo en el séptimo día tendrán una santa convocación; ningún trabajo se hará en ellos, excepto que prepararán cada cual lo que haya de comer.

12:17 Y cuidaran los panes sin levadura, porque en este mismo día saqué sus huestes de la tierra de Egipto; por tanto, guardarán este día en vuestras generaciones por decreto eterno.

12:18 En el mes primero comerán los panes sin levadura, desde el día catorce del mes por la tarde hasta el veintiuno del mes por la tarde.

12:19 Por siete días no se hallará levadura en vuestras casas; porque cualquiera que comiere leudado, tanto el converso como el nativo, será cortada su alma de la congregación de Israel.

12:20 Ninguna cosa leudada comerán; en todas sus habitaciones comerán panes sin levadura.

12:21 Y llamó Moshe a todos los ancianos de Israel, y les dijo: Saquen y tomen del ganado por sus familias, y degüellen el (sacrificio de) Pésaj.

12:22 Y tomen un atado de hisopo, y sumérjanlo en la sangre que estará en el recipiente, y tocarán el dintel y los dos marcos con la sangre que estará en el recipiente. Y ninguno de ustedes salga de la puerta de su casa hasta la mañana.

12:23 Y pasará El Eterno hiriendo a los egipcios; y cuando vea la sangre en el dintel y en los dos marcos, pasará El Eterno aquella puerta, y no dejará entrar al destructor en vuestras casas para herir.

12:24 Cuidarán esto por estatuto para vosotros y para sus hijos para siempre.

12:25 Y cuando entren en la tierra que El Eterno les dará a ustedes, como dijo, cuidaran este servicio.

12:26 Y cuando les dijeren sus hijos: ¿Qué es este servicio de ustedes?,

12:27 ustedes responderán: Es la ofrenda del Pésaj, de El Eterno el cual pasó por encima de las casas de los hijos de Israel en Egipto, cuando hirió a los egipcios, y libró nuestras casas. Entonces el pueblo se inclinó y se prosternó.

12:28 Y los hijos de Israel fueron e hicieron como El Eterno había mandado a Moshe y a Aharón, así lo hicieron.

12:29 Y aconteció que a la medianoche El Eterno golpeó a todo primogénito en la tierra de Egipto, desde el primogénito de Faraón que se sentaba sobre su trono hasta el primogénito del cautivo que estaba en la cárcel, y todo primogénito de los animales.

12:30 Y se levantó aquella noche Faraón, él y todos sus siervos, y todos los egipcios; y hubo un gran clamor en Egipto, porque no había casa donde no hubiese un muerto.

12:31 Y llamó a Moshe y a Aharón de noche, y les dijo: Levántense y salgan de en medio de mi pueblo ustedes y los hijos de Israel, vayan y sirvan a El Eterno, como dijeron.

12:32 Tomen también su rebaño y su ganado, como dijeron, y váyanse; y bendíganme también a mí.

12:33 Y los egipcios apremiaban al pueblo, dándose prisa a echarlos de la tierra; porque decían: ¡Todos moriremos!

12:34 Y llevó el pueblo su masa antes que leudase, el resto de sus masas envueltas en sus ropas sobre sus hombros.

12:35 E hicieron los hijos de Israel conforme al mandamiento de Moshe, pidiendo de los egipcios utensilios de plata, y de oro, y vestidos.

12:36 Y El Eterno dio gracia al pueblo delante de los egipcios, y les dieron cuanto pedían; así despojaron a los egipcios.

12:37 Partieron los hijos de Israel de Ramsés a Sukót, como seiscientos mil hombres a pie, sin contar los niños.

12:38 También subió con ellos una gran multitud mixta, y rebaño, y muchísimo ganado.

12:39 Y cocieron pan sin levadura de la masa que habían sacado de Egipto, pues no había leudado, porque al echarlos fuera los egipcios, no habían tenido tiempo ni para prepararse comida.

12:40 El tiempo que los hijos de Israel habitaron en Egipto fue cuatrocientos treinta años.

12:41 Y pasados los cuatrocientos treinta años, en el mismo día todas las huestes de El Eterno salieron de la tierra de Egipto.

12:42 Es noche de protección de El Eterno, por haberlos sacado en ella de la tierra de Egipto.

Es esta noche para El Eterno, de protección para todos los hijos de Israel en todas sus generaciones.

12:43 Y El Eterno dijo a Moshe y a Aharón: Esta es el decreto del (sacrificio de) Pésaj; ningún extraño comerá de el.

12:44 Y todo esclavo de hombre comprado por dinero, que lo hubieres circuncidado comerá de el.

12:45 El residente y el jornalero no comerán de el.

12:46 Se comerá en una casa, no sacarás de la carne fuera de la casa, ni quebrarán (ningún) hueso.

12:47 Toda la congregación de Israel lo hará.

12:48 Mas si algún extranjero morare contigo, y quisiere hacer (el sacrificio de) Pésaj para El Eterno, será circuncidado todo hombre, y entonces lo acercara (el sacrificio de Pésaj), y será como uno de su nación; pero ningún incircunciso comerá de el.

12:49 La misma ley será para el nativo, y para el converso que habitare entre ustedes.

12:50 Así lo hicieron todos los hijos de Israel; como mandó El Eterno a Moshe y a Aharón, así lo hicieron.

12:51 Y en aquel mismo día sacó El Eterno a los hijos de Israel de la tierra de Egipto por sus huestes.

Capítulo 13

13:1 El Eterno habló a Moshe, diciendo:

13:2 Santifícame todo primogénito que abra el vientre de su madre entre los hijos de Israel, así de los hombres como de los animales, mío es.

13:3 Y Moshe dijo al pueblo: Acuérdense de este día, en el cual salieron de Egipto, de la casa de servidumbre, pues El Eterno los sacó de aquí con mano fuerte; por tanto, no comerán leudado.

13:4 Ustedes salen hoy en el mes de Abíb.

13:5 Y cuando El Eterno te lleve a la tierra del kenaaní, del jití, del emorí, del jiví y del iebusí, la cual juró a tus padres que te daría, tierra que fluye leche y miel, harás este servicio en este mes.

13:6 Siete días comerás pan sin leudar, y el séptimo día será fiesta para El Eterno.

13:7 Por siete días comerán panes sin levadura, y no se verá contigo nada leudado, ni levadura, en todo tu territorio.

13:8 Y lo contarás en aquel día a tu hijo, diciendo: Por esto, me hizo El Eterno salir de Egipto.

13:9 Y te será como una señal sobre tu mano, y como recuerdo delante de tus ojos, para que la ley de El Eterno esté en tu boca; pues con mano fuerte te sacó El Eterno de Egipto.

13:10 Por tanto, tú guardarás este decreto en su tiempo, en los días (fijados).

13:11 Y cuando El Eterno te llevé a la tierra del kenaaní, como te ha jurado a ti y a tus padres, y cuando te la hubiere dado,

13:12 apartarás todo aquel que abriere matriz a El Eterno, y asimismo todo primer nacido de tus animales; los machos serán de El Eterno.

13:13 Mas todo primogénito de burro redimirás con un cordero; y si no lo redimieres, lo desnucarás. También redimirás al primogénito de tus hijos.

13:14 Y cuando mañana te pregunte tu hijo, diciendo: ¿Qué es esto?, le dirás: El Eterno nos sacó con mano fuerte de Egipto, de casa de servidumbre,

13:15 y aconteció que cuando el Faraón se endureció no dejándonos ir, El Eterno hizo morir en la tierra de Egipto a todo primogénito, desde el primogénito humano hasta el primogénito del animal; y por esta causa yo sacrifico para El Eterno todo primogénito macho, y redimo al primogénito de mis hijos.

13:16 Te será como una señal sobre tu mano, y por filacterias delante de tus ojos, por cuanto El Eterno nos sacó de Egipto con mano fuerte.

13:17 Y fue cuando Faraón envió al pueblo, Dios no los llevó por el camino de la tierra de los pelishtím, que estaba cerca; porque dijo Dios: Para que no se arrepienta el pueblo cuando vea la guerra, y se vuelva a Egipto.

13:18 Mas hizo Dios que el pueblo rodease el camino del desierto del Iám Suf (Mar Rojo). Y armados subieron los hijos de Israel de Egipto.

13:19 Tomó Moshe consigo los huesos de Ioséf, el cual había hecho jurar a los hijos de Israel, diciendo: Dios ciertamente los recordará, y harán llevar de aquí mis huesos con ustedes.

13:20 Y partieron de Sukót y acamparon en Etám, al extremo del desierto.

13:21 Y El Eterno iba delante de ellos de día en una columna de nube para guiarlos por el camino, y de noche en una columna de fuego para alumbrarles, a fin de que anduviesen de día y de noche.

13:22 No se apartó de delante del pueblo la columna de nube de día, ni de noche la columna de fuego.

Capítulo 14

14:1 Y Habló El Eterno a Moshe, diciendo:

14:2 Di a los hijos de Israel que den la vuelta y acampen delante de Pi Hajirót, entre Migdól y el mar. Frente a Baal Tzefón; delante de él acamparán junto al mar.

14:3 Y dirá Faraón de los hijos de Israel: Perdidos están en la tierra, el desierto los ha encerrado.

14:4 Y yo endureceré el corazón de Faraón para que los siga; y seré honrado por Faraón y por todo su ejército, y sabrán los egipcios que yo soy El Eterno. Y ellos lo hicieron así.

14:5 Y fue dicho al rey de Egipto, que el pueblo huía; y el corazón de Faraón y de sus siervos se volvió contra el pueblo, y dijeron: ¿Cómo hemos hecho esto, de haber dejado ir a Israel para que deje de servirnos?

14:6 Y preparó su carro, y tomó consigo su pueblo;

14:7 y tomó seiscientos carros escogidos, y todos los carros de Egipto, y los capitanes sobre ellos.

14:8 Y endureció El Eterno el corazón de Faraón rey de Egipto, y él siguió a los hijos de Israel; pero los hijos de Israel habían salido con mano poderosa.

14:9 Los persiguieron los egipcios, con toda la caballería y carros de Faraón, su gente de a caballo, y todo su ejército, los alcanzaron acampados junto al mar, al lado de Pi Hajirót, delante de Baal Tzefón.

14:10 Y cuando Faraón se acercó, los hijos de Israel alzaron sus ojos, y he aquí que los egipcios venían tras ellos; por lo que los hijos de Israel temieron en gran manera, y clamaron a El Eterno.

14:11 Y dijeron a Moshe: ¿No habían tumbas en Egipto, que nos has sacado para que muramos en el desierto? ¿Por qué has hecho así con nosotros, que nos has sacado de Egipto?

14:12 Es esto lo que te hablamos en Egipto, diciendo: Déjanos servir a los egipcios, porque preferimos servir a los egipcios, que morir en el desierto.

14:13 Y Moshe dijo al pueblo: No teman; manténgase firmes, y verán la salvación que El Eterno hará hoy con ustedes; porque los egipcios que hoy han visto, nunca más los verán.

14:14 El Eterno peleará por ustedes, y ustedes permanecerán en silencio.

14:15 Entonces El Eterno dijo a Moshe: ¿Por qué clamas a mí? Di a los hijos de Israel que marchen.

14:16 Y tú alza tu vara, y extiende tu mano sobre el mar, y divídelo, y que entren los hijos de Israel por en medio del mar, en lo seco.

14:17 Yo endureceré el corazón de los egipcios para que los sigan; y Yo seré honrado en Faraón y en todo su ejército, en sus carros y en su caballería;

14:18 y sabrán los egipcios que Yo soy El Eterno, cuando sea honrado en Faraón, en sus carros y en su caballería.

14:19 Y el ángel de Dios que iba delante del campamento de Israel, se apartó y fue tras ellos; y asimismo la columna de nube que iba delante de ellos se apartó y se puso a sus espaldas,

14:20 e iba entre el campamento de los egipcios y el campamento de Israel; y era nube y oscuridad para aquéllos, y alumbraba (a Israel) de noche, y en toda aquella noche no se acercaron los unos a los otros.

14:21 Y extendió Moshe su mano sobre el mar, e hizo El Eterno que el mar se retirase por fuerte viento oriental toda aquella noche; y volvió el mar en seco, y las aguas quedaron divididas.

14:22 Entonces los hijos de Israel entraron por en medio del mar, en lo seco, teniendo las aguas como un muro a su derecha y a su izquierda.

14:23 Y los siguieron los egipcios, entraron tras ellos dentro del mar, toda la caballería de Faraón, sus carros y caballería.

14:24 Aconteció cuando amaneció, que El Eterno miró el campamento de los egipcios desde la columna de fuego y nube, y confundió el campamento de los egipcios,

14:25 y quitó las ruedas de sus carros, y los condujo con dificultad. Entonces los egipcios dijeron: Huyamos de delante de Israel, porque El Eterno pelea por ellos contra los egipcios.

14:26 Y El Eterno dijo a Moshe: Extiende tu mano sobre el mar, para que las aguas vuelvan sobre los egipcios, sobre sus carros, y sobre su caballería.

14:27 Entonces Moshe extendió su mano sobre el mar, y cuando amanecía, el mar se volvió con toda su fuerza, y los egipcios al huir se encontraban con el mar; y El Eterno hundió a los egipcios en medio del mar.

14:28 Y volvieron las aguas, y cubrieron los carros y la caballería, y todo el ejército de Faraón que había entrado tras ellos en el mar; no quedó de ellos ni uno.

14:29 Y los hijos de Israel fueron por en medio del mar, en lo seco, teniendo las aguas por muro a su derecha y a su izquierda.

14:30 Así salvó El Eterno en ese día a Israel de mano de los egipcios; e Israel vio a los egipcios muertos a la orilla del mar.

14:31 Y vio Israel la gran mano que El Eterno ejecutó contra los egipcios; y el pueblo temió a El Eterno, y creyeron en El Eterno y en Moshe su siervo.

Capítulo 15

15:1 Entonces cantó Moshe y los hijos de Israel este cántico a El Eterno, y dijeron: Cantaré yo a El Eterno, porque se ha magnificado grandemente; Ha echado en el mar al caballo y al jinete.

15:2 El Eterno es mi fortaleza y mi cántico, y ha sido mi salvación. Este es mi Dios, y lo embelleceré; Dios de mi padre, y lo enalteceré.

15:3 El Eterno es el Amo de guerra; El Eterno es Su nombre.

15:4 Echó en el mar los carros de Faraón y su ejército. Y sus capitanes escogidos fueron hundidos en el Iám Suf (Mar Rojo).

15:5 Los abismos los cubrieron. Descendieron a las profundidades como piedra.

15:6 Tu diestra, oh El Eterno, ha sido majestuosa en poder. Tu diestra, oh El Eterno, ha quebrantado al enemigo.

15:7 Y con la grandeza de tu poder has derribado a los que se levantaron contra ti. Enviaste tu ira; los consumió como paja.

15:8 Al soplo de tu aliento se amontonaron las aguas; se juntaron las corrientes como una pared; Los abismos se congelaron en medio del mar.

15:9 Dijo el enemigo: Los perseguiré, los alcanzaré y repartiré sus despojos; mi alma se quedará satisfecha de ellos; sacaré mi espada, los debilitará mi mano.

15:10 Soplaste con tu viento; los cubrió el mar; se hundieron como plomo en las impetuosas aguas.

15:11 ¿Quién como tú, oh El Eterno, entre los poderosos?, ¿Quién como tú, magnífico en santidad, reverenciad en alabanzas, hacedor de milagros?

15:12 Extendiste tu diestra; la tierra los tragó.

15:13 Condujiste en tu misericordia a este pueblo que redimiste; lo llevaste con tu poder a tu santa morada.

15:14 Oyeron los pueblos, y temblaron; el terror se apoderó de los habitantes de Peláshet.

15:15 Entonces los jefes de Edóm quedaron confundidos; los valientes de Moáb fueron sobrecogidos por temblor; se acobardaron todos los habitantes de Kenáan.

15:16 Cayó sobre ellos temor y espanto. A la grandeza de tu brazo enmudecen como una piedra. Hasta que haya pasado tu pueblo, oh El Eterno, hasta que haya pasado este pueblo que hiciste Tuyo.

15:17 Tú los introducirás y los plantarás en el monte de tu heredad, en el lugar de tu morada, que tú has preparado, oh El Eterno, en el santuario que tus manos, oh mi Señor, han afirmado.

15:18 El Eterno reinará por toda la eternidad.

15:19 Porque Faraón entró cabalgando con sus carros y su gente de a caballo en el mar, y El Eterno hizo volver las aguas del mar sobre ellos; mas los hijos de Israel pasaron en seco por en medio del mar.

15:20 Y Miriám la profetisa, hermana de Aharón, tomó un pandero en su mano, y todas las mujeres salieron en pos de ella con panderos y danzas.

15:21 Y Miriám les respondía: cantad a El Eterno, porque se ha magnificado grandemente. Ha echado en el mar al caballo y al jinete.

15:22 E hizo Moshe que partiese Israel del Iám Suf (Mar Rojo), y salieron al desierto de Shur;

y anduvieron tres días por el desierto sin hallar agua.

15:23 Y llegaron a Maráh, y no pudieron beber las aguas de Maráh, porque eran amargas; por eso le pusieron el nombre de Maráh.

15:24 Entonces el pueblo murmuró contra Moshe, diciendo: ¿Qué hemos de beber?

15:25 Y (Moshe) clamó a El Eterno, y El Eterno le mostró un árbol; y lo echó en las aguas, y las aguas se endulzaron. Allí les dio estatutos y ordenanzas, y allí los probó;

15:26 y dijo: Si escucharas atentamente la voz de El Eterno tu Dios, e hicieres lo recto delante de sus ojos, y escucharas sus mandamientos, y guardares todos sus estatutos, ninguna enfermedad de las que envié a los egipcios te enviaré a ti; porque yo soy El Eterno tu sanador.

15:27 Y llegaron a Elím, donde había doce fuentes de aguas, y setenta palmeras; y acamparon allí junto a las aguas.

Capítulo 16

16:1 Partió luego de Elím toda la congregación de los hijos de Israel, y vino al desierto de Sin, que está entre Elím y Sinaí, a los quince días del segundo mes después que salieron de la tierra de Egipto.

16:2 Y toda la congregación de los hijos de Israel murmuró contra Moshe y Aharón en el desierto;

16:3 y les decían los hijos de Israel: Ojalá hubiéramos muerto por mano de El Eterno en la tierra de Egipto, cuando nos sentábamos a las ollas de carne, cuando comíamos pan hasta saciarnos; pues han sacado a este desierto para matar de hambre a toda esta congregación.

16:4 Y El Eterno dijo a Moshe: He aquí que Yo haré llover pan desde el cielo; y el pueblo saldrá, y recogerá diariamente la porción de un día, para que yo lo pruebe si anda en mi ley, o no.

16:5 Mas en el sexto día prepararán para guardar el doble de lo que suelen recoger cada día.

16:6 Entonces dijeron Moshe y Aharón a todos los hijos de Israel: Esta tarde sabrán que El Eterno los sacó de la tierra de Egipto,

16:7 y a la mañana verán la gloria de El Eterno; porque él ha escuchado sus murmuraciones contra El Eterno; porque nosotros, ¿qué somos para que se quejen contra nosotros?

16:8 Dijo (también) Moshe: El Eterno les dará en la tarde carne para comer, y en la mañana pan hasta que queden satisfechos; porque El Eterno ha escuchado sus murmuraciones que han murmurado contra él; porque nosotros, ¿qué somos? Sus murmuraciones no son contra nosotros, sino contra El Eterno.

16:9 Y dijo Moshe a Aharón: Di a toda la congregación de los hijos de Israel: Acérquense delante de El Eterno, porque ha escuchado sus murmuraciones.

16:10 Y hablando Aharón a toda la congregación de los hijos de Israel, miraron hacia el desierto, y he aquí la gloria de El Eterno apareció en la nube.

16:11 Y El Eterno habló a Moshe, diciendo:

16:12 Yo he escuchado las murmuraciones de los hijos de Israel; háblales, diciendo: Al caer la tarde comerán carne, y por la mañana quedaran satisfechos del pan, y sabrán que yo soy El Eterno, su Dios.

16:13 Y en la tarde, subieron codornices que cubrieron el campamento; y por la mañana descendió rocío en derredor del campamento.

16:14 Y cuando el rocío cesó de descender, he aquí sobre la faz del desierto una cosa fina, como la escarcha sobre la tierra.

16:15 Y viéndolo los hijos de Israel, se dijeron unos a otros: ¿Esto es comida? porque no sabían qué era. Entonces Moshe les dijo: Es el pan que El Eterno les da para comer.

16:16 Esto es lo que El Eterno ha ordenado: Recojan de él cada uno según lo que pudiere comer; un ómer por cabeza, conforme al número de vuestras personas, tomarán cada uno para los que están en su tienda.

16:17 Y los hijos de Israel lo hicieron así; y recogieron unos más, otros menos;

16:18 y cuando midieron por ómer, y no le sobró al que había recogido mucho, ni le faltó al que había recogido poco; cada uno recogió conforme a lo que había de comer.

16:19 Y les dijo Moshe: Nadie deje sobras de ello para la mañana.

16:20 Mas no escucharon a Moshe, sino que algunos dejaron de ello para la mañana, y crió gusanos, y se pudrió; y se enojó contra ellos Moshe.

16:21 Y lo recogían cada mañana, cada uno según lo que había de comer; y luego que el sol calentaba, se derretía.

16:22 En el sexto día recogieron doble porción de comida, dos ómer para cada uno; y todos los príncipes de la congregación vinieron y se lo hicieron saber a Moshe.

16:23 Y él les dijo: Esto es lo que ha dicho El Eterno: Mañana es el santo día de descanso, el Shabát sagrado a El Eterno; lo que han de hornear, deben hornearlo hoy, y lo que han de cocinar, cocínenlo; y todo lo que les sobre, guárdenlo hasta la mañana.

16:24 Y ellos lo dejaron hasta la mañana, según lo que Moshe había ordenado, y no se agusanó, ni se pudrió.

16:25 Y dijo Moshe: Cómanlo hoy, porque hoy es día de descanso para El Eterno; hoy no encontraran en el campo.

16:26 Seis días lo recogerán, mas el séptimo día es día de reposo; en él no se hallará.

16:27 Y aconteció que algunos del pueblo salieron en el séptimo día a recoger, y no encontraron.

16:28 Y El Eterno dijo a Moshe: ¿Hasta cuándo se niegan a guardar mis mandamientos y mis leyes?

16:29 Miren que El Eterno les dio el día de reposo, y por eso en el sexto día les da pan para dos días. Que cada uno este en su lugar, y nadie salga de él en el séptimo día.

16:30 Así el pueblo reposó el séptimo día.

16:31 Y la casa de Israel lo llamaron Man; y era como semilla de cilantro, blanco, y su sabor como de una torta con miel.

16:32 Y dijo Moshe: Esto es lo que El Eterno ha mandado: Llenen un ómer de él, y guárdenlo por sus generaciones, a fin de que vean el pan que yo les de comer en el desierto, cuando los saqué de la tierra de Egipto.

16:33 Y dijo Moshe a Aharón: Toma una vasija y pon en ella un ómer de Man, y ponlo delante de El Eterno, para que sea guardado por sus generaciones.

16:34 Y Aharón lo puso delante del Testimonio para guardarlo, como El Eterno le ordeno a Moshe.

16:35 Los hijos de Israel comieron Man por cuarenta años, hasta que llegaron a tierra habitada. Comieron Man hasta que llegaron a los límites de la tierra de Kenáan.

16:36 Y un ómer es la décima parte de una efá.

Capítulo 17

17:1 Toda la congregación de los hijos de Israel partió del desierto de Sin por sus viajes, conforme al mandamiento de El Eterno, y acamparon en Refidím; y no había agua para que el pueblo bebiese.

17:2 Y peleo el pueblo con Moshe, y dijeron: Danos agua para que bebamos. Y Moshe les dijo: ¿Por qué pelean conmigo? ¿Por qué prueban a El Eterno?

17:3 Así que el pueblo tuvo allí sed, y murmuró contra Moshe, y dijo: ¿Por qué nos hiciste subir de Egipto para matarnos a nosotros, a nuestros hijos y a nuestros ganados de sed?

17:4 Entonces clamó Moshe a El Eterno, diciendo: ¿Qué haré con este pueblo? Un poco mas y me apedrearán.

17:5 Y El Eterno dijo a Moshe: Pasa delante del pueblo, y toma contigo de los ancianos de Israel; y toma también en tu mano tu vara con que golpeaste el río, y ve.

17:6 He aquí que yo estaré delante de ti allí sobre la roca en Joréb; y golpearás la roca, y saldrá de ella agua, y beberá el pueblo. Y Moshe lo hizo así en presencia de los ancianos de Israel.

17:7 Y llamó el nombre de aquel lugar Masáh y Meribáh, por la pelea de los hijos de Israel, y porque probaron a El Eterno, diciendo: ¿Está El Eterno entre nosotros, o no?

17:8 Entonces vino Amalék y peleó contra Israel en Refidím.

17:9 Y dijo Moshe a Iehoshúa: Escógenos hombres, y sal a pelear contra Amalék; mañana yo estaré sobre la cumbre de la colina, y la vara de Dios en mi mano.

17:10 E hizo Iehoshúa como le dijo Moshe, peleando contra Amalék; y Moshe, Aharón y Jur subieron a la cumbre del colina.

17:11 Y sucedía que cuando alzaba Moshe su mano, Israel vencía; mas cuando él bajaba su mano, vencía Amalék.

17:12 Y las manos de Moshe se cansaban; por lo que tomaron una piedra, y la pusieron debajo de él, y se sentó sobre ella; y Aharón y Jur sostenían sus manos, uno de un lado y el otro de otro; así se mantuvieron sus manos firmes (para rezar) hasta que se puso el sol.

17:13 Y Iehoshúa debilito a Amalék y a su pueblo a filo de espada.

17:14 Y El Eterno dijo a Moshe: Escribe esto para memoria en un libro, y di a Iehoshúa que borraré del todo la memoria de Amalék de debajo del cielo.

17:15 Y Moshe edificó un altar, y llamó su nombre El Eterno-es mi milagro;

17:16 y dijo: Por la mano que esta sobre el trono de El Eterno, El Eterno tendrá guerra con Amalék de generación en generación.

Capítulo 18

18:1 Escuchó Itró sacerdote de Midián, suegro de Moshe, todo lo que hizo Dios con Moshe, y con Israel su pueblo, y cómo El Eterno había sacado a Israel de Egipto.

18:2 Y tomó Itró suegro de Moshe a Tziporáh la mujer de Moshe, después que él la envió,

18:3 y a sus dos hijos; el nombre de uno era Guershón, porque dijo: Extranjero he sido en una tierra extraña;

18:4 y el nombre del otro era Eliécer, porque dijo: El Dios de mi padre me ayudó, y me libró de la espada de Faraón.

18:5 Y vino Itró el suegro de Moshe, con los hijos y la mujer de éste, a Moshe al desierto, donde estaba acampado junto al monte de Dios;

18:6 y dijo a Moshe: Yo soy tu suegro Itró que voy hacia ti, con tu mujer, y sus dos hijos con ella.

18:7 Y Moshe salió a recibir a su suegro, y se inclinó, y lo besó; y se preguntaron el uno al otro cómo estaban, y vinieron a la tienda.

18:8 Y contó Moshe a su suegro todas las cosas que El Eterno había hecho a Faraón y a los egipcios por causa de Israel, y todas las adversidades que habían pasado en el camino, y cómo los había salvado El Eterno.

18:9 Y se alegró Itró por todo el bien que El Eterno había hecho a Israel, al haberlo salvado de mano de los egipcios.

18:10 E Itró dijo: Bendito sea El Eterno, que los salvó de la mano de los egipcios, y de la mano de Faraón, pues salvó al pueblo de la mano de los egipcios.

18:11 Ahora conozco que El Eterno es más grande que todos los dioses; porque en lo que conspiraron (los egipcios) prevaleció contra ellos.

18:12 Y tomó Itró, suegro de Moshe, holocaustos y sacrificios para Dios; y vino Aharón y todos los ancianos de Israel para comer pan con el suegro de Moshe delante de Dios.

18:13 Aconteció que al día siguiente se sentó Moshe a juzgar al pueblo; y el pueblo estuvo delante de Moshe desde la mañana hasta la tarde.

18:14 Vio el suegro de Moshe todo lo que él hacía con el pueblo, y dijo: ¿Qué es esto que haces tú con el pueblo? ¿Por qué te sientas tú solo, y todo el pueblo está parado delante de ti desde la mañana hasta la tarde?

18:15 Y Moshe respondió a su suegro: Porque el pueblo viene a mí para consultar a Dios.

18:16 Cuando tienen asuntos, vienen a mí; y yo juzgo entre el uno y el otro, y les doy a conocer las ordenanzas de Dios y sus leyes.

18:17 Entonces el suegro de Moshe le dijo: No está bien lo que haces.

18:18 Te debilitaras tú, y también este pueblo que está contigo; porque el trabajo es demasiado pesado para ti; no podrás hacerlo tú solo.

18:19 Ahora escucha mi voz; yo te aconsejaré, y Dios estará contigo. Está tú por el pueblo delante de Dios, y trae tú los asuntos a Dios.

18:20 Y enseña a ellos las ordenanzas y las leyes, y muéstrales el camino por donde deben andar, y lo que han de hacer.

18:21 Escoge tú de entre todo el pueblo hombres virtuosos, temerosos de Dios, hombres verídicos, que aborrezcan el dinero (mal habido); y ponlos sobre el pueblo por jefes de mil, de ciento, de cincuenta y de diez.

18:22 Ellos juzgarán al pueblo en todo tiempo; y todo asunto grave lo traerán a ti, y ellos juzgarán todo asunto pequeño. Así aliviarás la carga de sobre ti, y la llevarán ellos contigo.

18:23 Si esto hicieres, y Dios te lo mandare, tú podrás sostenerte, y también todo este pueblo irá en paz a su lugar.

18:24 Y escuchó Moshe la voz de su suegro, e hizo todo lo que dijo.

18:25 Escogió Moshe hombre virtuosos de entre todo Israel, y los puso por jefes sobre el pueblo, sobre mil, sobre ciento, sobre cincuenta, y sobre diez.

18:26 Y juzgaban al pueblo en todo tiempo; el asunto difícil lo traían a Moshe, y ellos juzgaban todo asunto pequeño.

18:27 Y envió Moshe a su suegro, y éste se fue a su tierra.

Capítulo 19

19:1 En el mes tercero de la salida de los hijos de Israel de la tierra de Egipto, en ese día llegaron al desierto de Sinaí.

19:2 Habían salido de Refidím, y llegaron al desierto de Sinaí, y acamparon en el desierto; y acampó allí Israel delante del monte.

19:3 Y Moshe subió a Dios; y El Eterno lo llamó desde el monte, diciendo: Así dirás a la casa de Iaakób, y anunciarás a los hijos de Israel:

19:4 Ustedes vieron lo que hice a los egipcios, y cómo los tomé sobre alas de águilas, y los traje a mí.

19:5 Ahora, si van a escuchar Mi voz, y guardar Mi pacto, ustedes serán para Mí un tesoro especial sobre todos los pueblos; porque mía es toda la tierra.

19:6 Y ustedes serán para Mí, un reino de sacerdotes, y un pueblo santo. Estas son las palabras que dirás a los hijos de Israel.

19:7 Entonces vino Moshe, y llamó a los ancianos del pueblo, y expuso en presencia de ellos todas estas palabras que El Eterno le había mandado.

19:8 Y todo el pueblo unido respondió y dijeron: Todo lo que El Eterno ha dicho, haremos. Y Moshe respondió a El Eterno las palabras del pueblo.

19:9 Entonces El Eterno dijo a Moshe: He aquí, yo voy a ti en una nube espesa, para que el pueblo escuche mientras yo hablo contigo, y también para que te crean por siempre. Y Moshe dijo las palabras del pueblo a El Eterno.

19:10 Y El Eterno dijo a Moshe: Ve al pueblo, y santifícalos hoy y mañana; y laven sus vestidos,

19:11 y estén preparados para el día tercero, porque al tercer día El Eterno descenderá a los ojos de todo el pueblo sobre el monte de Sinaí.

19:12 Y pondrás límites para el pueblo en derredor (del monte), diciendo: Cuídense de no subir al monte, ni tocar sus límites; pues cualquiera que tocare el monte, de seguro morirá.

19:13 No lo tocará mano, porque será apedreado o abatido; sea animal o sea hombre, no vivirá. (Solo) si se prolongarse mucho el sonido del Iobél (shofár), podrán subir al monte.

19:14 Y descendió Moshe del monte al pueblo, y santificó al pueblo; y lavaron sus vestidos.

19:15 Y dijo al pueblo: Prepárense para el tercer día; No se acerquen a (ninguna) mujer.

19:16 Aconteció que al tercer día, cuando vino la mañana, vinieron truenos y relámpagos, y una nube espesa sobre el monte, y sonido del shofár era muy fuerte; y se estremeció todo el pueblo que estaba en el campamento.

19:17 Y Moshe sacó del campamento al pueblo para recibir a Dios; y se pararon al pie del monte.

19:18 Todo el monte de Sinaí humeaba, porque El Eterno había descendido sobre él en fuego; y el humo subía como el humo de un horno, y todo el monte temblaba mucho.

19:19 El sonido del shofar iba aumentando mucho; Moshe hablaba, y Dios le respondía con voz (alta).

19:20 Y descendió El Eterno sobre el monte de Sinaí, sobre la cumbre del monte; y llamó El Eterno a Moshe a la cumbre del monte, y Moshe subió.

19:21 Y El Eterno dijo a Moshe: Desciende, y ordena al pueblo que no traspase los límites para ver a El Eterno, porque caerán muchos de ellos.

19:22 Y también que se santifiquen los sacerdotes que se acercan a El Eterno, para que El Eterno no los dañe.

19:23 Moshe dijo a El Eterno: El pueblo no podrá subir al monte de Sinaí, porque tú nos has mandado diciendo: Señala límites al monte, y santifícalo.

19:24 Y El Eterno le dijo: Ve, desciende, y subirás tú, y Aharón contigo; mas los sacerdotes y el pueblo no traspasen el límite para subir a El Eterno, no sea que los dañe.

19:25 Entonces Moshe descendió y se lo dijo al pueblo.

Capítulo 20

20:1 Y habló Dios todas estas palabras, diciendo:

20:2 Yo soy El Eterno tu Dios, que te saqué de la tierra de Egipto, de casa de servidumbre.

20:3 No tendrás otros dioses delante de mí.

20:4 No harás esculturas, ni ninguna semejanza de lo que esté arriba en el cielo, ni abajo en la tierra, ni en las aguas debajo de la tierra.

20:5 No te inclinarás a ellas, ni las servirás; porque yo soy El Eterno tu Dios celoso,que recuerdo la maldad de los padres sobre los hijos hasta la tercera y cuarta generación de los que me odian,

20:6 pero hago misericordia a millares, a los que me aman y guardan mis mandamientos.

20:7 No tomarás el nombre de El Eterno tu Dios en vano; porque no dará por inocente El Eterno al que tomare su nombre en vano.

20:8 Recuerda el día del Shabát para santificarlo.

20:9 Seis días trabajarás, y harás todo tu trabajo;

20:10 más el séptimo día es reposo para El Eterno tu Dios; no hagas en él ningún trabajo, tú, ni tu hijo, ni tu hija, ni tu siervo, ni tu criada, ni tu animal, ni el extranjero que está dentro de tus puertas.

20:11 Porque en seis días hizo El Eterno los cielos y la tierra, el mar, y todas las cosas que en ellos hay, y reposó en el séptimo día; por tanto, El Eterno bendijo el día del Shabát y lo santificó.

20:12 Honra a tu padre y a tu madre, para que tus días se alarguen en la tierra que El Eterno tu Dios te da.

20:13 No matarás;

20:14 no cometerás adulterio;

20:15 no robarás;

20:16 no hablarás contra tu prójimo falso testimonio.

20:17 No codiciarás la casa de tu prójimo, no codiciarás la mujer de tu prójimo, ni su siervo, ni su criada, ni su toro, ni su burro, ni nada de lo que tenga tu prójimo.

20:18 Todo el pueblo veía los truenos y los relámpagos, y el sonido del shofar, y el monte que humeaba; y viéndolo el pueblo, temblaron, y se pusieron de lejos.

20:19 Y dijeron a Moshe: Habla tú con nosotros, y nosotros te escucharemos; pero no hable Dios con nosotros, para que no muramos.

20:20 Y Moshe respondió al pueblo: No teman; porque para probarlos vino Dios, y para que su temor esté delante de ustedes, para que no pequen.

20:21 Entonces el pueblo se paró a lo lejos, y Moshe se acercó a las densas tinieblas en la cual estaba Dios.

20:22 Y El Eterno dijo a Moshe: Así dirás a los hijos de Israel: Ustedes han visto que les he hablado desde el cielo.

20:23 No hagan junto a mí, dioses de plata, ni dioses de oro, no hagan para ustedes.

20:24 Un altar de tierra harás para mí, y sacrificarás sobre él tus holocaustos y tus ofrendas de paz, tus ovejas y tus vacas; en todo lugar donde se recuerde Mi nombre, vendré a ti y te bendeciré.

20:25 Y si me hicieres altar de piedras, no las labres; porque si alzaras tu espada sobre él, lo profanarás.

20:26 No subirás por escaleras a Mi altar, para que tu desnudez no se descubra sobre él.

Capítulo 21

21:1 Estas son las leyes que propondrás delante de ellos.

21:2 Si compras un esclavo hebreo, seis años servirá; mas al séptimo saldrá libre, sin cargos.

21:3 Si entró solo, solo saldrá; si tenía mujer, saldrá él y su mujer con él.

21:4 Si su amo le dio una mujer, y a ella le nacieron hijos o hijas, la mujer y sus hijos serán de su amo, y él saldrá solo.

21:5 Y si el siervo dijere: Yo amo a mi señor, a mi mujer y a mis hijos, no saldré libre;

21:6 entonces su amo lo llevará ante los jueces, y lo acercara a una puerta o la jamba; y su amo le perforará la oreja con punzón, y será su esclavo para siempre.

21:7 Y cuando un hombre vendiera a su hija como esclava, no saldrá ella como suelen salir (libres) los esclavos.

21:8 Si no agradare a su señor, por lo cual no la tomó por esposa, se le permitirá que se rescate. No la podrá vender a pueblo extraño cuando la rechazara.

21:9 Más si la hubiere casado con su hijo, hará con ella según la costumbre de las hijas.

21:10 Si tomare para él otra mujer, no disminuirá su alimento, ni su vestido, ni el deber conyugal.

21:11 Y si ninguna de estas tres cosas hiciere, ella saldrá libre de pagos, sin dinero.

21:12 El que golpee a un hombre, y este muriese, él (agresor) morirá.

21:13 Más el que no pretendía herirlo, sino que Dios lo puso en sus manos, entonces Yo te señalaré lugar al cual ha de huir.

21:14 Pero si un hombre obrare premeditadamente contra su prójimo y lo matare con engaño, de Mi altar lo quitarás para que muera.

21:15 El que golpease a su padre o a su madre, morirá.

21:16 Asimismo el que robare una persona y la vendiere, o si fuere hallada en sus manos, morirá.

21:17 Igualmente el que maldijere a su padre o a su madre, morirá.

21:18 Además, si peleasen hombres, y uno golpeara a su prójimo con una piedra o con el puño, y éste no muriere, pero cayere en cama;

21:19 si se levantare y anduviere fuera con su bastón, entonces será absuelto el que lo golpeó; solamente le pagará por lo que estuvo sin trabajar, y hará que le curen.

21:20 Y si alguno golpeare a su esclavo o a su esclava con palo, y muriere bajo su mano, (el muerto) será vengado;

21:21 más si sobreviviere por un día o dos, no será castigado, porque es de su propiedad.

21:22 Si (algunos) hombres peleasen y golpeasen a una mujer embarazada, y ésta abortare, pero sin haber muerte, serán castigados conforme a lo que les impusiere el marido de la mujer y juzgaren los jueces.

21:23 Mas si hubiere muerte, entonces pagarán vida por vida,

21:24 ojo por ojo, diente por diente, mano por mano, pierna por pierna,

21:25 quemadura por quemadura, herida por herida, golpe por golpe.

21:26 Si un hombre golpeara el ojo de su esclavo, o el ojo de su esclava, y lo dañare, le dará libertad por su ojo.

21:27 Y si el diente de su esclavo, o el diente de su esclava hiciere caer, le dará libertad por su diente.

21:28 Si un toro corneare a hombre o a mujer, y a causa de ello muriere, el toro será apedreado, y no será comida su carne; mas el dueño del toro será absuelto.

21:29 Pero si el toro fuere corneador desde tiempo atrás, y a su dueño se le hubiere notificado, y no lo hubiere cuidado, y (el toro) matare a hombre o mujer, el toro será apedreado, y también morirá su dueño.

21:30 Si le fuere impuesto precio de rescate, entonces dará por el rescate de su persona cuanto le fuere impuesto.

21:31 Haya corneado un a hijo, o haya corneado a una hija, conforme a este juicio se hará con él.

21:32 Si el toro corneare a un esclavo o a una esclava, pagará a su dueño treinta shekalím de plata, y el toro será apedreado.

21:33 Y si alguno abriere un pozo, o cavare (un pozo), y no lo cubriere, y cayere allí toro o burro,

21:34 el dueño del pozo pagará el daño a su dueño, y lo que fue muerto será suyo.

21:35 Y si el toro de un hombre hiriere al toro de su prójimo de modo que muriere, entonces venderán el toro vivo y partirán el dinero de él, y también partirán el toro muerto.

21:36 Mas si era notorio que el toro era corneador desde tiempo atrás, y su dueño no lo hubiere cuidado, pagará toro por toro, y el toro muerto será suyo.

21:37 Si un hombre robara un toro o un cordero, y lo degollare o vendiere, cinco vacunos pagará por aquel toro, y cuatros ovinos por el cordero.

Capítulo 22

22:1 Si el ladrón fuere hallado haciendo un túnel (para entrar a robar) una casa, y fuere golpeado y muriese, el que lo golpeo no será culpado de su sangre.

22:2 Mas si el sol hubiere salido sobre él, (el que lo golpee y mate) será culpado de homicidio, (pero si) el ladrón (no muere) pagará (por su robo); y si no tuviera con qué hacerlo será vendido por su robo.

22:3 Si fuere hallado con el robo en su mano, sea un toro, un burro o un cordero, pagará el doble.

22:4 Si un hombre hiciere pastar en un campo o en una viña, y devorase (su animal) en un campo de otro, de lo mejor de su campo y de lo mejor de su viña pagará.

22:5 Cuando se prendiere fuego, y al quemar espinos quemare un montículo (de paja) o lo que esta unido a la tierra, o el campo, el que encendió el fuego pagará lo quemado.

22:6 Cuando un hombre diere a su prójimo plata o utensilios para cuidar, y fueren robados de la casa de aquel hombre, si el ladrón fuere hallado, pagará el doble.

22:7 Si el ladrón no fuere hallado, entonces el dueño de la casa será presentado a los jueces, para que se vea si ha metido su mano en los bienes de su prójimo.

22:8 En toda clase de delito, sobre un toro, sobre un burro, sobre un cordero, sobre un vestido, sobre toda cosa perdida, cuando alguno dijere: Esto es mío, la causa de ambos vendrá delante de los jueces; y el que los jueces encuentren culpable, pagará el doble a su prójimo.

22:9 Si un hombre hubiere dado a su prójimo un burro, o un toro, o un cordero, o cualquier otro animal para cuidar, y éste muriere o fuere dañado, o fuere llevado sin verlo nadie;

22:10 juramento de El Eterno habrá entre ambos, de que no metió su mano a los bienes de su prójimo; y su dueño lo aceptará, y el otro no pagará.

22:11 Más si le hubiere sido robado, le pagara a su dueño.

22:12 Y si le hubiere sido devorado por una fiera, traerá testimonio, y no pagará (por el animal que fue) devorado.

22:13 Pero si alguno hubiere tomado prestado de su prójimo (un animal), y fuere dañado o muerto (el animal), estando ausente su dueño, deberá pagarla.

22:14 Si el dueño estaba presente no la pagará. Si era alquilada, recibirá el dueño el alquiler.

22:15 Si un hombre sedujere a una virgen que no fuere desposada, y durmiere con ella, deberá pagar la dote y tomarla por mujer.

22:16 Si su padre no quisiere dársela, él le pesará plata conforme a la dote de las vírgenes.

22:17 A la hechicera no dejarás que viva.

22:18 Cualquiera que cohabitare con una bestia, morirá.

22:19 El que ofreciere sacrificio a dioses excepto solamente a El Eterno, será destruido.

22:20 Y al extranjero no engañarás ni angustiarás, porque extranjeros fuisteis vosotros en la tierra de Egipto.

22:21 A ninguna viuda ni huérfano afligirán.

22:22 Porque si tú llegas a afligirles, y ellos clamaren a Mí, ciertamente Yo escucharé su clamor;

22:23 y Mi enojo se encenderá, y los mataré a espada; sus mujeres serán viudas, y sus hijos huérfanos.

22:24 Cuando ciertamente prestares dinero a uno de Mi pueblo, al pobre que está contigo, no te portarás con él como un usurero, ni le cobrarás intereses.

22:25 Si tomares en prenda el vestido de tu prójimo, a la puesta del sol se lo devolverás.

22:26 Porque sólo eso es su cubierta, es su vestido para cubrir su cuerpo. ¿En qué dormirá? Y cuando él clamare a mí, yo lo escuchare, porque soy misericordioso.

22:27 No maldigas a los jueces, ni injuriarás al príncipe de tu pueblo.

22:28 No demorarás la primicia de tu cosecha ni tu ofrenda (al sacerdote). Me darás el primogénito de tus hijos.

22:29 Lo mismo harás con el de tu toro y de tu carnero; siete días estará con su madre, y al octavo día me lo darás.

22:30 Hombres santos serán para Mí. No comerán carne destrozada por las fieras en el campo; a los perros se la echaran.

Capítulo 23

23:1 No aceptes un rumor falso. No acompañarás al malvado para ser testigo falso.

23:2 No seguirás a la mayoría para hacer mal, ni responderás en una disputa inclinándote por la mayoría para desvirtuar (la justicia);

23:3 Y al pobre no lo favorezcas en su disputa.

23:4 Si encontraras el toro de tu enemigo o su burro extraviado, se lo devolverás.

23:5 Si vieres al burro de tu enemigo caído debajo de su carga, ¿acaso no lo vas a ayudar? (Sino que) le ayudarás a levantarlo.

23:6 No inclinarás el juicio del mendigo en su disputa.

23:7 De palabra de mentira te alejarás, y no matarás al inocente y justo; porque yo no justificaré al malvado.

23:8 No recibirás soborno; porque el soborno ciega a los que ven, y corrompe las palabras de los justos.

23:9 Y no oprimirás al extranjero; porque ustedes saben cómo es el alma del extranjero, ya que ustedes fueron extranjeros en la tierra de Egipto.

23:10 Seis años sembrarás tu tierra, y recogerás su cosecha;

23:11 mas el séptimo año la dejarás (descansar) y de cultivar, para que coman los pobres de tu pueblo; y de lo que quedare comerán las bestias del campo; así harás con tu viña y con tu olivar.

23:12 Seis días trabajarás, y al séptimo día descansarás, para que descanse tu toro y tu burro, y reposen el hijo de tu sierva, y el extranjero.

23:13 Y todo lo que les he dicho, cuídenlo. Y el nombre de otros dioses no recordarán, ni se escuchara de su boca.

23:14 Tres veces en el año, celebraran para Mí.

23:15 La fiesta de los panes sin levadura cuidaran. Siete días comerás los panes sin levadura, como yo te mandé, en el tiempo del mes de Abíb, porque en él saliste de Egipto; y ninguno se presentará delante de Mí con las manos vacías.

23:16 También la fiesta de la siega, los primeros frutos de tus labores, que hubieres sembrado en el campo, y la fiesta de la cosecha a la salida del año, cuando hayas recogido los frutos de tus labores del campo.

23:17 Tres veces en el año se presentará todo hombre delante de El Eterno el Señor.

23:18 No ofrecerás con pan leudado la sangre de Mi sacrificio, ni la grasa del sacrificio quedará hasta la mañana.

23:19 Las primicias de los primeros frutos de tu tierra traerás a la casa de El Eterno tu Dios.

No cocinarás el cabrito en la leche de su madre.

23:20 He aquí, que Yo envío un Ángel delante de ti para que te cuide en el camino, y te traiga a el lugar que Yo he preparado.

23:21 Ten cuidado delante de El, y escucha Su voz; no te reveles; porque El no perdonará vuestra trasgresión, porque Mi nombre está en él.

23:22 Pero si en verdad escuchan su voz e hicieres todo lo que Yo te diga, seré enemigo de tus enemigos, y oprimiré a los que te oprimen.

23:23 Porque Mi Ángel irá delante de ti, y te llevará a (la tierra de) el emorí, el jití, el perizí, el kenaaní, el jiví y el iebusí, a los cuales exterminaré.

23:24 No te inclinarás a sus dioses, ni los servirás, ni harás como ellos hacen; antes los destruirás del todo, y quebrarás totalmente sus altares.

23:25 Servirán a El Eterno vuestro Dios, y él bendecirá tu pan y tus aguas; y Yo quitaré toda enfermedad de en medio de ti.

23:26 No habrá mujer que aborte, ni estéril en tu tierra; y yo completaré el número de tus días.

23:27 Enviaré el temor a Mí delante de ti, y confundiré a todo pueblo donde entres, y haré que todos tus enemigos vuelvan la nuca ante ti.

23:28 Enviaré delante de ti la avispa, (para) que eche al jiví, al kenaaní y al jití, de delante de ti.

23:29 No los echaré de delante de ti en un año, para que no quede la tierra desierta, y se aumenten contra ti las fieras del campo.

23:30 Poco a poco los echaré de delante de ti, hasta que te multipliques y tomes posesión de la tierra.

23:31 Y fijaré tus límites desde el Iám Suf (Mar Rojo) hasta el mar de los Pelishtím, y desde el desierto hasta el río; porque pondré en tus manos a los moradores de la tierra, y tú los echarás de delante de ti.

23:32 No hagas pacto con ellos, ni con sus dioses.

23:33 En tu tierra no habitarán, no sea que te hagan pecar contra Mí sirviendo a sus dioses, porque te será por tropiezo.

Capítulo 24

24:1 Y El le Dijo a Moshe: Sube ante El Eterno, tú, Aharón, Nadáb, Abihú, y setenta de los ancianos de Israel; y se prosternarán desde lejos.

24:2 Pero solo Moshe se acercará a El Eterno; y ellos no se acercarán, ni tampoco el pueblo subirá con él.

24:3 Y Moshe vino y contó al pueblo todas las palabras de El Eterno, y todas las leyes; y todo el pueblo respondió a una sola voz, y dijo: Todas las palabras que El Eterno ha dicho haremos.

24:4 Y Moshe escribió todas las palabras de El Eterno, y se levantó en la mañana, y construyo un altar al pie del monte, y doce columnas, según las doce tribus de Israel.

24:5 Y envió a los jóvenes de los hijos de Israel, los cuales ofrecieron ofrendas y toros como sacrificios de paz a El Eterno.

24:6 Y Moshe tomó la mitad de la sangre, y la puso en tazones, y roció la otra mitad de la sangre sobre el altar.

24:7 Y tomó el libro del pacto y lo leyó a oídos del pueblo, el cual dijo: Todas las cosas que El Eterno ha dicho, haremos y escucharemos.

24:8 Entonces Moshe tomó la sangre y la roció sobre el pueblo, y dijo: He aquí la sangre del pacto que El Eterno ha hecho con ustedes sobre todas estas cosas.

24:9 Y subieron Moshe, Aharón, Nadáb, Abihú, y setenta de los ancianos de Israel;

24:10 y vieron al Dios de Israel; y había debajo de sus pies como una obra de piedra de zafiro, y como la visión de los cielos en su pureza.

24:11 Más no extendió Su mano sobre los hombres importantes de los hijos de Israel; y vieron a Dios, y comieron y bebieron.

24:12 Entonces El Eterno dijo a Moshe: Sube a mí al monte, y espera allá, y te daré tablas de piedra, la ley, y los mandamientos que he escrito para enseñarles.

24:13 Y se levantó Moshe con Iehoshúa su servidor, y Moshe subió al monte de Dios.

24:14 Y dijo a los ancianos: Esperen aquí hasta que volvamos a ustedes; y he aquí que Aharón y Jur están con ustedes; el que tuviere algunos asuntos, que acuda a ellos.

24:15 Entonces Moshe subió al monte, y una nube cubrió el monte.

24:16 Y la gloria de El Eterno reposó sobre el monte de Sinaí, y la nube lo cubrió por seis días; y al séptimo día llamó a Moshe de en medio de la nube.

24:17 Y la apariencia de la gloria de El Eterno era como un fuego devorador en la cumbre del monte, a los ojos de los hijos de Israel.

24:18 Y entró Moshe en medio de la nube, y subió al monte; y estuvo Moshe en el monte cuarenta días y cuarenta noches.

Capítulo 25

25:1 Habló El Eterno a Moshe, diciendo:

25:2 Di a los hijos de Israel que tomen para mí una ofrenda; de todo hombre que la diere de corazón, tomarán Mi ofrenda.

25:3 Esta es la ofrenda que tomarán de ellos: oro, plata, cobre,

25:4 lana verde, púrpura, carmesí, lino y pelo de cabras,

25:5 pieles de carneros teñidas de rojo, pieles de tejashím, madera de acacia,

25:6 aceite para el alumbrado, especias para el aceite de la unción y para el incienso aromático,

25:7 piedras de ónice, y piedras de engaste para el Efód y para el Pectoral.

25:8 Y harán un santuario para mí, y moraré en medio de ellos.

25:9 Conforme a todo lo que Yo te muestre, el diseño de la Tienda, y el diseño de todos sus utensilios, así lo harán.

25:10 Harán también un arca de madera de acacia, cuya longitud será de dos codos y medio, su ancho de un codo y medio, y su altura de un codo y medio.

25:11 Y la cubrirás de oro puro por dentro y por fuera, y harás sobre ella un relieve de oro alrededor.

25:12 Fundirás para ella cuatro anillos de oro, que pondrás en sus cuatro esquinas; dos anillos a un lado de ella, y dos anillos al otro lado.

25:13 Harás unas varas de madera de acacia, las cuales cubrirás de oro.

25:14 Y meterás las varas por los anillos a los lados del arca, para transportar el arca con ellas.

25:15 Las varas quedarán en los anillos del arca; no se quitarán de ella.

25:16 Y pondrás en el arca el testimonio que Yo te daré.

25:17 Y harás una cubierta de oro fino, cuya longitud será de dos codos y medio, y su ancho de un codo y medio.

25:18 Harás también dos querubines de oro; labrados a martillo los harás en los dos extremos de la cubierta.

25:19 Harás un querubín en un extremo, y un querubín en el otro extremo; de una pieza con la cubierta harás los querubines en sus dos extremos.

25:20 Y los querubines extenderán por encima sus alas, cubriendo con sus alas la cubierta; sus rostros el uno enfrente del otro, mirando la cubierta (estarán) los rostros de los querubines.

25:21 Y pondrás la cubierta encima del arca, y en el arca pondrás el testimonio que Yo te daré.

25:22 Y de allí me revelare a ti, y hablaré contigo desde encima de la cubierta, de entre los dos querubines que están sobre el arca del testimonio, todo lo que Yo te ordenare para los hijos de Israel.

25:23 Harás asimismo una mesa de madera de acacia; su longitud será de dos codos, y de un codo su ancho, y su altura de un codo y medio.

25:24 Y la cubrirás de oro puro, y le harás un relieve de oro alrededor.

25:25 Le harás también una moldura alrededor, de un puño de ancho, y harás a la moldura un relieve de oro alrededor.

25:26 Y le harás cuatro anillos de oro, los cuales pondrás en las cuatro esquinas que corresponden a sus cuatro patas.

25:27 Los anillos estarán debajo de la moldura, para lugares de las varas para llevar la mesa.

25:28 Harás las varas de madera de acacia, y las cubrirás de oro, y con ellas será llevada la mesa.

25:29 Harás también sus platos, sus cucharas, sus semitubos y sus soportes, con que se libará; de oro fino los harás.

25:30 Y pondrás sobre la mesa el pan (léjem ha paním) delante de mí continuamente.

25:31 Harás (también) un candelero de oro puro; labrado a martillo y de una sola pieza se hará el candelero; su base y su tronco, sus esferas y sus adornos en forma de flores procederán del mismo.

25:32 Y saldrán seis brazos de sus lados; tres brazos del candelero de un lado, y tres brazos de el otro lado.

25:33 Tres copas en forma de flor de almendro en un brazo, una manzanita y una flor; y tres copas en forma de flor de almendro en otro brazo, una manzanita y una flor; así en los seis brazos que salen del candelero;

25:34 y en la caña central del candelero cuatro copas en forma de flor de almendro, sus esferas y sus flores.

25:35 Habrá una esfera debajo de los dos brazos del mismo, y otra esfera debajo de otros dos brazos del mismo, y otra esfera debajo de los otros dos brazos del mismo, así para los seis brazos que salen del candelero.

25:36 Sus esferas y sus brazos serán de una pieza, todo ello una pieza labrada a martillo, de oro puro.

25:37 Y le harás siete lámparas, las cuales encenderás para que alumbren hacia adelante.

25:38 También sus pinzas y sus palas, de oro puro.

25:39 De un talento de oro fino lo harás, con todos estos utensilios.

25:40 Mira y hazlos conforme al modelo que te ha sido mostrado en el monte.

Capítulo 26

26:1 Harás el Tienda de diez cortinas de lino torcido, verde, púrpura y carmesí; y los querubines, serán hechos artísticamente.

26:2 El largo de una cortina será de veintiocho codos, y el ancho de la cortina será de cuatro codos; todas las cortinas tendrán una misma medida.

26:3 Cinco cortinas estarán unidas una con la otra, y las otras cinco cortinas unidas una con la otra.

26:4 Y harás lazos verdes en la orilla de la última cortina de la primera unión; lo mismo harás en la orilla de la cortina de la segunda unión.

26:5 Cincuenta lazos harás en la primera cortina, y cincuenta lazos harás en la orilla de la cortina que está en la segunda unión; los lazos estarán contrapuestos unos con los otros.

26:6 Harás también cincuenta broches de oro, con los cuales unirás las cortinas la una con la otra, y se formará un Tienda.

26:7 Harás asimismo cortinas de pelo de cabra para una cubierta sobre el Tienda; once cortinas harás.

26:8 El largo de cada cortina será de treinta codos, y el ancho de cada cortina de cuatro codos; las once cortinas tendrán una misma medida.

26:9 Y unirás cinco cortinas aparte y las otras seis cortinas aparte; y doblarás la sexta cortina en el frente de la Tienda.

26:10 Y harás cincuenta lazos en la orilla de la cortina, al borde en la unión, y cincuenta lazos en la orilla de la cortina de la segunda unión.

26:11 Harás asimismo cincuenta broches de cobre, los cuales meterás por los lazos; y enlazarás las uniones haciéndolas una.

26:12 Y la parte que sobra en las cortinas de la tienda, la mitad de la cortina que sobra, colgará en la parte de atrás de la Tienda.

26:13 Y un codo de un lado, y otro codo del otro lado, que sobra a lo largo de las cortinas de la tienda, colgará sobre los lados de la Tienda a un lado y al otro, para cubrirlo.

26:14 Harás también una cubierta para la tienda, de pieles de carneros teñidas de rojo, y una cubierta de pieles de tejashím por encima.

26:15 Y harás para el Tienda tablas de madera de acacia, que se coloquen verticalmente.

26:16 La longitud de cada tabla será de diez codos, y de un codo y medio su ancho.

26:17 Dos espigas tendrá cada tabla, para unirlas una con otra; así harás todas las tablas de la Tienda.

26:18 Harás las tablas para el Tienda; veinte tablas orientadas hacia el sur.

26:19 Y harás cuarenta pedestales de plata debajo de las veinte tablas; dos pedestales debajo de una tabla para sus dos ensambladuras, y dos pedestales debajo de otra tabla para sus dos espigas.

26:20 Y al otro lado de la Tienda, al lado del norte, veinte tablas;

26:21 y sus cuarenta pedestales de plata; dos pedestales debajo de una tabla, y dos bases debajo de otra tabla.

26:22 Y para el lado posterior de la Tienda, al occidente, harás seis tablas.

26:23 Harás además dos tablas para las esquinas de la Tienda en los dos ángulos posteriores;

26:24 las cuales se unirán desde abajo, y asimismo se juntarán por su alto con un anillo; así será con las otras dos; serán para las dos esquinas.

26:25 Serán ocho tablas, con sus pedestales de plata, dieciséis pedestales; dos pedestales debajo de una tabla, y dos pedestales debajo de otra tabla.

26:26 Harás también cinco barras de madera de acacia, para las tablas de un lado de la Tienda,

26:27 y cinco barras para las tablas del otro lado de la Tienda, y cinco barras para las tablas del lado posterior de la Tienda, al occidente.

26:28 Y la barra de en medio pasará por en medio de las tablas, de un extremo al otro.

26:29 Y cubrirás de oro las tablas, y harás sus anillos de oro para meter por ellos las barras; también cubrirás de oro las barras.

26:30 Y levantaras el Tienda conforme a la ley que te fue mostrada en el monte.

26:31 También harás un velo verde, púrpura, carmesí y lino torcido; con querubines; obra de artista, lo harás.

26:32 y lo pondrás sobre cuatro columnas de madera de acacia cubiertas de oro; sus extremidades de oro, sobre sus bases de plata.

26:33 Y pondrás el velo debajo de los broches, y meterás allí, del velo adentro, el arca del testimonio; y aquel velo les hará separación entre el lugar santo y el santísimo.

26:34 Pondrás la cubierta sobre el arca del testimonio en el lugar santísimo.

26:35 Y pondrás la mesa fuera del velo, y el candelero enfrente de la mesa al lado sur de la Tienda; y pondrás la mesa al lado del norte.

26:36 Harás una cortina para la puerta de la Tienda verde, púrpura, carmesí y lino torcido, obra de bordador.

26:37 Y harás para la cortina cinco columnas de madera de acacia, las cuales cubrirás de oro, con sus extremidades de oro; y fundirás cinco bases de cobre para ellas.

Capítulo 27

27:1 Harás el altar de madera de acacia de cinco codos de longitud, y de cinco codos de ancho; el altar será cuadrado, y de tres codos su altura.

27:2 Y le harás astas en sus cuatro esquinas; los astas serán parte del mismo; y lo cubrirás de cobre.

27:3 Harás también recipientes para recoger la ceniza, y sus paletas, sus tazones, sus tenedores y sus braseros; harás todos sus utensilios de cobre.

27:4 Y le harás un enrejado de cobre de obra de rejilla, y sobre la rejilla harás cuatro anillos de cobre a sus cuatro esquinas.

27:5 Y la pondrás dentro del cerco del altar abajo; y llegará la rejilla hasta la mitad del altar.

27:6 Harás también varas para el altar, varas de madera de acacia, las cuales cubrirás de cobre.

27:7 Y las varas se meterán por los anillos, y estarán aquellas varas a ambos lados del altar cuando sea llevado.

27:8 Lo harás hueco, de tablas; como te fue mostrado en el monte, así lo harás.

27:9 Asimismo harás el patio de la Tienda. Al lado sur, tendrá el patio cortinas de lino torcido, de cien codos de longitud para un lado.

27:10 Sus veinte columnas y sus veinte bases serán de cobre; las extremidades de las columnas y sus adornos, de plata.

27:11 De la misma manera al lado del norte habrá a lo largo cortinas de cien codos de longitud, y sus veinte columnas con sus veinte bases de cobre; las extremidades de sus columnas y sus adornos, de plata.

27:12 El ancho del patio, del lado occidental, tendrá cortinas de cincuenta codos; y diez columnas, con sus diez bases.

27:13 Y en el ancho del patio por el lado del oriente, al este, habrá cincuenta codos.

27:14 Las cortinas a un lado de la entrada serán de quince codos; sus columnas tres, con sus tres bases.

27:15 Y al otro lado, quince codos de cortinas; sus columnas tres, con sus tres bases.

27:16 Y para la puerta del patio habrá una cortina de veinte codos; verde, púrpura y carmesí, y lino torcido, de obra de bordador; sus columnas (serán) cuatro, con sus cuatro bases.

27:17 Todas las columnas alrededor del patio estarán ceñidas de plata; sus extremidades de plata, y sus bases de cobre.

27:18 El largo del patio será de cien codos, y el ancho cincuenta por un lado y cincuenta por el otro, y la altura de cinco codos; sus cortinas de lino torcido, y sus bases de cobre.

27:19 Todos los utensilios de la Tienda en todo su servicio, y todas sus estacas, y todas las estacas del patio, serán de cobre.

27:20 Y tú mandarás a los hijos de Israel que te traigan aceite puro de olivas machacadas, para el alumbrado, para encender las lámparas permanentes.

27:21 En la Tienda de Reunión, afuera del velo que está delante del testimonio, las arreglaran Aharón y sus hijos delante de El Eterno desde la tarde hasta la mañana, como un decreto eterno de los hijos de Israel por sus generaciones.

Capítulo 28

28:1 Y acercarás a Aharón tu hermano, y a sus hijos consigo, de entre los hijos de Israel, para que sean mis sacerdotes; a Aharón y a Nadáb, Abihú, Elazár e Itamár los hijos de Aharón.

28:2 Y harás ropas sagradas a Aharón tu hermano, para honra y esplendor.

28:3 Y tú hablarás a todos los sabios de corazón, a quienes yo he llenado de espíritu de sabiduría, para que hagan las ropas de Aharón, para santificarlo para que sea Mi sacerdote.

28:4 Estas son las ropas que harán: el pectoral, el Efód, un manto, la túnica bordada, el turbante y el cinturón. Hagan las ropas sagradas para Aharón tu hermano, y para sus hijos, para que sean mis sacerdotes.

28:5 Tomarán oro; verde, púrpura, carmesí y lino torcido,

28:6 y harán el Efód de oro; verde, púrpura, carmesí y lino torcido, de obra de artista.

28:7 Tendrá dos hombreras que se junten a sus dos extremos, y así se juntará.

28:8 Y su cinto de obra primorosa que estará sobre él, será de la misma obra, parte del mismo; de oro, verde, púrpura, carmesí y lino torcido.

28:9 Y tomarás dos piedras de ónice, y grabarás en ellas los nombres de los hijos de Israel;
28:10 seis de sus nombres en una piedra, y los otros seis nombres en la otra piedra, según el orden de sus nacimientos.

28:11 De obra de grabador en piedra, como grabaduras de sello, harás grabar las dos piedras con los nombres de los hijos de Israel; les harás alrededor engastes de oro.

28:12 Y pondrás las dos piedras sobre las hombreras del Efód, piedras de recordación para los hijos de Israel; y Aharón llevará los nombres de ellos delante de El Eterno sobre sus dos hombros para recuerdo.

28:13 Harás los engarces de oro,

28:14 y dos cadenillas de oro fino, los cuales harás en forma de trenza; y fijarás los cordones de forma de trenza en los engarces.

28:15 Harás asimismo el pectoral del juicio de obra de artesanos, lo harás conforme a la obra del Efód, de oro, verde, púrpura, carmesí y lino torcido.

28:16 Será cuadrado y doble, de un palmo de largo y un palmo de ancho;

28:17 y lo llenarás con cuatro hileras de piedras preciosas; una hilera de odém, pitdáh y una baréjet;

28:18 la segunda hilera, noféj, un sapír y iaalóm;

28:19 la tercera hilera, léshem, shebó y ajlamáh;

28:20 la cuarta hilera, tarshísh, shoám y iashféh. Todas (estas piedras) estarán montadas en engarces de oro.

28:21 Y las piedras serán según los nombres de los hijos de Israel, doce según sus nombres; con grabados de sello cada una con su nombre, serán según las doce tribus.

28:22 Harás también en el pectoral cadenillas en forma de trenzas de oro fino.

28:23 Y harás en el pectoral dos anillos de oro, los cuales pondrás a los dos extremos del pectoral.

28:24 Y fijarás los dos cordones de oro en los dos anillos a los dos extremos del pectoral;

28:25 y pondrás los dos extremos de las cadenillas sobre los dos engarces, y los fijarás a las hombreras del Efód en su parte delantera.

28:26 Harás también dos anillos de oro, los cuales pondrás a los dos extremos del pectoral, en su orilla que está al lado del Efód hacia adentro.

28:27 Harás asimismo los dos anillos de oro, los cuales fijarás en la parte delantera de las dos hombreras del Efód, hacia abajo, delante de la unión sobre el cinto del Efód.

28:28 Y juntarán el pectoral por sus anillos a los dos anillos del Efód con un cordón verde, para que esté sobre el cinto del Efód, y no se separe el pectoral del Efód.

28:29 Y llevará Aharón los nombres de los hijos de Israel en el pectoral del juicio sobre su corazón, cuando entre en el santuario, para recuerdo delante de El Eterno continuamente.

28:30 Y pondrás en el pectoral del juicio Urím y Tumím, para que estén sobre el corazón de Aharón cuando entre delante de El Eterno; y llevará siempre Aharón el juicio de los hijos de Israel sobre su corazón delante de El Eterno.

28:31 Harás el manto del Efód (de color) verde;

28:32 y en medio de él por arriba habrá una abertura para la cabeza, la cual tendrá un borde alrededor de obra tejida, con la fortaleza necesaria para que no se rompa.

28:33 Y en sus bordes harás granadas verdes, púrpura y carmesí alrededor, y entre ellas campanillas de oro alrededor.

28:34 Una campanilla de oro y una granada, otra campanilla de oro y otra granada, en la orilla del manto alrededor.

28:35 Y estará sobre Aharón cuando haga el servicio; y se escuchará su sonido cuando él entre en el santuario delante de El Eterno y cuando salga, para que no muera.

28:36 Harás además una lámina de oro fino, y grabarás en ella como grabadura de sello, Santidad a El Eterno.

28:37 Y la pondrás con un hilo verde, y estará sobre el turbante; por la parte delantera de el turbante estará.

28:38 Y estará sobre la frente de Aharón, y llevará Aharón las faltas cometidas en todas las ofrendas santas, que los hijos de Israel hubieren consagrado en todas sus santas ofrendas; y sobre su frente estará continuamente, para que obtengan gracia delante de El Eterno.

28:39 Y bordarás una túnica de lino, y harás un turbante de lino; harás también un cinto de obra de bordador.

28:40 Y para los hijos de Aharón harás túnicas; también les harás cinturones, y les harás gorro para honra y hermosura.

28:41 Y con ellos vestirás a Aharón tu hermano, y a sus hijos con él; y los ungirás, y los consagrarás y santificarás, para que sean mis sacerdotes.

28:42 Y les harás pantaloncillos de lino para cubrir su desnudez; serán desde los lomos hasta los muslos.

28:43 Y estarán sobre Aharón y sobre sus hijos cuando entren en el Tienda de Reunión, o cuando se acerquen al altar para servir en el santuario, para que no lleven pecado y mueran. Es un decreto perpetuo para él, y para su descendencia después de él.

Capítulo 29

29:1 Esto es lo que les harás para santificarlos, para que sean mis sacerdotes: Tomarás un novillo joven y dos carneros sin defecto;

29:2 y panes sin levadura, y tortas sin levadura amasadas con aceite, y masas sin levadura untadas con aceite; las harás de la mejor harina de trigo.

29:3 Y las pondrás en un canasto, y en el canasto las ofrecerás, con el novillo joven y los dos carneros.

29:4 Y llevarás a Aharón y a sus hijos a la puerta de la Tienda de Reunión, y los lavarás con agua.

29:5 Y tomarás las ropas, y vestirás a Aharón la túnica, el manto del Efód, el Efód y el pectoral, y le apretarás con el cinto del Efód;

29:6 y pondrás el turbante sobre su cabeza, y pondrás la lamina santa sobre el turbante.

29:7 Luego tomarás el aceite de la unción, y lo derramarás sobre su cabeza, y lo ungirás.

29:8 Y harás que se acerquen sus hijos, y les vestirás las túnicas.

29:9 Les amarraras el cinturón a Aharón y a sus hijos, y les atarás los gorros, y tendrán el sacerdocio por derecho perpetuo. Así consagrarás a Aharón y a sus hijos.

29:10 Después llevarás el novillo delante de la Tienda de Reunión, y Aharón y sus hijos pondrán sus manos sobre la cabeza del becerro.

29:11 Y degollarás el novillo delante de El Eterno, a la puerta de la Tienda de Reunión.

29:12 Y de la sangre del novillo tomarás y pondrás sobre las astas del altar con tu dedo, y derramarás toda la demás sangre en la base del altar.

29:13 Tomarás también toda la grasa que cubre los intestinos, y el diafragma con el lóbulo del hígado, los dos riñones, y la grasa que está sobre ellos, y lo quemarás sobre el altar.

29:14 Pero la carne del novillo, y su piel y su excremento, los quemarás a fuego fuera del campamento; es una ofrenda por el pecado.

29:15 Asimismo tomarás uno de los carneros, y Aharón y sus hijos pondrán sus manos sobre la cabeza del carnero.

29:16 Y degollarás al carnero, y con su sangre rociarás sobre el altar alrededor.

29:17 Cortarás al carnero en pedazos, y lavarás sus intestinos y sus piernas, y las pondrás sobre sus trozos y sobre su cabeza.

29:18 Y quemarás todo el carnero sobre el altar; es una ofrenda de olor grato para El Eterno, es ofrenda quemada a El Eterno.

29:19 Tomarás luego el otro carnero, y Aharón y sus hijos apoyarán sus manos sobre la cabeza del carnero.

29:20 Y degollarás al carnero, y tomarás de su sangre y la pondrás sobre el lóbulo de la oreja derecha de Aharón, sobre la parte media de la oreja de sus hijos, sobre el dedo pulgar de las manos derechas de ellos, y sobre el dedo pulgar derecho de los pies de ellos, y rociarás la sangre sobre el altar alrededor.

29:21 Y tomarás de la sangre que estará sobre el altar, y el aceite de la unción, rociarás sobre Aharón y sobre sus vestiduras, sobre sus hijos, y sobre las ropas de sus hijos que están con él; y él será santificado, y sus vestiduras, y sus hijos, y las ropas de sus hijos con él.

29:22 Luego tomarás del carnero la grasa, y la cola, y la grasa que cubre las entrañas, y el diafragma con el lóbulo del hígado, y los dos riñones, y la grasa que está sobre ellos, y el muslo derecho; porque es carnero de perfección.

29:23 También una torta de pan, y una torta de pan de aceite, y una masa del canastillo de los panes sin levadura presentado a El Eterno,

29:24 y lo pondrás todo en las manos de Aharón, y en las manos de sus hijos; y lo mecerás delante de El Eterno.

29:25 Después lo tomarás de sus manos y harás que asciendan en humo sobre el altar, sobre la ofrenda de elevación, por olor grato delante de El Eterno. Es ofrenda encendida a El Eterno.

29:26 Y tomarás el pecho del carnero de inauguración, que es de Aharón, y lo mecerás delante de El Eterno; y será porción tuya.

29:27 Y santificaras el pecho de la ofrenda tenufá, y el muslo de la ofrenda, lo que fue mecido y lo que fue elevado del carnero de la inauguración de Aharón y de sus hijos,

29:28 y será para Aharón y para sus hijos como un decreto perpetuo, de los hijos de Israel, porque es ofrenda; y será una ofrenda de los hijos de Israel, de sus sacrificios de paz, su ofrenda para El Eterno.

29:29 Y las ropas santas, que son de Aharón, serán de sus hijos después de él, para ser ungidos en ellas, y para ser en ellas consagrados.

29:30 Por siete días las vestirá el que de sus hijos tome su lugar como sacerdote, cuando venga a la Tienda de Reunión para servir en el santuario.

29:31 Y tomarás el carnero de la inauguración, y cocinarás su carne en un lugar santo.

29:32 Y Aharón y sus hijos comerán la carne del carnero, y el pan que estará en el canasto, a la puerta de la Tienda de Reunión.

29:33 Y comerán aquellas cosas con las cuales se hizo expiación, para consagrarlos; mas el extraño no las comerá, porque son santas.

29:34 Si a la mañana quedara algo de la carne de la ofrenda de inauguración y del pan, quemarás al fuego lo que hubiere sobrado; no se comerá, porque es santo.

29:35 Así harás a Aharón y a sus hijos, conforme a todo lo que Yo te he ordenado; por siete días los consagrarás.

29:36 Cada día ofrecerás un toro de sacrificio por el pecado, para las expiaciones; y purificarás el altar cuando hagas expiación por él, y lo ungirás para santificarlo.

29:37 Por siete días harás expiación por el altar, y lo santificarás, y será un altar santísimo: todo lo que toque el altar, será santificado.

29:38 Esto es lo que harás sobre el altar: dos corderos de un año cada día, continuamente.

29:39 Ofrecerás uno de los corderos por la mañana, y el otro cordero ofrecerás en la tarde.

29:40 Además, con cada cordero un décimo de efá de harina fina amasada con un cuarto de hin de aceite de olivas machacadas; y para la libación, un cuarto de hin de vino.

29:41 Y ofrecerás el otro cordero en la tarde, como la ofrenda de la mañana, y como la libación, para que sea olor grato; ofrenda encendida a El Eterno.

29:42 Esto será la ofrenda de elevación constante por sus generaciones, a la puerta de la Tienda de Reunión, delante de El Eterno, donde estableceré Mi reunión con ustedes para hablarte allí.

29:43 Allí me presentaré a los hijos de Israel; y (el lugar) será santificado con Mi gloria.

29:44 Y santificaré el Tienda de Reunión y el altar; (también) santificaré a Aharón y a sus hijos, para que sean mis sacerdotes.

29:45 Y habitaré entre los hijos de Israel, y seré su Dios.

29:46 Y sabrán que yo soy El Eterno su Dios, que los saqué de la tierra de Egipto, para habitar en medio de ellos. Yo El Eterno su Dios.

Capítulo 30

30:1 Harás un altar sobre el que harás subir humo de incienso; de madera de acacia lo harás.

30:2 Su largo será de un codo, y su ancho de un codo; será cuadrado, y su altura de dos codos; y sus astas serán parte del mismo.

30:3 Y lo cubrirás de oro puro, su techo, sus paredes en derredor y sus astas; y le harás en derredor un resalte de oro.

30:4 Le harás también dos anillos de oro debajo de su resalte, a sus dos esquinas a ambos lados suyos, para meter las varas con que será llevado.

30:5 Harás las varas de madera de acacia, y las cubrirás de oro.

30:6 Y lo pondrás delante de la cortina que está junto al arca del testimonio, delante de la cubierta que está sobre el testimonio, donde me encontraré contigo.

30:7 Y Aharón quemará incienso aromático sobre él; cada mañana cuando limpie las lámparas lo quemará.

30:8 Y cuando Aharón encienda las lámparas a la tarde, quemará el incienso continuamente delante de El Eterno por vuestras generaciones.

30:9 No ofrecerán sobre él incienso extraño, ni un ofrenda de elevación, ni ofrenda vegetal; ni tampoco derramaran sobre él libación.

30:10 Y sobre sus astas hará Aharón expiación una vez en el año con la sangre del sacrificio por el pecado para expiación; una vez en el año hará expiación sobre él por sus generaciones; es santo de santos para El Eterno.

30:11 Y hablo El Eterno a Moshe, diciendo:

30:12 Cuando hagas un censo de los hijos de Israel conforme a sus números, cada uno dará a El Eterno expiación de su alma, cuando los cuentes, para que no haya en ellos una plaga cuando los hayas contado.

30:13 Esto dará todo aquel que sea contado; medio shekel del shekel sagrado. El shekel es de veinte geráh. La mitad de un shekel será la ofrenda para El Eterno.

30:14 Todo el que sea contado, de veinte años arriba, dará la ofrenda a El Eterno.

30:15 Ni el rico aumentará, ni el pobre disminuirá del medio shekel, cuando dieren la ofrenda a El Eterno para hacer expiación por sus almas.

30:16 Y tomarás de los hijos de Israel el dinero de las expiaciones, y lo darás para el servicio de la Tienda de Reunión; y será un recordatorio a los hijos de Israel delante de El Eterno, para hacer expiación por sus almas.

30:17 Habló El Eterno a Moshe, diciendo:

30:18 También harás una fuente de cobre, con su base de cobre, para lavar; y la colocarás entre la Tienda de Reunión y el altar, y pondrás en ella agua.

30:19 Y de ella se lavarán Aharón y sus hijos las manos y los pies.

30:20 Cuando entren en la Tienda de Reunión, se lavarán con agua, para que no mueran; o cuando se acerquen al altar para realizar el servicio, para quemar laofrenda encendida para El Eterno,

30:21 se lavarán las manos y los pies, para que no mueran. Y lo tendrán por estatuto perpetuo él y su descendencia por sus generaciones.

30:22 Y habló El Eterno a Moshe, diciendo:

30:23 Tomarás especias finas: de mirra pura quinientos (shekalím), y de canela aromática la mitad, (esto es) doscientos cincuenta, de caña aromática doscientoscincuenta,

30:24 de casia quinientos shekalím, según el shekel del santuario, y de aceite de olivas un hin.

30:25 Y harás de ello el aceite de la unción sagrada; un compuesto mezclado, artesanía de Perfumista, será el aceite de la unción sagrada.

30:26 Con él ungirás la Tienda de Reunión, el arca del testimonio,

30:27 la mesa con todos sus utensilios, el candelero con todos sus utensilios, el altar del incienso,

30:28 el altar de la ofrenda de elevación con todos sus utensilios, y la fuente y subase.

30:29 Así los consagrarás, y serán cosas santísimas; todo lo que tocare en ellos, será santificado.

30:30 Ungirás también a Aharón y a sus hijos, y los consagrarás para que sean mis sacerdotes.

30:31 Y hablarás a los hijos de Israel, diciendo: Este será Mi aceite de la unción sagrada por sus generaciones.

30:32 Sobre carne humana no será untado, ni harán otro semejante, conforme a su composición; santo es, y santo será para ustedes.

30:33 Cualquiera que compusiere ungüento semejante, y que pusiere de él sobre un extraño, será cortado de entre su pueblo.

30:34 Dijo además El Eterno a Moshe: Toma especias aromáticas, bálsamo, clavo de olor y gálbano; especias e incienso puro; de todo en igual peso,

30:35 y harás de ello el incienso, un perfume según el arte del perfumador, bien mezclado, puro y santo.

30:36 Y molerás parte de él en polvo fino, y lo pondrás delante del testimonio en la Tienda de Reunión, donde Yo me mostraré a ti. Será para ustedes algo santísimo.

30:37 Como este incienso que harás, no harán otro según su composición; te será cosa sagrada para El Eterno.

30:38 Cualquiera que hiciere otro como este para olerlo, será cortado de entre su pueblo.

Capítulo 31

31:1 Habló El Eterno a Moshe, diciendo:

31:2 Mira, he llamado por el nombre a Bezaleél hijo de Úri, hijo de Hur, de la tribu de Iehudáh;

31:3 y lo he llenado del espíritu de Dios, en sabiduría y en inteligencia, en ciencia y en todas las artes,

31:4 para realizar diseños, para trabajar en oro, en plata y en cobre,

31:5 y labrar las piedras para los engarces, y grabar la madera; para trabajar en toda clase de labor.

31:6 Y he aquí que Yo he puesto con él a Aholiáb hijo de Ahisamáj, de la tribu de Dan; y he puesto sabiduría en el corazón de todo sabio de corazón, para que hagan todo lo que te he mandado;

31:7 la Tienda de Reunión, el arca del testimonio, la cubierta que está sobre ella, y todos los utensilios de la Tienda,

31:8 la mesa y sus utensilios, el candelero puro y todos sus utensilios, el altar del incienso,

31:9 el altar de la ofrenda de elevación y todos sus utensilios, la fuente y su base,

31:10 los vestidos del servicio, las vestiduras santas para Aharón el sacerdote, las vestiduras de sus hijos para (que ejerzan) el sacerdocio,

31:11 el aceite de la unción, y el incienso aromático para el santuario; harán conforme a todo lo que te he mandado.

31:12 Habló El Eterno a Moshe, diciendo:

31:13 Tú hablarás a los hijos de Israel, diciendo: Ciertamente ustedes guardaran mis días de Shabát; porque es una señal entre Mí y ustedes por sus generaciones, para que sepan que Yo soy El Eterno que los santifico.

31:14 Así que cuidaran el día de Shabát, porque es santo para ustedes; el que lo profanare, de cierto morirá; porque cualquiera que hiciere un trabajo alguna en él, aquella persona será cortada de en medio de su pueblo.

31:15 Seis días trabajarás, mas el día séptimo es día de reposo, es santo para El Eterno; cualquiera que trabaje en el día de reposo, ciertamente morirá.

31:16 Y cuidarán el día de Shabát los hijos de Israel, para hacer el Shabát por sus generaciones por pacto perpetuo.

31:17 Es una señal para siempre entre Mí y los hijos de Israel; porque en seis días hizo El Eterno los cielos y la tierra, y en el séptimo día cesó y reposó.

31:18 Y dio a Moshe, cuando acabó de hablar con él en el monte de Sinaí, dos tablas del testimonio, tablas de piedra escritas con el dedo de Dios.

Capítulo 32

32:1 El pueblo vio que Moshe tardaba en descender del monte, se reunió el pueblo en torno a Aharón, y le dijeron: Levántate, haznos dioses que vayan delante de nosotros; porque a este Moshe, el hombre que nos sacó de la tierra de Egipto, no sabemos qué le ha ocurrido.

32:2 Y Aharón les dijo: Quiten los anillos de oro que están en las orejas de sus mujeres, de sus hijos y de sus hijas, y tráiganmelos.

32:3 Entonces todo el pueblo quitó los anillos de oro que tenían en sus orejas, y los trajeron a Aharón;

32:4 y él los tomó de las manos de ellos, y le dio forma en un molde, e hizo de ello un becerro de fundición. Entonces dijeron: Israel, estos son tus dioses, que te sacaron de la tierra de Egipto.

32:5 Aharón vio y edificó un altar delante de él (becerro); y llamó Aharón, y dijo: Mañana será fiesta para El Eterno.

32:6 Y al día siguiente madrugaron, y ofrecieron ofrendas de elevación, y acercaron ofrendas de paz; y se sentó el pueblo a comer y a beber, y se levantó a divertirse.

32:7 Entonces El Eterno dijo a Moshe: Anda, desciende, porque tu pueblo que sacaste de la tierra de Egipto se ha corrompido.

32:8 Rápidamente se han apartado del camino que Yo les ordené; se han hecho un becerro de fundición, y se han prosternado ante él, y le han ofrecido sacrificios, y han dicho: Estos son tus dioses Israel, que te sacaron de la tierra de Egipto.

32:9 Y dijo El Eterno a Moshe: Yo he visto a este pueblo, y he aquí que es un pueblo obstinado.

32:10 Ahora déjame, y que Mi enojo se encienda contra ellos, y los consuma; y de ti haré un gran pueblo.

32:11 Entonces Moshe rogó delante de El Eterno su Dios, y dijo:¿Por qué, El Eterno habría de encenderse tu enojo contra tu pueblo, que tu sacaste de la tierra de Egipto con gran poder y con mano fuerte?

32:12 ¿Por qué habría de decir Egipto lo siguiente: Con mala intención los sacó, para matarlos en las montañas y para exterminarlos de sobre la faz de la tierra? Vuelve de Tu enojo y reconsidera el mal (que atentas) contra Tu pueblo.

32:13 Recuerda a Abrahám, a Itzják y a Israel tus siervos, a los cuales has jurado por ti mismo, y les has dicho: Aumentaré su descendencia como las estrellas del cielo; y toda esta tierra de que he hablado daré a su descendencia, y la heredarán para siempre.

32:14 Entonces El Eterno reconsideró el mal que había dicho que haría a su pueblo.

32:15 Volvió Moshe y descendió del monte, trayendo en su mano las dos tablas del testimonio, las tablas estaban escritas por ambos lados; de un lado y del otro estaban escritas.

32:16 Y las tablas eran obra de Dios, y la escritura era escritura de Dios grabada sobre las tablas.

32:17 Escuchó Iehoshúa la voz del pueblo que gritaba, y dijo a Moshe: Hay sonido de batalla en el campamento.

32:18 Y él respondió: No son gritos de fuerza, ni gritos de debilidad; gritos de aflicción oigo yo.

32:19 Y aconteció que cuando se acercó al campamento, y vio el becerro y las danzas, se encendió la ira de Moshe, y arrojó las tablas de sus manos, y las quebró al pie del monte.

32:20 Y tomó el becerro que habían hecho, y lo quemó en el fuego, y lo molió hasta reducirlo a polvo, que esparció sobre las aguas, e hizo que lo bebieran los hijos de Israel.

32:21 Y dijo Moshe a Aharón: ¿Qué te ha hecho este pueblo, que has traído sobre él tan gran pecado?

32:22 Y respondió Aharón: No se enoje mi señor; tú conoces al pueblo, que se inclina hacia el mal.

32:23 Porque me dijeron: Haznos dioses que vayan delante de nosotros; porque a este Moshe, el hombre que nos sacó de la tierra de Egipto, no sabemos qué le ha sucedido.

32:24 Y les respondí: ¿Quién tiene oro? Apártenlo. Y me lo dieron, y lo eché en el fuego, y salió este becerro.

32:25 Y viendo Moshe que el pueblo estaba expuesto, porque Aharón lo había expuesto en deshonra entre aquellos que se alzan en su contra

32:26 se paró Moshe en la puerta del campamento, y dijo: ¡Quién está por El Eterno, júntese conmigo! Y se juntaron con él todos los hijos de Leví.

32:27 Y él les dijo: Así ha dicho El Eterno, el Dios de Israel: Que ponga cada uno su espada sobre su muslo; pasen y vuelvan de puerta a puerta por el campamento, y que mate cada uno a su hermano, a su amigo, y a su pariente.

32:28 Y los hijos de Leví hicieron de acuerdo a lo dicho por Moshe; y cayeron del pueblo en aquel día como tres mil hombres.

32:29 Entonces Moshe dijo: Hoy se han consagrado a El Eterno, pues cada uno se ha opuesto a su hijo y a su hermano, para que El dé bendición hoy sobre ustedes.

32:30 Y aconteció que al día siguiente dijo Moshe al pueblo: Ustedes han cometido un gran pecado, pero yo subiré ahora a El Eterno; quizá pueda obtener expiación por su pecado.

32:31 Entonces volvió Moshe a El Eterno, y dijo: Te ruego, pues este pueblo ha cometido un gran pecado, porque hicieron dioses de oro,

32:32 Y ahora por favor perdona su pecado, y si no, bórrame por favor de tu libro que has escrito.

32:33 Y dijo El Eterno a Moshe: Quien haya pecado contra Mí, lo borraré de Mi libro.

32:34 Ahora, anda y conduce a este pueblo a donde te he dicho. He aquí que Mi ángel irá delante de ti; pero en el día de las cuentas, Yo haré que su pecado cuente en su contra.

32:35 Y El Eterno envió una plaga al pueblo, porque habían hecho el becerro que formó Aharón.

Capítulo 33

33:1 El Eterno dijo a Moshe: Anda, sube de aquí, tú y el pueblo que sacaste de la tierra de Egipto, a la tierra de la cual juré a Abrahám, Itzják y Iaakób diciendo: A tu descendencia la daré;

33:2 y enviaré delante de ti el ángel, y expulsaré al kenaaní, al emorí, al jití, al perizí, al jiví y al iebusí

33:3 a la tierra que fluye leche y miel. Pero Yo no subiré en medio de ti, porque eres pueblo obstinado, no sea que te consuma en el camino.

33:4 Y oyendo el pueblo esta mala noticia, hicieron luto, y ninguno se puso sus joyas.

33:5 Porque El Eterno había dicho a Moshe: Di a los hijos de Israel: Ustedes son un pueblo obstinado; en un momento subiré en medio de ti, y te consumiré. Y ahora quítate tus joyas, y Yo sabré lo que te he de hacer.

33:6 Entonces los hijos de Israel fueron desprovistos de sus joyas desde el monte Joréb.

33:7 Y Moshe tomó la Tienda, y la puso lejos, fuera del campamento, y la llamó la Tienda de Reunión. Y cualquiera que buscaba a El Eterno, salía a la Tienda de Reunión que estaba fuera del campamento.

33:8 Y sucedía que cuando salía Moshe a la Tienda, todo el pueblo se levantaba, y cada cual estaba en pie a la puerta de su tienda, y miraban como Moshe entraba en la Tienda.

33:9 Cuando Moshe entraba en el Tienda, la columna de nube descendía y se ponía a la puerta de la Tienda, y (El Eterno) hablaba con Moshe.

33:10 Y viendo todo el pueblo la columna de nube que estaba a la puerta de la Tienda, se levantaba cada uno a la puerta de su tienda y se prosternaba.

33:11 Y hablaba El Eterno a Moshe cara a cara, como habla un hombre a su compañero. Y él volvía al campamento; pero el joven Iehoshúa hijo de Nun, su servidor, nunca se apartaba de en medio de la Tienda.

33:12 Y dijo Moshe a El Eterno: Mira, Tú me dices a mí: Haz subir a este pueblo; y Tú no me has declarado a quién enviarás conmigo. Sin embargo, Tú dices: Yo te he conocido por tu nombre, y has hallado también gracia en Mis ojos.

33:13 Ahora si he hallado gracia en Tus ojos, te ruego que me hagas conocer tu camino, para que te conozca, y halle gracia en tus ojos; y mira que esta gente es Tu pueblo.

33:14 Y él dijo: Mi presencia irá contigo, y te daré descanso.

33:15 Y Moshe respondió: Si tu presencia no ha de ir conmigo, no nos hagas subir de aquí.

33:16 ¿Y en qué se sabrá que he hallado gracia en Tus ojos, yo y tu pueblo?, sino en que Tú andes con nosotros, y yo y tu pueblo seamos apartados de todos los pueblos que están sobre la faz de la tierra.

33:17 Y El Eterno dijo a Moshe: También haré esto que has dicho, por cuanto has hallado gracia en mis ojos, y te he conocido por tu nombre.

33:18 Entonces dijo (Moshe): Te ruego que me muestres tu gloria.

33:19 Y le respondió: Yo haré pasar todo Mi bien delante de tu rostro, y proclamaré el nombre de El Eterno delante de ti; y mostraré gracia cuando elija mostrar gracia y tendré misericordia con quien Yo tenga misericordia.

33:20 Dijo Él: No podrás ver Mi rostro; porque no me verá un hombre, y vivirá.

33:21 Y dijo aún El Eterno: He aquí hay un lugar junto a Mí, y tú te pararás sobre la roca;

33:22 y cuando pase Mi gloria, Yo te pondré en una grieta de la roca, y te cubriré con Mi mano hasta que haya pasado.

33:23 Después apartaré Mi mano, y verás Mis espaldas; mas no verás Mi rostro.

Capítulo 34

34:1 Y El Eterno dijo a Moshe: Graba dos tablas de piedra como las primeras, y escribiré sobre esas tablas las palabras que estaban en las tablas primeras que quebraste.

34:2 Prepárate para mañana, y sube de mañana al monte de Sinaí, y preséntate ante mí sobre la cumbre del monte.

34:3 Y no suba ningún hombre contigo, ni se aparezca ningún hombre en todo el monte; ni ovejas ni bueyes pasten delante del monte.

34:4 Y Moshe grabó dos tablas de piedra como las primeras; y Moshe se levantó de mañana y subió al monte de Sinaí, como le mandó El Eterno, y llevó en su mano las dos tablas de piedra.

34:5 Y El Eterno descendió en la nube, y estuvo allí con él, y llamó el nombre de El Eterno.

34:6 Y pasando El Eterno por delante de él, proclamó: ¡El Eterno! ¡El Eterno! Dios, compasivo y clemente, lento para enojarse y generoso en benevolencia y verdad

34:7 que guarda benevolencia para miles, que perdona el pecado, la iniquidad y el error, y que de ningún modo absolverá (a los que no se arrepienten); que recuerda la iniquidad de los padres sobre los hijos y sobre los hijos de los hijos, hasta la tercera y cuarta generación.

34:8 Entonces Moshe, apresurándose, bajó la cabeza hacia el suelo y se prosternó.

34:9 Y dijo: Si ahora, Señor, he hallado gracia en tus ojos, vaya ahora el Señor en medio de nosotros; porque es un pueblo obstinado; y perdona nuestra iniquidad y nuestro pecado, y tómanos por tu heredad.

34:10 Y él contestó: He aquí, que Yo hago un pacto delante de todo tu pueblo; haré maravillas que no han sido hechas en toda la tierra, ni en ninguna nación, y verá todo el pueblo en el que tú estas en medio, la obra de El Eterno; porque será cosa tremenda la que Yo haré contigo.

34:11 Cuida lo que Yo te mando hoy; he aquí que Yo echo de delante de tu presencia al emorí, al kenaaní, al jití, al perizí, al jiví y al iebusí.

34:12 Cuídate de hacer un pacto con los moradores de la tierra donde vas, para que no sean un tropiezo en medio de ti.

34:13 Derribarás sus altares, y destruirás sus pilares, y cortarás sus árboles sagrados.

34:14 Porque no te prosternarás a ningún otro dios, pues el Nombre Mismo de El Eterno es Celoso, Él es un Dios Celoso.

34:15 Por tanto, no harás alianza con los moradores de aquella tierra; porque se desviaran tras sus dioses, y ofrecerán sacrificios a sus dioses, y te invitarán, y comerás de sus sacrificios;

34:16 o tomarás de sus hijas para tus hijos, y se prostituirán sus hijas tras sus dioses, harán prostituirse también a tus hijos tras los dioses de ellas.

34:17 No te harás dioses de fundición.

34:18 La fiesta de los panes sin levadura (Pésaj) guardarás; siete días comerás pan sin levadura, según te he ordenado, en el tiempo señalado del mes de Abíb; porque en el mes de Abíb saliste de Egipto.

34:19 Todo primer nacido, mío es; y de tu ganado todo primogénito de vaca o de oveja, que sea macho.

34:20 Pero redimirás con un cordero el primogénito del burro; y si no lo redimieres, lo desnucarás. Redimirás todo primogénito de tus hijos; y ninguno se presentará delante de mí con las manos vacías.

34:21 Seis días trabajarás, y en el séptimo día cesarás, debes cesar de sembrar y cosechar.

34:22 También celebrarás la fiesta de las semanas (Shabuót), la de las primicias de la cosecha del trigo, y la fiesta de la recolección será con el cambio de año.

34:23 Tres veces en el año se presentará todo hombre delante del Señor, El Eterno, el Dios de Israel.

34:24 Porque Yo expulsaré a los pueblos de tu presencia, y ensancharé tu territorio; y ninguno codiciará tu tierra, cuando subas para presentarte delante de El Eterno tu Dios tres veces en el año.

34:25 No sacrificarás cosa leudada junto con la sangre de Mi sacrificio, ni se dejará hasta la mañana nada del sacrificio de la fiesta de Pésaj.

34:26 Las primicias de los primeros frutos de tu tierra llevarás a la casa de El Eterno tu Dios. No cocerás el cabrito en la leche de su madre.

34:27 Y El Eterno dijo a Moshe: Escribe estas palabras; porque conforme a estas palabras he hecho pacto contigo y con Israel.

34:28 Y él estuvo allí con El Eterno cuarenta días y cuarenta noches; no comió pan, ni bebió agua; y escribió en tablas las palabras del pacto, las diez palabras.

34:29 Y sucedió que cuando descendiendo Moshe del monte de Sinaí con las dos tablas del testimonio en su mano, al descender del monte, no sabía Moshe que la piel de su rostro resplandecía, después que hubo hablado con Él.

34:30 Y Aharón y todos los hijos de Israel miraron a Moshe, y he aquí la piel de su rostro era resplandeciente; y tuvieron miedo de acercarse a él.

34:31 Entonces Moshe los llamó; y Aharón y todos los príncipes de la congregación volvieron a él, y Moshe les habló.

34:32 Después se acercaron todos los hijos de Israel, a los cuales ordeno todo lo que El Eterno le había dicho en el monte de Sinaí.

34:33 Y cuando acabó Moshe de hablar con ellos, puso una máscara sobre su rostro.

34:34 Cuando venía Moshe delante de El Eterno para hablar con Él, se quitaba la mascara hasta que salía; y saliendo, decía a los hijos de Israel lo que le había ordenado.

34:35 Y al mirar los hijos de Israel el rostro de Moshe, veían que la piel de su rostro era resplandeciente; y volvía Moshe a poner la mascara sobre su rostro, hasta que entraba a hablar con Dios.

Capítulo 35

35:1 Moshe reunió a toda la congregación de los hijos de Israel y les dijo: Estas son las cosas que El Eterno ha ordenado que sean hechas:

35:2 Seis días se trabajará, mas el día séptimo será santo, día de reposo para El Eterno; cualquiera que en él hiciere trabajo, morirá.

35:3 No encenderán fuego en ninguna de sus moradas en el día de Shabát.

35:4 Y habló Moshe a toda la congregación de los hijos de Israel, diciendo: Esto es lo que El Eterno ha ordenado:

35:5 Tomen de entre ustedes ofrenda para El Eterno; todo generoso de corazón la traerá a El Eterno; oro, plata, cobre,

35:6 verde, púrpura, carmesí, lino fino, pelo de cabras,

35:7 pieles de carneros teñidas de rojo, pieles de tejashím, madera de acacia,

35:8 aceite para alumbrar, especias para el aceite de la unción y para el incienso aromático,

35:9 y piedras de shoám y piedras de engaste para el Efód y para el pectoral.

35:10 Todo sabio de corazón de entre ustedes vendrá y hará todas las cosas que El Eterno ha ordenado:

35:11 El Tabernáculo que es su Tienda, su cubierta, sus broches, sus tablas, sus barras, sus columnas y sus bases;

35:12 el arca y sus varas, la cubierta, el velo de la tienda;

35:13 la mesa y sus varas, y todos sus utensilios, y el pan de la proposición;

35:14 la Menoráh de la iluminación y sus utensilios, sus lámparas, y el aceite para alumbrar;

35:15 el altar del incienso y sus varas, el aceite de la unción, el incienso aromático, la cortina de la puerta para la entrada de la Tienda;

35:16 el altar de la ofrenda de elevación, su enrejado de cobre y sus varas, y todos sus utensilios, y la fuente con su base;

35:17 las cortinas del patio, sus columnas y sus bases, la cortina de la puerta del patio;

35:18 las estacas de la Tienda, y las estacas del patio y sus cuerdas;

35:19 las vestiduras para el oficio destinadas a hacer el servicio en el santuario, las sagradas ropas de Aharón el sacerdote, y las vestiduras de sus hijos para el sacerdocio.

35:20 Y salió toda la congregación de los hijos de Israel de delante de Moshe.

35:21 Y vino todo hombre a quien su corazón se inspiró, y todo aquel a quien su espíritu le dio voluntad, con ofrenda a El Eterno para la obra de la Tienda de Reunión y para toda su obra, y para las sagradas vestiduras.

35:22 Vinieron así hombres como mujeres, todos los voluntarios de corazón, y trajeron pulseras, aros, anillos, cinturones de castidad y todo objeto de oro; y todos presentaban ofrenda de oro a El Eterno.

35:23 Todo hombre que tenía verde, púrpura, carmesí, lino fino, pelo de cabras, pieles de carneros teñidas de rojo, o pieles de tejones, lo traía.

35:24 Todo el que ofrecía ofrenda de plata o de cobre traía a El Eterno la ofrenda; y todo el que tenía madera de acacia la traía para toda la obra del servicio.

35:25 Además todas las mujeres sabias de corazón hilaban con sus manos, y traían lo que habían hilado: verde, púrpura, carmesí o lino fino.

35:26 Y todas las mujeres cuyo corazón las impulsó en sabiduría hilaron (pelo de) cabras.

35:27 Los príncipes trajeron piedras de shoám, y las piedras de los engastes para el Efód y el pectoral,

35:28 y las especias aromáticas, y el aceite para el alumbrar, y para el aceite de la unción, y para el incienso aromático.

35:29 Todos los hombres y las mujeres, que tuvieron corazón voluntario para traer para toda la obra, que El Eterno había ordenado por medio de Moshe que hiciesen, trajeron ofrenda voluntaria a El Eterno.

35:30 Y dijo Moshe a los hijos de Israel: Miren, El Eterno ha llamado por sunombre a Bezaleél hijo de Úri, hijo de Jur, de la tribu de Iehudáh;

35:31 y lo ha llenado del Espíritu de Dios, en sabiduría, en inteligencia, en ciencia y en todo trabajo,

35:32 para inventar diseños, para trabajar en oro, en plata y en cobre,

35:33 y en la talla de piedras de engaste, y en obra de madera, para trabajar en toda labor de diseño.

35:34 Y ha puesto en su corazón el que pueda enseñar, así él como Ahaliáb hijo de Ajisamáj, de la tribu de Dan;

35:35 los ha llenado de sabiduría de corazón, para que hagan toda obra de arte y de invención, y de bordado con verde, púrpura, carmesí, lino fino y en telar, para que hagan toda labor, e inventen todo diseño.

Capítulo 36

36:1 Y harán Bezaleél y Aholiáb, y todo hombre sabio de corazón a quien El Eterno dio sabiduría e inteligencia para saber hacer toda la obra del servicio del santuario, harán todas las cosas que ha ordenado El Eterno.

36:2 Y Moshe llamó a Bezaleél y a Aholiáb y a todo hombre sabio de corazón, en cuyo corazón había puesto El Eterno sabiduría, todo hombre a quien su corazón le movió a venir a la obra para trabajar en ella.

36:3 Y tomaron de delante de Moshe toda la ofrenda que los hijos de Israel habían traído para la obra del servicio del santuario, a fin de hacerla. Y ellos seguían trayéndole ofrenda voluntaria cada mañana.

36:4 Vinieron todos los sabios que hacían toda la obra del santuario, cada uno de la obra que hacía, **36:5** y hablaron a Moshe, diciendo: El pueblo trae mucho más de lo que se necesita para la obra que El Eterno ha mandado que se haga.

36:6 Entonces Moshe ordenó proclamar por el campamento, diciendo: Ningún hombre ni mujer haga más para la ofrenda del santuario, y el pueblo dejo de traer más;

36:7 pues tenían material abundante para hacer toda la obra, y sobraba.

36:8 Todos los sabios de corazón de entre los que hacían la obra, hicieron el Tienda de diez cortinas de lino torcido, verde, púrpura y carmesí; las hicieron con querubines de obra artista.

36:9 El largo de una cortina era de veintiocho codos, y el ancho de cuatro codos; todas las cortinas eran de igual medida.

36:10 Cinco de las cortinas las unió entre sí, y asimismo unió las otras cinco cortinas entre sí.

36:11 E hizo amarres verdes en la orilla de la cortina que estaba al extremo de la primera serie; e hizo lo mismo en la orilla de la cortina final de la segunda serie.

36:12 Cincuenta amarres hizo en la primera cortina, y otras cincuenta en la orilla de la cortina de la segunda serie; los amarres de la una correspondían a las de la otra.

36:13 Hizo también cincuenta broches de oro, con los cuales enlazó las cortinas una con otra, y así quedó formado una Tienda.

36:14 Hizo asimismo cortinas de pelo de cabra para la Tienda del Tabernáculo; once cortinas hizo.

36:15 El largo de una cortina era de treinta codos, y el ancho de cuatro codos; las once cortinas tenían una misma medida.

36:16 Y unió cinco de las cortinas aparte, y las otras seis cortinas aparte.

36:17 Hizo además cincuenta amarres en la orilla de la cortina que estaba al extremo de la primera serie, y otros cincuenta amarres en la orilla de la cortina final de la segunda serie.

36:18 Hizo también cincuenta broches de cobre para unir la tienda, de modo que fuese una.

36:19 E hizo para la Tienda una cubierta de pieles de carneros teñidas de rojo, y otra cubierta de pieles de tejashím encima.

36:20 Además hizo para la Tienda las tablas de madera de acacia, verticales.

36:21 El largo de cada tabla era de diez codos, y de un codo y medio el ancho.

36:22 Cada tabla tenía dos ensambladuras, para unirlas una con la otra; así hizo todas las tablas de la Tienda.

36:23 Hizo las tablas para la Tienda; veinte tablas para el costado meridional, hacia el sur;

36:24 Hizo también cuarenta bases de plata debajo de las veinte tablas: dos bases debajo de una tabla, para sus dos ensambladuras, y dos bases debajo de otra tabla para sus dos ensambladuras.

36:25 Y para el otro lado de la Tienda, al lado norte, hizo otras veinte tablas,

36:26 con sus cuarenta bases de plata; dos bases debajo de una tabla, y dos bases debajo de otra tabla.

36:27 Y para el lado occidental de la Tienda hizo seis tablas.

36:28 Para las esquinas de la Tienda en los dos lados hizo dos tablas,

36:29 las cuales se unían desde abajo, y por arriba se ajustaban con un anillo; así hizo a la una y a la otra en las dos esquinas.

36:30 Eran ocho tablas, y sus bases de plata dieciséis; dos bases debajo de cada tabla.

36:31 Hizo también las barras de madera de acacia; cinco para las tablas de un lado de la Tienda,

36:32 cinco barras para las tablas del otro lado de la Tienda, y cinco barras para las tablas del lado posterior de la Tienda hacia el occidente.

36:33 E hizo que la barra de en medio pasase por en medio de las tablas de un extremo al otro.

36:34 Y cubrió de oro las tablas, e hizo de oro los anillos de ellas, por donde pasasen las barras; cubrió también de oro las barras.

36:35 Asimismo hizo el velo de verde, púrpura, carmesí y lino torcido; lo hizo con querubines de obra de artista.

36:36 Y para él hizo cuatro columnas de madera de acacia, y las cubrió de oro, y sus extremidades eran de oro; y fundió para ellas cuatro bases de plata.

36:37 Hizo también el velo para la puerta de la Tienda, de verde, púrpura, carmesí y lino torcido, obra de bordador;

36:38 y sus cinco columnas con sus extremidades; y cubrió de oro las extremidades y las molduras, e hizo de cobre sus cinco bases.

Capítulo 37

37:1 E hizo Bezaleél el arca de madera de acacia; su largo era de dos codos y medio, su ancho de un codo y medio, y su altura de un codo y medio.

37:2 Y la cubrió de oro puro por dentro y por fuera, y le hizo un resalte de oro en derredor.

37:3 Además fundió para ella cuatro anillos de oro a sus cuatro esquinas; en un lado dos anillos y en el otro lado dos anillos.

37:4 Hizo también varas de madera de acacia, y las cubrió de oro.

37:5 Y metió las varas por los anillos a los lados del arca, para cargar el arca.

37:6 Hizo asimismo el propiciatorio de oro puro; su longitud de dos codos y medio, y su ancho de codo y medio.

37:7 Hizo también los dos querubines de oro, labrados a martillo, en los dos extremos del propiciatorio.

37:8 Un querubín a un extremo, y otro querubín al otro extremo; de una pieza con el propiciatorio hizo los querubines a sus dos extremos.

37:9 Y los querubines extendían sus alas por encima, cubriendo con sus alas el propiciatorio; y sus rostros el uno enfrente del otro miraban hacia el propiciatorio.

37:10 Hizo también la mesa de madera de acacia; su longitud de dos codos, su ancho de un codo, y de codo y medio su altura;

37:11 y la cubrió de oro puro, y le hizo una cornisa de oro alrededor.

37:12 Le hizo también una moldura de un palmo menor de ancho alrededor, e hizo en derredor de la moldura una cornisa de oro.

37:13 Le hizo asimismo de fundición cuatro anillos de oro, y los puso a las cuatro esquinas que correspondían a las cuatro patas de ella.

37:14 Debajo de la moldura estaban los anillos, por los cuales se metían las varas para llevar la mesa.

37:15 E hizo las varas de madera de acacia para llevar la mesa, y las cubrió de oro.

37:16 También hizo los utensilios que habían de estar sobre la mesa, sus platos, sus cucharas, sus cubiertos y sus medias cañitas de separación, y sus soportes que han de servir de techo para ellos; todo de oro puro.

37:17 Hizo asimismo la Menoráh de oro puro, labrada a martillo; su pie, su caña, sus Shishí (shelishí) copas, sus botones y sus flores eran de lo mismo.

37:18 De sus lados salían seis brazos; tres brazos de un lado del candelero, y otros tres brazos del otro lado del candelero.

37:19 En un brazo, tres copas en forma de flor de almendro, un botón y una flor, y en otro brazo tres copas en figura de flor de almendro, un botón y una flor; así en los seis brazos que salían del candelero.

37:20 Y en la caña del candelabro había cuatro copas en figura de flor de almendro, sus botones y sus flores,

37:21 y un botón debajo de dos brazos de ella, y otro botón debajo de los otros dos brazos de ella, y otro botón debajo de los otros dos brazos de ella, conforme a los seis brazos que salían de ella.

37:22 Sus botones y sus brazos eran de lo mismo; todo era una pieza labrada a martillo, de oro puro.

37:23 Hizo asimismo sus siete lámparas, sus despabiladeras y sus platillos, de oro puro.

37:24 De un talento de oro puro lo hizo, con todos sus utensilios.

37:25 Hizo también el altar del incienso, de madera de acacia; de un codo su longitud, y de otro codo su ancho; era cuadrado, y su altura de dos codos; y sus cuernos de la misma pieza.

37:26 Y lo cubrió de oro puro, su cubierta y sus paredes alrededor, y sus cuernos, y le hizo un resalte de oro alrededor.

37:27 Le hizo también dos anillos de oro debajo del resalte en las dos esquinas a los dos lados, para meter por ellos las varas con que había de ser llevado.

37:28 E hizo las varas de madera de acacia, y las cubrió de oro.

37:29 Hizo asimismo el aceite sagrado de la unción, y el incienso puro, aromático, según el arte del perfumador.

Capítulo 38

38:1 Igualmente hizo de madera de acacia el altar de la ofrenda de elevación; su largo era de cinco codos, y su ancho de otros cinco codos, cuadrado, y de tres codos su altura.

38:2 E hizo sus cuernos a sus cuatro esquinas, los cuales eran de la misma pieza, y lo cubrió de cobre.

38:3 Hizo asimismo todos los utensilios del altar; los recipientes, las palas, tazones, ganchos y las palas; todos sus utensilios los hizo de cobre.

38:4 E hizo para el altar un enrejado de cobre de obra de rejilla, que puso por debajo de su cerco hasta la mitad del altar.

38:5 También fundió cuatro anillos a los cuatro extremos del enrejado de cobre, para meter las varas.

38:6 E hizo las varas de madera de acacia, y las cubrió de cobre.

38:7 Y metió las varas por los anillos a los lados del altar, para llevarlo con ellas; hueco lo hizo, de tablas.

38:8 También hizo la fuente de cobre y su base de cobre, de los espejos de las mujeres que se reunían a la puerta de la Tienda de Reunión.

38:9 Hizo asimismo el patio; del lado sur, las cortinas del patio eran de cien codos, de lino torcido.

38:10 Sus columnas eran veinte, con sus veinte bases de cobre; las extremidades de las columnas y sus molduras, de plata.

38:11 Y del lado norte cortinas de cien codos; sus columnas, veinte, con sus veinte bases de cobre; los capiteles de las columnas y sus molduras, de plata.

38:12 Del lado del occidente, cortinas de cincuenta codos; sus columnas diez, y sus diez bases; los capiteles de las columnas y sus molduras, de plata.

38:13 Del lado oriental, al este, cortinas de cincuenta codos;

38:14 a un lado cortinas de quince codos, sus tres columnas y sus tres bases;

38:15 al otro lado, de uno y otro lado de la puerta del patio, cortinas de quince codos, con sus tres columnas y sus tres bases.

38:16 Todas las cortinas del patio alrededor eran de lino torcido.

38:17 Las bases de las columnas eran de cobre; las extremidades de las columnas y sus molduras, de plata; asimismo las cubiertas de las cabezas de ellas, de plata; y todas las columnas del patio tenían molduras de plata.

38:18 La cortina de la entrada del patio era de obra de bordador, de verde, púrpura, carmesí y lino torcido; era de veinte codos de largo, y su altura, era de cinco codos, lo mismo que las cortinas del patio.

38:19 Sus columnas eran cuatro, con sus cuatro bases de cobre y sus extremidades de plata; y las cubiertas de las extremidades de ellas, y sus molduras, de plata.

38:20 Todas las estacas de la Tienda y del patio alrededor eran de cobre.

38:21 Este es el recuento de la Tienda, de la Tienda del testimonio, las que se hicieron por orden de Moshe por obra de los leviím bajo la dirección de Itamár hijo del sacerdote Aharón.

38:22 Y Bezaleél hijo de Úri, hijo de Jur, de la tribu de Iehudáh, hizo todas las cosas que El Eterno mandó a Moshe.

38:23 Y con él estaba Aholiáb hijo de Ahisamáj, de la tribu de Dan, artífice, diseñador y bordador en verde, púrpura, carmesí y lino fino.

38:24 Todo el oro utilizado en la obra, en toda la obra del santuario, el cual fue oro de la ofrenda, fue veintinueve talentos y setecientos treinta shekalím, según el shekel del santuario.

38:25 Y la plata de la congregación censada cien talentos y mil setecientos setenta y cinco shekalím, según el shekel del santuario;

38:26 medio shekel por cabeza, según el shekel del santuario; a todos los que pasaron por el censo, de edad de veinte años para arriba, que fueron seiscientos tres mil quinientos cincuenta.

38:27 Hubo además cien talentos de plata para fundir las bases del santuario y las bases del velo; en cien bases, cien talentos, un talento por base.

38:28 Y de los mil setecientos setenta y cinco shekalím hizo las extremidades de las columnas, y cubrió las extremidades de ellas, y las revistió.

38:29 El cobre ofrendado fue setenta talentos y dos mil cuatrocientos shekalím,

38:30 del cual fueron hechas las bases de la puerta de la Tienda de Reunión, y el altar de cobre y su enrejado de cobre, y todos los utensilios del altar,

38:31 las bases del patio alrededor, las bases de la puerta del patio, y todas las estacas de la Tienda y todas las estacas del patio alrededor.

Capítulo 39

39:1 Del verde, púrpura y carmesí hicieron las vestiduras del servicio para servir en el santuario, y asimismo hicieron las vestiduras sagradas para Aharón, como El Eterno lo había ordenado a Moshe.

39:2 Hizo también el Efód de oro, de verde, púrpura, carmesí y lino torcido.

39:3 Y el oro fue laminado, y cortaron hilos para tejerlos entre los (hilos de color) verde, púrpura, carmesí y el lino, con labor de artista.

39:4 Hicieron las hombreras para que se juntasen, y se unían en sus dos extremos.

39:5 Y el cinto del Efód que estaba sobre él era de lo mismo, de igual labor; de oro, verde, púrpura, carmesí y lino torcido, como El Eterno lo había ordenado a Moshe.

39:6 Y labraron las piedras de shoám montadas en engastes de oro, con grabaduras de sello con los nombres de los hijos de Israel,

39:7 y las puso sobre las hombreras del Efód, por piedras de recordación para los hijos de Israel, como El Eterno lo había ordenado a Moshe.

39:8 Hizo también el pectoral de obra de artista como la obra del Efód, de oro, verde, púrpura, carmesí y lino torcido.

39:9 Era cuadrado; doble hicieron el pectoral; su largo era de un palmo, y de un palmo su ancho, cuando era doblado.

39:10 Y engastaron en él cuatro hileras de piedras. La primera hilera era odém, pitdáh y baréket; esta era la primera hilera.

39:11 La segunda hilera, noféj, un safír y iaalóm.

39:12 La tercera hilera, léshem, shebóh y ajlamáh.

39:13 Y la cuarta hilera, tarshísh, shoám y iashféh, todas montadas y encajadas en engastes de oro.

39:14 Y las piedras eran conforme a los nombres de los hijos de Israel, doce según los nombres de ellos; como grabaduras de sello, cada una con su nombre, según las doce tribus.

39:15 Hicieron también sobre el pectoral cadenillas en forma de trenza, de oro puro.

39:16 Hicieron asimismo dos engastes y dos anillos de oro, y pusieron dos anillos de oro en los dos extremos del pectoral,

39:17 y fijaron los dos cordones de oro en aquellos dos anillos a los extremos del pectoral.

39:18 Fijaron también los otros dos extremos de los dos cordones de oro en los dos engastes que pusieron sobre las hombreras del Efód por delante.

39:19 E hicieron otros dos anillos de oro que pusieron en los dos extremos del pectoral, en su orilla, frente a la parte baja del Efód.

39:20 Hicieron además dos anillos de oro que pusieron en la parte delantera de las dos hombreras del Efód, hacia abajo, cerca de su juntura, sobre el cinto del Efód.

39:21 Y ataron el pectoral por sus anillos a los anillos del Efód con un cordón de verde, para que estuviese sobre el cinto del mismo Efód y no se separase el pectoral del Efód, como El Eterno lo había mandado a Moshe.

39:22 Hizo también el manto del Efód de obra de tejedor, todo de verde,

39:23 con su abertura en medio de él, con un borde alrededor de la abertura, para que no se rompiese.

39:24 E hicieron en las orillas del manto granadas de verde, púrpura, carmesí y lino torcido.

39:25 Hicieron también campanillas de oro puro, y pusieron campanillas entre las granadas en las orillas del manto, alrededor, entre las granadas;

39:26 una campanilla y una granada, otra campanilla y otra granada alrededor, en las orillas del manto, para el servicio, como El Eterno ordeno a Moshe.

39:27 E hicieron las túnicas de lino fino de obra de tejedor, para Aharón y para sus hijos.

39:28 Asimismo el turbante de lino fino, y los adornos de los gorros de lino fino, y los pantalones de lino, de lino torcido.

39:29 También el cinturón de lino torcido, verde, púrpura y carmesí, de obra de bordador, como El Eterno ordeno a Moshe.

39:30 E hicieron la lámina de oro puro, un adorno sagrado, y escribieron en ella como grabado de sello: SANTIDAD A EL ETERNO.

39:31 Y pusieron en ella un hilo de (color) verde para colocarla sobre el turbante por arriba, como El Eterno lo había ordenado a Moshe.

39:32 Fue terminada toda la obra del tabernáculo, de la Tienda de Reunión; e hicieron los hijos de Israel como El Eterno lo había ordenado a Moshe; así lo hicieron.

39:33 Y trajeron el tabernáculo a Moshe, la Tienda y todos sus utensilios; sus broches, sus tablas, sus barras, sus columnas, sus bases;

39:34 la cubierta de pieles de carnero teñidas de rojo, la cubierta de pieles de los tejashím, y el velo del frente;

39:35 el arca del testimonio, sus varas, y la cubierta;

39:36 la mesa, sus utensilios, y el pan de la proposición;

39:37 el candelero puro, sus lámparas, las lámparas que debían mantenerse en orden, y todos sus utensilios, el aceite para alumbrar;

39:38 el altar de oro, el aceite de la unción, el incienso aromático, la cortina para la entrada de la Tienda;

39:39 el altar de bronce con su enrejado de bronce, sus varas y todos sus utensilios, la fuente y su base;

39:40 las cortinas del patio, sus columnas y sus bases, la cortina para la entrada del patio, sus cuerdas y sus estacas, y todos los utensilios del servicio del tabernáculo, de la Tienda de Reunión;

39:41 las ropas para el servicio para servir en el santuario, las sagradas ropas para Aharón el sacerdote, y las ropas de sus hijos, para el sacerdocio.

39:42 Conforme a todas las cosas que El Eterno había ordenado a Moshe, así hicieron los hijos de Israel toda la obra.

39:43 Y vio Moshe toda la obra, y he aquí que la habían hecho como El Eterno lo había ordenado; y Moshe los bendijo.

Capítulo 40

40:1 El Eterno habló a Moshe, diciendo:

40:2 En el primer día del mes primero harás levantar el tabernáculo, la Tienda de Reunión;

40:3 y pondrás en él, el arca del testimonio, y la cubrirás con el velo.

40:4 Traerás la mesa y la pondrás en orden; también la Menoráh y encenderás sus lámparas,

40:5 y pondrás el altar de oro para el incienso delante del arca del testimonio, y pondrás la cortina delante a la entrada del tabernáculo.

40:6 Después pondrás el altar de la ofrenda de elevación delante de la entrada del tabernáculo, de la Tienda de Reunión.

40:7 Luego pondrás la fuente entre la Tienda de Reunión y el altar, y pondrás agua en ella.

40:8 Finalmente pondrás patio alrededor, y la cortina a la entrada al patio.

40:9 Y tomarás el aceite de la unción y ungirás el tabernáculo, y todo lo que está en él; y lo santificarás con todos sus utensilios, y será santo.

40:10 Ungirás también el altar de la ofrenda de elevación y todos sus utensilios; y santificarás el altar, y será un altar santísimo.

40:11 Asimismo ungirás la fuente y su base, y la santificarás.

40:12 Y llevarás a Aharón y a sus hijos a la puerta de la Tienda de Reunión, y los lavarás con agua.

40:13 Y harás vestir a Aharón las vestiduras sagradas, y lo ungirás, y lo santificaras, para que sea Mi sacerdote.

40:14 Después harás que se acerquen sus hijos, y les vestirás las túnicas;

40:15 y los ungirás, como ungiste a su padre, y me servirán como sacerdotes, y su unción les servirá por sacerdocio perpetuo, por sus generaciones.

40:16 E hizo Moshe conforme a todo lo que El Eterno le ordeno; así lo hizo.

40:17 Y fue en el día primero del primer mes, en el segundo año, el tabernáculo fue levantado.

40:18 Moshe hizo levantar el tabernáculo, y puso sus bases, colocó sus tablas, puso sus barras, e hizo levantar sus columnas.

40:19 Extendió la tienda por encima del tabernáculo, y puso la sobrecubierta encima del mismo, como El Eterno había ordenado a Moshe.

40:20 Y tomó el testimonio y lo puso dentro del arca, y colocó las varas en el arca, y puso la cubierta sobre el arca.

40:21 Trajo el arca al tabernáculo, y puso el velo extendido, y cubrió el arca del testimonio, como El Eterno había ordenado a Moshe.

40:22 Puso la mesa en la Tienda de Reunión, al lado norte de la cortina, fuera del velo,

40:23 y sobre ella puso por orden los panes delante de El Eterno, como El Eterno había ordenado a Moshe.

40:24 Puso la Menoráh en la Tienda de Reunión, enfrente de la mesa, al lado sur del tabernáculo,

40:25 y encendió las lámparas delante de El Eterno, como El Eterno había ordenado a Moshe.

40:26 Puso también el altar de oro en la Tienda de Reunión, delante del velo,

40:27 y quemó sobre él incienso aromático, como El Eterno había ordenado a Moshe.

40:28 Puso asimismo la cortina a la entrada del tabernáculo.

40:29 Y colocó el altar de la ofrenda de elevación a la entrada del tabernáculo, de la Tienda de Reunión, y sacrificó sobre la ofrenda de elevación y la ofrenda vegetal, como El Eterno había ordenado a Moshe.

40:30 Y puso la fuente entre la Tienda de Reunión y el altar, y puso en ella agua para lavar.

40:31 Moshe y Aharón y sus hijos lavaban en ella sus manos y sus pies.

40:32 Cuando entraban en la Tienda de Reunión, y cuando se acercaban al altar, se lavaban, como El Eterno había ordenado a Moshe.

40:33 (Finalmente) levantó el patio alrededor del tabernáculo y del altar, y puso la cortina a la entrada del patio. Así acabó Moshe la obra.

40:34 Entonces una nube cubrió la Tienda de Reunión, y la gloria de El Eterno llenó el tabernáculo.

40:35 Y no podía Moshe entrar en la Tienda de Reunión, porque la nube estaba sobre él, y la gloria de El Eterno llenaba el tabernáculo.

40:36 Y cuando la nube subía del tabernáculo, los hijos de Israel viajaban en todos sus viajes;

40:37 pero si la nube no subía, no viajaban hasta el día en que ella subiera.

40:38 Porque la nube de El Eterno estaba de día sobre el tabernáculo, y el fuego estaba de noche sobre él, a los ojos de toda la casa de Israel, en todos sus viajes.

JAZÁK, JAZÁK VENITJAZÉK
(¡Sé fuerte, sé fuerte, y nos fortaleceremos!)

LIBRO DE LEVÍTICO

Capítulo 1

1:1 Y llamó El Eterno a Moshe, y le habló desde la Tienda de Reunión, diciendo:

1:2 Habla a los hijos de Israel y diles a ellos: Cuando un hombre entre ustedes acerque una ofrenda a El Eterno, la traerá de los animales, del ganado vacuno o del ovino de ganado harán su ofrenda.

1:3 Si su ofrenda de elevación fuere un vacuno, macho sin defecto lo ofrecerá; lo acercara en forma voluntaria a la puerta de la Tienda de Reunión delante de El Eterno.

1:4 Y apoyará su mano sobre la cabeza de la ofrenda, y le será aceptada para expiar por el.

1:5 Entonces degollará el becerro delante de El Eterno; y los sacerdotes hijos de Aharón traerán la sangre, y la arrojarán sobre el Altar, alrededor, en la entrada de la Tienda de Reunión.

1:6 Y desollará la ofrenda, y la dividirá en partes.

1:7 Y los hijos del sacerdote Aharón pondrán fuego sobre el altar, y prepararan la leña sobre el fuego.

1:8 Luego los sacerdotes hijos de Aharón acomodarán las piezas, la cabeza y la grasa, sobre la leña que está sobre el fuego que habrá sobre del altar;

1:9 y lavará con agua los intestinos y las piernas, y el sacerdote hará arder todo sobre el altar; es un ofrenda de fuego de olor grato para El Eterno.

1:10 Si acercare para la ofrenda del rebaño, de las ovejas o de las cabras, deberá acercar un macho sin defecto.

1:11 Y lo degollará al lado norte del altar delante de El Eterno; y los hijos de Aharón, los sacerdotes, salpicaran su sangre sobre el altar alrededor.

1:12 Lo trozará, su cabeza y sus grasas; y el sacerdote las pondrá sobre la leña que está sobre el fuego que habrá encima del altar;

1:13 y lavará las entrañas y las piernas con agua; y el sacerdote lo ofrecerá todo, y lo hará consumir sobre el altar; es una ofrenda de fuego de olor grato para El Eterno.

1:14 Si una ofrenda de aves, acercará para El Eterno, traerá su ofrenda de tórtolas, o de pichones de paloma.

1:15 Y el sacerdote la acercara al altar, y le cortará la cabeza, y hará que arda en el altar; y su sangre escurrirá sobre la pared del altar.

1:16 Y le quitará el buche con sus plumas, lo cual echará junto al altar, hacia el oriente, en el lugar de las cenizas.

1:17 Y la partirá por entre sus alas, pero no la dividirá del todo; y el sacerdote la hará arder sobre el altar, sobre la leña que estará en el fuego; es una ofrenda de fuego de olor grato para El Eterno.

Capítulo 2

2:1 Cuando una persona acercaré una ofrenda vegetal a El Eterno, su ofrenda será de harina fina, sobre la cual echará aceite, y pondrá sobre ella incienso,

2:2 y la traerá a hijos de Aharón, los sacerdotes; y de ello tomará el sacerdote un puñado de la harina fina y del aceite, con todo el incienso, y lo hará consumir sobre el altar para recuerdo; es una ofrenda de fuego, de olor grato a El Eterno.

2:3 Y lo que quede de la ofrenda será de Aharón y de sus hijos; es sagrado de las ofrendas que se queman para El Eterno.

2:4 Cuando acercaré una ofrenda cocida en horno, será de tortas de harina fina sin levadura amasadas con aceite, y obleas sin levadura untadas con aceite.

2:5 Mas si acercan ofrenda de sartén, será de harina fina sin levadura, amasada con aceite,

2:6 la cual partirás en pedazos, y echarás sobre ella aceite; es ofrenda vegetal.

2:7 Si ofrecieras ofrenda cocida en cazuela, se hará de harina fina con aceite.

2:8 Y traerás la ofrenda que se hará de estas cosas a El Eterno, y la acercarás al sacerdote, el cual la llevará al altar.

2:9 Y el sacerdote elevará su porción conmemorativa de la ofrenda vegetal, y la quemará sobre el altar; es ofrenda de fuego de olor grato a El Eterno.

2:10 Y lo que resta de la ofrenda será de Aharón y de sus hijos; es cosa santísima de las ofrendas que se queman para El Eterno.

2:11 Ninguna de las ofrendas vegetales que acerquen a El Eterno será con levadura; porque de ninguna cosa leuda, ni de ninguna miel, se ha de quemar ofrenda de fuego para El Eterno.

2:12 Ofrecerás como ofrenda los primeros frutos a El Eterno; mas no subirán sobre el altar en olor grato.

2:13 Todas tu ofrendas vegetales salaras con sal. Y que no falte la sal del pacto de tu Dios en tu ofrenda vegetal; en todas tus ofrendas vegetales deberás ofrecer sal.

2:14 Si acercaré a El Eterno una ofrenda vegetal de las primicias, tostarás al fuego las espigas maduras, y el grano desmenuzado ofrecerás como ofrenda de tus primicias.

2:15 Y pondrás sobre ella aceite, y pondrás sobre ella incienso; es una ofrenda vegetal.

2:16 Y el sacerdote hará que su porción conmemorativa suba con el humo, de su harina y su aceite, así como su incienso; es una ofrenda de fuego para El Eterno.

Capítulo 3

3:1 Si acercará una ofrenda de paz, si la acercará de ganado vacuno, sea macho o hembra, sin defecto la acercará delante de El Eterno.

3:2 Apoyará su mano sobre la cabeza de su ofrenda, y la degollará a la puerta de la Tienda de Reunión; y los hijos de Aharón, los sacerdotes, salpicarán su sangre sobre el altar alrededor.

3:3 Luego acercará de la ofrenda de paz, como ofrenda de fuego a El Eterno, la grasa que cubre los entrañas, y toda la grasa que está sobre las entrañas,

3:4 y los dos riñones y la grasa que está sobre ellos, y sobre los costados; y el diafragma junto con el hígado y los riñones, sacará.

3:5 Y los hijos de Aharón harán quemar esto en el altar, sobre la ofrenda que estará sobre la leña que habrá encima del fuego; es una ofrenda de olor grato para El Eterno.

3:6 Mas si del rebaño fuere su ofrenda para sacrificio de paz a El Eterno, sea macho o hembra, sin defecto la acercará.

3:7 Si acercare una oveja por ofrenda, la acercará delante de El Eterno.

3:8 Apoyará su mano sobre la cabeza de su ofrenda, y después la degollará delante de Tienda de Reunión; y los hijos de Aharón salpicarán su sangre sobre el altar alrededor.

3:9 Y acercará de la ofrenda de paz, el cual lo ofrecerá como una ofrenda de fuego a El Eterno. La grasa, la cola entera, la cual quitará por encima de los riñones, la grasa que cubre las entrañas, y toda la grasa que está sobre las entrañas.

3:10 Asimismo los dos riñones y la grasa que está sobre ellos, y la que está sobre los costados; y quitará el diafragma junto con el hígado y los riñones.

3:11 Y el sacerdote quemará esto sobre el altar; es el pan de fuego para El Eterno.

3:12 Si acercare una cabra, la ofrecerá delante de El Eterno.

3:13 Y apoyará su mano sobre la cabeza de ella, y la degollará delante de la Tienda de Reunión; y los hijos de Aharón salpicarán su sangre sobre el altar alrededor.

3:14 Después acercará de ella su ofrenda de fuego a El Eterno; la grasa que cubre las entrañas, y toda la grasa que está sobre las entrañas,

3:15 los dos riñones, la grasa que está sobre ellos, y la que está sobre los costados; y quitará el diafragma junto con el hígado y los riñones.

3:16 Y el sacerdote hará arder esto sobre el altar; pan de fuego, que es de olor grato; todas las grasas para El Eterno.

3:17 Será una ley perpetua por sus generaciones, que dondequiera que habiten, ninguna grasa ni ninguna sangre comerán.

Capítulo 4

4:1 Habló El Eterno a Moshe, diciendo:

4:2 Habla a los hijos de Israel y diles: Cuando alguna persona pecare por descuido en alguno de los mandamientos de El Eterno, cosa que no se debe de hacer, pero hizo alguna de ellas;

4:3 si el sacerdote ungido pecare según el pecado del pueblo, acercará a El Eterno, por su pecado que habrá cometido, un toro joven sin defecto para expiación.

4:4 Traerá el toro a la puerta de la Tienda de Reunión delante de El Eterno, y apoyara su mano sobre la cabeza del toro, y lo degollará delante de El Eterno.

4:5 Y el sacerdote ungido tomará de la sangre del toro, y la traerá a la Tienda de Reunión;

4:6 y mojará el sacerdote su dedo en la sangre, y salpicará de aquella sangre siete veces delante de El Eterno, hacia la cortina del santuario.

4:7 Y el sacerdote pondrá de esa sangre sobre los cuernos del altar del incienso aromático, que está en la Tienda de Reunión delante de El Eterno; y echará el resto de la sangre del toro al pie del altar de la ofrenda, que está a la puerta de la Tienda de Reunión.

4:8 Y tomará del toro para la expiación toda su grasa, la que cubre los entrañas, y la que está sobre las entrañas,

4:9 los dos riñones, la grasa que está sobre ellos, y la que está sobre los costados; y quitará el diafragma junto con el hígado y los riñones,

4:10 de la misma forma que se quita del toro de la ofrenda de paz; y el sacerdote la hará arder sobre el altar de la ofrenda.

4:11 Y la piel del toro, y toda su carne, con su cabeza, sus piernas, sus entrañas y su excremento,

4:12 sacará todo el becerro fuera del campamento a un lugar puro, donde se echan las cenizas, y lo quemará al fuego sobre la leña; en donde se echan las cenizas será quemado.

4:13 Si toda la congregación de Israel se equivocara, y la equivocación estuviere oculto a los ojos del pueblo, y hubieren hecho algo contra alguno de los mandamientos de El Eterno en cosas que no se han de hacer, y fueren culpables;

4:14 luego que llegue a ser conocido el pecado que cometieren, la congregación acercara un becerro por expiación, y lo traerán delante de la Tienda de Reunión.

4:15 Y apoyaran los ancianos de la congregación sus manos sobre la cabeza del toro delante de El Eterno, y degollarán aquel toro delante de El Eterno.

4:16 Y traerá el sacerdote ungido de la sangre del toro a el Tienda de Reunión,

4:17 y mojará el sacerdote su dedo en la sangre, y salpicara siete veces delante de El Eterno delante de la cortina.

4:18 Y de aquella sangre pondrá sobre los cuernos del altar que está delante de El Eterno en el Tienda de Reunión, y derramará el resto de la sangre al pie del altar de la ofrenda, que está a la puerta de la Tienda de Reunión.

4:19 Y le quitará toda la grasa y la hará arder sobre el altar.

4:20 Y hará de aquel toro como hizo con el toro de la expiación; lo mismo hará de él; así hará el sacerdote expiación por ellos, y obtendrán perdón.

4:21 Y sacará el toro fuera del campamento, y lo quemará como quemó el primer toro; es un sacrificio expiatorio para la congregación.

4:22 Cuando un líder pecare, e hiciere por equivocación algo contra alguno de todos los mandamientos de El Eterno su Dios, sobre cosas que no se han de hacer, y pecare;

4:23 luego que conociere su pecado que cometió, presentará por su ofrenda un macho cabrío sin defecto.

4:24 Y pondrá su mano sobre la cabeza del macho cabrío, y lo degollará en el lugar donde se degüella la ofrenda, delante de El Eterno; es expiación.

4:25 Y con su dedo el sacerdote tomará de la sangre de la expiación, y la pondrá sobre los cuernos del altar de la ofrenda, y derramará el resto de la sangre al pie del altar de la ofrenda,

4:26 y quemará toda su grasa sobre el altar, como la grasa de la ofrenda de paz; así el sacerdote hará por él la expiación de su pecado, y le será perdonado.

4:27 Si alguna persona del pueblo pecare por equivocación, haciendo algo contra alguno de los mandamientos de El Eterno en cosas que no se han de hacer, y pecare;

4:28 luego que conociere su pecado que cometió, traerá por su ofrenda una cabra, una cabra sin defecto, por su pecado que cometió.

4:29 Y apoyara su mano sobre la cabeza de la ofrenda de la expiación, y la degollará en el lugar de la ofrenda.

4:30 Luego con su dedo el sacerdote tomará de la sangre, y la pondrá sobre los cuernos del altar de la ofrenda, y derramará el resto de la sangre al pie del altar.

4:31 Y le quitará toda su grasa, de la misma forma que fue quitada la grasa de la ofrenda de paz; y el sacerdote quemará sobre el altar, pues su olor será grato a El Eterno; así hará el sacerdote expiación por él, y será perdonado.

4:32 Y si por su ofrenda por el pecado trajere una oveja, hembra sin defecto deberá traer.

4:33 Y apoyara su mano sobre la cabeza de la ofrenda de expiación, y la degollará por expiación en el lugar donde se degüella la ofrenda.

4:34 Después con su dedo el sacerdote tomará de la sangre de la expiación, y la pondrá sobre los cuernos del altar de la ofrenda, y derramará toda la sangre al pie del altar.

4:35 Y le quitará toda su grasa, como fue quitada la grasa de la ofrenda de paz, y el sacerdote la hará arder en el altar sobre la ofrenda de fuego a El Eterno; y le hará el sacerdote expiación de su pecado que habrá cometido, y será perdonado.

Capítulo 5

5:1 Si alguno pecare por aceptar un juramento, y fuere testigo que vio, o supo, y no lo declararé, él llevará su pecado.

5:2 Asimismo la persona que hubiere tocado cualquiera cosa impura, sea cadáver de bestia impura, o cadáver de animal impura, o cadáver de reptil impuro, pero no lo sabia, será impuro y culpable.

5:3 O si tocare la impureza de un hombre, cualquiera impureza con la que se hiciere impuro, pero no lo sabia, si después llegare a saberlo, será culpable.

5:4 O si alguno jurare, expresando con sus labios hacer un mal o hacer un bien, en cualquiera cosa que el hombre suele jurar inconsideradamente. Pero él no lo sabía; si después se enteró, será culpable en lo relativo a estas cosas.

5:5 Cuando pecare en alguna de estas cosas, confesará aquello en que pecó,

5:6 y traerá como sacrificio expiatorio a El Eterno por su pecado que cometió, una hembra de los rebaños, una hembra del rebaño o una cabra joven como ofrenda de expiación; y el sacerdote le hará expiación por su pecado.

5:7 Y si no tuviere lo suficiente para una oveja o una cabra, traerá a El Eterno en expiación por su pecado que cometió, dos tórtolas o dos pichones de paloma, uno para expiación, y el otro para ofrenda de elevación.

5:8 Y los traerá al sacerdote, el cual ofrecerá primero el que es para expiación; y le arrancará de su cuello la cabeza por la nuca, mas no la separará por completo.

5:9 Y rociará de la sangre de la expiación sobre la pared del altar; y lo que sobrare de la sangre la escurrirá hacia la base del altar; es un sacrificio de expiación.

5:10 Y del otro hará un ofrenda de elevación conforme al ley; así el sacerdote hará expiación por el pecado de aquel que lo cometió, y será perdonado.

5:11 Mas si no tuviere lo suficiente para dos tórtolas, o dos pichones de paloma, el que pecó traerá como ofrenda la décima parte de un efá de harina fina para expiación. No pondrá sobre ella aceite, ni sobre ella pondrá incienso, porque es expiación.

5:12 La traerá, pues, al sacerdote, y el sacerdote tomará de ella su puño lleno, para memoria de él, y la quemará en el altar sobre las ofrendas encendidas a El Eterno; es expiación.

5:13 Y expiará el sacerdote por él en cuanto al pecado que cometió en alguna de estas cosas, y será perdonado; y será del sacerdote, como la ofrenda de vegetal.

5:14 Habló El Eterno a Moshe, diciendo:

5:15 Cuando alguna persona profanara, y pecare por equivocación en las cosas santas de El Eterno, traerá por su culpa a El Eterno un carnero sin defecto del rebaño, con su estimación en siclos de plata del siclo del santuario, en ofrenda por el pecado.

5:16 Y lo que hubiere pecado de las cosas santas las pagará, y agregará a ello la quinta parte, y lo dará al sacerdote; y el sacerdote hará expiación por él con el carnero del sacrificio por el pecado, y será perdonado.

5:17 Finalmente, si una persona pecare, o hiciere alguna de todas aquellas cosas que por mandamiento de El Eterno no se han de hacer, pero no lo subía, es culpable, y llevará su pecado.

5:18 Traerá un carnero sin defecto del rebaño, del mismo valor que él, al sacerdote para expiación, y el sacerdote le hará expiación por el error que cometió en forma no intencionada y sin saber, y será perdonado.

5:19 Es una ofrenda de culpa, y ciertamente se ha hecho culpable ante El Eterno.

5:20 Y habló El Eterno a Moshe, diciendo:

5:21 Cuando una persona pecare contra El Eterno, negando a su prójimo lo que le fue entregado en custodia o un préstamo en dinero, o bien robare o extorsionare a su prójimo,

5:22 o habiendo encontrado algo perdido y después lo negare, y jurare en falso; en cualquiera de estas cosas que puede hacer el hombre y pecar en ellas,

5:23 entonces cuando así pecare, devolverá aquello que robó, o lo extorsionado, o lo que le fue entregado en custodia, o lo perdido que encontró,

5:24 o todo aquello sobre lo que hubiere jurado en falso, lo pagará su valor completo y añadirá a ello un quinto, a aquel a quien pertenece, en el día en que reconoció su pecado.

5:25 Y para expiación de su culpa traerá a El Eterno un carnero sin defecto del rebaño, conforme a tu valuación, y lo entregara al sacerdote como ofrenda por el pecado.

5:26 Y el sacerdote hará expiación por él, delante de El Eterno, y será perdonado de cualquiera de todas las cosas que hubiere y fuere culpable.

Capítulo 6

6:1 Habló El Eterno a Moshe, diciendo:

6:2 Ordena a Aharón y a sus hijos, y diles: Esta es la ley de la ofrenda de elevación: la ofrenda de elevación estará quemándose sobre el altar toda la noche, hasta la mañana; el fuego del altar arderá en él.

6:3 Y vestirá el sacerdote su túnica de lino, y pantalones de lino sobre su carne; apartará las cenizas que quedasen del fuego que hubiere consumido la ofrenda de elevación de sobre el altar y las pondrá junto al altar.

6:4 Después se quitará sus vestiduras y se pondrá otras ropas, y sacará las cenizas fuera del campamento a un lugar puro.

6:5 Y el fuego encendido sobre el altar no se apagará, sino que el sacerdote pondrá en él leña cada mañana, y acomodará la ofrenda de elevación sobre él, y quemará sobre él las grasas de los sacrificios de paz.

6:6 El fuego arderá continuamente en el altar; no se apagará.

6:7 Esta es la ley de la ofrenda vegetal: La acercarán los hijos de Aharón delante de El Eterno ante el altar.

6:8 Y tomará de ella un puñado de la harina fina de la ofrenda vegetal, y de su aceite, y todo el incienso que está sobre la ofrenda vegetal, y lo hará consumir sobre el altar es de olor grato, es una ofrenda recordatoria a El Eterno.

6:9 Y el sobrante de ella lo comerán Aharón y sus hijos; panes sin levadura se comerá en lugar santo; en el patio de la Tienda de Reunión lo comerán.

6:10 No se cocerá con levadura; la he dado a ellos por su porción de mis ofrendas encendidas; es cosa santísima, como el sacrificio por el pecado, y como el sacrificio por la culpa.

6:11 Todos los hombres de los hijos de Aharón la comerán. Es un decreto perpetuo por sus generaciones de las ofrendas encendidas al El Eterno; todo lo que tocare será santo.

6:12 Y habló El Eterno a Moshe, diciendo:

6:13 Esta es la ofrenda de Aharón y de sus hijos, que acercarán a El Eterno el día que fueren ungidos: la décima parte de un efá de harina fina, ofrenda perpetua, la mitad a la mañana y la mitad a la tarde.

6:14 Sobre un sartén se preparará con aceite; la traerás, tostada, bien asada, frita, doblada en cuatro la acercarás para ser de olor grato a El Eterno.

6:15 Y el sacerdote de entre sus hijos que fuere ungido en su lugar, la hará. Es un decreto perpetuo de El Eterno, será totalmente quemada.

6:16 Toda ofrenda de sacerdote será totalmente quemada; no se comerá.

6:17 Y habló El Eterno a Moshe, diciendo:

6:18 Habla a Aharón y a sus hijos, y diles: Esta es la ley del sacrificio por el pecado: en el lugar donde se degüella la ofrenda de elevación, será degollada la ofrenda por el pecado delante de El Eterno; es cosa santísima.

6:19 El sacerdote que la ofreciere por el pecado, la comerá; en lugar santo será comida, en el patio de la Tienda de Reunión.

6:20 Todo lo que tocare su carne, será santificado; y si salpicare su sangre sobre alguna ropa, aquella parte que fue salpicada lavarás en el lugar sagrado.

6:21 Y un recipiente de barro en que fuere cocida, será quebrado; y si fuere cocida en un recipiente de bronce, será fregada y lavada con agua.

6:22 Todo hombre de entre los sacerdotes la comerá; es cosa santísima.

6:23 Mas no se comerá ninguna ofrenda por el pecado, de cuya sangre se llevara a la Tienda de Reunión para hacer expiación en el santuario; la quemaran en el fuego.

Capítulo 7

7:1 Y esta es la ley de la ofrenda de culpa que es santísima.

7:2 En el lugar donde degüellan la ofrenda de elevación, degollarán la ofrenda por la culpa; y salpicará su sangre alrededor del altar.

7:3 Y de ella toda su grasa acercará; la cola, y la grasa que cubre las entrañas,

7:4 los dos riñones, la grasa que está sobre ellos, y la que está sobre los costados; y quitará el diafragma junto con el hígado y los riñones,

7:5 Y el sacerdote lo hará consumir sobre el altar, ofrenda de fuego a El Eterno; es ofrenda por la culpa.

7:6 Todo hombre de entre los sacerdotes la comerá; será comida en un lugar santo; es cosa muy santa.

7:7 Como la ofrenda por el pecado, así es la ofrenda por la culpa; tendrán una misma ley; será del sacerdote que hiciere la expiación con ella.

7:8 Y el sacerdote que acerca la ofrenda de elevación de algún hombre, la piel de la ofrenda de elevación que acercare será para él.

7:9 Asimismo toda ofrenda vegetal que se cociere en horno, y todo lo que fuere preparado en una olla o en un sartén, será del sacerdote que la acercare.

7:10 Y toda ofrenda vegetal mezclada con aceite o seca, será de todos los hijos de Aharón, tanto de uno como de otro.

7:11 Y esta es la ley de la ofrenda de paz que acercará a El Eterno:

7:12 Si se acercará como agradecimiento, se acercará como ofrenda de agradecimiento tortas sin levadura mezcladas con aceite, y masas sin levadura untadas con aceite, y harina fina frita en tortas mezcladas con aceite.

7:13 Con tortas de pan fermentado acercará su ofrenda en el sacrificio pacifico de agradecimiento.

7:14 Y acercará de ella como ofrenda, una parte a El Eterno, y será del sacerdote que rociare la sangre de las ofrendas de paz.

7:15 Y la carne del sacrificio pacifico de agradecimiento se comerá en el día que se acercará; no dejarán de nada ella, hasta la mañana siguiente.

7:16 Mas si el sacrificio de su ofrenda fuere una promesa, o una donación, será comido en el día que acercara su sacrificio, y lo que de él quedare, lo comerán al día siguiente;

7:17 y lo que quedare de la carne del sacrificio hasta el tercer día, en el fuego será quemado.

7:18 Si se comiere de la carne de la ofrenda de paz que fue dejada para tercer día, esto no es aceptable y el que la ofrenda no puede tener esa intención y la persona que de él comiere, cargará su pecado.

7:19 Y la carne que tocare cualquier cosa impura, no se comerá; al fuego será quemada. Pero de la carne cualquier persona pura podrá comer;

7:20 pero la persona que comiere la carne de la ofrenda de paz, la cual es de El Eterno, estando impuro, será cortada de entre su pueblo.

7:21 Además, la persona que tocare cualquier cosa impura tanto impureza de hombre, o animal impuro, o cualquier cosa asquerosa impura, y comiere la carne de la ofrenda de paz, el cual es de El Eterno, aquella persona será cortada de entre su pueblo.

7:22 Habló El Eterno a Moshe, diciendo:

7:23 Habla a los hijos de Israel, diciendo: Ninguna grasa de buey ni de oveja ni de cabra comerán.

7:24 La grasa de animal muerto, y la grasa del que fue despedazado por fieras, la utilizaran para cualquier otro uso, pero no la coman.

7:25 Porque cualquiera que comiere grasa de animal, del cual se acerca a El Eterno una ofrenda de fuego, la persona que lo comiere será cortada de entre su pueblo.

7:26 Además, ninguna sangre comerán, en ningún lugar en donde habiten, ni de aves ni de animales. **7:27** Toda persona que comiere de alguna sangre, será cortada de entre su pueblo.

7:28 Habló más El Eterno a Moshe, diciendo:

7:29 Habla a los hijos de Israel y diles: El que acerque una ofrenda de paz a El Eterno, traerá su sacrificio a El Eterno de su ofrenda de paz.

7:30 Sus manos traerán las ofrendas de fuego ante El Eterno; traerá la grasa con el pecho; el pecho para que sea agitado como sacrificio de agitación delante de El Eterno.

7:31 Y la grasa la hará consumir el sacerdote en el altar, mas el pecho será de Aharón y de sus hijos.

7:32 El muslo derecho lo darán al sacerdote como una ofrenda, de sus ofrendas de paz.

7:33 De los hijos de Aharón, quien acerque la sangre de los sacrificios de paz, y la grasa, recibirá el muslo derecho como porción.

7:34 Porque el pecho de la agitación y el muslo de las ofrendas He tomado de los Hijos de Israel, de sus ofrendas de paz, y se los He dado a Aharón el Sacerdote y a sus hijos como decreto eterno de los Hijos de Israel.

7:35 Esta es la parte de la unción de Aharón y la parte de la unción de sus hijos, de las ofrendas de fuego a El Eterno, desde el día que él los acercó para ser sacerdotes de El Eterno,

7:36 la cual mandó El Eterno que les diesen, desde el día que él los ungió de entre los hijos de Israel, como estatuto perpetuo en sus generaciones.

7:37 Esta es la ley la ofrenda de elevación, de la ofrenda vegetal, de la ofrenda por el pecado, de la ofrenda por la culpa, de las consagraciones y de la ofrenda de paz,

7:38 la cual mandó El Eterno a Moshe en el monte de Sinaí, el día que mandó a los hijos de Israel que trajeran sus ofrendas a El Eterno, en el desierto de Sinaí.

Capítulo 8

8:1 Y habló El Eterno a Moshe, diciendo:

8:2 Toma a Aharón y a sus hijos con él, y las ropas, el aceite de la unción, el toro de la ofrenda por el pecado, los dos carneros, y el canasto de los panes sin levadura;

8:3 y reúne toda la congregación a la puerta de la Tienda de Reunión.

8:4 E hizo Moshe como El Eterno le ordeno, y se reunió la congregación a la puerta de la Tienda de Reunión.

8:5 Y dijo Moshe a la congregación: Esto es lo que El Eterno ha ordenado hacer.

8:6 Entonces Moshe acercó a Aharón y a sus hijos, y los lavó con agua.

8:7 Y puso sobre él la túnica, y la amarro con el cinturón; lo vistió con el manto, y puso sobre él el efod, y lo amarro con el cinto del efod, y lo adornó con él.

8:8 Luego le puso encima el pectoral y puso en el pectoral los urim y tumim.

8:9 Después le puso el turbante sobre su cabeza, y puso sobre el turbante, en frente de su rostro, la lámina de oro, corona sagrada, como ordeno El Eterno a Moshe.

8:10 Y tomó Moshe el aceite de la unción y ungió el tabernáculo y todo lo que había en él, y las santificó.

8:11 Y salpico de él sobre el altar siete veces, ungió el altar, todos sus utensilios, la fuente y su base, para santificarlos.

8:12 Vertió del aceite de la unción sobre la cabeza de Aharón, y lo ungió para santificarlo.

8:13 Y acercó Moshe a los hijos de Aharón, los vistió con las túnicas, amarro con los cinturones, y les ajustó los sombreros, como El Eterno lo había ordenado a Moshe.

8:14 Trajo el toro de la ofrenda por el pecado, y Aharón y sus hijos apoyaron sus manos sobre la cabeza del toro de la ofrenda por el pecado,

8:15 y lo degolló; y Moshe tomó la sangre, y puso con su dedo sobre los cuernos del altar alrededor, y purificó el altar; y echó la demás sangre al pie del altar, y lo santificó haciendo expiación sobre él.

8:16 Después tomó toda la grasa que estaba sobre las entrañas, y el diafragma del hígado y los dos riñones con sus grasas, y los hizo consumir Moshe sobre el altar.

8:17 Y el toro, su piel, su carne y su excremento, lo quemó en el fuego fuera del campamento, como había ordenado El Eterno a Moshe.

8:18 Acercó el carnero de la ofrenda de elevación, Aharón y sus hijos apoyaron sus manos sobre la cabeza del carnero;

8:19 y lo degolló; y salpico Moshe la sangre sobre el altar alrededor,

8:20 y cortó el carnero en trozos; y Moshe hizo consumir la cabeza, los trozos, y la grasa.

8:21 Las entrañas y los pies, lavó con agua y quemó Moshe todo el carnero sobre el altar; es una ofrenda de elevación de olor grato, ofrenda de fuego para El Eterno, como lo había ordenado El Eterno a Moshe.

8:22 Luego acercó un segundo carnero, el carnero de la consagración y Aharón y sus hijos apoyaron sus manos sobre la cabeza del carnero.

8:23 Y lo degolló; y tomó Moshe de la sangre, y la puso sobre el lóbulo de la oreja derecha de Aharón, sobre el dedo pulgar de su mano derecha, y sobre el dedo pulgar de su pie derecho.

8:24 Acercó a los hijos de Aharón, y puso Moshe de la sangre sobre el lóbulo de sus orejas derechas, sobre los pulgares de sus manos derechas, y sobre los pulgares de sus pies derechos;

y salpico Moshe la sangre sobre el altar alrededor.

8:25 Después tomó la grasa, la cola, toda la grasa que estaba sobre las entrañas, el diafragma del hígado, los dos riñones, sus grasas, y el muslo derecho.

8:26 Y del canasto de los panes sin levadura, que estaba delante de El Eterno, tomó una torta sin levadura, y una torta de pan de aceite, y una masa, y lo puso con la grasa y con el muslo derecho.

8:27 Y lo puso todo en las manos de Aharón, y en las manos de sus hijos, y lo agitó como ofrenda de agitación delante de El Eterno.

8:28 Después tomó aquellas cosas Moshe de las manos de ellos, y las hizo quemar en el altar sobre la ofrenda de elevación; eran las consagraciones, para un olor grato, ofrenda de fuego a El Eterno.

8:29 Y tomó Moshe el pecho, y lo agitó como ofrenda de agitación delante de El Eterno; del carnero de las consagraciones ella fue la porción de Moshe, como lo había ordenado El Eterno a Moshe.

8:30 Luego tomó Moshe del aceite de la unción, y de la sangre que estaba sobre el altar, y salpico sobre Aharón, y sobre sus ropas, sobre sus hijos, y sobre las ropas de sus hijos con él; y santificó a Aharón y sus ropas, y a sus hijos y las ropas de sus hijos con él.

8:31 Y dijo Moshe a Aharón y a sus hijos: Cocinen la carne a la puerta de la Tienda de Reunión; y cómanla allí con el pan que está en el canasto de las consagraciones, según Yo he ordenado, diciendo: Aharón y sus hijos la comerán.

8:32 Y lo que sobre de la carne y del pan, lo quemaran en el fuego.

8:33 De la puerta de la Tienda de Reunión no saldrán durante siete días, hasta el día que se cumplan los días de sus consagraciones; porque por siete días serán consagrados.

8:34 De la manera que hoy se ha hecho, ordenó El Eterno que se haga para su expiación.

8:35 A la puerta de la Tienda de Reunión habitaran de día y noche por siete días, y guardaran la ordenanza de El Eterno, para que no mueran; porque así me ha ordenado.

8:36 Y Aharón y sus hijos hicieron todas las cosas que ordenó El Eterno a través de Moshe.

Capítulo 9

9:1 Fue en el día octavo, Moshe llamó a Aharón y a sus hijos, y a los ancianos de Israel;

9:2 y dijo a Aharón: Toma un becerro para ofrenda por el pecado, y un carnero para la ofrenda de elevación, sin defecto, y acércalos delante de El Eterno.

9:3 Y a los hijos de Israel hablarás diciendo: Tomen un macho cabrío para ofrenda por el pecado, y un becerro y una oveja de un año, sin defecto, para la ofrenda de elevación.

9:4 Un toro y un carnero para ofrenda de paz, para sacrificarlos delante de El Eterno, y una ofrenda vegetal mezclada con aceite; porque El Eterno aparecerá hoy a ustedes.

9:5 Y tomaron lo que ordenó Moshe delante de la Tienda de Reunión, y se acercó toda la congregación y se puso delante de El Eterno.

9:6 Entonces dijo Moshe: Esto que ordenó El Eterno, háganlo. Y la gloria de El Eterno se les aparecerá.

9:7 Y dijo Moshe a Aharón: Acércate al altar, y haz tu ofrenda por el pecado y tu ofrenda de elevación, y haz expiación por ti y por el pueblo; haz también la ofrenda del pueblo, y expía por ellos, como ordenó El Eterno.

9:8 Entonces se acercó Aharón al altar y degolló el becerro de la ofrenda por el pecado que era suyo.

9:9 Y acercaron los hijos de Aharón la sangre; y él sumergió su dedo en la sangre, y puso de ella sobre los cuernos del altar, y vertió el resto de la sangre al pie del altar.

9:10 La grasa, los riñones y el diafragma con el hígado de la ofrenda por el pecado hizo consumir sobre el altar, como El Eterno lo había ordenado a Moshe.

9:11 Y la carne y la piel las quemó al fuego fuera del campamento.

9:12 Degolló la ofrenda de elevación, y los hijos de Aharón le presentaron la sangre, la cual salpico él alrededor sobre el altar.

9:13 Después le presentaron la ofrenda de elevación en pedazos, y la cabeza la hizo quemar sobre el altar.

9:14 Luego lavó las entrañas, las piernas y las quemó sobre la ofrenda de elevación sobre el altar.

9:15 Acercó la ofrenda del pueblo, tomó la cabra del sacrificio expiatorio que era para el pueblo, la degolló, y la ofreció por el pecado, lo mismo que el primero.

9:16 Y acercó la ofrenda de elevación, e hizo según la ley.

9:17 Acercó asimismo la ofrenda vegetal y llenó de ella su mano, y la hizo quemar sobre el altar, además de la ofrenda de elevación de la mañana.

9:18 Degolló también un toro y un carnero en sacrificio de paz, que era para el pueblo; y los hijos de Aharón le presentaron la sangre, la cual salpico él sobre el altar alrededor;

9:19 y las grasas del toro y del carnero, la cola, la grasa que cubre las entrañas, los riñones, y el diafragma con el hígado;

9:20 y pusieron las grosuras sobre los pechos, y las hizo consumir sobre el altar.

9:21 Los pechos, con el muslo derecho, agitó Aharón como ofrenda de agitación delante de El Eterno, como lo había ordenado a Moshe.

9:22 Y alzó Aharón sus manos hacia el pueblo y lo bendijo. Luego descendió después de haber hecho: la ofrenda por el pecado, la ofrenda de elevación y el sacrificio de paz.

9:23 Y fueron Moshe y Aharón a la Tienda de Reunión, salieron y bendijeron al pueblo; y la gloria de El Eterno se apareció a todo el pueblo.

9:24 Y salió fuego de delante de El Eterno, y consumió de sobre el altar la ofrenda de elevación con las grasas; y vio todo el pueblo, y entonaron cánticos de alabanza, y se cayeron sobre sus rostros.

Capítulo 10

10:1 Tomaron los hijos de Aharón, Nadab y Abiú cada uno su brasero y pusieron en ellos fuego, sobre el cual pusieron incienso, y acercaron delante de El Eterno fuego extraño, el cual nunca se les ordenó.

10:2 Y salió fuego de delante de El Eterno el cual los consumió, y murieron delante de El Eterno.

10:3 Entonces dijo Moshe a Aharón: Esto es lo que habló El Eterno, diciendo: Seré santificado a través de los que están cerca de Mí y ante todo el pueblo seré honrado, y Aharón permaneció en silencio.

10:4 Y llamó Moshe a Mishaél y a Eltzafán, hijos de Uziél tío de Aharón, y les dijo: Acérquense y saquen a sus hermanos de delante del santuario, fuera del campamento.

10:5 Se acercaron y los sacaron con sus túnicas fuera del campamento, como dijo Moshe.

10:6 Entonces Moshe dijo a Aharón y a Elazar e Itamar sus hijos: No dejen sus cabelleras sin cortar, ni rasguen sus ropas en señal de duelo, para que no mueran, ni se levante la ira sobre toda la congregación; pero sus hermanos, toda la casa de Israel, se lamentarán por lo que encendió El Eterno.

10:7 No salgan de la puerta de la Tienda de Reunión, para que no mueran; por cuanto el aceite de la unción de El Eterno está sobre ustedes. Y ellos hicieron como dijo Moshe.

10:8 Y El Eterno habló a Aharón, diciendo:

10:9 Ni tú ni tus hijos beberán vino o bebidas alcohólicas cuando entren en la Tienda de Reunión, para que no mueran; es un decreto eterno por sus generaciones,

10:10 para poder diferenciar entre lo santo y lo profano, y entre lo impuro y lo puro,

10:11 y para enseñar a los hijos de Israel todos los decretos que El Eterno, su Dios les ha dicho a través de Moshe.

10:12 Dijo Moshe a Aharón, a Elazar e Itamar sus hijos que le quedaban: Tomen la ofrenda vegetal que queda de las ofrendas encendidas a El Eterno, y cómanla sin levadura junto al altar, porque es muy santa.

10:13 La comerán en un lugar santo; porque esto es un decreto para ti y para tus hijos, de las ofrendas encendidas a El Eterno, pues que así me ha sido ordenado.

10:14 Comerán asimismo en lugar puro, tú y tus hijos y tus hijas contigo, el pecho de la agitación y el muslo de la ofrenda, porque de los sacrificios de paz de los hijos de Israel por decreto son tuyos y de tus hijos.

10:15 Con las ofrendas de las grasas que se han de quemar, traerán el muslo de la ofrenda y el pecho que será agitado como ofrenda de agitación delante de El Eterno; y será por decreto perpetuo tuyo y de tus hijos, como El Eterno lo ha ordenado.

10:16 Y Moshe preguntó por el macho cabrío por el pecado, y se halló que había sido quemado; y se enojó contra Elazar e Itamar, los hijos que habían quedado de Aharón, diciendo:

10:17 ¿Por qué no comieron de la ofrenda por el pecado en un lugar santo? Pues es muy santo y la dio a ustedes para cargar el pecado de la congregación, para que expíen por ellos delante de El Eterno.

10:18 He aquí que la sangre no fue llevada dentro del santuario; y ustedes debían haber comido la ofrenda en un lugar santo, como les ordene.

10:19 Y dijo Aharón a Moshe: Fueron ellos quienes hoy han acercado las ofrendas por el pecado y las ofrendas de elevación delante de El Eterno. Pero a mí me han sucedido estas cosas si hubiera comido hoy de la ofrenda por el pecado, ¿El Eterno lo aprobaría?

10:20 Moshe escucho y lo aprobó.

Capítulo 11

11:1 Habló El Eterno a Moshe y a Aharón, diciéndoles:

11:2 Habla a los hijos de Israel y diciendo: Estos son los animales que comerán de entre todos los animales que hay sobre la tierra.

11:3 De entre los animales, todo el que tiene la pezuña partida, completamente separada en dos pezuñas y que rumia lo podrán comer.

11:4 Pero de los que rumian o que tienen pezuñas partidas, no comerán: el camello, porque rumia pero no tiene pezuña partida, es impuro para ustedes.

11:5 También el conejo, porque rumia, pero no tiene pezuña partida, es impuro para ustedes.

11:6 Y la liebre, porque rumia, pero no tiene pezuña partida, es impuro para ustedes.

11:7 El cerdo tiene pezuñas partidas, y es de pezuñas completamente separadas, pero no rumia, es impuro para ustedes.

11:8 De la carne de ellos no comerán, ni tocarán sus cuerpos muertos; son impuros para ustedes.

11:9 Esto comerán de todos lo que esta en las aguas: todo lo que tiene aletas y escamas en las aguas del mar, y en los ríos, estos comerán.

11:10 Pero todos los que no tienen aletas ni escamas en el mar y en los ríos, de todo lo que se mueve como de toda cosa viviente que está en las aguas, los serán asquerosos para ustedes.

11:11 Les serán asquerosos; de su carne no comerán, y sus cuerpos muertos les serán abominables.

11:12 Todo lo que no tienes aletas ni escamas en las aguas, serán asquerosos para ustedes.

11:13 Y de las aves, éstas les serán abominables; no se comerán, serán asquerosos: el águila, el peres, la haazniah,

11:14 la hadaah y la haaiah según su especie;

11:15 todo cuervo según su especie;

11:16 el bat haianah, la tajmas, la jajaf, el netz según su especie;

11:17 el cos, el shalaj, el ianshof,

11:18 el tinshemet, el kaat, el rajam,

11:19 la jasida, la anafá según su especie, el dujifat y el murciélago.

11:20 Todo insecto alado que camina sobre cuatro patas, será asqueroso para ustedes.

11:21 Pero esto comerán de todo insecto alado que camina sobre cuatro patas, que tuviere patas para saltar encima de sus patas, con las que salta sobre la tierra;

11:22 estos comerán de ellos: las langostas rojas según su especie, las langostas amarillas según su especie, las langostas con manchas grises según su especie, y las langostas blancas según su especie.

11:23 Todo insecto alado que tenga cuatro patas, será asqueroso para ustedes.

11:24 Y por estas cosas se impurificaran cualquiera que tocare sus cuerpos muertos se impurificara hasta el anochecer,

11:25 y cualquiera que lleve sus cadáveres lavará sus vestidos, y será impuro hasta el anochecer.

11:26 Todo animal de pezuña partida, pero que no estén completamente partidas o que no rumie, les serán impuros. Cualquiera que los tocare se impurificara.

11:27 Y entre los animales caminan sobre sus plantas de los que tienen cuatro patas, les serán impuros y todo el que tocare sus cadáveres será impuro hasta el anochecer.

11:28 Y el que lleve sus cadáveres, lavará sus ropas, y quedará impuro hasta la noche; impuros son ellos para ustedes.

11:29 Estos les serán impuros de entre los animales que se arrastran sobre la tierra: la comadreja, el ratón, la tortuga según su especie,

11:30 el puerco espín, el lagarto, la lagartija, la salamandra, y el topo

11:31 Estos les serán impuros de entre los animales que se arrastran, y cualquiera que los tocare cuando estuvieren muertos será impuro hasta el anochecer.

11:32 Y todo aquello sobre que cayere algo de ellos después de muertos, será impuro; sea cosa de madera, vestido, cuero, saco. Cualquier instrumento con el que se realiza algún trabajo, será sumergido en agua, y quedará impuro hasta el anochecer; entonces quedará puro.

11:33 Toda vasija de barro dentro de la cual cayere alguno de ellos será impura, así como todo lo que estuviere en ella, y la vasija la romperán.

11:34 Todo alimento que se come, sobre el cual cayere agua, será impuro; y toda bebida que puede ser tomada que hubiere en cualquier vasija será impura.

11:35 Todo aquello sobre lo que cayere parte de su cadáver de ellos será impuro; el horno o la cocina de barro serán destruidos; son impuros, y serán impuros para ustedes.

11:36 Solamente una fuente o un pozo, una reunión de aguas, mantendrá su pureza, pero el que toque un cadáver quedará impuro.

11:37 Y si cayere algo de los cadáveres sobre alguna semilla que se haya de sembrar, será pura.

11:38 Más si se hubiere puesto agua sobre la semilla, y cayere algo de los cadáveres sobre ella, será impura para ustedes.

11:39 Si muriere algún animal que puedes comer, el que toque su cadáver será impuro hasta el anochecer.

11:40 Y el que comiere del cadáver, lavará sus vestidos y será impuro hasta la el anochecer; asimismo el que cargue el cadáver, lavará sus vestidos y será impuro hasta el anochecer.

11:41 Y todo reptil que se arrastra sobre la tierra es asqueroso; no se comerá.

11:42 Todo lo que anda sobre el pecho, y todo lo que anda sobre cuatro o más patas, de todo animal que se arrastra sobre la tierra, no lo comerán, porque es asqueroso.

11:43 No hagan abominables sus almas con ningún animal que se arrastra, ni se impurifiquen con ellos, para que no sean impuros por ellos.

11:44 Porque yo soy El Eterno su Dios; deberán santificarse, y ser santos, porque Yo soy santo. Por eso no impurifiquen sus almas con ningún animal que se arrastre sobre la tierra.

11:45 Porque Yo soy El Eterno, que los hizo subir de la tierra de Egipto para ser su Dios. Por lo tanto serán santos, porque Yo soy santo.

11:46 Esta es la ley acerca de los animales, las aves, todo ser viviente que se mueve en las aguas, y todo animal que se arrastra sobre la tierra,

11:47 para hacer diferencia entre lo impuro y lo puro, y entre las criaturas que se pueden comer y las criaturas que no se pueden comer.

Capítulo 12

12:1 Habló El Eterno a Moshe, diciendo:

12:2 Habla a los hijos de Israel y diles: La mujer cuando conciba y dé a luz hombre, será impura siete días; conforme a los días de su separación será impura.

12:3 Y al octavo día se circuncidará al niño.

12:4 Mas ella permanecerá treinta y tres días purificándose de su sangre; no podrá tocar ninguna cosa santa, ni vendrá al santuario, hasta cuando sean hayan cumplidos los días de su purificación.

12:5 Y si diere a luz una hija, será impura dos semanas, conforme a su separación, y sesenta y seis días estará purificándose de su sangre.

12:6 Cuando los días de su purificación fueren cumplidos, por un hijo o por una hija, traerá una oveja de un año para ofrenda de elevación, y un paloma o un pichón para ofrenda por el pecado, al sacerdote, a la puerta de la Tienda de Reunión;

12:7 y él los ofrecerá delante de El Eterno, y hará expiación por ella, y será limpia de la fuente de su sangre. Esta es la ley para la que diere a luz un hijo o hija.

12:8 Y si no tiene lo suficiente para una oveja, tomará entonces dos pichones o dos palomas, uno para la ofrenda de elevación y el otro para la ofrenda por el pecado; y el sacerdote hará expiación por ella, y será pura.

Capítulo 13

13:1 Habló El Eterno a Moshe y a Aharón, diciendo:

13:2 Cuando un hombre tuviere en la piel de su cuerpo erupción blanca o una decoloración, y hubiere en la piel de su cuerpo como una llaga de lepra, será traído a Aharón el sacerdote o a uno de sus hijos los sacerdotes.

13:3 Y el sacerdote mirará la llaga en la piel del cuerpo; si el pelo en la llaga se vuelve blanco, y pareciere la llaga más profunda que la piel de la carne, llaga de lepra es; el sacerdote lo verá, y lo declarará impuro.

13:4 Y si en la piel de su cuerpo hubiere mancha blanca, pero que no pareciere más profunda que la piel, ni el pelo se hubiere vuelto blanco, entonces el sacerdote encerrará al llagado por siete días.

13:5 Y el sacerdote lo mirará el séptimo día y si la llaga conserva el mismo aspecto, no habiéndose extendido en la piel, entonces el sacerdote le volverá a encerrar por otros siete días.

13:6 Y el sacerdote le mirará al cumplirse el segundo plazo de siete días y si se ha oscurecido la llaga, y que no ha extendido en la piel, entonces el sacerdote lo declarará puro: era erupción; y lavará sus vestidos, y será puro.

13:7 Pero si se extendiere la erupción en la piel después que él se mostró al sacerdote para que lo purifique, deberá mostrarse otra vez al sacerdote.

13:8 Y el sacerdote la mirará y si ve que la erupción se ha extendido en la piel, lo declarará impuro: es lepra.

13:9 Cuando hubiere llaga de lepra en un hombre, será traído al sacerdote.

13:10 Y éste lo mirará, y si apareciere hinchazón blanca en la piel, el cual se cambio el color del pelo, o que hay apariencia de carne viva en la hinchazón,

13:11 es una antigua lepra en la piel de su carne y el sacerdote lo declarará impuro. No le encerrará, porque es impuro.

13:12 Mas si brotare la lepra de modo que cubriere toda la piel del llagado desde la cabeza hasta sus pies, hasta donde pueda ver el sacerdote,

13:13 entonces el sacerdote lo mirará y si la lepra hubiere cubierto todo su cuerpo, lo declarará puro al llagado; toda ella se ha vuelto blanca, y él es puro.

13:14 Mas el día que apareciere en él la carne viva, será impuro.

13:15 Y el sacerdote mirará la carne viva, y lo declarará impuro. Es impura la carne viva; es lepra.

13:16 Más cuando la carne viva cambiare y se volviere blanca, entonces vendrá al sacerdote,

13:17 el sacerdote mirará; y si la llaga se hubiere vuelto blanca, el sacerdote declarará puro al que tenía la llaga, y será puro.

13:18 Cuando en la piel de la carne hubiere una inflamación y se hubiese curado,

13:19 y en el lugar de la inflamación hubiere una erupción blanca, o una mancha blanca rojiza, será mostrado al sacerdote.

13:20 Y el sacerdote mirará; y si pareciere estar más profunda que la piel, y su pelo se hubiere vuelto blanco, el sacerdote lo declarará impuro; es llaga de lepra que ha brotado sobre la inflamación.

13:21 Y si el sacerdote la observara y no apareciere en ella pelo blanco, ni fuere más profunda que la piel, sino que es oscura, entonces el sacerdote lo encerrará por siete días;

13:22 y si se fuere extendiendo por la piel, entonces el sacerdote lo declarará impuro; es llaga.

13:23 Pero si la mancha blanca se mantuviese en su lugar, y no se hubiere extendido, es la cicatriz de la inflamación, y el sacerdote lo declarará puro.

13:24 Asimismo cuando hubiere en la piel del cuerpo quemadura de fuego, y hubiere en la piel curada de la quemadura una mancha blanca rojiza o blanca,

13:25 el sacerdote la mirará; y si el pelo se hubiere vuelto blanco en la mancha, y ésta pareciere ser más profunda que la piel, es lepra que salió en la quemadura; y el sacerdote lo declarará impuro, por ser llaga de lepra.

13:26 Más si el sacerdote la mirare, y no apareciere en la mancha pelo blanco, ni fuere más profunda que la piel, sino que fuera oscura, lo encerrará el sacerdote por siete días.

13:27 Y al séptimo día el sacerdote lo observará y si se hubiere extendiendo por la piel, el sacerdote lo declarará impuro; es llaga de lepra.

13:28 Pero si la mancha se mantuviere en su lugar, y no se hubiere extendido en la piel, sino que estuviere oscura, es la cicatriz de la quemadura; el sacerdote lo declarará puro, porque es la cicatriz de la quemadura.

13:29 Y a un hombre o a una mujer que le saliere llaga en la cabeza, o en la barba,

13:30 el sacerdote mirará la llaga; y si pareciere ser más profunda que la piel, y en ella hubiese un pelo amarillo y delgado, entonces el sacerdote le declarará impuro; es una calvicie, es lepra de la cabeza o de la barba.

13:31 Más cuando el sacerdote hubiere mirado la llaga de la calvicie, y no pareciere ser más profunda que la piel, ni hubiere en ella pelo negro, el sacerdote encerrará por siete días al llagado de la calvicie;

13:32 y al séptimo día el sacerdote mirará la llaga; y si la calvicie no pareciere haberse extendido, ni hubiere en ella pelo amarillo, ni pareciere la calvicie más profunda que la piel,

13:33 entonces se afeitará, pero no se afeitará donde hay calvicie, y lo encerrará el sacerdote al que tiene la calvicie por otros siete días.

13:34 Y observara el sacerdote la calvicie en el séptimo día, y si la calvicie no se ha extendido sobre la piel ni pareciere ser más profunda que la piel, el sacerdote lo declarará puro; y lavará sus vestidos y será puro.

13:35 Pero si la calvicie se hubiere extendiendo en la piel después de su purificación,

13:36 entonces el sacerdote la mirará, y si la calvicie y si la calvicie no se ha extendido en la piel, no deberá buscar el sacerdote el pelo amarillo; es impuro.

13:37 Pero si la calvicie ha conservado su apariencia, y ha salido en ella un pelo negro, la calvicie está sanada; él está puro, y puro lo declarará el sacerdote.

13:38 Cuando un hombre o una mujer tuviere en la piel de su cuerpo manchas, manchas blancas,

13:39 el sacerdote mirará, y si en la piel de su cuerpo aparecieren manchas blancas algo oscurecidas, es una erupción simple que brotó en la piel; está puro.

13:40 Si a un hombre se le cae el pelo de la cabeza: es calvo en la parte posterior de la cabeza, sin embargo es puro.

13:41 Y si se le cae el pelo en la parte frontal de la cabeza, es calvo en la parte frontal, pero es puro.

13:42 Más si en calvicie posterior o frontal hubiere una llaga blanca rojiza, es lepra, que broto en calvicie posterior o frontal.

13:43 Entonces el sacerdote lo mirará, y si pareciere la hinchazón de la llaga blanca rojiza en su calvicie posterior o frontal, tiene la apariencia de la lepra en la piel del cuerpo,

13:44 es leproso, es impuro, y el sacerdote lo declarará luego impuro; en su cabeza tiene la llaga.

13:45 Y el leproso quien tuviese una llaga llevará vestidos rasgados su cabellera no será cortada, se cubrirá hasta los labios y dirá: ¡Impuro! ¡impuro!

13:46 Todo el tiempo que la llaga estuviere en él, será impuro; impuro es, y vivirá solo. Fuera del campamento será su residencia.

13:47 Cuando en un vestido hubiere plaga de lepra, ya sea vestido de lana, o de lino,

13:48 o en urdimbre o en trama de lino o de lana, o en cuero, o en cualquiera obra de cuero;

13:49 y si la llaga es verdosa, o rojiza, en el vestido o en el cuero, en urdimbre o en trama, o en cualquiera utensilio de cuero; es una plaga de lepra, y se la mostrará al sacerdote.

13:50 Y el sacerdote mirará la plaga, y encerrará la cosa plagada por siete días.

13:51 Y al séptimo día mirará la plaga; y si se hubiere extendido la plaga en el vestido, en la urdimbre o en la trama, en el cuero, o en cualquiera obra que se hace de cuero, la llaga es una lepra maligna, es impuro.

13:52 Quemará la ropa, la urdimbre o trama de lana o de lino, o cualquiera obra de cuero en que hubiere tal plaga, porque es una lepra maligna, será quemada al fuego.

13:53 Y si el sacerdote mirare, y no pareciere que la plaga se haya extendido en el vestido, en la urdimbre o en la trama, o en cualquiera obra de cuero,

13:54 entonces el sacerdote mandará que laven donde está la plaga, y lo encerrará otra vez por siete días.

13:55 El sacerdote examinará la afección después de que haya sido lavada, y si he aquí que ella no ha cambiado de color ni se ha extendido; es impura, en el fuego la quemarán, es una afección penetrante en una prenda tejida o en una prenda nueva.

13:56 Pero si el sacerdote observara, y la plaga se ha oscurecido después que fue lavada, la cortará del vestido, del cuero, de la urdimbre o de la trama.

13:57 Y si apareciere de nuevo en el vestido, la urdimbre o trama, o en un utensilio de cuero, extendiéndose en ellos, la quemarás en el fuego, aquello en que estuviere la plaga.

13:58 Pero el vestido, la urdimbre o la trama, o cualquiera cosa de cuero que lavares, y que se le quitare la llaga, se lavará segunda vez, y entonces será pura.

13:59 Esta es la ley para la llaga de la lepra del vestido de lana o de lino, o de urdimbre o de trama, o de cualquiera utensilio de cuero, para que sea declarado puro o impuro.

Capítulo 14

14:1 Y abló El Eterno a Moshe, diciendo:

14:2 Esta será la ley para el leproso, el día en que se purifique: Será traído al sacerdote,

14:3 y saldrá el sacerdote fuera del campamento y lo observará; y si ve que está sana la llaga de la lepra del leproso,

14:4 ordenará el sacerdote luego que se tomen para el que se purifica dos pájaros vivos y puros, madera de cedro, lana carmesí e hisopo.

14:5 Y ordenará el sacerdote y uno de estos pájaros será degollado en un vaso de barro sobre aguas de manantial.

14:6 Después tomará el pájaro vivo, el cedro, la lana carmesí y el hisopo, y los mojará juntos en la sangre del pájaro muerto sobre las aguas de manantial;

14:7 y salpicará sobre el que se purifica de la lepra siete veces, y lo declarará puro; y soltará al pájaro vivo en el campo.

14:8 Y lavará sus vestidos el que se purifica, y afeitará todo su pelo, y se lavará con agua, y será puro; y después entrará en el campamento, y se asentará fuera de su tienda por siete días.

14:9 Y el séptimo día afeitará todo su pelo, su cabeza, su barba, sus cejas y todo su pelo afeitará, lavará sus ropas, lavará su cuerpo en agua, y será puro.

14:10 El día octavo tomará dos corderos sin defecto, y una cordera de un año sin defecto, y tres décimas de efá de harina fina para ofrenda amasada con aceite, y un log de aceite.

14:11 Y el sacerdote que lo purifica presentará al que se ha de purificar, con aquellas cosas, delante de El Eterno a la puerta de la Tienda de Reunión;

14:12 y tomará el sacerdote un cordero y lo acercará por el pecado, con el log de aceite, y lo agitará como ofrenda de agitación delante de El Eterno.

14:13 Y degollará el cordero en el lugar donde se degüella el sacrificio por el pecado y la ofrenda de elevación, en el lugar sagrado; porque como la ofenda por el pecado, así también el sacrificio por la culpa es del sacerdote; es cosa muy sagrada.

14:14 Y el sacerdote tomará de la sangre del sacrificio por la culpa, y la pondrá el sacerdote sobre el lóbulo de la oreja derecha del que se purifica, sobre el pulgar de su mano derecha y sobre el pulgar de su pie derecho.

14:15 Asimismo el sacerdote tomará del log de aceite, y lo verterá sobre la palma de su mano izquierda,

14:16 y mojará su dedo derecho en el aceite que tiene en su mano izquierda, y esparcirá del aceite con su dedo siete veces delante de El Eterno.

14:17 Y de lo que quedare del aceite que tiene en su mano, pondrá el sacerdote sobre el lóbulo de la oreja derecha del que se purifica, sobre el pulgar de su mano derecha y sobre el pulgar de su pie derecho, encima de la sangre del sacrificio por la culpa.

14:18 Y lo que quedare del aceite que tiene en su mano, lo pondrá sobre la cabeza del que se purifica; y hará el sacerdote expiación por él delante de El Eterno.

14:19 Ofrecerá luego el sacerdote el sacrificio por el pecado, y hará expiación por el que se ha de purificar de su impureza y después degollará la ofrenda de elevación,

14:20 y hará subir el sacerdote la ofrenda de elevación y la ofrenda sobre el altar. Así hará el sacerdote expiación por él, y será puro.

14:21 Mas si fuere pobre, y no le alcanzara, entonces tomará un cordero para ser ofrecido como ofrenda de agitación por la culpa, para que le sirva de expiación, y una décima de efá de harina fina amasada con aceite para ofrenda, y un log de aceite,

14:22 y dos tórtolas o dos palomas, según lo que le alcance, uno será para expiación por el pecado, y el otro para ofrenda de elevación.

14:23 Al octavo día de su purificación traerá estas cosas al sacerdote, a la puerta de la Tienda de Reunión, delante de El Eterno.

14:24 Y el sacerdote tomará el cordero de la expiación por la culpa, y el log de aceite, y los agitará el sacerdote como ofrenda de agitación delante de El Eterno.

14:25 Luego degollará el cordero de la culpa, y el sacerdote tomará de la sangre de la culpa, y la pondrá sobre el lóbulo de la oreja derecha del que se purifica, sobre el pulgar de su mano derecha y sobre el pulgar de su pie derecho.

14:26 Y el sacerdote verterá del aceite sobre la palma de su mano izquierda;

14:27 y salpicará el sacerdote con su dedo derecho del aceite que tiene en su mano izquierda, siete veces delante de El Eterno.

14:28 También el sacerdote pondrá del aceite que tiene en su mano sobre el lóbulo de la oreja derecha del que se purifica, sobre el pulgar de su mano derecha y sobre el pulgar de su pie derecho, en el lugar de la sangre de la culpa.

14:29 Y lo que sobre del aceite que el sacerdote tiene en su mano, lo pondrá sobre la cabeza del que se purifica, para expiar por él delante de El Eterno.

14:30 Asimismo ofrecerá una de las tórtolas o una de las palomas, según lo que le alcance.

14:31 Uno en sacrificio de expiación por el pecado, y el otro de ofrenda de elevación, junto a la ofrenda vegetal, y hará el sacerdote expiación por el que se ha de purificar, delante de El Eterno.

14:32 Esta es la ley para el que hubiere tenido llaga de lepra, y no le alcanzará para su purificación.

4:33 Y habló El Eterno a Moshe y a Aharón, diciendo:

14:34 Cuando lleguen a la tierra de Kenaán, la cual Yo les doy en posesión, pondré llaga de lepra en alguna casa de la tierra de su posesión,

14:35 y vendrá aquel de quien fuere la casa y le dirá al sacerdote: Algo como una llaga se ve en mi casa.

14:36 Entonces el sacerdote ordenara que desocupen la casa antes que entre a mirar la llaga, para que no se impurifique todo lo que se encuentra en la casa, y después el sacerdote entrará a observar la casa.

14:37 Y observará la llaga, y si se vieren manchas en las paredes de la casa, hoyos de color verde oscuro o rojo oscuro, las cuales parecieren ser más profundas que la superficie de la pared,

14:38 el sacerdote saldrá de la casa a la puerta de ella, y cerrará la casa por siete días.

14:39 Y al séptimo día volverá el sacerdote, y la examinará. Si la mancha se hubiere extendido en las paredes de la casa,

14:40 entonces ordenará el sacerdote, y quitaran las piedras en que estuviere la mancha, y las echarán fuera de la ciudad a un lugar impuro.

14:41 Y la casa será raspada por adentro, en todo su contorno, y arrojaran el polvo que rasparon fuera de la ciudad, a un lugar impuro.

14:42 Y tomarán otras piedras y las pondrán en lugar de las piedras que quitaron, y tomarán otra mezcla y cerraran la casa.

14:43 Y si la llaga volviere a brotar en aquella casa, después que arrancaron las piedras y rasparon la casa, y después de haberla revocado,

14:44 entonces el sacerdote entrará y observará. Si pareciere haberse extendido la llaga en la casa, es lepra maligna en la casa, es impura.

14:45 Derribará esa casa, sus piedras, sus maderas y todo cemento de la casa; y sacarán todo fuera de la ciudad a lugar impuro.

14:46 Y cualquiera que entre en aquella casa durante los días en que se dispuso que este cerrada, será impuro hasta la noche.

14:47 Y el que se recueste en aquella casa, lavará sus ropas, también el que comiere en la casa lavará sus ropas.

14:48 Mas si entrara el sacerdote y la observara, y la plaga no se ha extendido en la casa después de ser revocada, el sacerdote la declarará pura la casa, porque la llaga se ha curado.

14:49 Entonces tomará para purificar la casa dos pájaros, y madera de cedro, lana carmesí e hisopo; **14:50** y degollará un pájaro en una vasija de barro sobre aguas de manantial.

14:51 Y tomará la madera de cedro, el hisopo, la lana carmesí y un pájaro vivo, y los mojará en la sangre del pájaro muerto y en las aguas de manantial, y salpicará sobre la casa siete veces.

14:52 Y purificará la casa con la sangre del pájaro, con las aguas de manantial, con el pájaro vivo, la madera de cedro, el hisopo y la lana carmesí.

14:53 Luego enviará al pájaro vivo fuera de la ciudad sobre la faz del campo. Así hará expiación por la casa, y será pura.

14:54 Esta es la ley acerca de toda llaga de lepra y de calvicie,

14:55 y de la lepra que se encuentra en la ropa y en la casa,

14:56 y de la erupción blanca, de la decoloración, y de la mancha,

14:57 para enseñar cuándo es impuro, y cuándo puro. Esta es la ley de la lepra.

Capítulo 15

15:1 Y habló El Eterno a Moshe y a Aharón, diciendo:

15:2 Hablen a los hijos de Israel y díganles: Cualquier hombre, cuando tuviere un flujo de carne, será impuro.

15:3 Así será su impureza cuando tenga flujo: tanto si su carne fluye con su flujo como si se obstruye a causa del flujo, esa es su impureza.

15:4 Toda cama en que se acostare el que tuviere flujo, será impura y todo objeto sobre el que se siente, será impuro.

15:5 Y si un hombre toca su cama, lavará su ropa, y se lavará con agua, y será impuro hasta el anochecer.

15:6 Y el que se siente sobre aquello en que se hubiere sentado el que tiene flujo, lavará sus vestidos, se lavará con agua, y será impuro hasta la noche.

15:7 El que toque el cuerpo del que tiene flujo, lavará sus ropas, y se lavará con agua, y será impuro hasta el anochecer.

15:8 Y si el que tiene flujo escupiere sobre una persona pura, éste lavará sus ropas, y se lavará con agua, y será impuro hasta el anochecer.

15:9 Y toda montura sobre que cabalgare el que tuviere flujo será impura.

15:10 Cualquiera que tocare cualquiera cosa que haya estado debajo de él, será impuro hasta el anochecer, y el que la llevare, lavará sus vestidos, y después de lavarse con agua, será impuro hasta la noche.

15:11 Y todo el que toque al que tiene flujo, y se no lavara con agua sus manos, lavará sus ropas, y se lavará con agua, y será impuro hasta el anochecer.

15:12 La vasija de barro que tocare el que tiene flujo será quebrada, y toda vasija de madera será lavada con agua.

15:13 Cuando se hubiere purificado de su flujo el que tiene flujo, contará siete días desde su purificación, lavará sus vestidos, y lavará su cuerpo con aguas de manantial, y será puro.

15:14 Y el octavo día tomará dos tórtolas o dos palomas, y vendrá delante de El Eterno a la puerta de la Tienda de Reunión, y los dará al sacerdote,

15:15 y el sacerdote hará con uno, una ofrenda por el pecado, y del otro una ofrenda de elevación y el sacerdote le purificará de su flujo delante de El Eterno.

15:16 Un hombre que tuviere emisión de semen, lavará con agua todo su cuerpo, y será impuro hasta el anochecer.

15:17 Y toda ropa, o toda prenda de cuero sobre la cual cayere semen, se lavará con agua, y será impura hasta el anochecer.

15:18 Y cuando una mujer tuviese relaciones con un hombre quien tuviere emisión de semen, ambos se lavarán con agua, y serán impuros hasta el anochecer.

15:19 Cuando la mujer tuviere flujo de sangre, y su flujo fuere en su cuerpo, siete días estará en un estado de separación, y cualquiera que la tocare será impuro hasta el anochecer.

15:20 Todo aquello sobre que ella se acostare mientras estuviere en su estado de separación, será impuro, también todo aquello sobre que se sentare será impuro.

15:21 Y cualquiera que toque su cama, lavará sus ropas, y después de lavarse con agua, será impuro hasta el anochecer.

15:22 También cualquiera que tocare cualquier utensilio sobre el que ella se hubiere sentado, lavará sus ropas, se lavará con agua, y será impuro hasta el anochecer.

15:23 Y lo que estuviere sobre la cama, o sobre un utensilio sobre el que ella se hubiere sentado, el que lo tocare será impuro hasta el anochecer.

15:24 Si alguno se acostaré con ella, cuando ella esta en su periodo de separación, será impuro por siete días, y toda cama sobre que durmiere, será impura.

15:25 Y la mujer, cuando tuviese flujo de su sangre por muchos días fuera del tiempo de separación, o cuando tuviere flujo de sangre después de su periodo de separación, todo tiempo que tenga su flujo será impura como en los días de su separación.

15:26 Toda cama en que se acostara, todo el tiempo que tenga su flujo, le será como la cama de su estado de separación, y todo utensilio sobre el que se sentara, será impuro, como la impureza de su estado de separación.

15:27 Cualquiera que tocare esas cosas será impuro, y lavará sus ropas, y a sí mismo se lavará con agua, y será impuro hasta el anochecer.

15:28 Y cuando termine de su flujo, contará siete días, y después será purificada.

15:29 Y el octavo día tomará consigo dos tórtolas o dos palomas, y los traerá al sacerdote, a la puerta de la Tienda de Reunión;

15:30 y el sacerdote hará con uno un ofrenda por el pecado, y con el otro una ofrenda de elevación y el sacerdote expiara con esto delante de El Eterno, del flujo de su impureza.

15:31 Separarán a los hijos de Israel de sus impurezas, para de que no mueran por sus impurezas, por haber impurificado mi tabernáculo que está entre ellos.

15:32 Esta es la ley para el que tiene flujo, y para el que tiene emisión de semen, impurificándose a causa de ello;

15:33 y en lo que se refiere a la mujer que sufre durante su menstruación, y para el que tuviere flujo, sea hombre o mujer, y para el hombre que durmiere con una mujer impura.

Capítulo 16

16:1 Habló El Eterno a Moshe después de la muerte de los dos hijos de Aharón, cuando se acercaron delante de El Eterno, y murieron.

16:2 Y El Eterno dijo a Moshe: Di a Aharón tu hermano, que no venga en todo momento al santuario detrás de la cortina, delante de la cubierta que está sobre el arca, para que no muera, porque yo apareceré en la nube sobre la cubierta.

16:3 Con esto entrará Aharón en el santuario: con un toro como ofrenda por el pecado, y un carnero como ofrenda de elevación.

16:4 Una túnica de lino sagrada se vestirá, y sobre su cuerpo tendrá pantalones de lino, y se amarrara el cinturón de lino, y con un turbante de lino se cubrirá. Son las ropas sagradas, con ellas se vestirá después de lavar su cuerpo con agua.

16:5 Y de la congregación de los hijos de Israel tomará dos machos cabríos para expiación, y un carnero para ofrenda de elevación.

16:6 Y acercará Aharón su toro de la ofrenda por el pecado, y expiará por el y por su casa.

16:7 Después tomará los dos machos cabríos y los pondrá delante de El Eterno, a la puerta de la Tienda de Reunión.

16:8 Y echará suertes Aharón sobre los dos machos cabríos, una suerte para El Eterno, y otra suerte para Azazel.

16:9 Y acercará Aharón el macho cabrío sobre el cual cayó la suerte por El Eterno, y lo ofrecerá como ofrenda por el pecado.

16:10 El macho cabrío sobre el cual cayere la suerte por Azazel, lo presentará vivo delante de El Eterno para expiar por él, para enviarlo a Azazel al desierto.

16:11 Y acercará Aharón su propio toro para ofrenda por el pecado y expiará para sí mismo y para su casa, y degollará su toro de ofrenda por el pecado.

16:12 Tomará una palada de carbones ardientes de sobre el altar que está delante de El Eterno y un puñado de especias de incienso finamente molidas, y los llevará adentro de la cortina.

16:13 Y pondrá el incienso sobre el fuego delante de El Eterno, y la nube del incienso cubrirá la cubierta que está sobre el testimonio, y así no morirá.

16:14 Tomará luego de la sangre del toro, y la salpicará con su dedo hacia la cortina al lado oriental, delante de la cubierta salpicará de la sangre con su dedo siete veces.

16:15 Y degollará el macho cabrío de la ofrenda por el pecado del pueblo, y llevará la sangre dentro de la cortina, y hará de la sangre como hizo con la sangre del toro, y la salpicará sobre la cubierta y delante la cubierta.

16:16 Así purificará el santuario, a causa de las impurezas de los hijos de Israel, de sus rebeliones y de todos sus pecados; de la misma manera hará también a la Tienda de Reunión, la cual reside entre ellos en medio de sus impurezas.

16:17 Ningún hombre estará en el Tienda de Reunión cuando él entre a hacer la expiación en el santuario, hasta que él salga, y haya hecho la expiación por sí, por su casa y por toda la congregación de Israel.

16:18 Y saldrá al altar que está delante de El Eterno, y lo expiará, y tomará de la sangre del toro y de la sangre del macho cabrío, y la pondrá sobre los cuernos del altar alrededor.

16:19 Y salpicará sobre él de la sangre con su dedo siete veces, y lo purificará, y lo santificará de las impurezas de los hijos de Israel.

16:20 Cuando hubiere acabado de expiar el santuario y el Tienda de Reunión y el altar, acercará el macho cabrío vivo,

16:21 y apoyará Aharón sus dos manos sobre la cabeza del macho cabrío vivo, y confesará sobre él todas las iniquidades de los hijos de Israel, todas sus transgresiones intencionales de entre todos sus pecados, poniéndolos así sobre la cabeza del macho cabrío, y lo enviará al desierto por mano de un hombre destinado para esto.

16:22 Y aquel macho cabrío cargará sobre sí, todas las iniquidades de ellos a tierra no habitada, y dejará ir el macho cabrío por el desierto.

16:23 Vendrá Aharón a la Tienda de Reunión, y se quitará las vestiduras de lino que había vestido para entrar en el santuario, y las pondrá allí.

16:24 Lavará luego su cuerpo con agua en el lugar del santuario, y después se vestirá sus ropas y saldrá, y hará su ofrenda de elevación, y la ofrenda de elevación del pueblo, y hará la expiación por el mismo y por el pueblo.

16:25 Y quemará en el altar la grasa del sacrificio por el pecado.

16:26 El que hubiere llevado el macho cabrío a Azazel, lavará sus vestidos, lavará también con agua su cuerpo, y después vendrá al campamento.

16:27 El toro de la ofrenda por el pecado y el macho cabrío de la ofrenda por el pecado, cuya sangre fue traída para expiar en el santuario, serán llevados fuera del campamento, y quemarán con fuego sus cueros, su carne, y sus excrementos.

16:28 El que los quemare lavará sus vestidos, lavará también su cuerpo con agua, y después vendrá al campamento.

16:29 Y les será como un decreto eterno: En el mes séptimo, a los diez días del mes, afligirán sus almas, y harán ningún trabajo, ni el nativo ni el converso que vive entre ustedes.

16:30 Porque en este día los expiare, para purificarlos de todos sus pecados y quedarán puros delante de El Eterno.

16:31 Es sábado de completo descanso para ustedes, y afligirán sus almas, es un decreto eterno.

16:32 Y expiara el sacerdote que fue ungido o al que se le haya dado autoridad para oficiar en lugar de su padre, vestirá ropas de lino, que son ropas sagradas.

16:33 Y hará la expiación por el santuario santo, y la Tienda de Reunión, también hará expiación por el altar, por los sacerdotes y por todo el pueblo de la congregación.

16:34 Y esto tendrán como decreto eterno, para hacer expiación una vez al año por todos los pecados de Israel. Y Moshe lo hizo como El Eterno le mandó.

Capítulo 17

17:1 Habló El Eterno a Moshe, diciendo:

17:2 Habla a Aharón y a sus hijos, y a todos los hijos de Israel, y diles: Esto es lo que ha mandado El Eterno:

17:3 Cualquier hombre de la casa de Israel que degollare buey o cordero o cabra, en el campamento o fuera de él,

17:4 y no lo trajere a la puerta de la Tienda de Reunión para ofrecer ofrenda a El Eterno delante del tabernáculo de El Eterno, será culpado de sangre el tal hombre; sangre derramó; será cortado tal hombre de entre su pueblo,

17:5 a fin de que traigan los hijos de Israel sus sacrificios, los que sacrifican en medio del campo, para que los traigan a El Eterno a la puerta de la Tienda de Reunión al sacerdote, y sacrifiquen ellos sacrificios de paz a El Eterno.

17:6 Y el sacerdote esparcirá la sangre sobre el altar de El Eterno a la puerta de la Tienda de Reunión, y quemará la grasa en olor grato a El Eterno.

17:7 Y nunca más sacrificarán sus sacrificios a los demonios, tras de los cuales han fornicado; tendrán esto por estatuto perpetuo para sus generaciones

17:8 Les dirás también: Cualquier hombre de la casa de Israel, o de los extranjeros que habitan entre ustedes, que ofreciere holocausto o sacrificio,

17:9 y no lo trajere a la puerta de la Tienda de Reunión para hacerlo a El Eterno, el tal hombre será igualmente cortado de su pueblo.

17:10 Si cualquier hombre de la casa de Israel, o de los extranjeros que moran entre ellos, comiere alguna sangre, yo pondré mi rostro contra la persona que comiere sangre, y la cortaré de entre su pueblo.

17:11 Porque la vida de la carne en la sangre está, y yo os la he dado para hacer expiación sobre el altar por sus almas; y la misma sangre hará expiación de la persona.

17:12 Por tanto, he dicho a los hijos de Israel: Ninguna persona de ustedes comerá sangre, ni el extranjero que mora entre ustedes comerá sangre.

17:13 Y cualquier hombre de los hijos de Israel, o de los extranjeros que moran entre ellos, que cazare animal o ave que sea de comer, derramará su sangre y la cubrirá con tierra.

17:14 Porque la vida de toda carne es su sangre; por tanto, he dicho a los hijos de Israel: No comerán la sangre de ninguna carne, porque la vida de toda carne es su sangre; cualquiera que la comiere será cortado.

17:15 Y cualquier persona, así de los naturales como de los extranjeros, que comiere anima lesionado o despedazado por fiera, lavará sus vestidos y a sí misma se lavará con agua, y será impura hasta la noche; entonces será limpia.

17:16 Y si no los lavare, ni lavare su cuerpo, llevará su iniquidad.

Capítulo 18

18:1 Habló El Eterno a Moshe, diciendo:

18:2 Habla a los hijos de Israel, y diles: Yo soy El Eterno su Dios.

18:3 No harán como hacen en la tierra de Egipto, en la cual habitaron; ni harán como hacen en la tierra de Canaán, a la cual yo os conduzco, ni andarán en sus estatutos.

18:4 Mis ordenanzas llevaran a cabo, y mis estatutos guardaran, andando en ellos. Yo El Eterno su Dios.

18:5 Por tanto, guardaran mis estatutos y mis ordenanzas, los cuales el hombre hará, y vivirá por ellos. Yo soy El Eterno.

18:6 Ningún hombre deber aproximarse a su pariente cercano, para descubrir su desnudez. Yo soy El Eterno.

18:7 La desnudez de tu padre, o la desnudez de tu madre, no descubrirás; ella es tu madre, no descubrirás su desnudez.

18:8 La desnudez de la mujer de tu padre no descubrirás; es la desnudez de tu padre.

18:9 La desnudez de tu hermana, hija de tu padre o hija de tu madre, nacida en casa o nacida fuera, su desnudez no descubrirás.

18:10 La desnudez de la hija de tu hijo, o de la hija de tu hija, su desnudez no descubrirás, porque son tu propia desnudez

18:11 La desnudez de la hija de la mujer de tu padre, engendrada de tu padre, tu hermana es; su desnudez no descubrirás.

18:12 La desnudez de la hermana de tu padre no descubrirás; es parienta de tu padre.

18:13 La desnudez de la hermana de tu madre no descubrirás, porque parienta de tu madre es.

18:14 La desnudez del hermano de tu padre no descubrirás; no llegarás a su mujer; es mujer del hermano de tu padre.

18:15 La desnudez de tu nuera no descubrirás; mujer es de tu hijo, no descubrirás su desnudez.

18:16 La desnudez de la mujer de tu hermano no descubrirás; es la desnudez de tu hermano.

18:17 La desnudez de la mujer y de su hija no descubrirás; no tomarás la hija de su hijo, ni la hija de su hija, para descubrir su desnudez; son parientas, es maldad.

18:18 No tomarás mujer juntamente con su hermana, para hacerla su rival, descubriendo su desnudez delante de ella en su vida.

18:19 Y no llegarás a la mujer para descubrir su desnudez mientras esté en su impureza menstrual.

18:20 Además, no tendrás acto carnal con la mujer de tu prójimo, contaminándote con ella.

18:21 Y no entregarás a ninguno de tus hijos para que pase por Moloc; no contamines así el nombre de tu Dios. Yo soy El Eterno.

18:22 No te acostaras con un hombre como se hace con una mujer; es abominación.

18:23 y con ningún animal yacerás para hacerte impuro con él, ni mujer alguna se pondrá delante de animal para yacer con él; es perversión.

18:24 En ninguna de estas cosas se contaminaran; pues en todas estas cosas se han corrompido las naciones que yo echo de delante de ustedes,

18:25 y la tierra fue contaminada; y yo tome en cuenta sus pecados sobre ella, y la tierra vomitó sus habitantes

18:26 y Guardaran ustedes, mis estatutos y mis ordenanzas, y no harán ninguna de estas abominaciones, ni el natural ni el extranjero que habita entre ustedes

18:27 (porque todas estas abominaciones hicieron los hombres de aquella tierra que fueron antes de ustedes, y la tierra fue contaminada);

18:28 no sea que la tierra los vomite por haberla contaminado, como vomitó a la nación que la habitó antes de ustedes.

18:29 Porque cualquiera que hiciere alguna de todas estas abominaciones, las personas que las hicieren serán cortadas de entre su pueblo.

18:30 Guardaran, pues, mi ordenanza, no haciendo las costumbres abominables que practicaron antes de ustedes, y no se contaminarán por ellas. Yo El Eterno su Dios.

Capítulo 19

19:1 Habló El Eterno a Moshe, diciendo:

19:2 Habla a toda la congregación de los hijos de Israel, y diles: Santos serán, porque santo soy yo El Eterno su Dios.

19:3 Cada uno temerá a su madre y a su padre, y mis días de reposo guardaran. Yo soy El Eterno su Dios.

19:4 No se dirijan a los ídolos, ni harán para ustedes dioses de fundición. Yo soy El Eterno su Dios. **19:5** Y cuando ofrezcan sacrificio de ofrenda de paz a El Eterno, háganlo de tal manera que sean aceptados

19:6 Será comido el día que lo ofrezcan, y el día siguiente; y lo que quedare para el tercer día, será quemado en el fuego.

19:7 Y si se comiere el día tercero, será abominación; no será aceptado,

19:8 y el que lo comiere llevará su delito, por cuanto profanó lo santo de El Eterno; y la tal persona será cortada de su pueblo.

19:9 Cuando siegues la cosecha de tu tierra, no segarás hasta el último rincón de ella, ni espigarás tu tierra segada.

19:10 Y no rebuscarás tu viña, ni recogerás el fruto caído de tu viña; para el pobre y para el extranjero lo dejarás. Yo soy El Eterno su Dios.

19:11 No hurtaran, y no engañaran no se mentirán el uno al otro.

19:12 Y no juraran falsamente por mi nombre, profanando así el nombre de tu Dios. Yo soy El Eterno.

19:13 No oprimirás a tu prójimo, ni le robarás. No retendrás el salario del jornalero en tu casa hasta la mañana.

19:14 No maldecirás al sordo, y delante del ciego no pondrás tropiezo, sino que tendrás temor de tu Dios. Yo soy El Eterno.

19:15 No harás injusticia en el juicio, ni favoreciendo al pobre ni complaciendo al grande; con justicia juzgarás a tu prójimo.

19:16 No andarás chismeando entre tu pueblo. No atentarás contra la vida de tu prójimo. Yo soy El Eterno.

19:17 No odiarás a tu hermano en tu corazón; ciertamente reprenderás a tu prójimo, y no cargaras pecado por causa de el

19:18 No te vengarás, ni guardarás rencor a los hijos de tu pueblo, sino amarás a tu prójimo como a ti mismo. Yo soy El Eterno.

19:19 Mis estatutos guardarás. No harás aparear tu ganado con animales de otra especie; tu campo no sembrarás con mezcla de semillas, y no te pondrás vestidos con mezcla de hilos.

19:20 Si un hombre yaciere con una mujer que fuere sierva designada para otro hombre, y no estuviere rescatada, ni le hubiere sido dada libertad, ambos serán azotados; no morirán, por cuanto ella no es libre.

19:21 Y él traerá a El Eterno, a la puerta de la Tienda de Reunión, un carnero en expiación por su culpa.

19:22 Y con el carnero de la expiación lo reconciliará el sacerdote delante de El Eterno, por su pecado que cometió; y se le perdonará su pecado que ha cometido.

19:23 Y cuando entren en la tierra, y planten toda clase de árboles frutales, consideraran como incircunciso (vedado) lo primero de su fruto; tres años será incircunciso; su fruto no se comerá.

19:24 Y el cuarto año todo su fruto será consagrado en alabanzas a El Eterno.

19:25 Mas al quinto año comerán el fruto de él, para que haga crecer su fruto para ustedes. Yo soy El Eterno su Dios.

19:26 No comerán cosa alguna con sangre. No harán pronósticos, ni adivinos.

19:27 No redondearan la extremidad en sus cabezas, ni dañaran la punta de tu barba.

19:28 Y no harán rasguños en su cuerpo por un muerto, y se harán tatuajes en ustedes. Yo soy El Eterno.

19:29 No profanaras a tu hija prostituirla, para que no se prostituya la tierra y se llene de maldad.

19:30 Mis días de reposo guardaran, y mi santuario tendrán en reverencia. Yo soy El Eterno.

19:31 No se dirijan a los encantadores ni a los adivinos; no los consulten, contaminándose con ellos. Yo soy El Eterno su Dios.

19:32 Delante de las canas te levantarás, y honrarás el rostro del anciano, y de tu Dios tendrás temor. Yo soy El Eterno.

19:33 Cuando el extranjero habite entre ustedes en su tierra, no le oprimirán.

19:34 Como a un natural de ustedes será el extranjero que habite entre ustedes, y lo amarás como a ti mismo; porque extranjeros fueron en la tierra de Egipto. Yo soy El Eterno su Dios.

19:35 No harán injusticia en el juicio, en medida de peso o de volumen.

19:36 Balanzas justas, pesas justas y medidas justas tendrán. Yo soy El Eterno su Dios, que los saqué de la tierra de Egipto.

19:37 Guarden, pues, todos mis estatutos y todas mis ordenanzas, y los llevaran a cabo. Yo soy El Eterno.

Capítulo 20

20:1 Habló El Eterno a Moshe, diciendo:

20:2 Dirás asimismo a los hijos de Israel: Cualquier hombre de los hijos de Israel, o de los extranjeros que moran en Israel, que ofreciere alguno de sus hijos a Moloc, de seguro morirá; el pueblo de la tierra lo apedreará.

20:3 Y yo pondré mi rostro contra ese hombre, y lo cortaré de entre su pueblo, por cuanto dio de sus hijos a Moloc, contaminando mi santuario y profanando mi santo nombre.

20:4 Si el pueblo de la tierra cerrare sus ojos respecto de aquel hombre que hubiere dado de sus hijos a Moloc, para no matarle,

20:5 entonces yo pondré mi rostro contra aquel hombre y contra su familia, y le cortaré de entre su pueblo, con todos los que se descarríen tras de el prostituyéndose con Moloc.

20:6 Y la persona que se dirija a encantadores o adivinos, para prostituirse tras de ellos, yo pondré mi rostro contra la tal persona, y la cortaré de entre su pueblo.

20:7 Se santificaran, y serán santos, porque yo El Eterno soy su Dios.

20:8 Y guardaran mis estatutos, y los llevaran a cabo. Yo El Eterno que los santifico.

20:9 Todo hombre que maldijere a su padre o a su madre, ciertamente morirá; a su padre o a su madre maldijo; su sangre será sobre él.

20:10 Si un hombre cometiere adulterio con la mujer de su prójimo, el adúltero y la adúltera ciertamente serán muertos.

20:11 Cualquiera que yaciere con la mujer de su padre, la desnudez de su padre descubrió; ambos han de ser muertos; su sangre será sobre ellos.

20:12 Si alguno durmiere con su nuera, ambos han de morir; cometieron grave perversión; su sangre será sobre ellos.

20:13 Si alguno se acostase con un hombre como con una mujer, abominación hicieron; ambos han de ser muertos; sobre ellos será su sangre.

20:14 El que tomare mujer y a la madre de ella, comete vileza; quemarán con fuego a él y a ellas, para que no haya vileza entre ustedes.

20:15 Cualquiera que tuviere cópula con bestia, ha de ser muerto, y mataran a la bestia.

20:16 Y si una mujer se llegare a algún animal para estar con él, a la mujer y al animal matarás; morirán ciertamente; su sangre será sobre ellos.

20:17 Si alguno tomare a su hermana, hija de su padre o hija de su madre, y viere su desnudez, y ella viere la suya, es cosa execrable; por tanto serán muertos a ojos de los hijos de su pueblo; descubrió la desnudez de su hermana; su pecado llevará.

20:18 Cualquiera que durmiere con mujer que esta menstruando, y descubriere su desnudez, su fuente descubrió, y ella descubrió la fuente de su sangre; ambos serán cortados de entre su pueblo.

20:19 La desnudez de la hermana de tu madre, o de la hermana de tu padre, no descubrirás; porque al descubrir la desnudez de su parienta, su pecado llevarán.

20:20 Cualquiera que durmiere con la mujer del hermano de su padre, la desnudez del hermano de su padre descubrió; su pecado llevarán; morirán sin hijos.

20:21 Y el que tomare la mujer de su hermano, comete inmundicia; la desnudez de su hermano descubrió; sin hijos se quedaran.

20:22 Guardaran, pues, todos mis estatutos y todas mis ordenanzas, y los llevaran a cabo, no sea que los vomite la tierra en la cual yo los llevo para que habiten en ella.

20:23 Y no andarán en las costumbres de las naciones que yo echaré de delante de ustedes; porque ellos hicieron todas estas cosas, y yo me asquee de ellos

20:24 Pero a ustedes les he dicho: heredarán la tierra de ellos, y yo se las daré para que la posean por herencia, tierra que fluye leche y miel. Yo soy El Eterno su Dios, que los he separado de los pueblos.

20:25 Por tanto, ustedes harán diferencia entre animal puro e impuro, y entre ave impura y limpia; y no harán abominables sus almas con los animales, ni con las aves, ni con nada que se arrastra sobre la tierra, los cuales los he separado por inmundos.

20:26 santos serán para mí, porque yo El Eterno soy santo, y los he apartado de los pueblos para que sean míos.

20:27 Y el hombre o la mujer que evocare espíritus de muertos o se entregare a la adivinación, ha de morir; serán apedreados; su sangre será sobre ellos.

Capítulo 21

21:1 El Eterno dijo a Moshe: Habla a los sacerdotes hijos de Aharón, y diles que no se contaminen por un muerto en sus pueblos.

21:2 Mas por su pariente cercano, por su madre o por su padre, o por su hijo o por su hermano,

21:3 o por su hermana virgen, a él cercana, la cual no haya tenido marido, por ella se contaminará.

21:4 No se contaminará como cualquier hombre de su pueblo, haciéndose impuro.

21:5 No se dejaran una parte calva de sus cabezas, ni se rasuraran la punta de su barba, ni en su carne harán rasguños.

21:6 Santos serán a su Dios, y no profanarán el nombre de su Dios, porque las ofrendas encendidas para El Eterno y el pan de su Dios ofrecen; por tanto, serán santos.

21:7 Con mujer ramera o infame no se casarán, ni con mujer repudiada de su marido; porque el sacerdote es santo a su Dios.

21:8 Le santificarás, por tanto, pues el pan de tu Dios ofrece; santo será para ti, porque santo soy yo El Eterno que los santifico.

21:9 Y la hija del sacerdote, si comenzare a fornicar, a su padre deshonrara; quemada será al fuego. **21:10** Y el sumo sacerdote entre sus hermanos, sobre cuya cabeza fue derramado el aceite de la unción, y que fue consagrado para llevar las vestiduras, no descubrirá su cabeza, ni rasgará sus vestidos,

21:11 ni entrará donde haya alguna persona muerta; ni por su padre ni por su madre se contaminará.

21:12 Ni saldrá del santuario, ni profanará el santuario de su Dios; porque la consagración por el aceite de la unción de su Dios está sobre él. Yo soy El Eterno.

21:13 Tomará por esposa a una mujer virgen.

21:14 No tomará viuda, ni repudiada, ni infame ni ramera, sino tomará de su pueblo una virgen por mujer,

21:15 para que no profane su descendencia en sus pueblos; porque yo El Eterno soy el que los santifico.

21:16 Y El Eterno habló a Moshe, diciendo:

21:17 Habla a Aharón y dile: Ninguno de tus descendientes por sus generaciones, que tenga algún defecto, se acercará para ofrecer el pan de su Dios.

21:18 Porque ningún hombre en el cual haya defecto se acercará; hombre ciego, o cojo, o mutilado, o desproporcionado,

21:19 o hombre que tenga quebradura de pie o rotura de mano,

21:20 o jorobado, o enano, o que tenga nube en el ojo, o que tenga sarna, o empeine, o testículo magullado.

21:21 Ningún hombre de la descendencia del sacerdote Aharón, en el cual haya defecto, se acercará para ofrecer las ofrendas encendidas para El Eterno. Hay defecto en él; no se acercará a ofrecer el pan de su Dios.

21:22 Del pan de su Dios, de lo muy santo y de las cosas santificadas, podrá comer.

21:23 Pero no se acercará tras el cortina, ni se acercará al altar, por cuanto hay defecto en él; para que no profane mi santuario, porque yo El Eterno soy el que los santifico.

21:24 Y Moshe habló esto a Aharón, y a sus hijos, y a todos los hijos de Israel.

Capítulo 22

22:1 Habló El Eterno a Moshe, diciendo:

22:2 Di a Aharón y a sus hijos que se aparten de las cosas santas que los hijos de Israel me han dedicado, y no profanen mi santo nombre. Yo soy El Eterno.

22:3 Diles: en sus generaciones cualquier hombre de toda su descendencia, que se acercare a las cosas sagradas que los hijos de Israel consagran a El Eterno, teniendo impureza sobre sí, será cortado de mi presencia. Yo soy El Eterno.

22:4 Cualquier hombre de la descendencia de Aharón que fuere leproso, o padeciere flujo, no comerá de las cosas sagradas hasta que esté puro. El que tocare cualquiera cosa de cadáveres, o el hombre que hubiere tenido derramamiento de semen,

22:5 o el hombre que hubiere tocado cualquier reptil por el cual será impuro, o a un ser humano por el cual se vuelva sea cual sea su impureza

22:6 la persona que lo tocare será impura hasta la noche, y no comerá de las cosas sagradas antes que haya lavado su cuerpo con agua.

22:7 Cuando el sol se pusiere, será puro; y después podrá comer las cosas sagradas, porque es su alimento

22:8 no comerá un cadáver sin degollar ni un animal lesionado, para hacerse impuro por el. Yo soy El Eterno.

22:9 Guarden, pues, mi ordenanza, para que no lleven pecado por ello, no sea que así mueran cuando la profanen. Yo soy El Eterno que los santifico.

22:10 Ningún extraño comerá cosa sagrada; el huésped del sacerdote, y el empleado, no comerán de lo sagrado.

22:11 Mas cuando el sacerdote comprare algún esclavo por dinero, éste podrá comer de ella, así como también el nacido en su casa podrá comer de su alimento.

22:12 La hija del sacerdote, si se casare con hombre extraño, no comerá de la ofrenda de las cosas sagradas.

22:13 Pero si la hija del sacerdote fuere viuda o divorciada, y no tuviere hijos y se hubiere vuelto a la casa de su padre, como en su juventud, podrá comer del alimento de su padre; pero ningún extraño coma de él.

22:14 Y el que por error comiere cosa sagrada, añadirá a ella una quinta parte, y la dará al sacerdote lo consagrado.

22:15 No profanarán, pues, las cosas santas de los hijos de Israel, las cuales apartan para El Eterno;

22:16 pues les harían llevar el pecado de culpa, comiendo las cosas santas de ellos; porque yo El Eterno soy el que los santifico.

22:17 También habló El Eterno a Moshe, diciendo:

22:18 Habla a Aharón y a sus hijos, y a todos los hijos de Israel, y diles: Cualquier hombre de la casa de Israel, o de los extranjeros en Israel, que ofreciere su ofrenda en pago de sus votos, o como ofrendas voluntarias ofrecidas en sacrificio a El Eterno,

22:19 para que sea aceptado, ofrecerán macho sin defecto de entre el ganado vacuno, de entre los corderos, o de entre las cabras.

22:20 Ninguna cosa en que haya defecto ofrecerán, porque no será aceptado por ustedes **2:21**

Asimismo, cuando alguno ofreciere sacrificio en ofrenda de paz a El Eterno para cumplir un voto, o como ofrenda voluntaria, sea de vacas o de ovejas, para que sea aceptado será sin defecto.

22:22 Ciego, quebrado, mutilado, verrugoso, sarnoso o roñoso, no ofrecerán éstos a El Eterno, ni de ellos pondrán ofrenda de fuego sobre el altar de El Eterno.

22:23 Buey o carnero que tenga de más o de menos, podrás ofrecer por ofrenda voluntaria; pero en pago de voto no será aceptado.

22:24 No ofrecerán a El Eterno animal con testículos heridos o magullados, rasgados o cortados, ni en su tierra lo ofrecerán.

22:25 Ni de mano de extranjeros tomarás estos animales para ofrecerlos como el pan de su Dios, porque su corrupción está en ellos; hay en ellos defecto, no los aceptarán.

22:26 Y habló El Eterno a Moshe, diciendo:

22:27 El becerro o el cordero o la cabra, cuando naciere, siete días estará mamando de su madre; mas desde el octavo día en adelante será aceptado para ofrenda de sacrificio encendido a El Eterno.

22:28 Y sea vaca u oveja, no degollaran en un mismo día a ella y a su hijo.

22:29 Y cuando ofrezcan sacrificio de acción de gracias a El Eterno, lo sacrificarán de manera que sea aceptable.

22:30 En el mismo día se comerá; no dejaran de él para otro día. Yo soy El Eterno.

22:31 Guarden, pues, mis mandamientos, y cúmplanlos. Yo soy El Eterno.

22:32 Y no profanen mi santo nombre, para que yo sea santificado en medio de los hijos de Israel. Yo soy El Eterno que los santifico,

22:33 que los saqué de la tierra de Egipto, para ser su Dios. Yo soy El Eterno.

Capítulo 23

23:1 Habló El Eterno a Moshe, diciendo:

23:2 Habla a los hijos de Israel y diles: Las fiestas solemnes de El Eterno, las cuales proclamaran como santas convocaciones, serán estas:

23:3 Seis días se trabajará, mas el séptimo día será de reposo, santa convocación; ningún trabajo harán; día de reposo es de El Eterno en dondequiera que habiten.

23:4 Estas son las fiestas solemnes de El Eterno, las convocaciones santas, a las cuales convocaran en sus tiempos:

23:5 En el mes primero, a los catorce del mes, entre las dos tardes, pascua es de El Eterno.

23:6 Y a los quince días de este mes es la fiesta solemne de los panes sin levadura a El Eterno; siete días comeréis panes sin levadura.

23:7 El primer día tendrán santa convocación; ningún trabajo de siervos harán.

23:8 Y ofrecerán a El Eterno siete días ofrenda de fuego; el séptimo día será santa convocación; ningún trabajo de siervo harán.

23:9 Y habló El Eterno a Moshe, diciendo:

23:10 Habla a los hijos de Israel y diles: Cuando hubiesen entrado en la tierra que yo les doy, y corten su cosecha, traerán al sacerdote una gavilla por primicia de los primeros frutos de su cosecha.

23:11 Y el sacerdote mecerá la gavilla delante de El Eterno, para que sean aceptados; el día siguiente del día de reposo la mecerá.

23:12 Y el día que ofrezcan la gavilla darán un cordero de un año, sin defecto, en ofrenda a El Eterno.

23:13 Su ofrenda será dos décimas de efá de harina fina amasada con aceite, ofrenda de fuego a El Eterno en olor gratísimo; y su libación será de vino, la cuarta parte de un hin.

23:14 No comerán pan, ni grano tostado, ni espiga fresca, hasta este mismo día, hasta que hubiesen ofrecido la ofrenda de su Dios; estatuto perpetuo es por sus generaciones en dondequiera que habiten.

23:15 Y contarán desde el día que sigue al día de reposo, desde el día en que dieron la gavilla de la ofrenda mecida; siete semanas completas serán.

23:16 Hasta el día siguiente del séptimo día de reposo contaran cincuenta días; entonces ofrecerán el nuevo grano a El Eterno.

23:17 De sus habitaciones traerán dos panes para ofrenda mecida, que serán de dos décimas de efá de harina fina, cocidos con levadura, como primicias para El Eterno.

23:18 Y ofrecerán con el pan siete corderos de un año, sin defecto, un becerro de la vacada, y dos carneros; serán holocausto a El Eterno, con su ofrenda y sus libaciones, ofrenda de fuego de olor grato para El Eterno.

23:19 Ofrecerán además un macho cabrío por expiación, y dos corderos de un año en sacrificio de ofrenda de paz.

23:20 Y el sacerdote los presentará como ofrenda mecida delante de El Eterno, con el pan de las primicias y los dos corderos; serán cosa sagrada a El Eterno para el sacerdote.

23:21 Y convocaran en este mismo día santa convocación; ningún trabajo de siervos harán, estatuto perpetuo en dondequiera que habiten por sus generaciones.

23:22 Cuando sieguen la cosecha de su tierra, no cortaran hasta el último rincón de ella, ni espigarás tu siega; para el pobre y para el extranjero la dejarás. Yo El Eterno tu Dios.

23:23 Y habló El Eterno a Moshe, diciendo:

23:24 Habla a los hijos de Israel y diles: En el mes séptimo, al primero del mes tendrán día de reposo, una conmemoración al son de trompetas, y una santa convocación.

23:25 Ningún trabajo de siervos harán; y ofrecerán ofrenda de fuego a El Eterno.

23:26 También habló El Eterno a Moshe, diciendo:

23:27 A los diez días de este mes séptimo será el día de expiación; tendrán santa convocación, y afligirán sus almas, y ofrecerán ofrenda de fuego a El Eterno.

23:28 Ningún trabajo harán en este día; porque es día de expiación, para reconciliarse delante de El Eterno tu Dios.

23:29 Porque toda persona que no se afligiere en este mismo día, será cortada de su pueblo.

23:30 Y cualquiera persona que hiciere trabajo alguno en este día, yo destruiré a la tal persona de entre su pueblo.

23:31 Ningún trabajo harán; estatuto perpetuo es por sus generaciones en dondequiera que habiten.

23:32 Día de reposo será a ustedes, y afligirán sus almas, comenzando a los nueve días del mes en la tarde; de tarde a tarde guardaran su reposo.

23:33 Y habló El Eterno a Moshe, diciendo:

23:34 Habla a los hijos de Israel y diles: A los quince días de este mes séptimo será la fiesta solemne de los tabernáculos a El Eterno por siete días.

23:35 El primer día habrá santa convocación; ningún trabajo de siervos harán.

23:36 Siete días ofrecerán ofrenda de fuego a El Eterno; el octavo día tendrán santa convocación, y ofrecerán ofrenda de fuego a El Eterno; es fiesta, ningún trabajo de siervos harán.

23:37 Estas son las fiestas solemnes de El Eterno, a las que convocarán santas reuniones, para ofrecer ofrenda de fuego a El Eterno, holocausto y ofrenda, sacrificio y libaciones, cada cosa en su tiempo,

23:38 además de los días de reposo de El Eterno, de sus presentes, de todos sus votos, y de todas sus ofrendas voluntarias que acostumbran a dar a El Eterno.

23:39 Pero a los quince días del mes séptimo, cuando hubiesen recogido el fruto de la tierra, harán fiesta a El Eterno por siete días; el primer día será de reposo, y el octavo día será también día de reposo.

23:40 Y tomaran el primer día ramas con fruto de árbol hermoso, ramas de palmeras, ramas de árboles frondosos, y sauces de los arroyos, y los regocijaran delante de El Eterno su Dios por siete días.

23:41 Y le harán fiesta a El Eterno por siete días cada año; será estatuto perpetuo por sus generaciones; en el mes séptimo la harán.

23:42 En tabernáculos habitaran siete días; todo natural de Israel habitará en tabernáculos,

23:43 para que sepan tus descendientes que en tabernáculos hice yo habitar a los hijos de Israel cuando los saqué de la tierra de Egipto. Yo soy El Eterno tu Dios.

23:44 Así habló Moshe a los hijos de Israel sobre las fiestas solemnes de El Eterno.

Capítulo 24

24:1 Habló El Eterno a Moshe, diciendo:

24:2 Manda a los hijos de Israel que te traigan para el alumbrado aceite puro de olivas machacadas, para hacer arder las lámparas continuamente.

24:3 Fuera de la cortina del testimonio, en el Tienda de Reunión, las dispondrá Aharón desde la tarde hasta la mañana delante de El Eterno; es estatuto perpetuo por sus generaciones.

24:4 Sobre el candelero puro pondrá siempre en orden las lámparas delante de El Eterno.

El pan de la proposición

24:5 Y tomarás harina fina, y cocerás de ella doce tortas; cada torta será de dos décimas de efá.

24:6 Y las pondrás en dos hileras, seis en cada hilera, sobre la mesa limpia delante de El Eterno.

24:7 Pondrás también sobre cada hilera incienso puro, y será para el pan como perfume, ofrenda de fuego a El Eterno.

24:8 Cada día de reposo lo pondrá continuamente en orden delante de El Eterno, en nombre de los hijos de Israel, como pacto perpetuo.

24:9 Y será de Aharón y de sus hijos, los cuales lo comerán en lugar santo; porque es cosa muy santa para él, de las ofrendas encendidas a El Eterno, por derecho perpetuo.

24:10 En aquel tiempo el hijo de una mujer israelita, el cual era hijo de un egipcio, salió entre los hijos de Israel; y el hijo de la israelita y un hombre de Israel riñeron en el campamento.

24:11 Y el hijo de la mujer israelita blasfemó el Nombre, y maldijo; entonces lo llevaron a Moshe. Y su madre se llamaba Shelomit, la hija de Dibri, de la tribu de Dan.

24:12 Y lo pusieron en la cárcel, hasta que les fuese declarado por palabra de El Eterno.

24:13 Y El Eterno habló a Moshe, diciendo:

24:14 Saca al blasfemo fuera del campamento, y todos los que le oyeron pongan sus manos sobre la cabeza de él, y apedréelo toda la congregación.

24:15 Y a los hijos de Israel hablarás, diciendo: Cualquiera que maldijere a su Dios, llevará su PECADO.

24:16 Y el que blasfemare el nombre de El Eterno, ha de ser muerto; toda la congregación lo apedreará; así el extranjero como el natural, si blasfemare el Nombre, que muera.

24:17 Asimismo el hombre que hiere de muerte a cualquiera persona, que sufra la muerte.

24:18 El que hiere a algún animal ha de restituirlo, animal por animal.

24:19 Y el que causare lesión en su prójimo, según hizo, así le sea hecho:

24:20 rotura por rotura, ojo por ojo, diente por diente; según la lesión que haya hecho a otro, tal se hará a él.

24:21 El que hiere algún animal ha de restituirlo; más el que hiere de muerte a un hombre, que muera.

24:22 Un mismo estatuto tendrán para el extranjero, como para el natural; porque yo soy El Eterno su Dios.

24:23 Y habló Moshe a los hijos de Israel, y ellos sacaron del campamento al blasfemo y lo apedrearon. Y los hijos de Israel hicieron según El Eterno había ordenado a Moshe.

Capítulo 25

25:1 El Eterno habló a Moshe en el monte de Sinaí, diciendo:

25:2 Habla a los hijos de Israel y diles: Cuando hubiesen entrado en la tierra que yo les doy, la tierra guardará reposo para El Eterno.

25:3 Seis años sembrarás tu tierra, y seis años podarás tu viña y recogerás sus frutos.

25:4 Pero el séptimo año la tierra tendrá descanso, reposo para El Eterno; no sembrarás tu tierra, ni podarás tu viña.

25:5 Lo que de suyo naciere en tu tierra segada, no lo segarás, y las uvas de tu viñedo no vendimiarás; año de reposo será para la tierra.

25:6 Mas el descanso de la tierra te dará para comer a ti, a tu siervo, a tu sierva, a tu criado, y a tu extranjero que morare contigo;

25:7 y a tu animal, y a la bestia que hubiere en tu tierra, será todo el fruto de ella para comer.

25:8 Y contarás siete semanas de años, siete veces siete años, de modo que los días de las siete semanas de años vendrán a serte cuarenta y nueve años.

25:9 Entonces harás tocar fuertemente la trompeta en el mes séptimo a los diez días del mes; el día de la expiación harás tocar la trompeta por toda su tierra.

25:10 Y santificarán el año cincuenta, y pregonaran libertad en la tierra a todos sus moradores; ese año os será de jubileo, y volverán cada uno a su posesión, y cada cual volverá a su familia.

25:11 El año cincuenta será jubileo para ustedes; no sembraran, ni segaran lo que naciere de suyo en la tierra, ni vendimiaran sus viñedos,

25:12 porque es jubileo; santo será a ustedes; el producto de la tierra comerán.

25:13 En este año de jubileo volverán cada uno a su posesión.

25:14 Y cuando vendieran algo a su prójimo, o comprasen de mano de su prójimo, no engañe ninguno a su hermano.

25:15 Conforme al número de los años después del jubileo comprarás de tu prójimo; conforme al número de los años de los frutos te venderá él a ti.

25:16 Cuanto mayor fuere el número de los años, aumentarás el precio, y cuanto menor fuere el número, disminuirás el precio; porque según el número de las cosechas te venderá él.

25:17 Y no engañe ninguno a su prójimo, sino teman a su Dios; porque yo soy El Eterno su Dios.

25:18 Ejecuten, pues, mis estatutos y guarden mis ordenanzas, y pónganlos en uso, y habitaran en la tierra seguros;

25:19 y la tierra dará su fruto, y comerán hasta saciarse, y habitaran en ella con seguridad.

25:20 Y si dijeran: ¿Qué comeremos el séptimo año? He aquí no hemos de sembrar, ni hemos de recoger nuestros frutos;

25:21 entonces yo les enviaré mi bendición el sexto año, y ella hará que haya fruto por tres años.

25:22 Y sembraran el año octavo, y comerán del fruto añejo; hasta el año noveno, hasta que venga su fruto, comerán del añejo.

25:23 La tierra no se venderá a perpetuidad, porque la tierra mía es; pues ustedes forasteros y extranjeros son para conmigo.

25:24 Por tanto, en toda la tierra de su posesión otorgaran rescate a la tierra.

25:25 Cuando tu hermano empobreciere, y vendiere algo de su posesión, entonces su pariente más próximo vendrá y rescatará lo que su hermano hubiere vendido.

25:26 Y cuando el hombre no tuviere rescatador, y consiguiere lo suficiente para el rescate,

25:27 entonces contará los años desde que vendió, y pagará lo que quedare al hombre a quien vendió, y volverá a su posesión.

25:28 Mas si no consiguiere lo suficiente para que se la devuelvan, lo que vendió estará en poder del que lo compró hasta el año del jubileo; y al jubileo saldrá, y él volverá a su posesión.

25:29 El hombre que vendiere casa de habitación en ciudad amurallada, tendrá facultad de redimirla hasta el término de un año desde la venta; un año será el término de poderse redimir.

25:30 Y si no fuere rescatada dentro de un año entero, la casa que estuviere en la ciudad amurallada quedará para siempre en poder de aquel que la compró, y para sus descendientes; no saldrá en el jubileo.

25:31 Mas las casas de las aldeas que no tienen muro alrededor serán estimadas como los terrenos del campo; podrán ser rescatadas, y saldrán en el jubileo.

25:32 Pero en cuanto a las ciudades de los levitas, éstos podrán rescatar en cualquier tiempo las casas en las ciudades de su posesión.

25:33 Y el que comprare de los levitas saldrá de la casa vendida, o de la ciudad de su posesión, en el jubileo, por cuanto las casas de las ciudades de los levitas son la posesión de ellos entre los hijos de Israel.

25:34 Más la tierra del ejido de sus ciudades no se venderá, porque es perpetua posesión de ellos.

25:35 Y cuando tu hermano empobreciere y se acogiere a ti, tú lo ampararás; como forastero y extranjero vivirá contigo.

25:36 No tomarás de él usura ni ganancia, sino tendrás temor de tu Dios, y tu hermano vivirá contigo.

25:37 No le darás tu dinero a usura, ni tus víveres a ganancia.

25:38 Yo El Eterno su Dios, que los saqué de la tierra de Egipto, para darles la tierra de Canaán, para ser su Dios.

25:39 Y cuando tú hermano empobreciere, estando contigo, y se vendiere a ti, no le harás servir como esclavo.

25:40 Como criado, como extranjero estará contigo; hasta el año del jubileo te servirá.

25:41 Entonces saldrá libre de tu casa; él y sus hijos consigo, y volverá a su familia, y a la posesión de sus padres se restituirá.

25:42 Porque son mis siervos, los cuales saqué yo de la tierra de Egipto; no serán vendidos a manera de esclavos.

25:43 No lo subyugaras a él con dureza, sino tendrás temor de tu Dios.

25:44 Así tu esclavo como tu esclava que tuvieres, serán de las gentes que están en tu alrededor; de ellos podrás comprar esclavos y esclavas.

25:45 También podrán comprar de los hijos de los forasteros que viven entre ustedes, y de las familias de ellos nacidos en su tierra, que están con ustedes, los cuales podrán tener por posesión.

25:46 Y los podrán dejar en herencia para sus hijos después de ustedes, como posesión hereditaria; para siempre os servirán de ellos; pero en sus hermanos los hijos de Israel no subyugaran cada uno sobre su hermano con dureza.

25:47 Si el forastero o el extranjero que está contigo se enriquecieren, y tu hermano que está junto a él empobreciere, y se vendiere al forastero o extranjero que está contigo, o a alguno de la familia del extranjero;

25:48 después que se hubiere vendido, podrá ser rescatado; uno de sus hermanos lo rescatará.

25:49 O su tío o el hijo de su tío lo rescatará, o un pariente cercano de su familia lo rescatará; o si sus medios alcanzaren, él mismo se rescatará.

25:50 Hará la cuenta con el que lo compró, desde el año que se vendió a él hasta el año del jubileo; y ha de apreciarse el precio de su venta conforme al número de los años, y se contará el tiempo que estuvo con él conforme al tiempo de un criado asalariado.

25:51 Si aún fueren muchos años, conforme a ellos devolverá para su rescate, del dinero por el cual se vendió.

25:52 Y si quedare poco tiempo hasta el año del jubileo, entonces hará un cálculo con él, y devolverá su rescate conforme a sus años.

25:53 Como con el tomado a salario anualmente hará con él; no lo subyugara a él con rigor delante de tus ojos.

25:54 Y si no se rescatare en esos años, en el año del jubileo saldrá, él y sus hijos con él.

25:55 Porque mis siervos son los hijos de Israel; son siervos míos, a los cuales saqué de la tierra de Egipto. Yo El Eterno su Dios.

Capítulo 26

26:1 No harán para ustedes ídolos, ni escultura, ni erigirán una estatua, ni pondrán en su tierra piedra pintada para inclinarse a ella; porque yo soy El Eterno su Dios.

26:2 Guarden mis días de reposo, y tengan reverencia por mi santuario. Yo soy El Eterno.

26:3 Si andan en mis decretos y guardan mis mandamientos, y los llevan a cabo,

26:4 yo proveeré sus lluvias en su tiempo, y la tierra rendirá sus productos, y el árbol del campo dará su fruto.

26:5 y la trilla durará a la vendimia, y la vendimia durará a la siembra, y comerán pan hasta saciarse, y habitaran seguros en su tierra.

26:6 Y yo daré paz en la tierra, y se asentaran sin que nadie los asuste; y haré quitar de su tierra las malas bestias, y la espada no pasará por su país.

26:7 Y perseguirán a sus enemigos, y caerán a espada delante de ustedes.

26:8 Cinco de ustedes perseguirán a ciento, y ciento de ustedes perseguirán a diez mil, y sus enemigos caerán a filo de espada delante de ustedes.

26:9 Porque yo me volveré a ustedes, y los haré crecer, y los multiplicaré, y afirmaré mi pacto con ustedes.

26:10 Comerán lo añejo de mucho tiempo, y sacaran lo viejo para guardar lo nuevo.

26:11 Y pondré mi morada en medio de ustedes, y mi alma no los abominará;

26:12 y andaré entre ustedes, y yo seré su Dios, y ustedes serán mi pueblo.

26:13 Yo soy El Eterno su Dios, que los saqué de la tierra de Egipto, para que no fueran sus esclavos, y rompí las clavijas de su yugo, y los he hecho andar con el rostro erguido.

26:14 Pero si no me oyeran, ni hicieren todos estos mis mandamientos,

26:15 y si repugnan mis decretos, y su alma menospreciare mis estatutos, no ejecutando todos mis mandamientos, e invalidando mi pacto,

26:16 yo también haré con ustedes esto: enviaré sobre ustedes terror, extenuación y calentura, que consuman los ojos y atormenten el alma; y sembraran en vano su semilla, porque sus enemigos la comerán.

26:17 Pondré mi rostro contra ustedes, y serán heridos delante de sus enemigos; y los que los aborrecen los subyugaran, y huirán sin que haya quien los persiga.

26:18 Y si aun con estas cosas no me oyeran, yo volveré a castigarlos siete veces más por sus pecados.

26:19 Y quebrantaré la soberbia de su orgullo. Haré sus cielos como hierro y sus tierras como cobre

26:20 su fuerza se consumirá en vano, porque su tierra no dará su producto, y los árboles de la tierra no darán su fruto.

26:21 Si anduvieran conmigo casualmente, y no me quisieran oír, yo añadiré sobre sus siete veces más plagas según sus pecados.

26:22 Enviaré también contra ustedes bestias fieras que les arrebaten sus hijos, y destruyan su ganado, y os reduzcan en número, y sus caminos sean desiertos.

26:23 Y si con estas cosas no se corrigen, sino que anduvieran conmigo casualmente,

26:24 yo también procederé en contra de ustedes, y los heriré aún siete veces por sus pecados.

26:25 Traeré sobre ustedes espada vengadora, en vindicación del pacto; y si buscasen refugio en sus ciudades, yo enviaré pestilencia entre ustedes, y serán entregados en mano del enemigo.

26:26 Cuando yo les quebrante el sustento del pan, cocerán diez mujeres su pan en un horno, y les devolverán su pan por peso; y comerán, y no se saciaran.

26:27 Si aun con esto no me oyesen, sino que procedieran conmigo en casualmente

26:28 yo procederé en contra de ustedes con ira, y los castigaré aún siete veces por sus pecados.

26:29 Y comerán la carne de sus hijos, y comerán la carne de sus hijas.

26:30 Destruiré sus lugares altos, y derribaré sus imágenes, y pondré sus cuerpos muertos sobre los cuerpos muertos de sus ídolos, y mi alma los abominará.

26:31 Haré desiertas sus ciudades, y asolaré sus santuarios, y no oleré la fragancia de su suave perfume.

26:32 Asolaré también la tierra, y se pasmarán por ello sus enemigos que en ella habiten;

26:33 y a ustedes os esparciré entre las naciones, y desenvainaré espada en contra de ustedes; y su tierra estará asolada, y desiertas sus ciudades.

26:34 Entonces la tierra gozará sus días de reposo, todos los días que esté asolada, mientras ustedes estén en la tierra de sus enemigos; la tierra descansará entonces y gozará sus días de reposo.

26:35 Todo el tiempo que esté asolada, descansará por lo que no reposó en los días de reposo cuando habitaban en ella.

26:36 Y a los que queden de ustedes infundiré en sus corazones tal cobardía, en la tierra de sus enemigos, que el sonido de una hoja que se mueva los perseguirá, y huirán como ante la espada, y caerán sin que nadie los persiga.

26:37 Tropezarán los unos con los otros como si huyeran ante la espada, aunque nadie los persiga; y no podrán resistir delante de sus enemigos.

26:38 Y pereceréis entre las naciones, y la tierra de sus enemigos los consumirá.

26:39 Y los que queden de ustedes decaerán en las tierras de sus enemigos por su iniquidad; y por la iniquidad de sus padres decaerán con ellos.

26:40 Y confesarán su iniquidad, y la iniquidad de sus padres, por su traición con la que me traicionaron contra mí; y también porque anduvieron conmigo casualmente

26:41 yo también habré andado en contra de ellos, y los habré hecho entrar en la tierra de sus enemigos; y entonces se humillará su corazón incircunciso, y reconocerán su pecado.

26:42 Entonces yo me acordaré de mi pacto con Iaakób, y asimismo de mi pacto con Isaac, y también de mi pacto con Abraham me acordaré, y haré memoria de la tierra.

26:43 Pero la tierra será abandonada por ellos, y gozará sus días de reposo, estando desierta a causa de ellos; y entonces se someterán al castigo de sus iniquidades; por cuanto menospreciaron mis ordenanzas, y su alma rechazo mis estatutos.

26:44 Y aun con todo esto, estando ellos en tierra de sus enemigos, yo no los desecharé, ni los abominaré para consumirlos, invalidando mi pacto con ellos; porque yo El Eterno soy su Dios.

26:45 Antes me acordaré de ellos por el pacto antiguo, cuando los saqué de la tierra de Egipto a los ojos de las naciones, para ser su Dios. Yo soy El Eterno.

26:46 Estos son los estatutos, ordenanzas y leyes que estableció El Eterno entre sí y los hijos de Israel en el monte de Sinaí por mano de Moshe.

Capítulo 27

27:1 Habló El Eterno a Moshe, diciendo:

27:2 Habla a los hijos de Israel y diles: Cuando alguno hiciere especial voto a El Eterno, según la estimación de las personas que se hayan de redimir, lo estimarás así:

27:3 En cuanto al hombre de veinte años hasta sesenta, lo estimarás en cincuenta siclos de plata, según el siclo del santuario.

27:4 Y si fuere mujer, la estimarás en treinta siclos.

27:5 Y si fuere de cinco años hasta veinte, al hombre lo estimarás en veinte siclos, y a la mujer en diez siclos.

27:6 Y si fuere de un mes hasta cinco años, entonces estimarás al hombre en cinco siclos de plata, y a la mujer en tres siclos de plata.

27:7 Más si fuere de sesenta años o más, al hombre lo estimarás en quince siclos, y a la mujer en diez siclos.

27:8 Pero si fuere muy pobre para pagar tu estimación, entonces será llevado ante el sacerdote, quien fijará el precio; conforme a la posibilidad del que hizo el voto, le fijará precio el sacerdote.

27:9 Y si fuere animal de los que se ofrece ofrenda a El Eterno, todo lo que pueda entregar de el a El Eterno será sagrado.

27:10 No será cambiado ni substituido, bueno por malo, ni malo por bueno; y si se cambiase un animal por otro, él y el dado en cambio de él serán sagrados.

27:11 Si fuere algún animal impuro, de que no se ofrece ofrenda a El Eterno, entonces el animal será puesto delante del sacerdote,

27:12 y el sacerdote lo valorará, sea bueno o sea malo; conforme a la estimación del sacerdote, así será.

27:13 Y si lo quisiere rescatar, añadirá sobre tu valuación la quinta parte.

27:14 Cuando alguno dedicare su casa consagrándola a El Eterno, la valorará el sacerdote, sea buena o sea mala; según la valorare el sacerdote, así quedará.

27:15 Más si el que dedicó su casa deseare rescatarla, añadirá a tu valuación la quinta parte del valor de ella, y será suya.

27:16 Si alguno dedicare de la tierra de su posesión a El Eterno, tu estimación será conforme a su siembra; un ómer de siembra de cebada se valorará en cincuenta siclos de plata.

27:17 Y si dedicare su tierra desde el año del jubileo, conforme a tu estimación quedará.

27:18 Más si después del jubileo dedicare su tierra, entonces el sacerdote hará la cuSenta del dinero conforme a los años que quedaren hasta el año del jubileo, y se rebajará de tu estimación.

27:19 Y si el que dedicó la tierra quisiere redimirla, añadirá a tu estimación la quinta parte del precio de ella, y se le quedará para él.

27:20 Mas si él no rescatare la tierra, y la tierra se vendiere a otro, no la rescatará más;

27:21 sino que cuando saliere en el jubileo, la tierra será santa para El Eterno, como tierra consagrada; la posesión de ella será del sacerdote.

27:22 Y si dedicare alguno a El Eterno la tierra que él compró, que no era de la tierra de su herencia,

27:23 entonces el sacerdote calculará con él la suma de tu estimación hasta el año del jubileo, y aquel día dará tu precio señalado, cosa consagrada a El Eterno.

27:24 En el año del jubileo, volverá la tierra a aquél de quien él la compró, cuya es la herencia de la tierra.

27:25 Y todo lo que valorares será conforme al siclo del santuario; el siclo tiene veinte gerás.

27:26 Pero el primogénito de los animales, que por la primogenitura es de El Eterno, nadie lo dedicará; sea buey u oveja, de El Eterno es.

27:27 Mas si fuere de los animales inmundos, lo rescatarán conforme a tu estimación, y añadirán sobre ella la quinta parte de su precio; y si no lo rescataren, se venderá conforme a tu estimación.

27:28 Pero no se venderá ni se rescatará ninguna cosa consagrada, que alguno hubiere dedicado a El Eterno; de todo lo que tuviere, de hombres y animales, y de las tierras de su posesión, todo lo consagrado será cosa santísima para El Eterno.

27:29 Ninguna persona separada como proscrito podrá ser rescatada; ciertamente ha de ser muerta.

27:30 Y el diezmo de la tierra, así de la simiente de la tierra como del fruto de los árboles, de El Eterno es; es cosa dedicada a El Eterno.

27:31 Y si alguno quisiere rescatar algo del diezmo, añadirá la quinta parte de su precio por ello.

27:32 Y todo diezmo de vacas o de ovejas, de todo lo que pasa bajo la vara, el diezmo será consagrado a El Eterno.

27:33 No mirará si es bueno o malo, ni lo cambiará; y si lo cambiare, tanto él como el que se dio en cambio serán cosas sagradas; no podrán ser rescatados.

27:34 Estos son los mandamientos que ordenó El Eterno a Moshe para los hijos de Israel, en el monte de Sinaí.

JAZÁK, JAZÁK VENITJAZÉK
(¡Sé fuerte, sé fuerte, y nos fortaleceremos!)

LIBRO DE NÚMEROS

Capítulo 1

1:1 Habló El Eterno a Moshe en el desierto de Sinaí, en la tienda de reunión, en el día primero del mes segundo, en el segundo año de su salida de la tierra de Mitzraim, diciendo:

1:2 Hagan el censo de toda la congregación de los hijos de Israel por sus familias, por las casas de sus padres, con la cuenta de los nombres, todos los varones por sus cabezas.

1:3 De veinte años arriba, todos los que pueden salir a la guerra en Israel, los contaran tú y Aharon por sus ejércitos.

1:4 Y estará con ustedes un varón de cada tribu, cada uno jefe de la casa de sus padres.

1:5 Estos son los nombres de los varones que estarán con ustedes: De la tribu de Reubén, Elitsur hijo de Shedeur.

1:6 De Shimón, Shelumiel hijo de tzurishadai.

1:7 De Yehudá, Najshón hijo de Aminadab.

1:8 De Isajar, Nataael hijo de Tzuar.

1:9 De Zebulun, Eliab hijo de Jelón.

1:10 De los hijos de Yosef: de Efrain, Elishama hijo de Amihud; de Menashe, Gamaliel hijo de Pedatsur.

1:11 De Binyamin, Abidán hijo de Guidoni.

1:12 De Dan, Ajiezer hijo de Amishadai.

1:13 De Asher, Pagiel hijo de Ojrán.

1:14 De Gad, Eliasaf hijo de Deuel.

1:15 De Naftali, Ajira hijo de Enán.

1:16 Estos eran los nombrados de entre la congregación, líderes de las tribus de sus padres, jefes de los millares de Israel.

1:17 Tomaron, pues, Moshe y Aharon a estos varones que fueron designados por sus nombres,

1:18 y reunieron a toda la congregación en el día primero del mes segundo, y fueron agrupados por familias, según las casas de sus padres, conforme a la cuenta de los nombres por cabeza, de veinte años arriba.

1:19 Tal como El Eterno le había mandado a Moshe, los contó en el desierto de Sinaí.

1:20 De los hijos de Reubén, primogénito de Israel, por su descendencia, por sus familias, según las casas de sus padres, conforme a la cuenta de los nombres por cabeza, todos los varones de veinte años arriba, todos los que podían salir a la guerra;

1:21 los contados de la tribu de Reubén fueron cuarenta y seis mil quinientos.

1:22 De los hijos de Shimón, por su descendencia, por sus familias, según las casas de sus padres, fueron contados conforme a la cuenta de los nombres por cabeza, todos los varones de veinte años arriba, todos los que podían salir a la guerra;

1:23 los contados de la tribu de Shimón fueron cincuenta y nueve mil trescientos.

1:24 De los hijos de Gad, por su descendencia, por sus familias, según las casas de sus padres, conforme a la cuenta de los nombres, de veinte años arriba, todos los que podían salir a la guerra;

1:25 los contados de la tribu de Gad fueron cuarenta y cinco mil seiscientos cincuenta.

1:26 De los hijos de Yehudá, por su descendencia, por sus familias, según las casas de sus padres, conforme a la cuenta de los nombres, de veinte años arriba, todos los que podían salir a la guerra;

1:27 los contados de la tribu de Yehudá fueron setenta y cuatro mil seiscientos.

1:28 De los hijos de Isajar, por su descendencia, por sus familias, según las casas de sus padres, conforme a la cuenta de los nombres, de veinte años arriba, todos los que podían salir a la guerra;

1:29 los contados de la tribu de Isajar fueron cincuenta y cuatro mil cuatrocientos.

1:30 De los hijos de Zebulun, por su descendencia, por sus familias, según las casas de sus padres, conforme a la cuenta de sus nombres, de veinte años arriba, todos los que podían salir a la guerra;

1:31 los contados de la tribu de Zebulun fueron cincuenta y siete mil cuatrocientos.

1:32 De los hijos de Yosef; de los hijos de Efraím, por su descendencia, por sus familias, según las casas de sus padres, conforme a la cuenta de los nombres, de veinte años arriba, todos los que podían salir a la guerra;

1:33 los contados de la tribu de Efraím fueron cuarenta mil quinientos.

1:34 Y de los hijos de Menashé, por su descendencia, por sus familias, según las casas de sus padres, conforme a la cuenta de los nombres, de veinte años arriba, todos los que podían salir a la guerra;

1:35 los contados de la tribu de Menashé fueron treinta y dos mil doscientos.

1:36 De los hijos de Binyamín, por su descendencia, por sus familias, según las casas de sus padres, conforme a la cuenta de los nombres, de veinte años arriba, todos los que podían salir a la guerra;

1:37 los contados de la tribu de Binyamín fueron treinta y cinco mil cuatrocientos.

1:38 De los hijos de Dan, por su descendencia, por sus familias, según las casas de sus padres, conforme a la cuenta de los nombres, de veinte años arriba, todos los que podían salir a la guerra;

1:39 los contados de la tribu de Dan fueron sesenta y dos mil setecientos.

1:40 De los hijos de Asher, por su descendencia, por sus familias, según las casas de sus padres, conforme a la cuenta de los nombres, de veinte años arriba, todos los que podían salir a la guerra;

1:41 los contados de la tribu de Asher fueron cuarenta y un mil quinientos.

1:42 De los hijos de Naftalí, por su descendencia, por sus familias, según las casas de sus padres, conforme a la cuenta de los nombres, de veinte años arriba, todos los que podían salir a la guerra;

1:43 los contados de la tribu de Naftalí fueron cincuenta y tres mil cuatrocientos.

1:44 Estos fueron los contados, los cuales contaron Moshe y Aharon, con los líderes de Israel, doce varones, uno por cada casa de sus padres.

1:45 Y todos los contados de los hijos de Israel por las casas de sus padres, de veinte años arriba, todos los que podían salir a la guerra en Israel,

1:46 fueron todos los contados seiscientos tres mil quinientos cincuenta.

1:47 Y los levitim según la tribu de sus padres, no fueron contados entre ellos;

1:48 porque habló El Eterno a Moshe, diciendo:

1:49 Pero no contarás la tribu de Leví, ni tomarás la cuenta de ellos entre los hijos de Israel,

1:50 Y tu comisiona a los leviim en el tabernáculo del testimonio, y sobre todos sus utensilios, y sobre todas las cosas que le pertenecen; ellos llevarán el tabernáculo y todos sus enseres, y ellos servirán en él, y acamparán alrededor del tabernáculo.

1:51 Y cuando el tabernáculo haya de trasladarse, los leviim lo desarmarán, y cuando el tabernáculo haya de detenerse, los leviim lo armarán; y el extraño que se acercare morirá.

1:52 Los hijos de Israel acamparán cada uno en su campamento, y cada uno junto a su bandera, por sus ejércitos;

1:53 Y los leviim acamparán alrededor del tabernáculo del testimonio, para que no haya ira sobre la congregación de los hijos de Israel; y los leviim tendrán la custodia del tabernáculo del testimonio.

1:54 E hicieron los hijos de Israel conforme a todas las cosas que mandó El Eterno a Moshe; así lo hicieron.

Capítulo 2

2:1 Habló El Eterno a Moshe y a Aharon, diciendo:

2:2 Cada hombre junto a su bandera, bajo las enseñas de las casas de sus padres;asi acamparan los hijos de Israel alrededor de la tienda de reunión acamparán.

2:3 Estos acamparán al frente, al este: la bandera del campamento de Yehudá, por sus ejércitos; y el jefe de los hijos de Yehudá, Najshón hijo de Aminadab.

2:4 Su cuerpo de ejército, con sus contados, setenta y cuatro mil seiscientos.

2:5 Junto a él acamparán los de la tribu de Isajar; y el jefe de los hijos de Isajar, Netaael hijo de Tzuar.

2:6 Su cuerpo de ejército, con sus contados, cincuenta y cuatro mil cuatrocientos.

2:7 Y la tribu de Zebulun; y el jefe de los hijos de Zebulun, Eliab hijo de Jelón.

2:8 Su cuerpo de ejército, con sus contados, cincuenta y siete mil cuatrocientos.

2:9 Todos los contados en el campamento de Yehudá, ciento ochenta y seis mil cuatrocientos, por sus ejércitos, marcharán delante.

2:10 La bandera del campamento de Reubén estará al sur, por sus ejércitos; y el jefe de los hijos de Reubén, Elitsur hijo de Shedeur.

2:11 Su cuerpo de ejército, con sus contados, cuarenta y seis mil quinientos.

2:12 Acamparán junto a él los de la tribu de Shimón; y el jefe de los hijos de Shimón, Shelumiel hijo de Tzurishadai.

2:13 Su cuerpo de ejército, con sus contados, cincuenta y nueve mil trescientos.

2:14 Y la tribu de Gad; y el jefe de los hijos de Gad, Eliasaf hijo de Reuel.

2:15 Su cuerpo de ejército, con sus contados, cuarenta y cinco mil seiscientos cincuenta.

2:16 Todos los contados en el campamento de Reubén, ciento cincuenta y un mil cuatrocientos cincuenta, por sus ejércitos, marcharán en segundo lugar.

2:17 Luego irá la tienda de reunión, con el campamento de los leviim, en medio de los campamentos en el orden en que acampan; así marchará cada uno junto a su bandera.

2:18 La bandera del campamento de Efraím por sus ejércitos, al occidente; y el jefe de los hijos de Efraím, Elishama hijo de Amiud.

2:19 Su cuerpo de ejército, con sus contados, cuarenta mil quinientos.

2:20 Junto a él estará la tribu de Menashe; y el jefe de los hijos de Menashe, Gamaliel hijo de Pedatsur.

2:21 Su cuerpo de ejército, con sus contados, treinta y dos mil doscientos.

2:22 Y la tribu de Binyamín; y el jefe de los hijos de Binyamín, Abidán hijo de Guidoni.

2:23 Y su cuerpo de ejército, con sus contados, treinta y cinco mil cuatrocientos.

2:24 Todos los contados en el campamento de Efraím, ciento ocho mil cien, por sus ejércitos, irán los terceros.

2:25 La bandera del campamento de Dan estará al norte, por sus ejércitos; y el jefe de los hijos de Dan, Ajiezer hijo de Amishadai.

2:26 Su cuerpo de ejército, con sus contados, sesenta y dos mil setecientos.

2:27 Junto a él acamparán los de la tribu de Asher; y el jefe de los hijos de Asher, Pagiel hijo de Ojrán.

2:28 Su cuerpo de ejército, con sus contados, cuarenta y un mil quinientos.

2:29 Y la tribu de Naftalí; y el jefe de los hijos de Naftalí, Ajira hijo de Enán.

2:30 Su cuerpo de ejército, con sus contados, cincuenta y tres mil cuatrocientos.

2:31 Todos los contados en el campamento de Dan, ciento cincuenta y siete mil seiscientos, irán los últimos tras sus banderas.

2:32 Estos son los contados de los hijos de Israel, según las casas de sus padres; todos los contados por campamentos, por sus ejércitos, seiscientos tres mil quinientos cincuenta.

2:33 Más los leviim no fueron contados entre los hijos de Israel, como El Eterno lo mandó a Moshe.

2:34 E hicieron los hijos de Israel conforme a todas las cosas que El Eterno mandó a Moshes; así acamparon por sus banderas, y así marcharon cada uno por sus familias, según las casas de sus padres.

Capítulo 3

3:1 Estos son los descendientes de Aharon y de Moishe, en el día en que El Eterno habló a Moshe en el monte de Sinaí.

3:2 Y estos son los nombres de los hijos de Aharon: Nadab el primogénito, Abihu, Eleazar e Itamar. **3:3** Estos son los nombres de los hijos de Aharon, los Cohanim ungidos, a los cuales consagró para ejercer el sacerdocio.

3:4 Nadab y Abihu murieron delante de El Eterno cuando ofrecieron fuego extraño delante de El Eterno en el desierto de Sinaí; y no tuvieron hijos; y Eleazar e Itamar ejercieron el sacerdocio delante de Aharon su padre.

3:5 Y El Eterno habló a Moshe, diciendo:

3:6 Haz que se acerque la tribu de Leví, y hazla estar delante de Aharon el Cohen, para que le sirvan,

3:7 Ellos custodiaran el cargo de él, y el cargo de toda la congregación delante de la tienda de reunión para servir en el ministerio del tabernáculo;

3:8 custodiaran todos los utensilios de la tienda de reunión, y todo lo encargado a ellos por los hijos de Israel, para desempeñar el servicio del tabernáculo.

3:9 Darás los leviim a Aharon y a sus hijos; le son enteramente dados para el de entre los hijos de Israel.

3:10 Y comisionarás a Aharon y a sus hijos para que ejerzan su sacerdocio; y el extraño que se acercare, morirá.

3:11 Habló además El Eterno a Moshe, diciendo:

3:12 Y en cuanto a mi he aquí, que yo he tomado a los leviim de entre los hijos de Israel en lugar de todos los primogénitos, los primeros nacidos entre los hijos de Israel; serán, pues, míos los leviim.

3:13 Porque mío es todo primogénito; desde el día en que yo hice morir a todos los primogénitos en la tierra de Mitzraim, santifiqué para mí a todos los primogénitos en Israel, así de hombres como de animales; míos serán. Yo El Eterno.

3:14 Y El Eterno habló a Moshe en el desierto de Sinaí, diciendo:

3:15 Cuenta los hijos de Leví según las casas de sus padres, por sus familias; contarás todos los varones de un mes arriba.

3:16 Y Moshe los contó conforme a la palabra de El Eterno, como le fue mandado.

3:17 Los hijos de Leví fueron estos por sus nombres: Guershón, Kehat y Merari.

3:18 Y los nombres de los hijos de Guershón por sus familias son estos: Libni y Shimi.

3:19 Los hijos de Kehat por sus familias son: Amram, Itzhar, Jebrón y Uziel.

3:20 Y los hijos de Merari por sus familias: Malji y Mushi. Estas son las familias de Leví, según las casas de sus padres.

3:21 De Guershón era la familia de Libni y la de Shimi; estas son las familias de Guershón.

3:22 Los contados de ellos conforme a la cuenta de todos los varones de un mes arriba, los contados de ellos fueron siete mil quinientos.

3:23 Las familias de Guershón acamparán a espaldas del tabernáculo, al occidente;

3:24 y el jefe del linaje de los gersonitas, Eliasaf hijo de Lael.

3:25 A cargo de los hijos de Guershón, en la tienda de reunión, estarán el tabernáculo, la tienda y su cubierta, la cortina de la puerta de la tienda de reunión,

3:26 las cortinas del atrio, y la cortina de la puerta del atrio, que está junto al tabernáculo y junto al altar alrededor; asimismo sus cuerdas para todo su servicio.

3:27 De Kehat eran la familia de los amrani, la familia de los itzhari, la familia de los jebroni y la familia de los uzieli; estas son las familias Kehati.

3:28 El número de todos los varones de un mes arriba era ocho mil seiscientos, que tenían la guarda del santuario.

3:29 Las familias de los hijos de Kehat acamparán al lado del tabernáculo, al sur;

3:30 y el jefe del linaje de las familias de Kehat, Elizafán hijo de Uziel.

3:31 A cargo de ellos estarán el arca, la mesa, el candelabro, los altares, los utensilios del santuario con que ministran, y el velo con todo su servicio.

3:32 Y el principal de los jefes de los leviim será Eleazar hijo de Aharon el Cohen , jefe de los que tienen la guarda del santuario.

3:33 De Merari era la familia de los majli y la familia de los mushi; estas son las familias de Merari.

3:34 Los contados de ellos conforme al número de todos los varones de un mes arriba fueron seis mil doscientos.

3:35 Y el jefe de la casa del linaje de Merari, Tzuriel hijo de Abijail; acamparán al lado del tabernáculo, al norte.

3:36 A cargo de los hijos de Merari estará la custodia de las tablas del tabernáculo, sus barras, sus columnas, sus basas y todos sus enseres, con todo su servicio;

3:37 y las columnas alrededor del atrio, sus basas, sus estacas y sus cuerdas.

3:38 Los que acamparán delante del tabernáculo al oriente, delante de la tienda de reunión al este, serán Moshe y Aharon y sus hijos, teniendo la guarda del santuario en lugar de los hijos de Israel; y el extraño que se acercare, morirá.

3:39 Todos los contados de los leviim, que Moshe y Aharon conforme a la palabra de El Eterno contaron por sus familias, todos los varones de un mes arriba, fueron veintidós mil.

3:40 Y El Eterno dijo a Moshe: Cuenta todos los primogénitos varones de los hijos de Israel de un mes arriba, y cuéntalos por sus nombres.

3:41 Y tomarás a los leviim para mi Yo soy el Eterno en lugar de todos los primogénitos de los hijos de Israel, y los animales de los leviim en lugar de todos los primogénitos de los animales de los hijos de Israel.

3:42 Contó Moshe, como El Eterno le mandó, todos los primogénitos de los hijos de Israel.

3:43 Y todos los primogénitos varones, conforme al número de sus nombres, de un mes arriba, fueron veintidós mil doscientos setenta y tres.

3:44 Luego habló El Eterno a Moshe, diciendo:

3:45 Toma los leviim en lugar de todos los primogénitos de los hijos de Israel, y los animales de los leviim en lugar de sus animales; y los leviim serán míos. Yo El Eterno.

3:46 Y para el rescate de los doscientos setenta y tres de los primogénitos de los hijos de Israel, que exceden a los leviim,

3:47 tomarás cinco siclos por cabeza; conforme al siclo del santuario los tomarás. El siclo es veinte gueras.

3:48 Y darás a Aharon y a sus hijos el dinero del rescate de los que exceden.

3:49 Tomó, pues, Moshe el dinero del rescate de los que excedían el número de los redimidos por los leviim,

3:50 y recibió de los primogénitos de los hijos de Israel, en dinero, mil trescientos sesenta y cinco siclos, conforme al siclo del santuario.

3:51 Y Moshe dio el dinero de los rescates a Aharon y a sus hijos, conforme a la palabra de El Eterno, según lo que El Eterno había mandado a Moshe.

Capítulo 4

4:1 Habló El Eterno a Moshe y a Aharon, diciendo:

4:2 Toma la cuenta de los hijos de Kehat de entre los hijos de Leví, por sus familias, según las casas de sus padres,

4:3 de edad de treinta años arriba hasta cincuenta años, todos los que entran en compañía para servir en la tienda de reunión.

4:4 El oficio de los hijos de Kehat en la tienda de reunión, en el lugar santísimo, será este:

4:5 Cuando haya de mudarse el campamento, vtendrán Aharon y sus hijos y desarmarán el velo de la tienda, y cubrirán con él el arca del testimonio;

4:6 y pondrán sobre ella la cubierta de piel de Tajash, y extenderán encima un paño todo de lana azul, y le pondrán sus varas.

4:7 Sobre la mesa de la proposición extenderán un paño azul, y pondrán sobre ella los platos, las cucharas, las copas y los tazones para libar; y el pan continuo estará sobre ella.

4:8 Y extenderán sobre ella un paño carmesí, y lo cubrirán con la cubierta de piel de Tajash; y le pondrán sus varas.

4:9 Tomarán un paño azul y cubrirán el candelabro del alumbrado, sus lamparillas, sus tenazas, sus platillos, y todos sus utensilios del aceite con que se sirve;

4:10 y lo pondrán con todos sus utensilios en una cubierta de piel de Tajash, y lo colocarán en el poste.

4:11 Sobre el altar de oro extenderán un paño azul, y lo cubrirán con la cubierta de piel de Tajash, y le pondrán sus varas.

4:12 Y tomarán todos los utensilios del servicio de que hacen uso en el santuario, y los pondrán en un paño azul, y los cubrirán con una cubierta de piel de Tajash, y los colocarán en el poste.

4:13 Quitarán la ceniza del altar, y extenderán sobre él un paño de púrpura;

4:14 y pondrán sobre él todos sus instrumentos de que se sirve: las paletas, los garfios, los braseros y los tazones, todos los utensilios del altar; y extenderán sobre él la cubierta de piel de Tajash, y le pondrán además las varas;

4:15 Y cuando acaben Aharon y sus hijos de cubrir el santuario y todos los utensilios del santuario, cuando haya de mudarse el campamento, vtendrán después de ello los hijos de Kehat para llevarlos; pero no tocarán cosa santa, no sea que mueran. Estas serán las cargas de los hijos de Kehat en la tienda de reunión.

4:16 Pero a cargo de Eleazar hijo de Aharon el Cohen estará el aceite del alumbrado, el incienso aromático, la ofrenda continua y el aceite de la unción; el cargo de todo el tabernáculo y de todo lo que está en él, del santuario y de sus utensilios.

4:17 Habló también El Eterno a Moshe y a Aharon, diciendo:

4:18 No provoquen que perezca la tribu de las familias de Kehat de entre los leviim.

4:19 Para que cuando se acerquen al lugar santísimo vivan, y no mueran, harán con ellos esto: Aharon y sus hijos vtendrán y los pondrán a cada uno en su oficio y en su cargo.

4:20 No entrarán para ver cuando cubran las cosas santas, porque morirán.

4:21 Además habló El Eterno a Moshe, diciendo:

4:22 Toma también el número de los hijos de Guershón según las casas de sus padres, por sus familias.

4:23 De edad de treinta años arriba hasta cincuenta años los contarás; todos los que entran en compañía para servir en la tienda de reunión.

4:24 Este será el oficio de las familias de Guershón, para ministrar y para llevar:

4:25 Llevarán las cortinas del tabernáculo, la tienda de reunión, su cubierta, la cubierta de piel de Tajash que está encima de él, la cortina de la puerta de la tienda de reunión,

4:26 las cortinas del atrio, la cortina de la puerta del atrio, que está cerca del tabernáculo y cerca del altar alrededor, sus cuerdas, y todos los instrumentos de su servicio y todo lo que será hecho para ellos; así servirán.

4:27 Según la orden de Aharon y de sus hijos será todo el ministerio de los hijos de Guershón en todos sus cargos, y en todo su servicio; y les encomendarán en guarda todos sus cargos.

4:28 Este es el servicio de las familias de los hijos de Guershón en la tienda de reunión; y el cargo de ellos estará bajo la dirección de Itamar hijo de Aharon el Cohen .

4:29 Contarás los hijos de Merari por sus familias, según las casas de sus padres.

4:30 Desde el de edad de treinta años arriba hasta el de cincuenta años los contarás; todos los que entran en compañía para servir en la tienda de reunión.

4:31 Este será el deber de su cargo para todo su servicio en la tienda de reunión: las tablas del tabernáculo, sus barras, sus columnas y sus basas,

4:32 las columnas del atrio alrededor y sus basas, sus estacas y sus cuerdas, con todos sus instrumentos y todo su servicio; y consignarás por sus nombres todos los utensilios que ellos tienen que transportar.

4:33 Este será el servicio de las familias de los hijos de Merari para todo su ministerio en la tienda de reunión, bajo la dirección de Itamar hijo de Aharon el Cohen .

4:34 Moshe, Aharon, y los jefes de la congregación, contaron a los hijos de Kehat por sus familias y según las casas de sus padres,

4:35 desde el de edad de treinta años arriba hasta el de edad de cincuenta años; todos los que entran en compañía para ministrar en la tienda de reunión.

4:36 Y fueron los contados de ellos por sus familias, dos mil setecientos cincuenta.

4:37 Estos fueron los contados de las familias de Kehat, todos los que ministran en la tienda de reunión, los cuales contaron Moshe y Aharon, como lo mandó El Eterno por medio de Moshe.

4:38 Y los contados de los hijos de Guershón por sus familias, según las casas de sus padres,

4:39 desde el de edad de treinta años arriba hasta el de edad de cincuenta años, todos los que entran en compañía para ministrar en la tienda de reunión;

4:40 los contados de ellos por sus familias, según las casas de sus padres, fueron dos mil seiscientos treinta.

4:41 Estos son los contados de las familias de los hijos de Guershón, todos los que ministran en la tienda de reunión, los cuales contaron Moshe y Aharon por mandato de El Eterno.

4:42 Y los contados de las familias de los hijos de Merari, por sus familias, según las casas de sus padres,

4:43 desde el de edad de treinta años arriba hasta el de edad de cincuenta años, todos los que entran en compañía para ministrar en la tienda de reunión;

4:44 los contados de ellos, por sus familias, fueron tres mil doscientos.

4:45 Estos fueron los contados de las familias de los hijos de Merari, los cuales contaron Moshe y Aharon, según lo mandó El Eterno por medio de Moshe.

4:46 Todos los contados de los leviim que Moshe y Aharon y los jefes de Israel contaron por sus familias, y según las casas de sus padres,

4:47 desde el de edad de treinta años arriba hasta el de edad de cincuenta años, todos los que entraban para ministrar en el servicio y tener cargo de obra en la tienda de reunión,

4:48 los contados de ellos fueron ocho mil quinientos ochenta.

4:49 Como lo mandó El Eterno por medio de Moshe fueron contados, cada uno según su oficio y según su cargo; los cuales contó él, como le fue mandado.

Capítulo 5

5:1 El Eterno habló a Moshe, diciendo:

5:2 Manda a los hijos de Israel que echen del campamento a todo leproso, y a todos los que padecen flujo de semen, y a todo contaminado con muerto.

5:3 Así a hombres como a mujeres echarán; fuera del campamento los echarán, para que no contaminen el campamento de aquellos entre los cuales yo habito.

5:4 Y lo hicieron así los hijos de Israel, y los echaron fuera del campamento; como El Eterno dijo a Moshe, así lo hicieron los hijos de Israel.

5:5 Además habló El Eterno a Moshe, diciendo:

5:6 Di a los hijos de Israel: El hombre o la mujer que cometiere alguno de todos los pecados con que los hombres pecan contra El Eterno y delinquen,

5:7 aquella persona confesará el pecado que cometió, y compensará enteramente el daño, y añadirá sobre ello la quinta parte, y lo dará a aquel contra quien pecó.

5:8 Y si aquel hombre no tuviere pariente al cual sea resarcido el daño, se dará la indemnización del agravio a El Eterno entregándola al Cohen, además del carnero de las expiaciones, con el cual hará expiación por él.

5:9 Toda ofrenda de todas las cosas santas que los hijos de Israel presentaren al Cohen, suya será.

5:10 Y lo santificado de cualquiera será suyo; asimismo lo que cualquiera diere al Cohen, suyo será.

5:11 También El Eterno habló a Moshe, diciendo:

5:12 Habla a los hijos de Israel y diles: Si la mujer de alguno se descarriare, y le fuere infiel,

5:13 y alguno cohabitare con ella, y su marido no lo hubiese visto por haberse ella amancillado ocultamente, ni hubiere testigo contra ella, ni ella hubiere sido sorprendida en el acto;

5:14 si viniere sobre él espíritu de celos, y tuviere celos de su mujer, habiéndose ella amancillado; o viniere sobre él espíritu de celos, y tuviere celos de su mujer, no habiéndose ella amancillado;

5:15 entonces el marido traerá su mujer al Cohen, y con ella traerá su ofrenda, la décima parte de un efa de harina de cebada; no echará sobre ella aceite, ni pondrá sobre ella incienso, porque es ofrenda de celos, ofrenda recordativa, que trae a la memoria el pecado.

5:16 Y el Cohen hará que ella se acerque y se ponga delante de El Eterno.

5:17 Luego tomará el Cohen del agua santa en un vaso de barro; tomará también el Cohen del polvo que hubiere en el suelo del tabernáculo, y lo echará en el agua.

5:18 Y hará el Cohen estar en pie a la mujer delante de El Eterno, y descubrirá la cabeza de la mujer, y pondrá sobre sus manos la ofrenda recordativa, que es la ofrenda de celos; y el Cohen tendrá en la mano las aguas amargas que causan maldición.

5:19 Y el Cohen la conjurará y le dirá: Si ninguno ha dormido contigo, y si no te has apartado de tu marido a inmundicia, libre seas de estas aguas amargas que traen maldición;

5:20 mas si te has descarriado de tu marido y te has amancillado, y ha cohabitado contigo alguno fuera de tu marido

5:21 el Cohen conjurará a la mujer con juramento de maldición, y dirá a la mujer: El Eterno te ponga por maldición y por juramento en medio de tu pueblo, haciendo El Eterno que tu muslo caiga y que tu vientre se hinche;

5:22 y estas aguas que dan maldición entren en tus entrañas, y hagan hinchar tu vientre y caer tu muslo. Y la mujer dirá: Amén, amén.

5:23 El Cohen escribirá estas maldiciones en un libro, y las borrará con las aguas amargas;

5:24 y dará a beber a la mujer las aguas amargas que traen maldición; y las aguas que obran maldición entrarán en ella y se volverán amargas.

5:25 Después el Cohen tomará de la mano de la mujer la ofrenda de los celos, y la mecerá delante de El Eterno, y la ofrecerá delante del altar.

5:26 Y tomará el Cohen un puñado de la ofrenda en memoria de ella, y lo quemará sobre el altar, y después dará a beber las aguas a la mujer.

5:27 Le dará, a beber las aguas; y si fuere impura y hubiere sido infiel a su marido, las aguas que obran maldición entrarán en ella para amargar, y su vientre se hinchará y caerá su muslo; y la mujer será maldición en medio de su pueblo.

5:28 Mas si la mujer no fuere impura, sino que estuviere limpia, ella será libre, y será fecunda.

5:29 Esta es la ley de los celos, cuando la mujer cometiere infidelidad contra su marido, y se amancillare;

5:30 o del marido sobre el cual pasare espíritu de celos, y tuviere celos de su mujer; la presentará entonces delante de El Eterno, y el Cohen ejecutará en ella toda esta ley.

5:31 El hombre será libre de iniquidad, y la mujer llevará su pecado.

Capítulo 6

6:1 Habló El Eterno a Moshe, diciendo:

6:2 Habla a los hijos de Israel y diles: El hombre o la mujer que se apartare haciendo voto de nazareo, para dedicarse a El Eterno,

6:3 se abstendrá de vino y de sidra; no beberá vinagre de vino, ni vinagre de sidra, ni beberá ningún licor de uvas, ni tampoco comerá uvas frescas ni secas.

6:4 Todo el tiempo de su nazareato, de todo lo que se hace de la vid, desde los granillos hasta el hollejo, no comerá.

6:5 Todo el tiempo del voto de su abstinencia no pasará navaja sobre su cabeza; hasta que sean cumplidos los días de su apartamento a El Eterno, será santo; dejará crecer su cabello.

6:6 Todo el tiempo que se aparte para El Eterno, no se acercará a persona muerta.

6:7 Ni aun por su padre ni por su madre, ni por su hermano ni por su hermana, podrá contaminarse cuando mueran; porque la consagración de su Dios tiene sobre su cabeza.

6:8 Todo el tiempo de su abstinencia, será santo para El Eterno.

6:9 Si alguno muriere súbitamente junto a él, su cabeza consagrada será contaminada; por tanto, el día de su purificación rasurará su cabeza; al séptimo día la rasurará.

6:10 Y el día octavo traerá dos tórtolas o dos palominos al Cohen, a la puerta de la tienda de reunión.

6:11 Y el Cohen ofrecerá el uno en expiación, y el otro en holocausto; y hará expiación de lo que pecó a causa del muerto, y santificará su cabeza en aquel día.

6:12 Y consagrará para El Eterno los días de su abstinencia, y traerá un cordero de un año en expiación por la culpa; y los días primeros serán anulados, por cuanto fue contaminado su nazareato.

6:13 Esta es, pues, la ley del nazareo el día que se cumpliere el tiempo de su abstinencia: Vendrá a la puerta de la tienda de reunión,

6:14 y ofrecerá su ofrenda a El Eterno, un cordero de un año sin defecto en holocausto, y una cordera de un año sin defecto en expiación, y un carnero sin defecto por ofrenda de paz.

6:15 Además un cesta de tortas sin levadura, de flor de harina amasadas con aceite, y hojaldres sin levadura untadas con aceite, y su ofrenda y sus libaciones.

6:16 Y el Cohen lo ofrecerá delante de El Eterno, y hará su expiación y su holocausto;

6:17 y ofrecerá el carnero en ofrenda de paz a El Eterno, con el canastillo de los panes sin levadura; ofrecerá asimismo el Cohen su ofrenda y sus libaciones.

6:18 Entonces el nazareo rasurará a la puerta de la tienda de reunión su cabeza consagrada, y tomará los cabellos de su cabeza consagrada y los pondrá sobre el fuego que está debajo de la ofrenda de paz.

6:19 Y tomará el Cohen la ante pierna delantera cocida del carnero, una torta sin levadura del canastillo, y una hojaldre sin levadura, y las pondrá sobre las manos del nazareo, después que fuere rasurado su cabeza consagrada;

6:20 y el Cohen mecerá aquello como ofrenda mecida delante de El Eterno, lo cual será cosa santa del Cohen, además del pecho mecido y la pierna de la elevación; después el nazareo podrá beber vino.

6:21 Esta es la ley del nazareo que hiciere voto de su ofrenda a El Eterno por su abstinencia, además de lo que sus recursos le permitieren; según el voto que hiciere, así hará, conforme a la ley de su abstinencia.

6:22 El Eterno habló a Moshe, diciendo:

6:23 Habla a Aharon y a sus hijos y diles: Así bendecirán a los hijos de Israel, diciéndoles:

6:24 El Eterno te bendiga, y te guarde;

6:25 El Eterno haga resplandecer su rostro sobre ti, y tenga de ti misericordia;

6:26 El Eterno alce sobre ti su rostro, y ponga en ti paz.

6:27 Y pondrán mi nombre sobre los hijos de Israel, y yo los bendeciré.

Capítulo 7

7:1 Aconteció que cuando Moshe hubo acabado de levantar el tabernáculo, y lo hubo ungido y santificado, con todos sus utensilios, y asimismo ungido y santificado el altar y todos sus utensilios,

7:2 entonces los líderes de Israel, los jefes de las casas de sus padres, los cuales eran los líderes de las tribus, que estaban sobre los contados, ofrecieron;

7:3 y trajeron sus ofrendas delante de El Eterno, seis carros cubiertos y doce bueyes; por cada dos líderes un carro, y cada uno un buey, y los ofrecieron delante del tabernáculo.

7:4 Y El Eterno habló a Moshe, diciendo:

7:5 Tómalos de ellos, y serán para el servicio de la tienda de reunión; y los darás a los leviim, a cada uno conforme a su ministerio.

7:6 Entonces Moshe recibió los carros y los bueyes, y los dio a los leviim.

7:7 Dos carros y cuatro bueyes dio a los hijos de Guershón, conforme a su trabajo,

7:8 y a los hijos de Merari dio cuatro carros y ocho bueyes, conforme a su trabajo bajo la mano de Itamar hijo de Aharon el Cohen .

7:9 Pero a los hijos de Kehat no les dio, porque llevaban sobre sí en los hombros el servicio del santuario.

7:10 Y los líderes trajeron ofrendas para la dedicación del altar el día en que fue ungido, ofreciendo los líderes su ofrenda delante del altar.

7:11 Y El Eterno dijo a Moshe: Ofrecerán su ofrenda, un líder un día, y otro líder otro día, para la dedicación del altar.

7:12 Y el que ofreció su ofrenda el primer día fue Najshón hijo de Aminadab, de la tribu de Yehudá.

7:13 Su ofrenda fue un plato de plata de ciento treinta siclos de peso, y un jarro de plata de setenta siclos, al ciclo del santuario, ambos llenos de flor de harina amasada con aceite para ofrenda;

7:14 una cuchara de oro de diez siclos, llena de incienso;

7:15 un becerro, un carnero, un cordero de un año para holocausto;

7:16 un macho cabrío para expiación;

7:17 y para ofrenda de paz, dos bueyes, cinco carneros, cinco machos cabríos y cinco corderos de un año. Esta fue la ofrenda de Najshón hijo de Aminadab.

7:18 El segundo día ofreció Natanel hijo deTzuar, líder de Isajar.

7:19 Ofreció como su ofrenda un plato de plata de ciento treinta siclos de peso, y un jarro de plata de setenta siclos, al siclo del santuario, ambos llenos de flor de harina amasada con aceite para ofrenda;

7:20 una cuchara de oro de diez siclos, llena de incienso;

7:21 un becerro, un carnero, un cordero de un año para holocausto;

7:22 un macho cabrío para expiación;

7:23 y para ofrenda de paz, dos bueyes, cinco carneros, cinco machos cabríos y cinco corderos de un año. Esta fue la ofrenda de Natanel hijo d Tzuar.

7:24 El tercer día, Eliab hijo de Jelón, líder de los hijos de Zebulun.

7:25 Y su ofrenda fue un plato de plata de ciento treinta siclos de peso, y un jarro de plata de setenta siclos, al siclo del santuario, ambos llenos de flor de harina amasada con aceite para ofrenda;

7:26 una cuchara de oro de diez siclos, llena de incienso;

7:27 un becerro, un carnero, un cordero de un año para holocausto;

7:28 un macho cabrío para expiación;

7:29 y para ofrenda de paz, dos bueyes, cinco carneros, cinco machos cabríos y cinco corderos de un año. Esta fue la ofrenda de Eliab hijo de Jelón.

7:30 El cuarto día, Elitsur hijo de Shedeur, líder de los hijos de Reubén.

7:31 Y su ofrenda fue un plato de plata de ciento treinta siclos de peso, y un jarro de plata de setenta siclos, al siclo del santuario, ambos llenos de flor de harina amasada con aceite para ofrenda;

7:32 una cuchara de oro de diez siclos, llena de incienso;

7:33 un becerro, un carnero, un cordero de un año para holocausto;

7:34 un macho cabrío para expiación;

7:35 y para ofrenda de paz, dos bueyes, cinco carneros, cinco machos cabríos y cinco corderos de un año. Esta fue la ofrenda de Elitsur hijo de Shedeur.

7:36 El quinto día, Shelumiel hijo de Tzurishadai, líder de los hijos de Shimón.

7:37 Y su ofrenda fue un plato de plata de ciento treinta siclos de peso, y un jarro de plata de setenta siclos, al siclo del santuario, ambos llenos de flor de harina amasada con aceite para ofrenda;

7:38 una cuchara de oro de diez siclos, llena de incienso;

7:39 un becerro, un carnero, un cordero de un año para holocausto;

7:40 un macho cabrío para expiación;

7:41 y para ofrenda de paz, dos bueyes, cinco carneros, cinco machos cabríos y cinco corderos de un año. Esta fue la ofrenda de Shelumiel hijo de Tzurishadai.

7:42 El sexto día, Eliasaf hijo de Deuel, líder de los hijos de Gad.

7:43 Y su ofrenda fue un plato de plata de ciento treinta siclos de peso, y un jarro de plata de setenta siclos, al siclo del santuario, ambos llenos de flor de harina amasada con aceite para ofrenda;

7:44 una cuchara de oro de diez siclos, llena de incienso;

7:45 un becerro, un carnero, un cordero de un año para holocausto;

7:46 un macho cabrío para expiación;

7:47 y para ofrenda de paz, dos bueyes, cinco carneros, cinco machos cabríos y cinco corderos de un año. Esta fue la ofrenda de Eliasaf hijo de Deuel.

7:48 El séptimo día, el líder de los hijos de Efraím, Elishama hijo de Amihud.

7:49 Y su ofrenda fue un plato de plata de ciento treinta siclos de peso, y un jarro de plata de setenta siclos, al siclo del santuario, ambos llenos de flor de harina amasada con aceite para ofrenda;

7:50 una cuchara de oro de diez siclos, llena de incienso;

7:51 un becerro, un carnero, un cordero de un año para holocausto;

7:52 un macho cabrío para expiación;

7:53 y para ofrenda de paz, dos bueyes, cinco carneros, cinco machos cabríos y cinco corderos de un año. Esta fue la ofrenda de Elishama hijo de Amihud.

7:54 El octavo día, el líder de los hijos de Menashe, Gamaliel hijo de Pedatsur.

7:55 Y su ofrenda fue un plato de plata de ciento treinta siclos de peso, y un jarro de plata de setenta siclos, al siclo del santuario, ambos llenos de flor de harina amasada con aceite para ofrenda;

7:56 una cuchara de oro de diez siclos, llena de incienso;

7:57 un becerro, un carnero, un cordero de un año para holocausto;

7:58 un macho cabrío para expiación;

7:59 y para ofrenda de paz, dos bueyes, cinco carneros, cinco machos cabríos y cinco corderos de un año. Esta fue la ofrenda de Gamaliel hijo de Pedatsur.

7:60 El noveno día, el líder de los hijos de Binyamín, Abidán hijo de Guidoni.

7:61 Y su ofrenda fue un plato de plata de ciento treinta siclos de peso, y un jarro de plata de setenta siclos, al siclo del santuario, ambos llenos de flor de harina amasada con aceite para ofrenda;

7:62 una cuchara de oro de diez siclos, llena de incienso;

7:63 un becerro, un carnero, un cordero de un año para holocausto;

7:64 un macho cabrío para expiación;

7:65 y para ofrenda de paz, dos bueyes, cinco carneros, cinco machos cabríos y cinco corderos de un año. Esta fue la ofrenda de Abidán hijo de Guidoni.

7:66 El décimo día, el líder de los hijos de Dan, Ajiezer hijo de Amishadai.

7:67 Y su ofrenda fue un plato de plata de ciento treinta siclos de peso, y un jarro de plata de setenta siclos, al siclo del santuario, ambos llenos de flor de harina amasada con aceite para ofrenda;

7:68 una cuchara de oro de diez siclos, llena de incienso;

7:69 un becerro, un carnero, un cordero de un año para holocausto;

7:70 un macho cabrío para expiación;

7:71 y para ofrenda de paz, dos bueyes, cinco carneros, cinco machos cabríos y cinco corderos de un año. Esta fue la ofrenda de Ajiezer hijo de Amishadai.

7:72 El undécimo día, el líder de los hijos de Asher, Paguiel hijo de Ojrán.

7:73 Y su ofrenda fue un plato de plata de ciento treinta siclos de peso, y un jarro de plata de setenta siclos, al siclo del santuario, ambos llenos de flor de harina amasada con aceite para ofrenda;

7:74 una cuchara de oro de diez siclos, llena de incienso;

7:75 un becerro, un carnero, un cordero de un año para holocausto;

7:76 un macho cabrío para expiación;

7:77 y para ofrenda de paz, dos bueyes, cinco carneros, cinco machos cabríos y cinco corderos de un año. Esta fue la ofrenda de Paguiel hijo de Ojrán.

7:78 El duodécimo día, el líder de los hijos de Naftalí, Ajira hijo de Enán.

7:79 Su ofrenda fue un plato de plata de ciento treinta siclos de peso, y un jarro de plata de setenta siclos, al siclo del santuario, ambos llenos de flor de harina amasada con aceite para ofrenda;

7:80 una cuchara de oro de diez siclos, llena de incienso;

7:81 un becerro, un carnero, un cordero de un año para holocausto;

7:82 un macho cabrío para expiación;

7:83 y para ofrenda de paz, dos bueyes, cinco carneros, cinco machos cabríos y cinco corderos de un año. Esta fue la ofrenda de Ajira hijo de Enán.

7:84 Esta fue la ofrenda que los líderes de Israel ofrecieron para la dedicación del altar, el día en que fue ungido: doce platos de plata, doce jarros de plata, doce cucharas de oro.

7:85 Cada plato de ciento treinta siclos, y cada jarro de setenta; toda la plata de la vajilla, dos mil cuatrocientos siclos, al siclo del santuario.

7:86 Las doce cucharas de oro llenas de incienso, de diez siclos cada cuchara, al siclo del santuario; todo el oro de las cucharas, ciento veinte siclos.

7:87 Todos los bueyes para holocausto, doce becerros; doce los carneros, doce los corderos de un año, con su ofrenda, y doce los machos cabríos para expiación.

7:88 Y todos los bueyes de la ofrenda de paz, veinticuatro novillos, sesenta los carneros, sesenta los machos cabríos, y sesenta los corderos de un año. Esta fue la ofrenda para la dedicación del altar, después que fue ungido.

7:89 Y cuando entraba Moshe en la tienda de reunión, para hablar con Dios, oía la voz que le hablaba de encima del propiciatorio que estaba sobre el arca del testimonio, de entre los dos querubines; y hablaba con él.

Capítulo 8

8:1 Habló El Eterno a Moshe, diciendo:

8:2 Habla a Aharon y dile: Cuando enciendas las lámparas, las siete lámparas alumbrarán hacia adelante del candelabro.

8:3 Y Aharon lo hizo así; encendió hacia la parte anterior del candelabro sus lámparas, como El Eterno lo mandó a Moshe.

8:4 Y esta era la hechura del candelabro, de oro labrado a martillo; desde su pie hasta sus flores era labrado a martillo; conforme al modelo que El Eterno mostró a Moshe, así hizo el candelabro.

8:5 También El Eterno habló a Moshe, diciendo:

8:6 Toma a los leviim de entre los hijos de Israel, y haz expiación por ellos.

8:7 Así harás para expiación por ellos: Rocía sobre ellos el agua de la expiación, y haz pasar la navaja sobre todo su cuerpo, y lavarán sus vestimentas, y serán purificados.

8:8 Luego tomarán un novillo, con su ofrenda de flor de harina amasada con aceite; y tomarás otro novillo para expiación.

8:9 Y harás que los leviim se acerquen delante de la tienda de reunión, y reunirás a toda la congregación de los hijos de Israel.

8:10 Y cuando hayas acercado a los leviim delante de El Eterno, pondrán los hijos de Israel sus manos sobre los leviim;

8:11 y ofrecerá Aharon los leviim delante de El Eterno en ofrenda de los hijos de Israel, y servirán en el ministerio de El Eterno.

8:12 Y los leviim pondrán sus manos sobre las cabezas de los novillos; y ofrecerás el uno por expiación, y el otro en holocausto a El Eterno, para hacer expiación por los leviim.

8:13 Y presentarás a los leviim delante de Aharon, y delante de sus hijos, y los merecerás como ofrenda a El Eterno.

8:14 Así apartarás a los leviim de entre los hijos de Israel, y serán míos los leviim.

8:15 Después de eso vtendrán los leviim a ministrar en la tienda de reunión; serán purificados, y los ofrecerás en ofrenda.

8:16 Porque enteramente me son dedicados a mí los leviim de entre los hijos de Israel, en lugar de todo primer nacido; los he tomado para mí en lugar de los primogénitos de todos los hijos de Israel.

8:17 Porque mío es todo primogénito de entre los hijos de Israel, así de hombres como de animales; desde el día que yo herí a todo primogénito en la tierra de Mitzraim, los santifiqué para mí.

8:18 Y he tomado a los leviim en lugar de todos los primogénitos de los hijos de Israel.

8:19 Y yo he dado a los leviim como donados a Aharon y a sus hijos de entre los hijos de Israel, para que ejerzan el ministerio de los hijos de Israel en la tienda de reunión, y para hacer expiacion por los hijos de Israel; para que no haya plaga en los hijos de Israel, al acercarse los hijos de Israel al santuario.

8:20 Y Moshe y Aharon y toda la congregación de los hijos de Israel hicieron con los levitim conforme a todas las cosas que mandó El Eterno a Moshe acerca de los leviim; así hicieron con ellos los hijos de Israel.

8:21 Y los leviim se purificaron, y lavaron sus vestimentas; y Aharon los ofreció en ofrenda delante de El Eterno, e hizo Aharon expiación por ellos para purificarlos.

8:22 Así vinieron después los leviim para ejercer su ministerio en la tienda de reunión delante de Aharon y delante de sus hijos; de la manera que mandó El Eterno a Moshe acerca de los leviim, así hicieron con ellos.

8:23 Luego habló El Eterno a Moshe, diciendo:

8:24 Los leviim de veinticinco años arriba entrarán a ejercer su ministerio en el servicio de la tienda de reunión.

8:25 Pero desde los cincuenta años cesarán de ejercer su ministerio, y nunca más lo ejercerán.

8:26 Servirán con sus hermanos en la tienda de reunión, para hacer la guardia, pero no servirán en el ministerio. Así harás con los leviim en cuanto a su ministerio.

Capítulo 9

9:1 Habló El Eterno a Moshe en el desierto de Sinaí, en el segundo año de su salida de la tierra de Mitzraim, en el mes primero, diciendo:

9:2 Los hijos de Israel celebrarán la pascua a su tiempo.

9:3 El decimocuarto día de este mes, entre las dos tardes, la celebraran a su tiempo; conforme a todos sus ritos y conforme a todas sus leyes la celebraran.

9:4 Y habló Moshe a los hijos de Israel para hacer la ofrenda de Pesaj.

9:5 Ellos hicieron la ofrenda de Pesaj en el mes primero, a los catorce días del mes, entre las dos tardes, en el desierto de Sinaí; conforme a todas las cosas que mandó El Eterno a Moshe, así hicieron los hijos de Israel.

9:6 Pero hubo algunos que estaban impuros a causa de un cadáver, y no pudieron hacer la ofrenda de Pesaj aquel día; y vinieron delante de Moshe y delante de Aharon aquel día,

9:7 y le dijeron aquellos hombres: Nosotros estamos impuros por causa de un cadáver; ¿por qué seremos impedidos de ofrecer ofrenda a El Eterno a su tiempo entre los hijos de Israel?

9:8 Y Moshe les respondió: Esperen, y oiré lo que ordena El Eterno acerca de ustedes.

9:9 Y El Eterno habló a Moshe, diciendo:

9:10 Habla a los hijos de Israel, diciendo: Cualquiera de ustedes o de sus descendientes, que estuviere impuro por causa de un cadáver o estuviere de viaje lejos, harán la ofrenda de Pesaj a El Eterno.

9:11 En el mes segundo, a los catorce días del mes, entre las dos tardes, la celebrarán; con panes sin levadura y hierbas amargas la comerán.

9:12 No dejarán del animal sacrificado para la mañana, ni quebrarán hueso de él; conforme a todos los ritos de la ofrenda de Pesaj la celebrarán.

9:13 Más el que estuviere puro, y no estuviere de viaje, si se abstiene de hacer la ofrenda de Pesaj, tal persona será cortada de entre su pueblo; por cuanto no ofreció a su tiempo la ofrenda de El Eterno, el tal hombre llevará su pecado.

9:14 Y si morare con ustedes extranjero, deberá hacer la ofrenda de Pesaj a El Eterno, conforme al rito de la ofrenda de Pesaj y conforme a sus leyes la celebrará; un mismo rito Tendrán, tanto el extranjero como el natural de la tierra.

9:15 El día que el tabernáculo fue erigido, la nube cubrió el tabernáculo sobre la tienda del testimonio; y a la tarde había sobre el tabernáculo como una apariencia de fuego, hasta la mañana.

9:16 Así era continuamente: la nube lo cubría de día, y de noche la apariencia de fuego.

9:17 Cuando se alzaba la nube del tabernáculo, los hijos de Israel partían; y en el lugar donde la nube paraba, allí acampaban los hijos de Israel.

9:18 Al mandato de El Eterno los hijos de Israel partían, y al mandato de El Eterno acampaban; todos los días que la nube estaba sobre el tabernáculo, permanecían acampados.

9:19 Cuando la nube se detenía sobre el tabernáculo muchos días, entonces los hijos de Israel guardaban la ordenanza de El Eterno, y no partían.

9:20 Y cuando la nube estaba sobre el tabernáculo pocos días, al mandato de El Eterno acampaban, y al mandato de El Eterno partían.

9:21 Y cuando la nube se detenía desde la tarde hasta la mañana, o cuando a la mañana la nube se levantaba, ellos partían; o si había estado un día, y a la noche la nube se levantaba, entonces partían.

9:22 O si dos días, o un mes, o un año, mientras la nube se detenía sobre el tabernáculo permaneciendo sobre él, los hijos de Israel seguían acampados, y no se movían; mas cuando ella se alzaba, ellos partían.

9:23 Al mandato de El Eterno acampaban, y al mandato de El Eterno partían, guardando la ordenanza de El Eterno como El Eterno lo había dicho por medio de Moshe.

Capítulo 10

10:1 El Eterno habló a Moshe, diciendo:

10:2 Hazte dos trompetas de plata; de obra de martillo las harás, las cuales te servirán para convocar la congregación, y para hacer mover los campamentos.

10:3 Y cuando las tocaren, toda la congregación se reunirá ante ti a la puerta de la tienda de reunión.

10:4 Más cuando tocaren sólo una, entonces se congregarán ante ti los líderes, los jefes de los millares de Israel.

10:5 Y cuando toquen un sonido corto, entonces moverán los campamentos de los que están acampados al oriente.

10:6 Y cuando toquen la segunda vez, entonces moverán los campamentos de los que están acampados al sur; sonidos cortos tocarán para sus partidas.

10:7 Pero para reunir la congregación tocaran un sonido largo, mas no con sonido corto.

10:8 Y los hijos de Aharon, los Cohanim, tocarán las trompetas; y las Tendrán por estatuto perpetuo para sus generaciones.

10:9 Y cuando salgan a la guerra en su tierra contra el enemigo que los oprime, tocaran sonidos cortos con las trompetas; y serán recordados por El Eterno su Dios, y serán salvados de sus enemigos.

10:10 Y en el día de su alegría, y en sus festividades, y en los principios de sus meses, tocaran las trompetas sobre sus holocaustos, y sobre los sacrificios de paz, y les serán una remembranza delante de su Dios. Yo El Eterno su Dios.

10:11 En el año segundo, en el mes segundo, a los veinte días del mes, la nube se alzó del tabernáculo del testimonio.

10:12 Y partieron los hijos de Israel del desierto de Sinaí según el orden de marcha; y se detuvo la nube en el desierto de Parán.

10:13 Partieron la primera vez al mandato de El Eterno por medio de Moshe.

10:14 La bandera del campamento de los hijos de Yehudá comenzó a marchar primero, por sus ejércitos; y Najshón hijo de Aminadab estaba sobre su cuerpo de ejército.

10:15 Sobre el cuerpo de ejército de la tribu de los hijos de Isajar, Netanel hijo de Tzuar.

10:16 Y sobre el cuerpo de ejército de la tribu de los hijos de Zebulun, Eliab hijo de Jelón.

10:17 Después que estaba ya desarmado el tabernáculo, se movieron los hijos de Guershón y los hijos de Merari, que lo llevaban.

10:18 Luego comenzó a marchar la bandera del campamento de Reubén por sus ejércitos; y Elitsur hijo de Sedeur estaba sobre su cuerpo de ejército.

10:19 Sobre el cuerpo de ejército de la tribu de los hijos de Shimón, Shelumiel hijo de Tzurishadai.

10:20 Y sobre el cuerpo de ejército de la tribu de los hijos de Gad, Eliasaf hijo de Deuel.

10:21 Luego comenzaron a marchar los Keatim llevando el santuario; y entretanto que ellos llegaban, los otros acondicionaron el tabernáculo.

10:22 Después comenzó a marchar la bandera del campamento de los hijos de Efraím por sus ejércitos; y Elishama hijo de Amihud estaba sobre su cuerpo de ejército.

10:23 Sobre el cuerpo de ejército de la tribu de los hijos de Menashé, Gamaliel hijo de Pedatsur.

10:24 Y sobre el cuerpo de ejército de la tribu de los hijos de Binyamín, Abidán hijo de Guedoni.

10:25 Luego comenzó a marchar la bandera del campamento de los hijos de Dan por sus ejércitos, a retaguardia de todos los campamentos; y Ajiezer hijo de Amishadai estaba sobre su cuerpo de ejército.

10:26 Sobre el cuerpo de ejército de la tribu de los hijos de Asher, Pagiel hijo de Ojrán.

10:27 Y sobre el cuerpo de ejército de la tribu de los hijos de Naftalí, Ajira hijo de Enán.

10:28 Este era el orden de marcha de los hijos de Israel por sus ejércitos cuando partían.

10:29 Entonces dijo Moshe a Jobab, hijo de Reüel el midiani, su suegro: Nosotros partimos para el lugar del cual El Eterno ha dicho: Yo se los daré. Ven con nosotros, y te haremos bien; porque El Eterno ha prometido el bien a Israel.

10:30 Y él le respondió: Yo no iré, sino que me marcharé a mi tierra y a mi parentela.

10:31 Y él le dijo: Te ruego que no nos dejes; porque tú conoces los lugares donde hemos de acampar en el desierto, y has sido como ojos para nosotros.

10:32 Y si vienes con nosotros, cuando tengamos el bien que El Eterno nos ha de hacer, nosotros te haremos bien.

10:33 Así partieron del monte de El Eterno camino de tres días; y el arca del pacto de El Eterno fue delante de ellos camino de tres días, buscándoles lugar de descanso.

10:34 Y la nube de El Eterno iba sobre ellos de día, desde que salieron del campamento.

10:35 Cuando el arca se movía, Moshe decía: Levántate, oh El Eterno, y sean dispersados tus enemigos, y huyan de tu presencia los que te aborrecen.

10:36 Y cuando ella se detenía, decía: Vuelve, oh El Eterno, a los millares de millares de Israel.

Capítulo 11

11:1 Aconteció que el pueblo se quejó a oídos de El Eterno; y lo oyó El Eterno, y ardió su ira, y se encendió en ellos fuego de El Eterno, y consumió uno de los extremos del campamento.

11:2 Entonces el pueblo clamó a Moshe, y Moshe oró a El Eterno, y el fuego se extinguió.

11:3 Y llamó a aquel lugar Tabera, porque el fuego de El Eterno se encendió en ellos.

11:4 Y la gente extranjera que se mezcló con ellos tuvo un vivo deseo, y los hijos de Israel también volvieron a llorar y dijeron: ¡Quién nos diera de comer carne!

11:5 Nos acordamos del pescado que comíamos gratis en Mitzraim, de los pepinos, las sandias, el puerro, las cebollas y los ajos;

11:6 y ahora nuestra alma se seca; pues nada sino este maná ven nuestros ojos.

11:7 Y era el maná como semilla de cilantro, y su aspecto era como el cristal.

11:8 El pueblo se esparcía y lo recogía, y lo molía en molinos o lo machacaba en morteros, y lo cocía en caldera o hacía de él tortas; su sabor era como sabor de aceite humedo.

11:9 Y cuando descendía el rocío sobre el campamento de noche, el maná descendía sobre él.

11:10 Y oyó Moshe al pueblo, que lloraba por sus familias, cada uno a la puerta de su tienda; y la ira de El Eterno se encendió en gran manera; también le pareció mal a Moshe.

11:11 Y dijo Moshe a El Eterno: ¿Por qué has hecho mal a tu siervo? ¿y por qué no he hallado gracia en tus ojos, que has puesto la carga de todo este pueblo sobre mí?

11:12 ¿Concebí yo a todo este pueblo? ¿Lo engendré yo, para que me digas: Llévalo en tu seno, como lleva la que cría al que mama, a la tierra de la cual juraste a sus padres?

11:13 ¿De dónde conseguiré yo carne para dar a todo este pueblo? Porque lloran a mí, diciendo: Danos carne para comer.

11:14 No puedo yo solo soportar a todo este pueblo, que me es pesado en demasía.

11:15 Y si así lo haces tú conmigo, yo te ruego que me des muerte, si he hallado gracia en tus ojos; y que yo no vea mi mal.

11:16 Entonces El Eterno dijo a Moshe: Reúneme setenta varones de los ancianos de Israel, que tú sabes que son ancianos del pueblo y sus principales; y tráelos a la puerta de la tienda de reunión, y esperen allí contigo.

11:17 Y yo descenderé y hablaré allí contigo, y tomaré del espíritu que está en ti, y pondré en ellos; y llevarán contigo la carga del pueblo, y no la llevarás tú solo.

11:18 Pero al pueblo dirás: Preparense para mañana, y comerán carne; porque han llorado en oídos de El Eterno, diciendo: ¡Quién nos diera a comer carne! ¡Ciertamente mejor nos iba en Mitzraim! El Eterno, pues, les dará carne, y comerán.

11:19 No comerán un día, ni dos días, ni cinco días, ni diez días, ni veinte días,

11:20 sino hasta un mes entero, hasta que les salga por las narices, y la aborrezeran, por cuanto menospreciaron a El Eterno que está en medio de ustedess, y lloraron delante de él, diciendo: ¿Para qué salimos de Mitzraim?

11:21 Entonces dijo Moshe: Seiscientos mil de a pie es el pueblo en medio del cual yo estoy; ¡y tú dices: Les daré carne, y comerán un mes entero!

11:22 ¿Se degollarán para ellos ovejas y bueyes que les basten? ¿o se juntarán para ellos todos los peces del mar para que tengan abasto?

11:23 Entonces El Eterno respondió a Moshe: ¿Acaso se ha acortado la mano de El Eterno?

Ahora verás si se cumple mi palabra, o no.

11:24 Y salió Moshe y dijo al pueblo las palabras de El Eterno; y reunió a los setenta varones de los ancianos del pueblo, y los hizo estar alrededor del tabernáculo.

11:25 Entonces El Eterno descendió en la nube, y le habló; y tomó del espíritu que estaba en él, y lo puso en los setenta varones ancianos; y cuando posó sobre ellos el espíritu, profetizaron, y no cesaron.

11:26 Y habían quedado en el campamento dos varones, llamados el uno Eldad y el otro Medad, sobre los cuales también reposó el espíritu; estaban éstos entre los inscritos, pero no habían venido al tabernáculo; y profetizaron en el campamento.

11:27 Y corrió un joven y dio aviso a Moshe, y dijo: Eldad y Medad profetizan en el campamento.

11:28 Entonces respondió Yehoshua hijo de Nun, ayudante de Moshe, uno de sus jóvenes, y dijo: Señor mío Moshe, impídelos.

11:29 Y Moshe le respondió: ¿Tienes tú celos por mí? Ojalá todo el pueblo de El Eterno fuese profeta, y que El Eterno pusiera su espíritu sobre ellos.

11:30 Y Moshe volvió al campamento, él y los ancianos de Israel.

11:31 Y vino un viento de El Eterno, y trajo codornices del mar, y las dejó sobre el campamento, un día de camino a un lado, y un día de camino al otro, alrededor del campamento, y casi dos codos sobre la faz de la tierra.

11:32 Entonces el pueblo estuvo levantado todo aquel día y toda la noche, y todo el día siguiente, y recogieron codornices; el que menos, recogió diez montones; y las tendieron para sí a lo largo alrededor del campamento.

11:33 Aún estaba la carne entre los dientes de ellos, antes que fuese masticada, cuando la ira de El Eterno se encendió en el pueblo, e hirió El Eterno al pueblo con una plaga muy grande.

11:34 Y llamó el nombre de aquel lugar Kibrot-hataava, por cuanto allí sepultaron al pueblo codicioso.

11:35 De Kibrot-hataava partió el pueblo a Jatzerot, y se quedó en Jatzerot.

Capítulo 12

12:1 Miríam y Aharon hablaron contra Moshe a causa de la mujer cushit que había tomado; porque él había tomado mujer cushit.

12:2 Y dijeron: ¿Solamente por Moshe ha hablado El Eterno? ¿No ha hablado también con nosotros? Y lo oyó El Eterno.

12:3 Y el varón Moshe era muy humilde, más que todos los hombres que había sobre la tierra.

12:4 Luego dijo El Eterno a Moshe, a Aharon y a Miríam: Salgan ustedess tres al tabernáculo de reunión. Y salieron ellos tres.

12:5 Entonces El Eterno descendió en la columna de la nube, y se puso a la puerta del tabernáculo, y llamó a Aharon y a Miríam; y salieron ambos.

12:6 Y él les dijo: Oigan por favor mis palabras. Cuando haya entre ustedes profeta de El Eterno, le apareceré en visión, en sueños hablaré con él.

12:7 No así a mi siervo Moshe,en toda mi casa el es confiable.

12:8 Boca a boca hablaré con él,claramente, y no en enigmas; y verá la apariencia de El Eterno. ¿Por qué, pues, no tuvieron temor de hablar contra mi siervo Moshe?

12:9 Entonces la ira de El Eterno se encendió contra ellos; y se fue.

12:10 Y la nube se apartó del tabernáculo, y he aquí que Miríam estaba leprosa como la nieve; y miró Aharon a Miriam, y he aquí que estaba leprosa.

12:11 Y dijo Aharon a Moshe: ¡Ah! señor mío, no pongas ahora sobre nosotros este pecado; porque locamente hemos actuado, y hemos pecado.

12:12 No quede ella ahora como el que nace muerto, que al salir del vientre de su madre, tiene ya medio consumida su carne.

12:13 Entonces Moshe clamó a El Eterno, diciendo: Te ruego, oh Dios, que la sanes por favor.

12:14 Respondió El Eterno a Moshe: Pues si su padre hubiera escupido en su rostro, ¿no se avergonzaría por siete días? Sea echada fuera del campamento por siete días, y después volverá a la congregación.

12:15 Así Miríam fue echada del campamento siete días; y el pueblo no pasó adelante hasta que se reunió Miríam con ellos.

12:16 Después el pueblo partió de Jatzerot, y acamparon en el desierto de Parán.

Capítulo 13

13:1 Y El Eterno habló a Moshe, diciendo:

13:2 Envía por ti hombres que exploren la tierra de Kenaan, la cual yo doy a los hijos de Israel; de cada tribu de sus padres enviaran un varón, cada uno líder entre ellos.

13:3 Y Moshe los envió desde el desierto de Parán, conforme a la palabra de El Eterno; y todos aquellos varones eran líderes de los hijos de Israel.

13:4 Estos son sus nombres: De la tribu de Reubén, Shamúa hijo de Zajur.

13:5 De la tribu de Shimón, Shafat hijo de Jorí.

13:6 De la tribu de Yehudá, Caleb hijo de Yefune.

13:7 De la tribu de Isajar, Igal hijo de Yoséf.

13:8 De la tribu de Efraím, Oshea hijo de Nun.

13:9 De la tribu de Binyamín, Palti hijo de Rafú.

13:10 De la tribu de Zebulun, Gadiel hijo de Sodi.

13:11 De la tribu de Yoséf: de la tribu de Menashé, Gadi hijo de Susi.

13:12 De la tribu de Dan, Amiel hijo de Guemali.

13:13 De la tribu de Asher, Setur hijo de Mijael.

13:14 De la tribu de Naftalí, Najbi hijo de Vofsi.

13:15 De la tribu de Gad, Gueuel hijo de Maji.

13:16 Estos son los nombres de los varones que Moshe envió a reconocer la tierra; y a Hoshea hijo de Nun le puso Moshe el nombre de Yehoshua.

13:17 Los envió, pues, Moshe a reconocer la tierra de Kenaan, diciéndoles: Suban por aquí en el sur, y asciendan al monte,

13:18 y observad la tierra cómo es, y el pueblo que la habita, si es fuerte o débil, si poco o numeroso;

13:19 cómo es la tierra habitada, si es buena o mala; y cómo son las ciudades habitadas, si son campamentos o fortificaciones;

13:20 y cómo es el terreno, si es fértil o estéril, si en él hay árboles o no; Fortalezcanse, y tomen del fruto de la tierra. Y era el tiempo de las primeras uvas.

13:21 Y ellos subieron, y exploraron la tierra desde el desierto de Tzin hasta Rejob, entrando en Jamat.

13:22 Y subieron por el sur y vinieron hasta Jebron; y allí estaban Ajimán, Sheshai y Talmai, hijos de los gigantes. Jebron fue edificada siete años antes de Tzoán en Mitzraim.

13:23 Y llegaron hasta el arroyo de Eshcol, y de allí cortaron un sarmiento con un racimo de uvas, el cual trajeron dos en un palo, y de las granadas y de los higos.

13:24 Y se llamó aquel lugar el Valle de Eshcol, por el racimo que cortaron de allí los hijos de Israel.

13:25 Y volvieron de explorar la tierra al fin de cuarenta días.

13:26 Y anduvieron y vinieron a Moishe y a Aharon, y a toda la congregación de los hijos de Israel, en el desierto de Parán, en Cadesh, y dieron la información a ellos y a toda la congregación, y les mostraron el fruto de la tierra.

13:27 Y les contaron, diciendo: Nosotros llegamos a la tierra a la cual nos enviaste, la que ciertamente fluye leche y miel; y este es el fruto de ella.

13:28 Mas el pueblo que habita aquella tierra es fuerte, y las ciudades muy grandes y fortificadas; y también vimos allí a los hijos del gigante.

13:29 Amalec habita al sur, y el jiti, el yebusi y el emori habitan en el monte, y el kenaani habita junto al mar, y a la ribera del Yarden.

13:30 Entonces Caleb hizo callar al pueblo delante de Moshe, y dijo: Subamos luego, y tomemos posesión de ella; porque seguro más podremos nosotros que ellos.

13:31 Más los varones que subieron con él, dijeron: No podremos subir contra aquel pueblo, porque es más fuerte que nosotros.

13:32 Y hablaron mal entre los hijos de Israel, de la tierra que habían explorado, diciendo: La tierra por donde pasamos para explorarla, es tierra que traga a sus moradores; y todo el pueblo que vimos en medio de ella son hombres de grande estatura.

13:33 También vimos allí gigantes, hijos de Anac, raza de los gigantes, y éramos nosotros, a nuestro parecer, como langostas; y así les parecíamos a sus ojos.

Capítulo 14

14:1 Entonces toda la congregación gritó, y dio voces; y el pueblo lloró aquella noche.

14:2 Y se quejaron contra Moshe y contra Aharon todos los hijos de Israel; y les dijo toda la multitud: ¡Ojalá hubiéramos muerto en la tierra de Mitzraim; o en este desierto ojalá muriéramos!

14:3 ¿Y por qué nos trae El Eterno a esta tierra para caer a espada, y que nuestras mujeres y nuestros niños serán para cautiverio? ¿No nos sería mejor volvernos a Mitzraim?

14:4 Y decían el uno al otro: Designemos un jefe, y volvámonos a Mitzraim.

14:5 Entonces Moshe y Aharon cayeron sobre sus rostros delante de toda la multitud de la congregación de los hijos de Israel.

14:6 Y Yehoshua hijo de Nun y Caleb hijo de Yefune, que eran de los que habían reconocido la tierra, rasgaron sus vestimentas,

14:7 y hablaron a toda la congregación de los hijos de Israel, diciendo: La tierra por donde pasamos para explorarla, es tierra en muy buena.

14:8 Si El Eterno se agradare de nosotros, él nos llevará a esta tierra, y nos la entregará; tierra que fluye leche y miel.

14:9 Solamente no se rebelen contra El Eterno, ni teman al pueblo de esta tierra; porque nosotros los comeremos como pan; su sombra se ha apartado de ellos, y con nosotros está El Eterno; no les teman.

14:10 Entonces toda la multitud habló de apedrearlos. Pero la gloria de El Eterno se mostró en la tienda de reunión a todos los hijos de Israel,

14:11 y El Eterno dijo a Moshe: ¿Hasta cuándo me ha de irritar este pueblo? ¿Hasta cuándo no me creerán, con todas las señales que he hecho en medio de ellos?

14:12 Yo los heriré con plaga y los destruiré, y a ti te pondré sobre gente más grande y más fuerte que ellos.

14:13 Pero Moshe respondió a El Eterno: Lo oirán luego los egipcios, porque de en medio de ellos sacaste a este pueblo con tu poder;

14:14 y lo dirán a los habitantes de esta tierra, los cuales han oído que tú, oh El Eterno, estabas en medio de este pueblo, que cara a cara aparecías tú, oh El Eterno, y que tu nube estaba sobre ellos, y que de día ibas delante de ellos en columna de nube, y de noche en columna de fuego;

14:15 y que has hecho morir a este pueblo como a un solo hombre; y las gentes que hubieren oído tu fama hablarán, diciendo:

14:16 Por cuanto no pudo El Eterno meter este pueblo en la tierra de la cual les había jurado, los mató en el desierto.

14:17 Ahora, yo te ruego que sea magnificado el poder del Señor, como lo hablaste, diciendo:

14:18 El Eterno, tardo para la ira y grande en misericordia, que perdona la iniquidad y la rebelión, que absuelve y no absuelve, que toma en cuenta la iniquidad de los padres sobre los hijos hasta la tercera y cuarta generación..

14:19 Perdona ahora la iniquidad de este pueblo según la grandeza de tu misericordia, y como has perdonado a este pueblo desde Mitzraim hasta ahora.

14:20 Entonces El Eterno dijo: Yo lo he perdonado conforme a tu dicho.

14:21 Mas tan ciertamente como vivo yo, y mi gloria llena toda la tierra,

14:22 todos los que vieron mi gloria y mis señales que he hecho en Mitzraim y en el desierto, y me han probado ya diez veces, y no han oído mi voz,

14:23 no verán la tierra de la cual juré a sus padres; no, ninguno de los que me han irritado la verá.

14:24 Pero a mi siervo Caleb, por cuanto hubo en él otro espíritu, y decidió ir plenamente conmigo, yo lo llevaré en la tierra donde entró, y su descendencia la tendrá en posesión.

14:25 Ahora bien, el amaleki y el kenaani habitan en el valle; den vuelta mañana y salgan al desierto, camino del Mar de Suf.

14:26 Y El Eterno habló a Moshe y a Aharon, diciendo:

14:27 ¿Hasta cuándo oiré esta depravada multitud que murmura contra mí, las quejas de los hijos de Israel, que ellos provocaron contra mi Yo he escuchado.

14:28 Diles: Vivo yo, dice El Eterno, que según han hablado a mis oídos, así haré yo con ustedes.

14:29 En este desierto caerán sus cuerpos; todos los que fueron contados de cualquier computo, de veinte años arriba, los cuales han murmurado contra mí.

14:30 Que no entraran en la tierra, por la cual alcé mi mano y juré que los haría habitar en ella; exceptuando a Caleb hijo de Yefune, y a Yehoshua hijo de Nun.

14:31 Pero a sus niños, de los cuales dijeron que serían por presa, yo los introduciré, y ellos conocerán la tierra que ustedes despreciaron.

14:32 En cuanto a ustedes, sus cuerpos caerán en este desierto.

14:33 Y sus hijos vagaran en el desierto cuarenta años, y ellos llevarán sus degradaciones, hasta que sus cuerpos sean consumidos en el desierto.

14:34 Conforme al número de los días, de los cuarenta días en que exploraron la tierra, llevaran sus iniquidades cuarenta años, un año por cada día; y conocerán mi castigo.

14:35 Yo El Eterno he hablado; así haré a toda esta multitud perversa que se ha juntado contra mí; en este desierto serán consumidos, y ahí morirán.

14:36 Y los varones que Moshe envió a reconocer la tierra, y que al volver habían hecho murmurar contra él a toda la congregación, desacreditando la tierra,

14:37 aquellos varones que habían hablado mal de la tierra, murieron por la plaga delante de El Eterno.

14:38 Pero Yehoshua hijo de Nun y Caleb hijo de Yefune quedaron con vida, de entre aquellos hombres que habían ido a reconocer la tierra.

14:39 Y Moshe dijo estas cosas a todos los hijos de Israel, y el pueblo se enlutó mucho.

14:40 Y se levantaron por la mañana y subieron a la cumbre del monte, diciendo: Estamos aquí para subir al lugar del cual ha hablado El Eterno; porque hemos pecado.

14:41 Y dijo Moshe: ¿Por qué transgreden el mandamiento de El Eterno? Esto no prosperara.

14:42 No suban, porque El Eterno no está en medio de ustedes, para que no sean derrotados delante de sus enemigos.

14:43 Porque el amaleki y el kenaani están allí delante de ustedes, y caerán por la espada; por cuanto se han negado a seguir a El Eterno, por eso no estará El Eterno con ustedes.

14:44 Sin embargo, se obstinaron en subir a la cima del monte; pero el arca del pacto de El Eterno, y Moshe, no se apartaron de en medio del campamento.

14:45 Y descendieron el amaleki y el kenaani que habitaban en aquel monte, y los hirieron y los derrotaron, persiguiéndolos hasta Jorma.

Capítulo 15

15:1 El Eterno habló a Moshe, diciendo:

15:2 Habla a los hijos de Israel, y diles: Cuando hayan entrado en la tierra de su habitación que yo les doy,

15:3 y hagan ofrenda encendida a El Eterno, holocausto, o sacrificio, por especial voto, o de su voluntad, o para ofrecer en sus fiestas solemnes olor grato a El Eterno, de vacas o de ovejas;

15:4 entonces el que presente su ofrenda a El Eterno traerá como ofrenda la décima parte de un efa de flor de harina, amasada con la cuarta parte de un hin de aceite.

15:5 De vino para la libación ofrecerás la cuarta parte de un hin, además del holocausto o del sacrificio, por cada cordero.

15:6 Por cada carnero harás ofrenda de dos décimas de flor de harina, amasada con la tercera parte de un hin de aceite;

15:7 y de vino para la libación ofrecerás la tercera parte de un hin, en olor grato a El Eterno.

15:8 Cuando ofrecieres novillo en holocausto o sacrificio, por especial voto, o de paz a El Eterno,

15:9 ofrecerás con el novillo una ofrenda de tres décimas de flor de harina, amasada con la mitad de un hin de aceite;

15:10 y de vino para la libación ofrecerás la mitad de un hin, en ofrenda encendida de olor grato a El Eterno.

15:11 Así se hará con cada buey, o carnero, o cordero de las ovejas, o cabrito.

15:12 Conforme al número así harán con cada uno, según el número de ellos.

15:13 Todo natural hará estas cosas así, para ofrecer ofrenda encendida de olor grato a El Eterno.

15:14 Y cuando habitare con ustedes extranjero, o cualquiera que estuviere entre ustedes por sus generaciones, si hiciere ofrenda encendida de olor grato a El Eterno, como ustedes hicieran, así hará él.

15:15 Un mismo estatuto Tendrán ustedes de la congregación y el extranjero que con ustedes mora; será estatuto perpetuo por sus generaciones; como ustedes, así será el extranjero delante de El Eterno.

15:16 Una misma ley y un mismo decreto Tendrán, ustedes y el extranjero que con ustedes mora.

15:17 También habló El Eterno a Moshe, diciendo:

15:18 Habla a los hijos de Israel, y diles: Cuando hayan entrado en la tierra a la cual yo les llevo,

15:19 cuando empiecen a comer del pan de la tierra, separaran ofrenda a El Eterno. **15:20** De lo primero de la masa, apartaran una torta en ofrenda; como la ofrenda de la era, así la apartaran.

15:21 De las primicias de su masa darán a El Eterno ofrenda por sus generaciones.

15:22 Y cuando ustedes yerran, y no cumplan todos estos mandamientos que El Eterno ha dicho a Moshe,

15:23 todas las cosas que El Eterno les ha mandado por medio de Moshe, desde el día que El Eterno lo mandó, y en adelante por sus generaciones,

15:24 si el pecado fue hecho por error con ignorancia de la congregación, toda la congregación ofrecerá un novillo por holocausto en olor grato a El Eterno, con su ofrenda y su libación conforme a la ley, y un macho cabrío en expiación.

15:25 Y el Cohen hará expiación por toda la congregación de los hijos de Israel; y les será perdonado, porque error es; y ellos traerán sus ofrendas, ofrenda encendida a El Eterno, y sus expiaciones delante de El Eterno por sus errores.

15:26 Y será perdonado a toda la congregación de los hijos de Israel, y al extranjero que mora entre ellos, por cuanto es error de todo el pueblo.

15:27 Si una persona pecare por error, ofrecerá una cabra de un año para expiación.

15:28 Y el Cohen hará expiación por la persona que yerra por error; cuando pecare por error delante de El Eterno, la reconciliará, y le será perdonado.

15:29 El nacido entre los hijos de Israel, y el extranjero que habitare entre ellos, una misma ley Tendrán para el que hiciere algo por error.

15:30 Mas la persona que hiciere algo con soberbia, así el natural como el extranjero, ultraja a El Eterno; esa persona será cortada de en medio de su pueblo.

15:31 Por cuanto tuvo en poco la palabra de El Eterno, y menospreció su mandamiento, enteramente será cortada esa persona; su iniquidad caerá sobre ella.

15:32 Estando los hijos de Israel en el desierto, hallaron a un hombre que recogía leña en día de reposo.

15:33 Y los que le hallaron recogiendo leña, lo trajeron a Moshe y a Aharon, y a toda la congregación;

15:34 y lo pusieron en la cárcel, porque no estaba declarado qué se le había de hacer.

15:35 Y El Eterno dijo a Moshe: Irremisiblemente muera aquel hombre; apedréelo toda la congregación fuera del campamento.

15:36 Entonces lo sacó la congregación fuera del campamento, y lo apedrearon, y murió, como El Eterno mandó a Moshe.

15:37 Y El Eterno habló a Moshe, diciendo:

15:38 Habla a los hijos de Israel, y diles que se hagan franjas en los bordes de sus vestimentas, por sus generaciones; y pongan en cada franja de los bordes un cordón de azul.

15:39 Y les servirá de franja, para que cuando lo vean se acuerden de todos los mandamientos de El Eterno, y los cumplan; y no miren tras de sus corazones y de sus ojos, tras de los cuales ustedes se pervierten.

15:40 Para que se acuerden, y cumplan todos mis mandamientos, y sean santos a su Dios.

15:41 Yo El Eterno su Dios, que os saqué de la tierra de Mitzraim, para ser su Dios. Yo El Eterno su Dios.

Capítulo 16

16:1 Coraj hijo de Itzhar, hijo de Kehat, hijo de Leví, y Datán y Abiram hijos de Eliab, y On hijo de Pelet, de los hijos de Reubén, tomaron gente,

16:2 y se levantaron contra Moshe con doscientos cincuenta varones de los hijos de Israel, líderes de la congregación, de los del consejo, varones de renombre.

16:3 Y se juntaron contra Moshe y Aharon y les dijeron: ¡Basta ya de ustedes! Porque toda la congregación, todos ellos son santos, y en medio de ellos está El Eterno; ¿por qué ustedes se exaltan sobre la congregación de El Eterno?

16:4 Cuando oyó esto Moshe, se postró sobre su rostro;

16:5 y habló a Coraj y a todo su séquito, diciendo: Mañana mostrará El Eterno quién es suyo, y quién es el consagrado, y hará que se acerque a él; al que él escogiere, él lo acercará a sí. **16:6** Hagan esto: tomen incensarios, Coraj y todo su séquito,

16:7 y pongan fuego en ellos, y pongan en ellos incienso delante de El Eterno mañana; y el varón a quien El Eterno escogiere, aquel será el sagrado; Demasiado grave es para ustedes, hijos de Leví.

16:8 Dijo más Moshe a Coraj: Oigan ahora, hijos de Leví:

16:9 ¿Les parece poco que el Dios de Israel los haya apartado de la congregación de Israel, acercándoos a él para que hagan el servicio del tabernáculo de El Eterno, y esten delante de la congregación para ministrarles,

16:10 y que te hizo acercar a ti, y a todos tus hermanos los hijos de Leví contigo? ¿Y también han de pedir el sacerdocio?

16:11 Por tanto, tú y todo tu séquito que se reune estan contra El Eterno; pues Aharon, ¿qué es, para que contra él murmuren?

16:12 Y envió Moshe a llamar a Datán y Abiram, hijos de Eliab; mas ellos respondieron: No subiremos.

16:13 ¿Es poco que nos hayas hecho venir de una tierra que destila leche y miel, para hacernos morir en el desierto, sino que también te enseñorees de nosotros completamente?

16:14 Ni tampoco tu nos has llevado a la tierra que fluye leche y miel, ni nos has dado herencia de tierras y viñas. ¿Sacarás los ojos de estos hombres? No subiremos.

16:15 Entonces Moshe se enojó en gran manera, y dijo a El Eterno: No mires a su ofrenda; ni siquiera un asno he tomado de ellos, ni a ninguno de ellos he hecho mal.

16:16 Después dijo Moshe a Coraj: Tú y todo tu séquito, preséntense mañana delante de El Eterno; tú, y ellos, y Aharon;

16:17 y tomen cada uno su incensario y pongan incienso en ellos, y acérquenlo delante de El Eterno cada uno con su incensario, doscientos cincuenta incensarios; tú también, y Aharon, cada uno con su incensario.

16:18 Y tomó cada uno su incensario, y pusieron en ellos fuego, y echaron en ellos incienso, y se pusieron a la puerta de la tienda de reunión con Moshe y Aharon.

16:19 Ya Coraj había hecho juntar contra ellos toda la congregación a la puerta de la tienda de reunión; entonces la gloria de El Eterno apareció a toda la congregación.

16:20 Y El Eterno habló a Moshe y a Aharon, diciendo:

16:21 Sepárense de entre esta congregación, y los consumiré en un momento.

16:22 Y ellos se postraron sobre sus rostros, y dijeron: Dios, Dios de los espíritus de toda carne, ¿no es un solo hombre el que pecó? ¿Por qué es tu ira contra toda la congregación?

16:23 Entonces El Eterno habló a Moshe, diciendo:

16:24 Habla a la congregación y diles: Sepárense de alrededor de la tienda de Coraj, Datán y Abiram.

16:25 Entonces Moshe se levantó y fue a Datán y a Abiram, y los ancianos de Israel fueron tras de él.

16:26 Y él habló a la congregación, diciendo: Sepárense ahora de las tiendas de estos hombres impíos, y no toquen ninguna cosa suya, para que no mueran por todos sus pecados.

16:27 Y se apartaron de las tiendas de Coraj, de Datán y de Abiram de alrededor; y Datán y Abiram salieron y se pusieron a las puertas de sus tiendas, con sus mujeres, sus hijos y sus infantes.

16:28 Y dijo Moshe: En esto sabrán que El Eterno me ha enviado para que hiciese todas estas cosas, y que no las hice de mi propio corazón.

16:29 Si como mueren todos los hombres murieren éstos, o si ellos al ser visitados siguen la suerte de todos los hombres, El Eterno no me envió.

16:30 Más si El Eterno hiciere algo nuevo, y la tierra abriere su boca y los tragare con todas sus cosas, y descendieren vivos al Sheol, entonces sabrán que estos hombres irritaron a El Eterno.

16:31 Y aconteció que cuando cesó él de hablar todas estas palabras, se abrió la tierra que estaba debajo de ellos.

16:32 Abrió la tierra su boca, y los tragó a ellos, a sus casas, a todos los hombres de Coraj, y a todos sus bienes.

16:33 Y ellos, con todo lo que tenían, descendieron vivos al Sheol, y los cubrió la tierra, y perecieron de en medio de la congregación.

16:34 Y todo Israel, los que estaban alrededor de ellos, huyeron al grito de ellos; porque decían: No nos trague también la tierra.

16:35 También salió fuego de delante de El Eterno, y consumió a los doscientos cincuenta hombres que ofrecían el incienso.

Capítulo 17

17:1 Entonces El Eterno habló a Moshe, diciendo:

17:2 Di a Eleazar hijo de Aharon el Cohen, que tome los incensarios de en medio del incendio, y derrame más allá el fuego; porque son santificados

17:3 los incensarios de estos que pecaron contra sus almas; y harán de ellos laminas aplanadas para cubrir el altar; por cuanto ofrecieron con ellos delante de El Eterno, son santificados, y serán como señal a los hijos de Israel.

17:4 Y Eleazar el Cohen tomó los incensarios de bronce con que los quemados habían ofrecido; y los batieron para cubrir el altar,

17:5 en recuerdo para los hijos de Israel, de que ningún extraño que no sea de la descendencia de Aharon se acerque para ofrecer incienso delante de El Eterno, para que no sea como Coraj y como su séquito; según se lo dijo El Eterno por medio de Moshe.

17:6 El día siguiente, toda la congregación de los hijos de Israel murmuró contra Moshe y Aharon, diciendo: Ustedes han dado muerte al pueblo de El Eterno.

17:7 Y aconteció que cuando se juntó la congregación contra Moshe y Aharon, miraron hacia la tienda de reunión, y he aquí la nube lo había cubierto, y apareció la gloria de El Eterno.

17:8 Y vinieron Moshe y Aharon delante de la tienda de reunión.

17:9 Y El Eterno habló a Moshe, diciendo:

17:10 Apártense de en medio de esta congregación, y los consumiré en un momento. Y ellos se postraron sobre sus rostros.

17:11 Y dijo Moshe a Aharon: Toma el incensario, y pon en él fuego del altar, y sobre él pon incienso, y ve pronto a la congregación, y haz expiación por ellos, porque el furor ha salido de la presencia de El Eterno; la mortandad ha comenzado.

17:12 Entonces tomó Aharon el incensario, como Moshe dijo, y corrió en medio de la congregación; y he aquí que la mortandad había comenzado en el pueblo; y él puso incienso, e hizo expiación por el pueblo,

17:13 y se puso entre los muertos y los vivos; y cesó la mortandad.

17:14 Y los que murieron en aquella mortandad fueron catorce mil setecientos, sin contar los muertos por la rebelión de Coraj.

17:15 Después volvió Aharon a Moshe a la puerta de la tienda de reunión, cuando la mortandad había cesado.

17:16 Luego habló El Eterno a Moshe, diciendo:

17:17 Habla a los hijos de Israel, y toma de ellos una vara por cada casa de los padres, de todos los líderes de ellos, doce varas conforme a las casas de sus padres; y escribirás el nombre de cada uno sobre su vara.

17:18 Y escribirás el nombre de Aharon sobre la vara de Leví; porque cada jefe de familia de sus padres tendrá una vara.

17:19 Y las pondrás en la tienda de reunión delante del testimonio, donde yo me manifestaré a ustedes.

17:20 Y florecerá la vara del varón que yo escoja, y haré cesar de delante de mí las quejas de los hijos de Israel con que murmuran contra ustedes.

17:21 Y Moshe habló a los hijos de Israel, y todos los líderes de ellos le dieron varas; cada líder por las casas de sus padres una vara, en total doce varas; y la vara de Aharon estaba entre las varas de ellos.

17:22 Y Moshe puso las varas delante de El Eterno en el tabernáculo del testimonio.

17:23 Y aconteció que el día siguiente vino Moshe al tabernáculo del testimonio; y he aquí que la vara de Aharon de la casa de Leví había reverdecido, y echado flores, y arrojado renuevos, y producido almendras.

17:24 Entonces sacó Moshe todas las varas de delante de El Eterno a todos los hijos de Israel; y ellos lo vieron, y tomaron cada uno su vara.

17:25 Y El Eterno dijo a Moshe: Vuelve la vara de Aharon delante del testimonio, para que se guarde por señal a los hijos rebeldes; y harás cesar sus quejas de delante de mí, para que no mueran.

17:26 E hizo Moshe como le mandó El Eterno, así lo hizo.

17:27 Entonces los hijos de Israel hablaron a Moshe, diciendo: He aquí nosotros somos muertos, perecemos, todos perecemos.

17:28 Cualquiera que se acercare, el que viniere al tabernáculo de El Eterno, morirá. ¿Acabaremos por perecer todos?

Capítulo 18

18:1 El Eterno dijo a Aharon: Tú y tus hijos, y la casa de tu padre contigo, llevaran el pecado del santuario; y tú y tus hijos contigo llevaran el pecado de su sacerdocio.

18:2 Y a tus hermanos también, la tribu de Leví, la tribu de tu padre, haz que se acerquen a ti y se junten contigo, y te servirán; y tú y tus hijos contigo servirán delante del tabernáculo del testimonio.

18:3 Y guardarán lo que tú ordenes, y el cargo de todo el tabernáculo; mas no se acercarán a los utensilios santos ni al altar, para que no mueran ellos y ustedes.

18:4 Se juntarán, contigo, y tendrán el cargo de la tienda de reunión en todo el servicio del tabernáculo; ningún extraño se ha de acercar a ustedes.

18:5 Y Tendrán el cuidado del santuario, y el cuidado del altar, para que no venga más la ira sobre los hijos de Israel.

18:6 Porque he aquí, yo he tomado a sus hermanos los leviim de entre los hijos de Israel, dados a ustedes como presente para El Eterno, para que sirvan en el ministerio de la tienda de la reunión.

18:7 Mas tú y tus hijos contigo guardarán su sacerdocio en todo lo relacionado con el altar, y del velo adentro, y oficiaran. Yo les he dado en don el servicio de su sacerdocio; y el extraño que se acercare, morirá.

18:8 Dijo más El Eterno a Aharon: He aquí yo te he dado también el cuidado de mis ofrendas; todas las cosas consagradas de los hijos de Israel te he dado por razón de la unción, y a tus hijos, por estatuto perpetuo.

18:9 Esto será tuyo de la ofrenda de las cosas santas, reservadas del fuego; toda ofrenda de ellos, todo presente suyo, y toda expiación por el pecado de ellos, y toda expiación por la culpa de ellos, que me han de presentar, será cosa muy santa para ti y para tus hijos.

18:10 En el santuario la comerás; todo varón comerá de ella; cosa santa será para ti.

18:11 Esto será tuyo: la ofrenda elevada de sus presentes, y todas las ofrendas mecidas de los hijos de Israel, he dado a ti y a tus hijos y a tus hijas contigo, por estatuto perpetuo; todo puro en tu casa comerá de ellas.

18:12 De aceite, de mosto y de trigo, todo lo más escogido, las primicias de ello, que presentarán a El Eterno, para ti las he dado.

18:13 Las primicias de todas las cosas de la tierra de ellos, las cuales traerán a El Eterno, serán tuyas; todo puro en tu casa comerá de ellas.

18:14 Todo lo consagrado por voto en Israel será tuyo.

18:15 Todo lo que abra matriz, de toda carne que ofrecerán a El Eterno, así de hombres como de animales, será tuyo; pero harás que se redima el primogénito del hombre; también harás redimir el primogénito de animal impuro.

18:16 De un mes harás efectuar el rescate de ellos, conforme a tu estimación, por el precio de cinco siclos, conforme al siclo del santuario, que es de veinte geras.

18:17 Mas el primogénito de vaca, el primogénito de oveja y el primogénito de cabra, no redimirás; santificados son; la sangre de ellos rociarás sobre el altar, y quemarás el sebo de ellos, ofrenda encendida en olor grato a El Eterno.

18:18 Y la carne de ellos será tuya; como el pecho de la ofrenda mecida y como la pierna derecha, será tuya.

18:19 Todas las ofrendas elevadas de las cosas santas, que los hijos de Israel ofrecieren a El Eterno, las he dado para ti, y para tus hijos y para tus hijas contigo, por estatuto perpetuo; pacto de sal perpetuo es delante de El Eterno para ti y para tu descendencia contigo.

18:20 Y El Eterno dijo a Aharon: De la tierra de ellos no tendrás patrimonio, ni entre ellos tendrás parte. Yo soy tu parte y tu patrimonio en medio de los hijos de Israel.

18:21 Y he aquí yo he dado a los hijos de Leví todos los diezmos en Israel por patrimonio, por su ministerio, por cuanto ellos sirven en el ministerio de la tienda de reunión.

18:22 Y no se acercarán más los hijos de Israel al tabernáculo de reunión, para que no lleven pecado por el cual mueran.

18:23 Mas los leviim harán el servicio de la tienda de reunión, y ellos llevarán su iniquidad; estatuto perpetuo para sus descendientes; y no poseerán patrimonio entre los hijos de Israel.

18:24 Porque a los leviim he dado por patrimonio los diezmos de los hijos de Israel, que ofrecerán a El Eterno en ofrenda; por lo cual les he dicho: Entre los hijos de Israel no poseerán patrimonio.

18:25 Y habló El Eterno a Moshe, diciendo:

18:26 Así hablarás a los leviim, y les dirás: Cuando tomen de los hijos de Israel los diezmos que os he dado de ellos por su patrimonio, ustedes presentaran de ellos en ofrenda mecida a El Eterno el diezmo de los diezmos.

18:27 Y se les contará su ofrenda como grano de la era, y como producto del lagar.

18:28 Así ofrecerán también ustedes ofrenda a El Eterno de todos sus diezmos que reciban de los hijos de Israel; y darán de ellos la ofrenda de El Eterno al Cohen Aharon.

18:29 De todos sus dones darán toda ofrenda a El Eterno; de todo lo mejor de ellos darán la porción que ha de ser consagrada.

18:30 Y les dirás: Cuando ofrecieran lo mejor de ellos, será contado a los leviim como producto de la era, y como producto del lagar.

18:31 Y lo comerán en cualquier lugar, ustedes y sus familias; pues es su remuneración por su ministerio en la tienda de reunión.

18:32 Y no llevaran pecado por ello, cuando hubieran ofrecido la mejor parte de él; y no contaminaran las cosas santas de los hijos de Israel, y no morirán.

Capítulo 19

19:1 El Eterno habló a Moshe y a Aharon, diciendo:

19:2 Esta es la ordenanza de la ley que El Eterno ha prescrito, diciendo: Di a los hijos de Israel que te traigan una vaca bermeja, perfecta, en la cual no haya falta, sobre la cual no se haya puesto yugo; **19:3** y la darán a Eleazar el Cohen, y él la sacará fuera del campamento, y la hará degollar en su presencia.

19:4 Y Eleazar el Cohen tomará de la sangre con su dedo, y rociará hacia la parte delantera de la tienda de reunión con la sangre de ella siete veces;

19:5 y hará quemar la vaca ante sus ojos; su cuero y su carne y su sangre, con su estiércol, hará quemar.

19:6 Luego tomará el Cohen madera de cedro, e hisopo, y escarlata, y lo echará en medio del fuego en que arde la vaca.

19:7 El Cohen lavará luego sus vestimentas, lavará también su cuerpo con agua, y después entrará en el campamento; y será impuro el Cohen hasta la noche.

19:8 Asimismo el que la quemó lavará sus vestimentas en agua, también lavará en agua su cuerpo, y será impuro hasta la noche.

19:9 Y un hombre puro recogerá las cenizas de la vaca y las pondrá fuera del campamento en lugar puro, y las guardará la congregación de los hijos de Israel para el agua de purificación; es una expiación.

19:10 Y el que recogió las cenizas de la vaca lavará sus vestimentas, y será impuro hasta la noche; y será estatuto perpetuo para los hijos de Israel, y para el extranjero que mora entre ellos.

19:11 El que tocare cadáver de cualquier persona será impuro siete días.

19:12 Al tercer día se purificará con aquella agua, y al séptimo día será puro; y si al tercer día no se purificare, no será puro al séptimo día.

19:13 Todo aquel que tocare cadáver de cualquier persona, y no se purificare, el tabernáculo de El Eterno contaminó, y aquella persona será cortada de Israel; por cuanto el agua de la purificación no fue rociada sobre él, impuro será, y su inmundicia será sobre él.

19:14 Esta es la ley para cuando alguno muera en la tienda: cualquiera que entre en la tienda, y todo el que esté en ella, será impuro siete días.

19:15 Y toda vasija abierta, cuya tapa no esté bien ajustada, será impura;

19:16 y cualquiera que tocare algún muerto a espada sobre la faz del campo, o algún cadáver, o hueso humano, o sepulcro, siete días será impuro.

19:17 Y para el impuro tomarán de la ceniza de la vaca quemada de la expiación, y echarán sobre ella agua corriente en un recipiente;

19:18 y un hombre puro tomará hisopo, y lo mojará en el agua, y rociará sobre la tienda, sobre todos los muebles, sobre las personas que allí estuvieren, y sobre aquel que hubiere tocado el hueso, o el asesinado, o el muerto, o el sepulcro.

19:19 Y el puro se rociará sobre el impuro al tercero y al séptimo día; y cuando lo haya purificado al día séptimo, él lavará luego sus vestimentas, y a sí mismo se lavará con agua, y será puro a la noche.

19:20 Y el que fuere impuro, y no se purificase, tal persona será cortada de entre la congregación, por cuanto contaminó el tabernáculo de El Eterno; no fue rociada sobre él el agua de la purificación; es impuro.

19:21 Les será estatuto perpetuo; también el que rociare el agua de la purificación lavará sus vestimentas; y el que tocare el agua de la purificación será impuro hasta la noche.

19:22 Y todo lo que el impuro tocare, será impuro; y la persona que lo tocare será inpura hasta la noche.

Capítulo 20

20:1 Llegaron los hijos de Israel, toda la congregación, al desierto de Tzin, en el mes primero, y acampó el pueblo en Cadesh; y allí murió Miriam, y allí fue sepultada.

20:2 Y porque no había agua para la congregación, se juntaron contra Moshe y Aharon.

20:3 Y habló el pueblo contra Moshe, diciendo: ¡Ojalá hubiéramos muerto cuando perecieron nuestros hermanos delante de El Eterno!

20:4 ¿Por qué hiciste venir la congregación de El Eterno a este desierto, para que muramos aquí nosotros y nuestras animales?

20:5 ¿Y por qué nos has hecho subir de Mitzraim, para traernos a este mal lugar? No es lugar de semillas, ni de higueras, de viñas ni de granadas; ni aun de agua para beber.

20:6 Y se fueron Moshe y Aharon de delante de la congregación a la puerta de la tienda de reunión, y se postraron sobre sus rostros; y la gloria de El Eterno apareció sobre ellos.

20:7 Y habló El Eterno a Moshe, diciendo:

20:8 Toma la vara, y reúne la congregación, tú y Aharon tu hermano, y hablen a la roca a vista de ellos; y ella dará su agua, y les sacarás aguas de la roca, y darás de beber a la congregación y a sus animales.

20:9 Entonces Moshe tomó la vara de delante de El Eterno, como él le mandó.

20:10 Y reunieron Moshe y Aharon a la congregación delante de la roca, y les dijo: ¡Oigan ahora, rebeldes! ¿Acaso haremos salir agua de esta roca?

20:11 Entonces alzó Moshe su mano y golpeó la roca con su vara dos veces; y salio mucha agua, y bebió la congregación, y sus animales.

20:12 Y El Eterno dijo a Moshe y a Aharon: Por cuanto no confiaron en mí, para santificarme delante de los hijos de Israel, por tanto, no llevaran esta congregación a la tierra que les he dado.

20:13 Estas son las aguas de la Meriba(pelea), por las cuales contendieron los hijos de Israel con El Eterno, y él se santificó en ellos.

20:14 Envió Moshe embajadores al rey de Edom desde Cadesh, diciendo: Así dice Israel tu hermano: Tú has sabido todo el trabajo que nos ha venido;

20:15 cómo nuestros padres descendieron a Mitzraim, y estuvimos en Mitzraim largo tiempo, y los egipcios nos maltrataron, y a nuestros padres;

20:16 y clamamos a El Eterno, el cual oyó nuestra voz, y envió un ángel, y nos sacó de Mitzraim; y he aquí estamos en Cadesh, ciudad cercana a tus fronteras.

20:17 Te rogamos que pasemos por tu tierra. No pasaremos por campos, ni por viña, ni beberemos agua de pozos; por el camino real iremos, sin apartarnos ni a derecha ni a izquierda, hasta que hayamos pasado tu territorio.

20:18 Edom le respondió: No pasarás por mi país; de otra manera, saldré contra ti con espada.

20:19 Y los hijos de Israel dijeron: Por el camino principal iremos; y si bebiéremos tus aguas yo y mis ganados, daré el precio de ellas; déjame solamente pasar a pie, nada más.

20:20 Pero él respondió: No pasarás. Y salió Edom contra él con mucha gente, y mano fuerte.

20:21 No quiso, Edom dejar pasar a Israel por su territorio, y se desvió Israel de él.

20:22 Y partiendo de Cadesh los hijos de Israel, toda aquella congregación, vinieron al monte de Hor.

20:23 Y El Eterno habló a Moshe y a Aharon en el monte de Hor, en la frontera de la tierra de

Edom, diciendo:

20:24 Aharon será reunido a su pueblo, pues no entrará en la tierra que yo di a los hijos de Israel, por cuanto fueron rebeldes a mi mandamiento en las aguas de Meriba.

20:25 Toma a Aharon y a Eleazar su hijo, y hazlos subir al monte de Hor,

20:26 y desnuda a Aharon de sus vestiduras, y viste con ellas a Eleazar su hijo; porque Aharon será reunido a su pueblo, y allí morirá.

20:27 Y Moshe hizo como El Eterno le mandó; y subieron al monte de Hor a la vista de toda la congregación.

20:28 Y Moshe desnudó a Aharon de sus vestiduras, y se las vistió a Eleazar su hijo; y Aharon murió allí en la cumbre del monte, y Moshe y Eleazar descendieron del monte.

20:29 Y viendo toda la congregación que Aharon había muerto, le hicieron duelo por treinta días toda casa de Israel.

Capítulo 21

21:1 Cuando el kenaani, el rey de Arad, que habitaba en el Neguev, oyó que venía Israel por el camino de Atarim, peleó contra Israel, y tomó de él prisioneros.

21:2 Entonces Israel hizo voto a El Eterno, y dijo: Si en efecto entregares este pueblo en mi mano, yo destruiré sus ciudades.

21:3 Y El Eterno escuchó la voz de Israel, y entregó al kenaani, y los destruyó a ellos y a sus ciudades; y llamó el nombre de aquel lugar Jorma.

21:4 Después partieron del monte de Hor, camino del Mar Rojo, para rodear la tierra de Edom; y se desanimó el pueblo por el camino.

21:5 Y habló el pueblo contra Dios y contra Moshe: ¿Por qué nos hiciste subir de Mitzraim para que muramos en este desierto? Pues no hay pan ni agua, y nuestra alma esta harta de este pan tan liviano.

21:6 Y El Eterno envió entre el pueblo serpientes ardientes, que mordían al pueblo; y murió mucho pueblo de Israel.

21:7 Entonces el pueblo vino a Moshe y dijo: Hemos pecado por haber hablado contra El Eterno, y contra ti; ruega a El Eterno que quite de nosotros estas serpientes. Y Moshe oró por el pueblo.

21:8 Y El Eterno dijo a Moshe: Hazte una serpiente ardiente, y ponla sobre un asta; y cualquiera que fuere mordido y mirare a ella, vivirá.

21:9 Y Moshe hizo una serpiente de bronce, y la puso sobre un asta; y cuando alguna serpiente mordía a alguno, miraba a la serpiente de bronce, y vivirá.

21:10 Después partieron los hijos de Israel y acamparon en Obot.

21:11 Y partiendo de Obot, acamparon en Iye haabarim, en el desierto que está enfrente de Moab, al nacimiento del sol.

21:12 Partieron de allí, y acamparon en el valle de Zered.

21:13 De allí partieron, y acamparon al otro lado de Arnón, que está en el desierto, y que sale del territorio del emori; porque Arnón es límite de Moab, entre Moab y el emori.

21:14 Por tanto se dice en el libro de las batallas de El Eterno: Lo que hizo en el Mar Suf, Y en los arroyos de Arnón;

21:15 Y a la corriente de los arroyos Que va a parar en Ar, Y descansa en el límite de Moab.

21:16 De allí vinieron a Beer: este es el pozo del cual El Eterno dijo a Moshe: Reúne al pueblo, y les daré agua.

21:17 Entonces, cantó Israel este canto: Sube, oh pozo; llamenle;

21:18 Pozo, el cual cavaron los señores. Lo cavaron los líderes del pueblo, Y el legislador, con sus bastones. Del desierto vinieron a Matana,

21:19 y de Matana a Nahaliel, y de Nahaliel a Bamot;

21:20 y de Bamot al valle que está en los campos de Moab, y a la cumbre de Pisga, que mira hacia el desierto.

21:21 Entonces envió Israel emisarios a Sijon rey de los emorim, diciendo:

21:22 Pasaré por tu tierra; no nos iremos por los campos, ni por las viñas; no beberemos las aguas de los pozos; por el camino real iremos, hasta que pasemos tu territorio.

21:23 Más Sijon no dejó pasar a Israel por su territorio, sino que juntó Sijon todo su pueblo y salió contra Israel en el desierto, y vino a Yahatz y peleó contra Israel.

21:24 Y lo hirió Israel a filo de espada, y tomó su tierra desde Arnón hasta Yaboc, hasta los hijos de Amón; porque la frontera de los hijos de Amón era fuerte.

21:25 Y tomó Israel todas estas ciudades, y habitó Israel en todas las ciudades del emori, en Jeshbon y en todas sus aldeas.

21:26 Porque Jeshbón era la ciudad de Sijon rey del emori, el cual había tenido guerra antes con el rey de Moab, y tomado de su poder toda su tierra hasta Arnón.

21:27 Por tanto dicen los proverbistas: Vengan a Jeshbón, Edifíquese y repárese la ciudad de Sijon.

21:28 Porque fuego salió de Jeshbón, Y llama de la ciudad de Sijon, Y consumió a Ar de Moab, A los señores de las alturas de Arnón.

21:29 ¡Ay de ti, Moab! Pereciste, pueblo de Quemosh. Fueron puestos sus hijos en huida, Y sus hijas en cautividad, Por Sijon rey de los emorim.

21:30 Mas devastamos el reino de ellos; Pereció Jeshbón hasta Dibón, Y destruimos hasta Nofaj y Medeba.

21:31 Así habitó Israel en la tierra del emori.

21:32 También envió Moshe a reconocer a Yazer; y tomaron sus aldeas, y echaron al emori que estaba allí.

21:33 Y volvieron, y subieron camino de Bashan; y salió contra ellos Og rey de Bashan, él y todo su pueblo, para pelear en Edrei.

21:34 Entonces El Eterno dijo a Moshe: No le tengas miedo, porque en tu mano lo he entregado, a él y a todo su pueblo, y a su tierra; y harás de él como hiciste de Sijon rey de los emorim, que habitaba en Jesbón.

21:35 E hirieron a él y a sus hijos, y a toda su gente, sin que le quedara uno, y se apoderaron de su tierra.

Capítulo 22

22:1 Partieron los hijos de Israel, y acamparon en los campos de Moab junto al Yarden, frente a Yerijó.

22:2 Y vio Balac hijo de Tzipor todo lo que Israel había hecho al emori.

22:3 Y Moab tuvo gran temor a causa del pueblo, porque era mucho; y se angustió Moab a causa de los hijos de Israel.

22:4 Y dijo Moab a los ancianos de Midian: Ahora lamerá esta gente todos nuestros alrededores, como lame el buey la grama del campo. Y Balac hijo de Tzipor era entonces rey de Moab.

22:5 Por tanto, envió mensajeros a Bilaam hijo de Beor, en Petor, que está junto al río en la tierra de los hijos de su pueblo, para que lo llamasen, diciendo: Un pueblo ha salido de Mitzraim, y he aquí cubre la faz de la tierra, y habita delante de mí.

22:6 Ven pues, ahora, te ruego, maldice por mi este pueblo, porque es más fuerte que yo; quizá yo pueda herirlo y echarlo de la tierra; pues yo sé que el que tú bendigas será bendito, y el que tú maldigas será maldito.

22:7 Fueron los ancianos de Moab y los ancianos de Midian con las dádivas de adivinación en su mano, y llegaron a Bilaam y le dijeron las palabras de Balac.

22:8 El les dijo: Descansen aquí esta noche, y yo les daré respuesta según El Eterno me hablare. Así los líderes de Moab se quedaron con Bilaam.

22:9 Y vino Dios a Bilaam, y le dijo: ¿Qué varones son estos que están contigo?

22:10 Y Bilaam respondió a Dios: Balac hijo de Tzipor, rey de Moab, ha enviado a decirme:

22:11 He aquí, este pueblo que ha salido de Mitzraim cubre la faz de la tierra; ven ahora, y maldícelo por mi; quizá podré pelear contra él y echarlo.

22:12 Entonces dijo Dios a Bilaam: No vayas con ellos, ni maldigas al pueblo, porque bendito es.

22:13 Así Bilaam se levantó por la mañana y dijo a los líderes de Balac: Vuelvan a su tierra, porque El Eterno no me quiere dejar ir con ustedes.

22:14 Y los líderes de Moab se levantaron, y vinieron a Balac y dijeron: Bilaam no quiso venir con nosotros.

22:15 Volvió Balac a enviar otra vez más líderes, y más honorables que los otros;

22:16 los cuales vinieron a Bilaam, y le dijeron: Así dice Balac, hijo de Tzipor: Te ruego que no dejes de venir a mí;

22:17 porque sin duda te honraré mucho, y haré todo lo que me digas; ven, ahora, maldice por mi a este pueblo.

22:18 Y Bilaam respondió y dijo a los siervos de Balac: Aunque Balac me diese su casa llena de plata y oro, no puedo traspasar la palabra de El Eterno mi Dios para hacer cosa chica ni grande.

22:19 Les ruego, por tanto, ahora, que duerman aquí esta noche, para que yo sepa qué me vuelve a decir El Eterno.

22:20 Y vino Dios a Bilaam de noche, y le dijo: Si vinieron para llamarte estos hombres, levántate y vete con ellos; pero harás lo que yo te diga.

22:21 Así Bilaam se levantó por la mañana, y ensilló su asna y fue con los líderes de Moab.

22:22 Y la ira de Dios se encendió porque él iba; y el ángel de El Eterno se puso en el camino por adversario suyo. Iba, él montado sobre su asna, y con él dos criados suyos.

22:23 Y la asna vio al ángel de El Eterno, que estaba en el camino con su espada desnuda en su mano; y se apartó el asna del camino, e iba por el campo. Entonces azotó Bilaam a la asna para hacerla volver al camino.

22:24 Pero el ángel de El Eterno se puso en una senda de viñas que tenía pared a un lado y pared al otro.

22:25 Y viendo el asna al ángel de El Eterno, se pegó a la pared, y apretó contra la pared el pie de Bilaam; y él volvió a azotarla.

22:26 Y el ángel de El Eterno pasó más allá, y se puso en una angostura donde no había camino para apartarse ni a derecha ni a izquierda.

22:27 Y viendo el asna al ángel de El Eterno, se echó debajo de Bilaam; y Bilaam se enojó y azotó al asna con un palo.

22:28 Entonces El Eterno abrió la boca a la asna, la cual dijo a Bilaam: ¿Qué te he hecho, que me has azotado estas tres veces?

22:29 Y Bilaam respondió a la asna: Porque te has burlado de mí. ¡Ojalá tuviera espada en mi mano, que ahora te mataría!

22:30 Y la asna dijo a Bilaam: ¿No soy yo tu asna? Sobre mí has cabalgado desde que tú me tienes hasta este día; ¿he acostumbrado hacerlo así contigo? Y él respondió: No.

22:31 Entonces El Eterno abrió los ojos de Bilaam, y vio al ángel de El Eterno que estaba en el camino, y tenía su espada desnuda en su mano. Y Bilaam hizo reverencia, y se inclinó sobre su rostro.

22:32 Y el ángel de El Eterno le dijo: ¿Por qué has azotado tu asna estas tres veces? He aquí yo he salido como obstáculo, porque tu camino es perverso delante de mí.

22:33 El asna me ha visto, y se ha apartado luego de delante de mí estas tres veces; y si de mí no se hubiera apartado, yo también ahora te mataría a ti, y a ella dejaría viva.

22:34 Entonces Bilaam dijo al ángel de El Eterno: He pecado, porque no sabía que tú te ponías delante de mí en el camino; mas ahora, si te parece mal, yo me volveré.

22:35 Y el ángel de El Eterno dijo a Bilaam: Ve con esos hombres; pero la palabra que yo te diga, esa hablarás. Así Bilaam fue con los líderes de Balac.

22:36 Oyendo Balac que Bilaam venía, salió a recibirlo a la ciudad de Moab, que está junto al límite de Arnón, que está al extremo de su territorio.

22:37 Y Balac dijo a Bilaam: ¿No envié yo a llamarte? ¿Por qué no has venido a mí? ¿No puedo yo honrarte?

22:38 Bilaam respondió a Balac: He aquí yo he venido a ti; mas ¿podré ahora hablar alguna cosa? La palabra que Dios pusiere en mi boca, esa hablaré.

22:39 Y fue Bilaam con Balac, y vinieron a Quiriat-Juzot.

22:40 Y Balac hizo matar bueyes y ovejas, y envió a Bilaam, y a los líderes que estaban con él.

22:41 El día siguiente, Balac tomó a Bilaam y lo hizo subir a Bamot-baal, y desde allí vio a los más cercanos del pueblo.

Capítulo 23

23:1 Y Bilaam dijo a Balac: Edifícame aquí siete altares, y prepárame aquí siete becerros y siete carneros.

23:2 Balac hizo como le dijo Bilaam; y ofrecieron Balac y Bilaam un becerro y un carnero en cada altar.

23:3 Y Bilaam dijo a Balac: Ponte junto a tu holocausto, y yo iré; quizá El Eterno me vendrá al encuentro, y cualquiera cosa que me mostrare, te avisaré. Y se fue a un monte descubierto.

23:4 Y vino Dios al encuentro de Bilaam, y éste le dijo: Siete altares he ordenado, y en cada altar he ofrecido un becerro y un carnero.

23:5 Y El Eterno puso palabra en la boca de Bilaam, y le dijo: Vuelve a Balac, y dile así.

23:6 Y volvió a él, y he aquí estaba él junto a su holocausto, él y todos los líderes de Moab.

23:7 Y él tomó su parábola, y dijo:

De Aram me trajo Balac,

Rey de Moab, de los montes del oriente;

Ven, maldice por mí a Yaacov,

Y ven, execra a Israel.

23:8 ¿Por qué maldeciré yo al que Dios no maldijo?

¿Y por qué he de execrar al que El Eterno no ha execrado?

23:9 Porque de la cumbre de las rocas lo veré,

Y desde los collados lo miraré;

He aquí un pueblo que habitará confiado,

Y no será contado entre las naciones.

23:10 ¿Quién contará el polvo de Yaacov,

O el número de la cuarta parte de Israel?

Muera yo la muerte de los rectos,

Y mi postrimería sea como la suya.

23:11 Entonces Balac dijo a Bilaam: ¿Qué me has hecho? Te he traído para que maldigas a mis enemigos, y he aquí has proferido bendiciones.

23:12 El respondió y dijo: ¿No cuidaré de decir lo que El Eterno ponga en mi boca?

23:13 Y dijo Balac: Te ruego que vengas conmigo a otro lugar desde el cual los veas; solamente los más cercanos verás, y no los verás todos; y desde allí me los maldecirás.

23:14 Y lo llevó al campo de Tzofim, a la cumbre de Pisga, y edificó siete altares, y ofreció un becerro y un carnero en cada altar.

23:15 Entonces él dijo a Balac: Ponte aquí junto a tu holocausto, y yo iré a encontrar a Dios allí.

23:16 Y El Eterno salió al encuentro de Bilaam, y puso palabra en su boca, y le dijo: Vuelve a Balac, y dile así.

23:17 Y vino a él, y he aquí que él estaba junto a su holocausto, y con él los líderes de Moab; y le dijo Balac: ¿Qué ha dicho El Eterno?

23:18 Entonces él tomó su parábola, y dijo:

Balac, levántate y oye;

Escucha mis palabras, hijo de Tzipor:

23:19 Dios no es hombre, para que mienta,

Ni hijo de hombre para que se arrepienta.

El dijo, ¿y no hará?

Habló, ¿y no lo ejecutará?

23:20 He aquí, he recibido orden de bendecir;

El dio bendición, y no podré revocarla.

23:21 No ha notado iniquidad en Yaacov,

Ni ha visto perversidad en Israel.

El Eterno su Dios está con él,

Y júbilo de rey en él.

23:22 Dios los ha sacado de Mitzraim;

Tiene fuerzas como de búfalo.

23:23 Porque contra Yaacov no hay hechicería,

Ni adivinación contra Israel.

Como ahora, será dicho de Yaacov y de Israel:

¡Lo que ha hecho Dios!

23:24 He aquí el pueblo que como león se levantará,

Y como león se erguirá;

No se echará hasta que devore la presa,

Y beba la sangre de los muertos.

23:25 Entonces Balac dijo a Bilaam: Ya que no lo maldices, tampoco lo bendigas.

23:26 Bilaam respondió y dijo a Balac: ¿No te he dicho que todo lo que El Eterno me diga, eso tengo que hacer?

23:27 Y dijo Balac a Bilaam: Te ruego que vengas, te llevaré a otro lugar; quizá parecerá bien a Dios que desde allí me lo maldigas.

23:28 Y Balac llevó a Bilaam a la cumbre de Peor, que mira hacia el desierto.

23:29 Entonces Bilaam dijo a Balac: Edifícame aquí siete altares, y prepárame aquí siete becerros y siete carneros.

23:30 Y Balac hizo como Bilaam le dijo; y ofreció un becerro y un carnero en cada altar.

Capítulo 24

24:1 Cuando vio Bilaam que parecía bien a El Eterno que él bendijese a Israel, no fue, como la primera y segunda vez, en busca de adivinaciones, sino que puso su rostro hacia el desierto;

24:2 y alzando sus ojos, vio a Israel alojado por sus tribus; y el Espíritu de Dios vino sobre él.

24:3 Entonces tomó su parábola, y dijo: Dijo Bilaam hijo de Beor, Y dijo el varón de ojos abiertos;

24:4 Dijo el que oyó los dichos de Dios, El que vio la visión del Omnipotente; Caído, pero abiertos los ojos:

24:5 ¡Cuán hermosas son tus tiendas, oh Yaacov, Tus habitaciones, oh Israel!

24:6 Como arroyos están extendidas, Como huertos junto al río, Como áloes plantados por El Eterno, Como cedros junto a las aguas.

24:7 De sus manos destilarán aguas, Y su descendencia será en muchas aguas; Enaltecerá su rey más que Agag, Y su reino será engrandecido.

24:8 Dios lo sacó de Mitzraim; Tiene fuerzas como de búfalo. Devorará a las naciones enemigas, Desmenuzará sus huesos, Y las traspasará con sus saetas.

24:9 Se encorvará para echarse como león, Y como leona; ¿quién lo despertará? Benditos los que te bendijeren, Y malditos los que te maldijeren.

24:10 Entonces se encendió la ira de Balac contra Bilaam, y batiendo sus manos le dijo: Para maldecir a mis enemigos te he llamado, y he aquí los has bendecido ya tres veces.

24:11 Ahora huye a tu lugar; yo dije que te honraría, mas he aquí que El Eterno te ha privado de honra.

24:12 Y Bilaam le respondió: ¿No lo declaré yo también a tus mensajeros que me enviaste, diciendo:

24:13 Si Balac me diese su casa llena de plata y oro, yo no podré traspasar el dicho de El Eterno para hacer cosa buena ni mala de mi propio corazón, mas lo que hable El Eterno, eso diré yo.

24:14 Y ahora, he aquí, yo me voy ahora a mi pueblo; por tanto, ven, te indicaré lo que este pueblo ha de hacer a tu pueblo al final de los días.

24:15 Y tomó su parábola, y dijo: Dijo Bilaam hijo de Beor, Dijo el varón perforado del ojo;

24:16 Dijo el que oyó los dichos de El Eterno, Y el que sabe la ciencia del Altísimo, El que vio la visión del Omnipotente; Caído, pero abiertos los ojos:

24:17 Lo veré, mas no ahora; Lo miraré, mas no de cerca; Saldrá ESTRELLA de Yaacov, Y se levantará cetro de Israel, Y herirá a los nobles de Moab, Y destruirá a todos los hijos de Set.

24:18 Será tomada Edom, Será también tomada Seir por sus enemigos, E Israel hará riquezas.

24:19 De Yaacov saldrá el dominador, Y destruirá lo que quedare de la ciudad.

24:20 Y viendo a Amalec, tomó su parábola y dijo: Amalec, cabeza de naciones; Mas su fin es perecer para siempre.

24:21 Y viendo al keni, tomó su parábola y dijo: Fuerte es tu habitación;
Pon en la roca tu nido;

24:22 Porque el keni será echado, Cuando Asiria te llevará cautivo.

24:23 Tomó su parábola otra vez, y dijo: ¡Ay! ¿Quién vivirá cuando hiciere Dios estas cosas?

24:24 Vendrán naves de la costa de Quitim, Y afligirán a Ashur, afligirán también a Heber; Mas él también perecerá para siempre.

24:25 Entonces se levantó Bilaam y se fue, y volvió a su lugar; y también Balac se fue por su camino.

Capítulo 25

25:1 Moraba Israel en Shitim; y el pueblo empezó a prostituirse con las hijas de Moab,

25:2 las cuales invitaban al pueblo a los sacrificios de sus dioses; y el pueblo comió, y se inclinó a sus dioses.

25:3 Así acudió el pueblo a Baal-peor; y el furor de El Eterno se encendió contra Israel.

25:4 Y El Eterno dijo a Moshe: Toma a todos los líderes del pueblo, y ahórcalos ante El Eterno delante del sol, y el ardor de la ira de El Eterno se apartará de Israel.

25:5 Entonces Moshe dijo a los jueces de Israel: Maten cada uno a aquellos de sus hombres que se han juntado con Baal-peor.

25:6 Y he aquí un varón de los hijos de Israel vino y trajo una madianit a sus hermanos, a ojos de Moshe y de toda la congregación de los hijos de Israel, mientras lloraban ellos a la puerta de la tienda de reunión.

25:7 Y lo vio Pinejas hijo de Eleazar, hijo de Aharon el Cohen, y se levantó de en medio de la congregación, y tomó una lanza en su mano;

25:8 y fue tras el varón de Israel a la tienda, y los atravesó a ambos, al varón de Israel, y a la mujer por su vientre. Y cesó la mortandad de los hijos de Israel.

25:9 Y murieron de aquella mortandad veinticuatro mil.

25:10 Entonces El Eterno habló a Moshe, diciendo:

25:11 Pinejas hijo de Eleazar, hijo de Aharon el Cohen , ha hecho apartar mi furor de los hijos de Israel, llevado de celo entre ellos; por lo cual yo no he consumido en mi celo a los hijos de Israel.

25:12 Por tanto diles: He aquí yo establezco mi pacto de paz con él;

25:13 y tendrá él, y su descendencia después de él, el pacto del sacerdocio perpetuo, por cuanto tuvo celo por su Dios e hizo expiación por los hijos de Israel.

25:14 Y el nombre del varón que fue muerto con la madianit era Zimri hijo de Salu, jefe de una familia de la tribu de Shimon.

25:15 Y el nombre de la mujer madianita muerta era Cozbi hija de Tzur, líder de pueblos, padre de familia en Midian.

25:16 Y El Eterno habló a Moshe, diciendo:

25:17 Hostiguen a los madianim, y atáquenlos,

25:18 por cuanto ellos los hostigaron a ustedes con sus ardides con que los han engañado en lo tocante a Baal-peor, y en lo tocante a Cozbi hija del líder de Midian, su hermana, la cual fue muerta el día de la mortandad por causa de Baal-peor.

Capítulo 26

26:1 Aconteció después de la mortandad, que El Eterno habló a Moshe y a Eleazar hijo de Aharon el Cohen , diciendo:

26:2 Hagan el censo de toda la congregación de los hijos de Israel, de veinte años para arriba, por las casas de sus padres, todos los que pueden salir a la guerra en Israel.

26:3 Y Moshe y el Cohen Eleazar hablaron con ellos en los campos de Moab, junto al Yarden frente a, diciendo:

26:4 Contaran el pueblo de veinte años arriba, como mandó El Eterno a Moshe y a los hijos de Israel que habían salido de tierra de Mitzraim.

26:5 Reuben, primogénito de Israel; los hijos de Reuben: de Janoj, la familia janoji; de Falú, la familia falui;

26:6 de Jetzrón, la familia de los jetzroni; de Carmi, la familia carmi.

26:7 Estas son las familias de la tribu rubeni; y fueron contados de ellas cuarenta y tres mil setecientos treinta.

26:8 Los hijos de Falú: Eliab.

26:9 Y los hijos de Eliab: Nemuel, Datán y Abiram. Estos Datán y Abiram fueron los del consejo de la congregación, que se rebelaron contra Moshe y Aharon con el grupo de Coraj, cuando se rebelaron contra El Eterno;

26:10 y la tierra abrió su boca y los tragó a ellos y a Coraj, cuando aquel grupo murió, cuando consumió el fuego a doscientos cincuenta varones, para servir de escarmiento.

26:11 Mas los hijos de Coraj no murieron.

26:12 Los hijos de Shimon por sus familias: de Nemuel, la familia nemueli; de Yamín, la familia yamini; de Yajin, la familia yajini;

26:13 de Zeraj, la familia zerají; de Shaúl, la familia shauli.

26:14 Estas son las familias de la tribu shimoni, veintidós mil doscientos.

26:15 Los hijos de Gad por sus familias: de Tzefón, la familia tzefoni; de Jagui, la familia jagui; de Shuni, la familia shuni;

26:16 de Ozni, la familia ozni; de Eri, la familia eri;

26:17 de Arod, la familia arodi; de Areli, la familia areli.

26:18 Estas son las familias de Gad; y fueron contados de ellas cuarenta mil quinientos.

26:19 Los hijos de Yehuda: Er y Onán; y Er y Onán murieron en la tierra de Kenaan.

26:20 Y fueron los hijos de Yehuda por sus familias: de Shela, la familia de los shelaí; de Peretz, la familia partzi; de Zeraj, la familia zarjí.

26:21 Y fueron los hijos de Peretz: de Jetzrón, la familia jetzroni; de Jamul, la familia jamuli.

26:22 Estas son las familias de Yehuda, y fueron contados de ellas setenta y seis mil quinientos.

26:23 Los hijos de Isajar por sus familias; de Tola, la familia tolaí; de Púva, la familia puni;

26:24 de Yashub, la familia yashubi; de Shimrón, la familia de los shimroni.

26:25 Estas son las familias de Isajar, y fueron contados de ellas sesenta y cuatro mil trescientos.

26:26 Los hijos de Zebulun por sus familias: de Sered, la familia sardi; de Elón, la familia eloni; de Yajleel, la familia yajleelitas. i

26:27 Estas son las familias de la tribu zebuloni, y fueron contados de ellas sesenta mil quinientos.

26:28 Los hijos de Yosef por sus familias: Menashe y Efrain.

26:29 Los hijos de Menashe: de Majir, la familia majiri; y Majir engendró a Guilad; de Guilad, la familia guiladi.

26:30 Estos son los hijos de Guilad: de Iezer, la familia iezeri; de Jelek, la familia jeleki;

26:31 de Asriel, la familia asrieli; de Shejem, la familia shimji;

26:32 de Shemida, la familia shemidaí; de Jefer, la familia jeferi.

26:33 Y Tzelofjad hijo de Jefer no tuvo hijos sino hijas; y los nombres de las hijas de Tzelofjad fueron Majla, Noa, Jogla, Milca y Tirtsa.

26:34 Estas son las familias de Menashe; y fueron contados de ellas cincuenta y dos mil setecientos.

26:35 Estos son los hijos de Efrain por sus familias: de Shutelaj, la familia shutaljí; de Bejer, la familia de los bejeri; de Taján, la familia de los tajani.

26:36 Y estos son los hijos de Shutelaj: de Erán, la familia de los erani.

26:37 Estas son las familias de los hijos de Efrain; y fueron contados de ellas treinta y dos mil quinientos. Estos son los hijos de Yosef por sus familias.

26:38 Los hijos de Binyamin por sus familias: de Bela, la familia balaí; de Ashbel, la familia ashbeli; de Ajiram, la familia ajiram;

26:39 de Shefufam, la familia de los shufami; de Jufam, la familia jufami.

26:40 Y los hijos de Bela fueron Ard y Naamán: de Ard, la familia ardi; de Naamán, la familia naami.

26:41 Estos son los hijos de Binyamin por sus familias; y fueron contados de ellos cuarenta y cinco mil seiscientos.

26:42 Estos son los hijos de Dan por sus familias: de Shújam, la familia shujami. Estas son las familias de Dan por sus familias.

26:43 De las familias de los shujami fueron contados sesenta y cuatro mil cuatrocientos.

26:44 Los hijos de Asher por sus familias: de Ymna, la familia ymnai; de Yishvi, la familia de los yishvi; de Bería, la familia de los berii.

26:45 Los hijos de Bería: de Jeber, la familia jeberi; de Malquiel, la familia malquieli.

26:46 Y el nombre de la hija de Asher fue Seraj.

26:47 Estas son las familias de los hijos de Asher; y fueron contados de ellas cincuenta y tres mil cuatrocientos.

26:48 Los hijos de Naftali, por sus familias: de Yajtzeel, la familia yajtzeeli; de Guni, la familia guni;

26:49 de Yetzer, la familia yetzeri; de Shilem, la familia shilemi.

26:50 Estas son las familias de Naftali por sus familias; y fueron contados de ellas cuarenta y cinco mil cuatrocientos.

26:51 Estos son los contados de los hijos de Israel, seiscientos un mil setecientos treinta.

26:52 Y habló El Eterno a Moshe, diciendo:

26:53 A éstos se repartirá la tierra en patrimonio, por la cuenta de los nombres.

26:54 A los más darás mayor patrimonio, y a los menos darás menor; y a cada uno se le dará su patrimonio conforme a sus contados.

26:55 Pero la tierra será repartida por suerte; y por los nombres de las tribus de sus padres heredarán.

26:56 Conforme a la suerte será repartida su patrimonio entre el grande y el pequeño.

26:57 Los contados de los leviim por sus familias son estos: de Guershon, la familia de los guershuni; de Kehat, la familia Kehati; de Merari, la familia merari.

26:58 Estas son las familias de los leviim: la familia libni, la familia jebroni, la familia majli, la familia mushi, la familia Korji. Y Kehat engendró a Amram.

26:59 La mujer de Amram se llamó Yojebed, hija de Leví, que le nació a Leví en Mitzraim; ésta dio a luz de Amram a Aharon y a Moshe, y a Miriam su hermana.

26:60 Y a Aharon le nacieron Nadab, Abihu, Eleazar e Itamar.

26:61 Pero Nadab y Abihu murieron cuando ofrecieron fuego extraño delante de El Eterno.

26:62 De los leviim fueron contados veintitrés mil, todos varones de un mes arriba; porque no fueron contados entre los hijos de Israel, por cuanto no les había de ser dada patrimonio entre los hijos de Israel.

26:63 Estos son los contados por Moshe y el Cohen Eleazar, los cuales contaron los hijos de Israel en los campos de Moab, junto al Yarden frente a Yerijo.

26:64 Y entre éstos ninguno hubo de los contados por Moshe y el Cohen Aharon, quienes contaron a los hijos de Israel en el desierto de Sinaí.

26:65 Porque El Eterno había dicho de ellos: Morirán en el desierto; y no quedó varón de ellos, sino Caleb hijo deYefuney Yehoshua hijo de Nun.

Capítulo 27

27:1 Vinieron las hijas de Tzelofjad hijo de Jefer, hijo de Guilad, hijo de Majir, hijo de Menashe, de las familias de Menashe hijo de Yosef, los nombres de las cuales eran Majla, Noa, Jogla, Milca y Tirtsa;

27:2 y se presentaron delante de Moshe y delante de Eleazar el Cohen, y delante de los líderes y de toda la congregación, a la puerta de la tienda de la reunión, y dijeron:

27:3 Nuestro padre murió en el desierto; y él no estuvo en la compañía de los que se juntaron contra El Eterno en el grupo de Coraj, sino que en su propio pecado murió, y no tuvo hijos.

27:4 ¿Por qué será quitado el nombre de nuestro padre de entre su familia, por no haber tenido hijo? Danos herencia entre los hermanos de nuestro padre.

27:5 Y Moshe llevó su causa delante de El Eterno.

27:6 Y El Eterno respondió a Moshe, diciendo:

27:7 Bien dicen las hijas de Tzelofjad; les darás una posesión de herencia entre los hermanos de su padre, y traspasarás la herencia de su padre a ellas.

27:8 Y a los hijos de Israel hablarás, diciendo: Cuando alguno muriere sin hijos, traspasaran su herencia a su hija.

27:9 Si no tuviere hija, darán su herencia a sus hermanos;

27:10 y si no tuviere hermanos, darán su herencia a los hermanos de su padre.

27:11 Y si su padre no tuviere hermanos, darán su herencia a su pariente más cercano de su linaje, y de éste será; y para los hijos de Israel esto será por estatuto legal, como El Eterno mandó a Moshe.

27:12 El Eterno dijo a Moshe: Sube a este monte Abarim, y verás la tierra que he dado a los hijos de Israel.

27:13 Y después que la hayas visto, tú también serás reunido a tu pueblo, como fue reunido tu hermano Aharon.

27:14 Así como se rebelaron contra mi palabra en el desierto de Tzin, en la rencilla de la congregación, no santificándome en las aguas a ojos de ellos. Estas son las aguas de la rencilla de Cadesh en el desierto de Tzin.

27:15 Entonces respondió Moshe a El Eterno, diciendo:

27:16 Ponga El Eterno, Dios de los espíritus de toda carne, un varón sobre la congregación,

27:17 que salga delante de ellos y que entre delante de ellos, que los saque y los introduzca, para que la congregación de El Eterno no sea como ovejas sin pastor.

27:18 Y El Eterno dijo a Moshe: Toma a Yehoshua hijo de Nun, varón en el cual hay espíritu, y pondrás tu mano sobre él;

27:19 y lo pondrás delante del Cohen Eleazar, y delante de toda la congregación; y le darás el cargo en presencia de ellos.

27:20 Y pondrás de tu dignidad sobre él, para que toda la congregación de los hijos de Israel le obedezca.

27:21 El se pondrá delante de Eleazar el Cohen , y le consultará por el juicio del Urim delante de El Eterno; por el dicho de él saldrán, y por el dicho de él entrarán, él y todos los hijos de Israel con él, y toda la congregación.

27:22 Y Moshe hizo como El Eterno le había mandado, tomó a Yehoshua y lo puso delante del Cohen Eleazar, y de toda la congregación;

27:23 y puso sobre él sus manos, y le dio el cargo, como El Eterno había mandado por mano de Moshe.

Capítulo 28

28:1 Habló El Eterno a Moshe, diciendo:

28:2 Ordena a los hijos de Israel, y diles: Mi ofrenda, mi pan con mis fuegos es olor grato a mí, se cuidarán, ofrecérmelo a su tiempo.

28:3 Y les dirás: Esta es la ofrenda encendida que darán a El Eterno: dos corderos sin tacha de un año, cada día, será el holocausto continuo.

28:4 Un cordero ofrecerás por la mañana, y el otro cordero ofrecerás a la caída de la tarde;

28:5 y la décima parte de un efa de flor de harina, amasada con un cuarto de un hin de aceite de olivas machacadas, en ofrenda.

28:6 Es holocausto continuo, que fue ordenado en el monte Sinaí para olor grato, ofrenda encendida a El Eterno.

28:7 Y su libación, la cuarta parte de un hin con cada cordero; en el santuarios era vertida la libación embriagante ante El Eterno.

28:8 Y ofrecerás el segundo cordero a la caída de la tarde; conforme a la ofrenda de la mañana y conforme a su libación ofrecerás, ofrenda encendida en olor grato a El Eterno.

28:9 Mas el día de Shabat, dos corderos de un año sin defecto, y dos décimas de flor de harina amasada con aceite, como ofrenda, con su libación.

28:10 Es el holocausto de cada día de Shabat, además del holocausto continuo y su libación.

28:11 Al comienzo de sus meses darán en holocausto a El Eterno dos becerros de la vacada, un carnero, y siete corderos de un año sin defecto;

28:12 y tres décimas de flor de harina amasada con aceite, como ofrenda con cada becerro; y dos décimas de flor de harina amasada con aceite, como ofrenda con cada carnero;

28:13 y una décima de flor de harina amasada con aceite, en ofrenda que se ofrecerá con cada cordero; holocausto de olor grato, ofrenda encendida a El Eterno.

28:14 Y sus libaciones de vino, medio hin con cada becerro, y la tercera parte de un hin con cada carnero, y la cuarta parte de un hin con cada cordero. Este es el holocausto de cada mes por todos los meses del año.

28:15 Y un macho cabrío en expiación se ofrecerá a El Eterno, además del holocausto continuo con su libación.

28:16 Pero en el mes primero, a los catorce días del mes, será la ofrenda de Pesaj al Eterno.

28:17 Y a los quince días de este mes, la fiesta solemne; por siete días se comerán panes sin levadura.

28:18 El primer día será santa convocación; ninguna obra de trabajo harán.

28:19 Y darán como ofrenda encendida en holocausto a El Eterno, dos becerros de la vacada, y un carnero, y siete corderos de un año; serán sin defecto.

28:20 Y su ofrenda de harina amasada con aceite: tres décimas con cada becerro, y dos décimas con cada carnero;

28:21 y con cada uno de los siete corderos darán una décima.

28:22 Y un macho cabrío por expiación, para reconciliaros.

28:23 Esto darán además del holocausto de la mañana, que es el holocausto continuo.

28:24 Conforme a esto darán cada uno de los siete días, vianda y ofrenda encendida en olor grato a El Eterno; se ofrecerá además del holocausto continuo, con su libación.

28:25 Y el séptimo día tendrán santa convocación; ninguna obra de trabajo harán.

28:26 Además, el día de las primicias, cuando presenten ofrenda nueva a El Eterno en sus semanas, tendrán santa convocación; ninguna obra de trabajo harán.

28:27 Y darán en holocausto, en olor grato a El Eterno, dos becerros de la vacada, un carnero, siete corderos de un año;

28:28 y la ofrenda de ellos, flor de harina amasada con aceite, tres décimas con cada becerro, dos décimas con cada carnero,

28:29 y con cada uno de los siete corderos una décima;

28:30 y un macho cabrío para hacer expiación por ustedes.

28:31 Los darán, además del holocausto continuó con sus ofrendas, y sus libaciones; serán sin defecto.

Capítulo 29

29:1 En el séptimo mes, el primero del mes, tendrán santa convocación; ninguna obra de trabajo harán; día de sonar las trompetas será para ustedes.

29:2 Y darán holocausto en olor grato a El Eterno, un becerro de la vacada, un carnero, siete corderos de un año sin defecto;

29:3 y la ofrenda de ellos, de flor de harina amasada con aceite, tres décimas de efa con cada becerro, dos décimas con cada carnero,

29:4 y con cada uno de los siete corderos, una décima;

29:5 y un macho cabrío por expiación, para reconciliaros,

29:6 además del holocausto del mes y su ofrenda, y el holocausto continuo y su ofrenda, y sus libaciones conforme a su ley, como ofrenda encendida a El Eterno en olor grato.

29:7 En el diez de este mes séptimo tendrán santa convocación, y afligirán sus almas; ninguna obra harán;

29:8 y darán en holocausto a El Eterno en olor grato, un becerro de la vacada, un carnero, y siete corderos de un año; serán sin defecto.

29:9 Y sus ofrendas, flor de harina amasada con aceite, tres décimas de efa con cada becerro, dos décimas con cada carnero,

29:10 y con cada uno de los siete corderos, una décima;

29:11 y un macho cabrío por expiación; además de la ofrenda de las expiaciones por el pecado, y del holocausto continuo y de sus ofrendas y de sus libaciones.

29:12 Y a los quince días del mes séptimo Tendrán santa convocación; ninguna obra de siervos harán, y celebraran fiesta solemne a El Eterno por siete días.

29:13 Y darán en holocausto, en ofrenda encendida a El Eterno en olor grato, trece becerros de la vacada, dos carneros, y catorce corderos de un año; han de ser sin defecto.

29:14 Y las ofrendas de ellos, de flor de harina amasada con aceite, tres décimas de efa con cada uno de los trece becerros, dos décimas con cada uno de los dos carneros,

29:15 y con cada uno de los catorce corderos, una décima;

29:16 y un macho cabrío por expiación, además del holocausto continuo, su ofrenda y su libación.

29:17 El segundo día, doce becerros de la vacada, dos carneros, catorce corderos de un año sin defecto,

29:18 y sus ofrendas y sus libaciones con los becerros, con los carneros y con los corderos, según el número de ellos, conforme a la ley;

29:19 y un macho cabrío por expiación; además del holocausto continuo, y su ofrenda y su libación.

29:20 El día tercero, once becerros, dos carneros, catorce corderos de un año sin defecto;

29:21 y sus ofrendas y sus libaciones con los becerros, con los carneros y con los corderos, según el número de ellos, conforme a la ley;

29:22 y un macho cabrío por expiación, además del holocausto continuo, y su ofrenda y su libación.

29:23 El cuarto día, diez becerros, dos carneros, catorce corderos de un año sin defecto;

29:24 sus ofrendas y sus libaciones con los becerros, con los carneros y con los corderos, según el número de ellos, conforme a la ley;

29:25 y un macho cabrío por expiación; además del holocausto continuo, su ofrenda y su libación.

29:26 El quinto día, nueve becerros, dos carneros, catorce corderos de un año sin defecto;

29:27 y sus ofrendas y sus libaciones con los becerros, con los carneros y con los corderos, según el número de ellos, conforme a la ley;

29:28 y un macho cabrío por expiación, además del holocausto continuo, su ofrenda y su libación.

29:29 El sexto día, ocho becerros, dos carneros, catorce corderos de un año sin defecto;

29:30 y sus ofrendas y sus libaciones con los becerros, con los carneros y con los corderos, según el número de ellos, conforme a la ley;

29:31 y un macho cabrío por expiación, además del holocausto continuo, su ofrenda y su libación.

29:32 El séptimo día, siete becerros, dos carneros, catorce corderos de un año sin defecto;

29:33 y sus ofrendas y sus libaciones con los becerros, con los carneros y con los corderos, según el número de ellos, conforme a la ley;

29:34 y un macho cabrío por expiación, además del holocausto continuo, con su ofrenda y su libación.

29:35 El octavo día Tendrán solemnidad; ninguna obra de siervos harán.

29:36 Y darán en holocausto, en ofrenda encendida de olor grato a El Eterno, un becerro, un carnero, siete corderos de un año sin defecto;

29:37 sus ofrendas y sus libaciones con el becerro, con el carnero y con los corderos, según el número de ellos, conforme a la ley;

29:38 y un macho cabrío por expiación, además del holocausto continuo, con su ofrenda y su libación.

29:39 Estas cosas darán a El Eterno en sus fiestas solemnes, además de sus votos, y de sus ofrendas voluntarias, para sus holocaustos, y para sus ofrendas, y para sus libaciones, y para sus ofrendas de paz.

Capítulo 30

30:1 Y Moshe dijo a los hijos de Israel conforme a todo lo que El Eterno le había mandado a Moshe.

30:2 Habló Moshe a los líderes de las tribus de los hijos de Israel, diciendo: Esto es lo que El Eterno ha mandado.

30:3 Cuando un hombre hiciere voto a El Eterno, o hiciere juramento ligando su alma con obligación, no quebrantará su palabra; hará conforme a todo lo que salió de su boca.

30:4 Mas la mujer, cuando hiciere voto a El Eterno, y se ligare con obligación en casa de su padre, en su juventud;

30:5 si su padre oyere su voto, y la obligación con que ligó su alma, y su padre callare a ello, todos los votos de ella serán firmes, y toda obligación con que hubiere ligado su alma, firme será.

30:6 Pero si su padre la retiene el día que la oyó, entonces todos sus votos y sus obligaciones con que ella hubiere ligado su alma, no serán firmes; y El Eterno la perdonará, por cuanto su padre la retuvo.

30:7 Pero si fuere casada e hiciere votos, o pronunciare de sus labios cosa con que obligue su alma;

30:8 si su marido lo oyere, y cuando lo oyere callare a ello, los votos de ella serán firmes, y la obligación con que ligó su alma, firme será.

30:9 Pero si cuando su marido lo oyó, la retiene, entonces el voto que ella hizo, y lo que pronunció de sus labios con que ligó su alma, será nulo; y El Eterno la perdonará.

30:10 Pero todo voto de viuda o repudiada, con que ligare su alma, será firme.

30:11 Y si hubiere hecho voto en casa de su marido, y hubiere ligado su alma con obligación de juramento,

30:12 si su marido oyó, y calló a ello y no la retuvo, entonces todos sus votos serán firmes, y toda obligación con que hubiere ligado su alma, firme será.

30:13 Mas si su marido los anuló el día que los oyó, todo lo que salió de sus labios cuanto a sus votos, y cuanto a la obligación de su alma, será nulo; su marido los anuló, y El Eterno la perdonará.

30:14 Todo voto, y todo juramento obligándose a afligir el alma, su marido lo confirmará, o su marido lo anulará.

30:15 Pero si su marido callare a ello de día en día, entonces confirmó todos sus votos, y todas las obligaciones que están sobre ella; los confirmó, por cuanto calló con respecto a ella el día que lo oyó.

30:16 Más si los anulare después de haberlos oído, entonces él llevará el pecado de ella.

30:17 Estas son las ordenanzas que El Eterno mandó a Moshe entre el varón y su mujer, y entre el padre y su hija durante su juventud en casa de su padre.

Capítulo 31

31:1 El Eterno habló a Moshe, diciendo:

31:2 Cobra venganza por los hijos de Israel contra los midianim; después serás recogido a tu pueblo.

31:3 Entonces Moshe habló al pueblo, diciendo: Armense algunos de ustedes para la guerra, y vayan contra Midian y hagan la venganza de El Eterno sobre Midian.

31:4 Mil de cada tribu de todas las tribus de los hijos de Israel, enviaran a la guerra. **31:5** Así fueron dados de los millares de Israel, mil por cada tribu, doce mil en pie de guerra.

31:6 Y Moshe los envió a la guerra; mil de cada tribu envió; y Pinejas hijo deEleazar el Cohen fue a la guerra con los vasos del santuario, y con las trompetas en su mano para tocar.

31:7 Y pelearon contra Midian, como El Eterno lo mandó a Moshe, y mataron a todo varón.

31:8 Mataron también, entre los muertos de ellos, a los reyes de Midian, Evi, Requem, Tzur, Jur y Reba, cinco reyes de Midian; también a Bilaam hijo de Beor mataron a espada.

31:9 Y los hijos de Israel llevaron cautivas a las mujeres de los midianim, a sus niños, y todas sus animales y todos sus ganados; y arrebataron todos sus bienes,

31:10 Y a todas sus ciudades, en sus moradas y a todos sus palacios quemaron a fuego.

31:11 Y tomaron todo el despojo, y todo el botín, tanto de hombres como de animales.

31:12 Y trajeron a Moshe y a Eleazar el Cohen, y a la congregación de los hijos de Israel, los cautivos y el botín y los despojos al campamento, en los llanos de Moab, que están junto al Yarden frente a Yerijo.

31:13 Y salieron Moshe y Eleazar el Cohen , y todos los líderes de la congregación, a recibirlos fuera del campamento.

31:14 Y se enojó Moshe contra los capitanes del ejército, contra los jefes de millares y de centenas que volvían de la guerra,

31:15 y les dijo Moshe: ¿Por qué han dejado con vida a todas las mujeres?

31:16 He aquí, por consejo de Bilaam ellas fueron causa de que los hijos de Israel cometieron traición contra El Eterno en lo tocante a Baal-peor, por lo que hubo mortandad en la congregación de El Eterno.

31:17 Y ahora maten a todos los varones de entre los niños; maten también a toda mujer que haya conocido varón carnalmente.

31:18 Pero a todas las niñas entre las mujeres, que no hayan conocido varón, las dejaran con vida.

31:19 Y ustedes, cualquiera que haya dado muerte a persona, y cualquiera que haya tocado muerto, permanezcan fuera del campamento siete días, y se purificaran al tercer día y al séptimo, ustedes y sus cautivos.

31:20 Asimismo purificaran todo vestido, y toda prenda de pieles, y toda obra de pelo de cabra, y todo utensilio de madera.

31:21 Y Eleazae el Cohen dijo a los hombres de guerra que venían de la guerra: Esta es la ordenanza de la ley que El Eterno ha mandado a Moshe:

31:22 Ciertamente el oro y la plata, el bronce, hierro, estaño y plomo,

31:23 todo lo que resiste el fuego, por fuego lo harán pasar, y será puro, bien que en las aguas de purificación habrá de purificarse; y harán pasar por agua todo lo que no resiste el fuego.

31:24 Además laven sus vestimentas el séptimo día, y así serán puros; y después entraran en el campamento.

31:25 Y El Eterno habló a Moshe, diciendo:

31:26 Toma la cuenta del botín que se ha hecho, así de las personas como de las animales, tú y Eleazar el Cohen, y los jefes de los padres de la congregación;

31:27 y partirás por mitades el botín entre los que pelearon, los que salieron a la guerra, y toda la congregación.

31:28 Y apartarás para El Eterno el tributo de los hombres de guerra que salieron al ejercito; de quinientos, uno, así de las personas como de los bueyes, de los asnos y de las ovejas.

31:29 De la mitad de ellos lo tomarás; y darás a Eleazar el Cohen la ofrenda de El Eterno.

31:30 Y de la mitad perteneciente a los hijos de Israel tomarás uno de cada cincuenta de las personas, de los bueyes, de los asnos, de las ovejas y de todo animal, y los darás a los leviim, que tienen el cuidado del tabernáculo de El Eterno.

31:31 E hicieron Moshe y Eleazar el Cohen como El Eterno mandó a Moshe.

31:32 Y fue el botín, el resto del botín que tomaron los hombres de guerra, seiscientas setenta y cinco mil ovejas,

31:33 setenta y dos mil bueyes,

31:34 y sesenta y un mil asnos.

31:35 En cuanto a personas, de mujeres que no habían conocido varón, eran por todas treinta y dos mil.

31:36 Y la mitad, la parte de los que habían salido a la guerra, fue el número de trescientas treinta y siete mil quinientas ovejas;

31:37 y el tributo de las ovejas para El Eterno fue seiscientas setenta y cinco.

31:38 De los bueyes, treinta y seis mil; y de ellos el tributo para El Eterno, setenta y dos.

31:39 De los asnos, treinta mil quinientos; y de ellos el tributo para El Eterno, sesenta y uno.

31:40 Y de las personas, dieciséis mil; y de ellas el tributo para El Eterno, treinta y dos personas.

31:41 Y dio Moshe el tributo, para ofrenda elevada a El Eterno, Eleazar el Cohen, como El Eterno lo mandó a Moshe.

31:42 Y de la mitad para los hijos de Israel, que apartó Moshe de los hombres que habían ido a la guerra

31:43 la mitad para la congregación fue: de las ovejas, trescientas treinta y siete mil quinientas;

31:44 de los bueyes, treinta y seis mil;

31:45 de los asnos, treinta mil quinientos;

31:46 y de las personas, dieciséis mil;

31:47 de la mitad, pues, para los hijos de Israel, tomó Moshe uno de cada cincuenta, así de las personas como de los animales, y los dio a los leviim, que tenían la guarda del tabernáculo de El Eterno, como El Eterno lo había mandado a Moshe.

31:48 Vinieron a Moshe los jefes de los millares de aquel ejército, los jefes de millares y de centenas,

31:49 y dijeron a Moshe: Tus siervos han tomado razón de los hombres de guerra que están en nuestro poder, y ninguno ha faltado de nosotros.

31:50 Por lo cual hemos ofrecido a El Eterno ofrenda, cada uno de lo que ha hallado, alhajas de oro, brazaletes, manillas, anillos, zarcillos y cadenas, para hacer expiación por nuestras almas delante de El Eterno.

31:51 Y Moshe y Eleazar el Cohen recibieron el oro de ellos, alhajas, todas elaboradas.

31:52 Y todo el oro de la ofrenda que ofrecieron a El Eterno los jefes de millares y de centenas fue dieciséis mil setecientos cincuenta siclos.

31:53 Los hombres del ejército habían tomado botín cada uno para sí.

31:54 Recibieron, pues, Moshe y Eleazar el Cohen el oro de los jefes de millares y de centenas, y lo trajeron al tabernáculo de reunión, por memoria de los hijos de Israel delante de El Eterno.

Capítulo 32

32:1 Los hijos de Reuben y los hijos de Gad tenían una inmensa cantidad de ganado; y vieron la tierra de Yazer y de Guilad, y les pareció el sitio era lugar para ganado.

32:2 Vinieron, pues, los hijos de Gad y los hijos de Reuben, y hablaron a Moshe y al Cohen Eleazar, y a los líderes de la congregación, diciendo:

32:3 Atarot, Dibón, Yazer, Nimra, Jesbón, Elale, Sebam, Nebo y Boan,

32:4 la tierra que El Eterno hirió delante de la congregación de Israel, es tierra de ganado, y tus siervos tienen ganado.

32:5 Por tanto, dijeron, si hallamos gracia en tus ojos, que sea dada esta tierra a tus siervos en patrimonio, y no nos hagas pasar el Yarden.

32:6 Y respondió Moshe a los hijos de Gad y a los hijos de Reuben: ¿Irán sus hermanos a la guerra, y ustedes se quedarán aquí?

32:7 ¿Y por qué desaniman a los hijos de Israel, para que no pasen a la tierra que les ha dado El Eterno?

32:8 Así hicieron sus padres, cuando los envié desde Cadesh- barnea para que viesen la tierra.

32:9 Subieron hasta el río Eshcol, y después que vieron la tierra, desalentaron a los hijos de Israel para que no viniesen a la tierra que El Eterno les había dado.

32:10 Y la ira de El Eterno se encendió entonces, y juró diciendo:

32:11 No verán los varones que subieron de Mitzraim de veinte años arriba, la tierra que prometí con juramento a Abraham, Ytzjak y Yaacov, por cuanto no me siguieron plenamente;

32:12 excepto Caleb hijo de Yefune el kenizi, y Yehoshua hijo de Nun, que si siguieron a plenitud a El Eterno.

32:13 Y la ira de El Eterno se encendió contra Israel, y los hizo andar errantes cuarenta años por el desierto, hasta el fin de toda aquella generación que había hecho mal delante de El Eterno.

32:14 Y he aquí, ustedes se han levantado en lugar de sus padres, una escuela de hombres pecadores, para añadir aún a la ira de El Eterno contra Israel.

32:15 Y si volvieran tras de él, él volverá otra vez a dejarlos en el desierto, y destruirán a todo este pueblo.

32:16 Entonces ellos vinieron a Moshe y dijeron: Edificaremos aquí rediles para nuestro ganado, y ciudades para nuestros niños;

32:17 y nosotros nos armaremos, e iremos con diligencia delante de los hijos de Israel, hasta que los metamos en su lugar; y nuestros niños quedarán en ciudades fortificadas a causa de los moradores del país.

32:18 No volveremos a nuestras casas hasta que los hijos de Israel posean cada uno su patrimonio.

32:19 Porque no tomaremos patrimonio con ellos al otro lado del Yarden ni adelante, por cuanto tendremos ya nuestro patrimonio a este otro lado del Yarden al oriente.

32:20 Entonces les respondió Moshe: Si lo hacen así, si se disponen para ir delante de El Eterno a la guerra,

32:21 y todos ustedes pasan armados el Yarden delante de El Eterno, hasta que haya echado a sus enemigos de delante de sí,

32:22 y la tierra es sometida ante de El Eterno; luego volverán, y serán libres de culpa para con

El Eterno, y para con Israel; y esta tierra será su en patrimonio delante de El Eterno.

32:23 Más si así no lo hacen, he aquí habrán pecado ante El Eterno; y sepan que su pecado los alcanzará.

32:24 Construyan ciudades para sus niños, y rediles para sus ovejas, y hagan lo que ha declarado su boca.

32:25 Y hablaron los hijos de Gad y los hijos de Reuben a Moshe, diciendo: Tus siervos harán como mi señor ha mandado.

32:26 Nuestros niños, nuestras mujeres, nuestros ganados y todas nuestras animales, estarán ahí en las ciudades de Guilad;

32:27 y tus siervos, armados todos para la guerra, pasarán delante de El Eterno a la guerra, de la manera que mi señor habla.

32:28 Entonces les encomendó Moshe a Eleazar el Cohen, y a Yehoshua hijo de Nun, y a los líderes de los padres de las tribus de los hijos de Israel.

32:29 Y les dijo Moshe: Si los hijos de Gad y los hijos de Reuben pasan con ustedes el Yarden, armados todos para la guerra delante de El Eterno, luego que la tierra sea sometida delante de ustedes, les darán la tierra de Guilad en posesión;

32:30 mas si ellos no pasan armados con ustedes, entonces tendrán posesión entre ustedes, en la tierra de Kenaan.

32:31 Y los hijos de Gad y los hijos de Reuben respondieron diciendo: Haremos lo que El Eterno ha dicho a tus siervos.

32:32 Nosotros pasaremos armados delante de El Eterno a la tierra de Kenaan, y la posesión de nuestro patrimonio será a este lado del Yarden.

32:33 Así Moshe dio a los hijos de Gad, a los hijos de Reuben, y a la media tribu de Menashe hijo de Yosef, el reino de Sijon rey emori y el reino de Og rey de Bashan, la tierra con sus ciudades y sus territorios, las ciudades de la region alrededor.

32:34 Y los hijos de Gad edificaron Dibón, Atarot, Aroer,

32:35 Atarot-shofán, Yazer, Yogbeha,

32:36 Bet-nimra y Bet-harán, ciudades fortificadas; hicieron también rediles para ovejas.

32:37 Y los hijos de Reuben edificaron Jeshbon, Eleale, Quiriataim,

32:38 Nebo, Baal-meón (canbiados los nombres) y Sibema; y pusieron nombres a las ciudades que edificaron.

32:39 Y los hijos de Majir hijo de Menashe fueron a Guilad, y la tomaron, y echaron al emori que estaba en ella.

32:40 Y Moshe dio Guilad a Majir hijo de Menashe, el cual habitó en ella.

32:41 Y Yair hijo de Menashe fue y tomó sus aldeas, y les puso por nombre Havot-yair.

32:42 Asimismo Noba fue y tomó Kenat y sus aldeas, y la llamó Noba en a su nombre.

Capítulo 33

33:1 Estas son las viajes de los hijos de Israel, que salieron de la tierra de Mitzraim por sus ejércitos, bajo el mando de Moshe y Aharon.

33:2 Moshe escribió sus salidas conforme a sus viajes por mandato de El Eterno. Estas, pues, son sus viajes con arreglo a sus salidas.

33:3 De Ramsés salieron en el mes primero, a los quince días del mes primero; el segundo día de la pascua salieron los hijos de Israel con mano poderosa, a vista de todos los egipcios,

33:4 mientras enterraban los egipcios a los que El Eterno había herido de muerte de entre ellos, a todo primogénito; también había hecho El Eterno juicios contra sus dioses.

33:5 Salieron, pues, los hijos de Israel de Ramsés, y acamparon en Sucot.

33:6 Salieron de Sucot y acamparon en Etam, que está al confín del desierto.

33:7 Salieron de Etam y volvieron sobre Pi-hajirot, que está delante de Baal-tzefón, y acamparon delante de Migdol.

33:8 Salieron de Pi-hajirot y pasaron por en medio del mar de Suf hacia el desierto, y anduvieron tres días de camino por el desierto de Etam, y acamparon en Mara.

33:9 Salieron de Mara y vinieron a Elim, donde había doce fuentes de aguas, y setenta palmeras; y acamparon allí.

33:10 Salieron de Elim y acamparon junto al Mar de Suf.

33:11 Salieron del Mar de Suf y acamparon en el desierto de Sin.

33:12 Salieron del desierto de Sin y acamparon en Dofca.

33:13 Salieron de Dofca y acamparon en Alúsh.

33:14 Salieron de Alúsh y acamparon en Refidim, donde el pueblo no tuvo agua para beber.

33:15 Salieron de Refidim y acamparon en el desierto de Sinaí.

33:16 Salieron del desierto de Sinaí y acamparon en Kibrot- hataava.

33:17 Salieron de Kibrot-hataava y acamparon en Jatzerot.

33:18 Salieron de Jatzerot y acamparon en Ritma.

33:19 Salieron de Ritma y acamparon en Rimón-parets.

33:20 Salieron de Rimón-parets y acamparon en Libna.

33:21 Salieron de Libna y acamparon en Rissa.

33:22 Salieron de Rissa y acamparon en Kehelata.

33:23 Salieron de Kehelata y acamparon en el monte de Shafer.

33:24 Salieron del monte de Shafer y acamparon en Jarada.

33:25 Salieron de Jarada y acamparon en Makhelot.

33:26 Salieron de Makhelot y acamparon en Tajat.

33:27 Salieron de Tajat y acamparon en Taraj.

33:28 Salieron de Taraj y acamparon en Mitca.

33:29 Salieron de Mitca y acamparon en Jashmona.

33:30 Salieron de Jashmona y acamparon en Moserot.

33:31 Salieron de Moserot y acamparon en Bene-yaacán.

33:32 Salieron de Bene-yaacán y acamparon en el monte de Guidgad.

33:33 Salieron del monte de Guidgad y acamparon en Yotbata.

33:34 Salieron de Yotbata y acamparon en Abrona.

33:35 Salieron de Abrona y acamparon en Etzión-gaber.

33:36 Salieron de Etzión-gaber y acamparon en el desierto de Tzin, que es Cadesh.

33:37 Y salieron de Cadesh y acamparon en el monte de Hor, en la extremidad del país de Edom.

33:38 Y subió Aharon el Cohen al monte de Hor, conforme al dicho de El Eterno, y allí murió a los cuarenta años de la salida de los hijos de Israel de la tierra de Mitzraim, en el mes quinto, en el primero del mes.

33:39 Era Aharon de edad de ciento veintitrés años, cuando murió en el monte de Hor.

33:40 Y el kenaani, rey de Arad, que habitaba en el Neguev en la tierra de Kenaan, oyó que habían venido los hijos de Israel.

33:41 Y salieron del monte de Hor y acamparon en Tzalmona. **33:42** Salieron de Tzalmona y acamparon en Punón.

33:43 Salieron de Punón y acamparon en Obot.

33:44 Salieron de Obot y acamparon en Iye-haabarim, en la frontera de Moab.

33:45 Salieron de Iye-haabarim y acamparon en Dibón-gad.

33:46 Salieron de Dibón-gad y acamparon en Almón-diblataima.

33:47 Salieron de Almón-diblataima y acamparon en los montes de Abarim, delante de Nebo.

33:48 Salieron de los montes de Abarim y acamparon en los campos de Moab, junto al Yarden, frente a Yerijo.

33:49 Finalmente acamparon junto al Yarden, desde Bet-yeshimot hasta Abel-shitim, en los campos de Moab.

33:50 Y habló El Eterno a Moshe en los campos de Moab junto al Yarden frente a Yerijo, diciendo:

33:51 Habla a los hijos de Israel, y diles: Cuando cruzen el Yarden entrando en la tierra de Kenaan,

33:52 echarán de delante de ustedes a todos los moradores del país, y destruirán todos sus ídolos de piedra, y todas sus imágenes de fundición, y destruirán todos sus lugares altos;

33:53 y echarán a los moradores de la tierra, y habitaran en ella; porque yo les he dado para que sea su propiedad.

33:54 Y heredarán la tierra por sorteo por sus familias; a los muchos darán mucho por herencia, y a los pocos darán menos por herencia; donde le cayere la suerte, allí la tendrá cada uno; por las tribus de sus padres heredarán.

33:55 Y si no echarán a los moradores del país de delante de ustedes, sucederá que los que dejen de ellos serán por aguijones en sus ojos y por espinas en sus costados, y los afligirán sobre la tierra en que ustedes habiten.

33:56 Además, haré a ustedes como yo pensé hacerles a ellos.

Capítulo 34

34:1 Y El Eterno habló a Moshe, diciendo:

34:2 Manda a los hijos de Israel y diles: Cuando ustedes entren en la tierra de Kenaan, esto es, la tierra que les ha de caer en herencia, la tierra de Kenaan según sus límites,

34:3 Tendrán el lado del sur desde el desierto de Tzin hasta la frontera de Edom; y será el límite del sur al extremo del Mar de la Sal hacia el oriente.

34:4 Este límite los rodeara desde el sur hasta la subida de Acrabim, y pasará hasta Tzin; y se extenderá del sur a Cadesh- barnea; y continuará a Jatsar-adar, y pasará hasta Atsmón.

34:5 Rodeará este límite desde Atsmón hasta el torrente de Mitzraim, y sus remates serán al occidente.

34:6 Y el límite occidental será el Mar Grande; este límite será el límite occidental.

34:7 El límite del norte será este: desde el Mar Grande se desviaran hacia el monte de Hor.

34:8 Del monte de Hor se desviaran a la entrada de Jamat, y seguirá aquel límite hasta Tzedad;

34:9 y seguirá este límite hasta Zifrón, y terminará en Jazar- enán; este será el límite del norte.

34:10 Por límite al oriente desviense desde Jazar-enán hasta Shefam;

34:11 y bajará este límite desde Shefam a Ribla, al oriente de Ayín; y descenderá el límite, y llegará a la costa del mar de Kineret, al oriente.

34:12 Después descenderá este límite al Yarden, y terminará en el Mar de la Sal: esta será su tierra por sus límites alrededor.

34:13 Y mandó Moshe a los hijos de Israel, diciendo: Esta es la tierra que se les repartirá en herencia por sorteo, que mandó El Eterno que diese a las nueve tribus y media;

34:14 porque la tribu de los hijos de Reuben según las casas de sus padres, y la tribu de los hijos de Gad según las casas de sus padres, y la media tribu de Menashe, han tomado su patrimonio.

34:15 Dos tribus y media tomaron su patrimonio a este lado del Yarden frente a Yerijo al oriente, al nacimiento del sol.

34:16 Y habló El Eterno a Moshe, diciendo:

34:17 Estos son los nombres de los varones que les repartirán la tierra: Eleazar el Cohen , y Yehoshua hijo de Nun.

34:18 Tomaran también de cada tribu un líder, para dar la posesión de la tierra.

34:19 Y estos son los nombres de los varones: De la tribu de Yehuda, Caleb hijo de Yefune.

34:20 De la tribu de los hijos de Shimon, Shmuel hijo de Amihud.

34:21 De la tribu de Binyamin, Elidad hijo de Quislón.

34:22 De la tribu de los hijos de Dan, el líder Buqui hijo de Yogli.

34:23 De los hijos de Yosef: de la tribu de los hijos de Menashe, el líder Janiel hijo de Efod,

34:24 y de la tribu de los hijos de Efrain, el líder Kemuel hijo de Shiftán.

34:25 De la tribu de los hijos de Zebulun, el líder Elitzafán hijo de Parnaj.

34:26 De la tribu de los hijos de Isajar, el líder Paltiel hijo de Azán.

34:27 De la tribu de los hijos de Asher, el líder Ajiud hijo de Shelomi.

34:28 Y de la tribu de los hijos de Naftali, el líder Pedael hijo de Amihud.

34:29 A éstos mandó El Eterno que hiciesen la repartición de la herencia a los hijos de Israel en la tierra de Kenaan.

Capítulo 35

35:1 Habló El Eterno a Moshe en los campos de Moab, junto al Yarden frente a Yerijo, diciendo:

35:2 Manda a los hijos de Israel que den a los leviim, de la posesión de su patrimonio, ciudades en que habiten; también darán a los leviim los ejidos de esas ciudades alrededor de ellas.

35:3 Y tendrán ellos las ciudades para habitar, y los ejidos de ellas serán para sus animales, para sus ganados y para todas sus animales.

35:4 Y los ejidos de las ciudades que darán a los leviim serán mil codos alrededor, desde el muro de la ciudad para afuera.

35:5 Luego medirán fuera de la ciudad al lado del oriente dos mil codos, al lado del sur dos mil codos, al lado del occidente dos mil codos, y al lado del norte dos mil codos, y la ciudad estará en medio; esto tendrán por los ejidos de las ciudades.

35:6 Y de las ciudades que darán a los leviim, seis ciudades serán de refugio, las cuales darán para que el homicida se refugie allá; y además de éstas darán cuarenta y dos ciudades.

35:7 Todas las ciudades que darán a los leviim serán cuarenta y ocho ciudades con sus ejidos.

35:8 Y en cuanto a las ciudades que dieran en patrimonio de los hijos de Israel, del que tiene mucho tomaran mucho, y del que tiene poco tomaran poco; cada uno dará de sus ciudades a los leviim según la posesión que heredará.

35:9 Habló El Eterno a Moshe, diciendo:

35:10 Habla a los hijos de Israel, y diles: Cuando hayan pasado al otro lado del Yarden a la tierra de Kenaan,

35:11 Señalaran para ustedes ciudades, serán ciudades de refugio , donde huya el homicida haya matado sin intención.

35:12 Y serán aquellas ciudades para refugiarse del vengador, y no morirá el homicida hasta que entre en juicio delante de la congregación.

35:13 De las ciudades, que darán, Tendrán seis ciudades de refugio.

35:14 Tres ciudades darán a este lado del Yarden, y tres ciudades darán en la tierra de Kenaan, las cuales serán ciudades de refugio.

35:15 Estas seis ciudades serán de refugio para los hijos de Israel, y para el extranjero y el que more entre ellos, para que huya allá cualquiera que hiriere de muerte a otro sin intención.

35:16 Si con instrumento de hierro lo hiriere y muriere, homicida es; el homicida ciertamente morirá.

35:17 Y si con piedra en la mano, que pueda dar muerte, lo hiriere y muriere, homicida es; el homicida ciertamente morirá.

35:18 Y si con instrumento de palo en la mano, que pueda dar muerte, lo hiriere y muriere, homicida es; el homicida ciertamente morirá.

35:19 El vengador de la sangre, él dará muerte al homicida; cuando lo encontrare, él lo matará.

35:20 Y si por odio lo empujó, o echó sobre él alguna cosa por asechanzas, y muere;

35:21 o por enemistad lo hirió con su mano, y murió, el heridor morirá; es homicida; el vengador de la sangre matará al homicida cuando lo encontrare.

35:22 Mas si casualmente lo empujó sin enemistad, o echó sobre él cualquier instrumento sin asechanzas,

35:23 o bien, sin verlo hizo caer sobre él alguna piedra que pudo matarlo, y muriere, y él no era su enemigo, ni procuraba su mal;

35:24 entonces la congregación juzgará entre el que causó la muerte y el vengador de la sangre conforme a estas leyes;

35:25 y la congregación librará al homicida de mano del vengador de la sangre, y la congregación lo hará volver a su ciudad de refugio, en la cual se había refugiado; y habitara en ella hasta que muera el Cohen gadol, el cual fue ungido con el aceite sagrado.

35:26 Mas si el homicida saliere fuera de los límites de su ciudad de refugio, en la cual se refugió,

35:27 y el vengador de la sangre le hallare fuera del límite de la ciudad de su refugio, y el vengador de la sangre matare al homicida, no se le culpará por ello;

35:28 pues en su ciudad de refugio deberá aquél habitar hasta que muera el Cohen gadol; y después que haya muerto el Cohen gadol, el homicida volverá a la tierra de su posesión.

35:29 Estas cosas les serán por estatuto de ley por sus generaciones, en todos sus asentamientos.

35:30 Cualquiera que diere muerte a alguno, por boca de testigos morirá el homicida; mas un solo testigo no testificara contra una persona para que muera.

35:31 Y no tomaran rescate por la vida del homicida, porque está condenado a muerte; indefectiblemente morirá.

35:32 Ni tampoco tomaran rescate del que huyó a su ciudad de refugio, para que vuelva a vivir en su tierra, hasta que muera el Cohen gadol.

35:33 Y no contaminaran la tierra donde estuvieran; porque esta sangre amancillará la tierra, y la tierra no será expiada de la sangre que fue derramada en ella, sino con la sangre del que la derramó. **35:34** No contaminen, la tierra donde habitan, en medio de la cual yo habito; porque yo El Eterno resido en medio de los hijos de Israel.

Capítulo 36

36:1 Llegaron los líderes de los padres de la familia de Guilad hijo de Majir, hijo de Menashe, de las familias de los hijos de Yosef; y hablaron delante de Moshe y de los líderes, jefes de las casas paternas de los hijos de Israel,

36:2 y dijeron: El Eterno mandó a mi señor que por sorteo diese la tierra a los hijos de Israel en posesión; también ha mandado El Eterno a mi señor, que dé la posesión de Tzelofjad nuestro hermano a sus hijas.

36:3 Y si ellas se casaren con algunos de los hijos de las otras tribus de los hijos de Israel, la herencia de ellas será así quitada de la herencia de nuestros padres, y será añadida a la herencia de la tribu a que se unan; y será quitada de la porción de nuestra patrimonio.

36:4 Y cuando viniere el jubileo de los hijos de Israel, la patrimonio de ellas será añadida a el patrimonio de la tribu de sus maridos; así el patrimonio de ellas será quitada de el patrimonio de la tribu de nuestros padres.

36:5 Entonces Moshe mandó a los hijos de Israel por mandato de El Eterno, diciendo: La tribu de los hijos de Yosef habla correctamente.

36:6 Esto es lo que ha mandado El Eterno acerca de las hijas de Tzelofjad, diciendo: Cásense como a ellas les plazca, pero en la familia de la tribu de su padre se casarán,

36:7 para que el patrimonio de los hijos de Israel no sea traspasada de tribu en tribu; porque cada uno de los hijos de Israel estará ligado a el patrimonio de la tribu de sus padres.

36:8 Y toda hija que tenga patrimonio en las tribus de los hijos de Israel, con alguno de la familia de la tribu de su padre se casará, para que los hijos de Israel posean cada uno el patrimonio de sus padres,

36:90 y no ande el patrimonio rodando de una tribu a otra, sino que cada una de las tribus de los hijos de Israel estará ligada a su patrimonio.

36:10 Como El Eterno mandó a Moshe, así hicieron las hijas de Tzelofjad.

36:11 Y así Majla, Tirtsa, Jogla, Milca y Noa, hijas de Tzelofjad, se casaron con hijos de sus tíos paternos.

36:12 Se casaron en la familia de los hijos de Menashe, hijo de Yosef; y el patrimonio de ellas quedó en la tribu de la familia de su padre.

36:13 Estos son los mandamientos y los estatutos que mandó El Eterno por medio de Moshe a los hijos de Israel en los campos de Moab, junto al Yarden, frente a Yerijo.

JAZÁK, JAZÁK VENITJAZÉK
(¡Sé fuerte, sé fuerte, y nos fortaleceremos!)

LIBRO DE DEUTERONOMIO

Capítulo 1

1:1 Estas son las palabras que habló Moshe a todo Israel a este lado del Yarden en el desierto, en el Arabá frente al Mar Suf, entre Parán, Tofel, Labán, Jatzerot y Dizahab.

1:2 Once dias hay desde Joreb, camino del monte de Seir, hasta Cadesh-barnea.

1:3 Y aconteció que a los cuarenta años, en el mes undécimo, el primero del mes, Moshe habló a los hijos de Israel conforme a todas las cosas que el Eterno le había mandado acerca de ellos,

1:4 después que derrotó a Sijon rey de los emorimm, el cual habitaba en Jeshbon, y a Og rey de Bashan que habitaba en Ashtarot en Edrei.

1:5 De este lado del Yarden, en tierra de Moab, resolvió Moshe explicar esta ley, diciendo:

1:6 el Eterno nuestro Dios nos habló en Joreb, diciendo: Han estado bastante tiempo en este monte.

1:7 Vuelvan y vayan al monte del emorim y a todas sus vecinos, en el Arabá, en el monte, en los valles, en el Neguev, y junto a la costa del mar, a la tierra del kenaani, y al Lebanon, hasta el gran río, el río Eufrates.

1:8 Vean, yo les he entregado la tierra; entren y posean la tierra que el Eterno juró a sus padres Abraham, Yztjak y Yaacov, que les daría a ellos y a su descendencia después de ellos.

1:9 En aquel tiempo yo les hablé diciendo: Yo solo no puedo llevarlos.

1:10 el Eterno su Dios les ha multiplicado, y he aquí hoy ustedes son como las estrellas del cielo en multitud.

1:11 ¡el Eterno Dios de sus padres les haga mil veces más de lo que ahora son, y les bendiga, como les dijo!

1:12 ¿Cómo llevaré yo solo sus molestias, sus cargas y sus pleitos?

1:13 Denme de entre ustedes, de sus tribus, varones sabios y entendidos y conocidos, para que yo los ponga por sus jefes.

1:14 Y me respondieron y dijeron: Bueno es hacer lo que has dicho.

1:15 Y tomé a los principales de sus tribus, varones sabios y conocidos, y los puse por jefes sobre ustedes, jefes de millares, de centenas, de cincuenta y de diez, y guardianes de sus tribus.

1:16 Y entonces mandé a sus jueces, diciendo: escuchen entre sus hermanos, y juzguen justamente entre el hombre y su hermano, y el extranjero.

1:17 No hagan distinción de persona en el juicio; así al pequeño como al grande oirán; no tengan temor de ninguno, porque el juicio es de Dios; y la causa que les fuere difícil, la traeran a mí, y yo la oiré.

1:18 les mandé, en aquel tiempo, todo lo que habían de hacer.

1:19 Y partidos de Joreb, anduvimos todo aquel grande y terrible desierto que han visto, por el camino del monte del emorim, como el Eterno nuestro Dios nos lo mandó; y llegamos hasta Cadesh- barnea.

1:20 Entonces les dije: Han llegado al monte del emorim, el cual el Eterno nuestro Dios nos da.

1:21 Mira, el Eterno tu Dios te ha entregado la tierra; sube y toma posesión de ella, como el Eterno el Dios de tus padres te ha dicho; no temas ni te acobardes.

1:22 Y vinieron a mí todos ustedes, y dijeron: Enviemos varones delante de nosotros que nos reconozcan la tierra, y a su regreso nos traigan razón del camino por donde hemos de subir, y de las ciudades adonde hemos de llegar.

1:23 Y la cosa me pareció bien; y tomé doce varones de entre ustedes, un varón por cada tribu.

1:24 Y se encaminaron, y subieron al monte, y llegaron hasta el valle de Eshcol, y reconocieron la tierra.

1:25 Y tomaron en sus manos del fruto del país, y nos lo trajeron, y nos dieron cuenta, y dijeron: Es buena la tierra que el Eterno nuestro Dios nos da.

1:26 Sin embargo, no quisieron subir, se rebelaron contra el mandato de el Eterno su Dios;

1:27 y murmuraron en sus tiendas, diciendo: Porque el Eterno nos aborrece, nos ha sacado de tierra de Mitzraim, para entregarnos en manos del emorim para aniquilarnos.

1:28 ¿A dónde subiremos? Nuestros hermanos han atemorimzado nuestro corazón, diciendo: Este pueblo es mayor y más alto que nosotros, las ciudades grandes y amuralladas hasta el cielo; y también vimos allí a los hijos de El gigante.

1:29 Entonces les dije: No se doblequen, ni tengan miedo de ellos.

1:30 el Eterno su Dios, el cual va delante de ustedes, él peleará por ustedes, conforme a todas las cosas que hizo por ustedes en Mitzraim delante de sus ojos.

1:31 Y en el desierto has visto que el Eterno tu Dios te ha traído, como trae el hombre a su hijo, por todo el camino que han andado, hasta llegar a este lugar.

1:32 Y aun con esto no han creido en el Eterno su Dios,

1:33 quien iba delante de ustedes por el camino para encontrar el lugar donde habían de acampar, con fuego de noche para mostrarles el camino por donde anduvieran, y con nube de día.

1:34 Y oyó el Eterno la voz de sus palabras, y se enojó, y juró diciendo:

1:35 No verá hombre alguno de estos, de esta mala generación, la buena tierra que juré que había de dar a sus padres,

1:36 excepto Caleb hijo de Yefune; él la verá, y a él le daré la tierra que pisó, y a sus hijos; porque ha seguido fielmente a el Eterno.

1:37 También contra mí se enojó el Eterno por ustedes, y me dijo: Tampoco tú entrarás allá.

1:38 Yehoshua hijo de Nun, que esta delante de ti para servirte, él entrará allá; anímale, porque él la hará heredar a Israel.

1:39 Y sus niños, de los cuales dijeron que servirían de botín, y sus hijos que no saben hoy lo bueno ni lo malo, ellos entrarán allá, y a ellos la daré, y ellos la heredarán.

1:40 Pero ustedes vuelvan y vayan al desierto, camino del Mar Suf.

1:1:41 Entonces respondieron y me dijeron: Hemos pecado contra el Eterno; nosotros subiremos y pelearemos, conforme a todo lo que el Eterno nuestro Dios nos ha mandado. Y se armaron cada uno con sus armas de guerra, y se prepararon para subir al monte.

1:42 Y el Eterno me dijo: Diles: No suban, ni peleen, pues no estoy entre ustedes; para que no sean derrotados por sus enemigos.

1:43 Y les hablé, y no escucharon; antes se rebelaron al mandato de el Eterno, y persistiendo con altivez subieron al monte.

1:44 Pero salió a su encuentro el emorim, que habitaba en aquel monte, y les persiguieron como hacen las avejas, y les derrotaron en Seir, hasta Jorma.

1:45 Y volvieron y lloraron delante de el Eterno, pero el Eterno no escuchó su voz, ni les prestó atencion.

1:46 Y estuvieron en Cadesh por muchos días, los días que han estado allí.

Capítulo 2

2:1 Luego volvimos y salimos al desierto, camino del Mar Suf, como el Eterno me había dicho; y rodeamos el monte de Seir por muchos dias.

2:2 Y el Eterno me habló, diciendo:

2:3 Bastante han rodeado este monte; vuelvan al norte.

2:4 Y manda al pueblo, diciendo: Pasando ustedes por el territorio de sus hermanos los hijos de Esav, que habitan en Seir, ellos tendrán miedo de ustedes; mas ustedes tengan mucho cuidado.

2:5 No los provoquen, porque no les daré de su tierra ni aun lo que cubre la planta de un pie; porque yo he dado por heredad a Esav el monte de Seir.

2:6 Compraran de ellos por dinero los alimentos, y comeran; y también compraran de ellos el agua, y beberan;

2:7 porque el Eterno tu Dios te ha bendecido en toda obra de tus manos; él sabe que andas por este gran desierto; estos cuarenta años el Eterno tu Dios ha estado contigo, y nada te ha faltado.

2:8 Y nos alejamos del territorio de nuestros hermanos los hijos de Esav, que habitaban en Seir, por el camino del Arabá desde Elat y Etzión-gueber; y volvimos, y tomamos el camino del desierto de Moab.

2:9 Y el Eterno me dijo: No hostilices a Moab, ni los provoquen contra ellos en guerra, porque no te daré posesión de su tierra; porque yo he dado a Ar por heredad a los hijos de Lot.

2:10 Los emim habitaron en ella antes, pueblo grande y numeroso, y alto como los hijos de El gigante.

2:11 Ellos tambien eran considerados refaim, como los hijos de El gigante; y los moabim los llaman emim.

2:12 Y en Seir habitaron antes los jorim, a los cuales echaron los hijos de Esav; y los arrojaron de su presencia, y habitaron en lugar de ellos, como hizo Israel en la tierra que les dio el Eterno por posesión.

2:13 Levantense ahora, y crucen el arroyo de Zered. Y cruzamos el arroyo de Zered.

2:14 Y los días que anduvimos de Cadesh-barnea hasta cuando pasamos el arroyo de Zered fueron treinta y ocho años; hasta que se acabó toda la generación de los hombres de guerra de en medio del campamento, como el Eterno les había jurado.

2:15 Y también la mano de el Eterno vino sobre ellos para destruirlos de en medio del campamento, hasta acabarlos.

2:16 Y aconteció que después que murieron todos los hombres de guerra de entre el pueblo,

2:17 el Eterno me habló, diciendo:

2:18 Tú pasarás hoy el territorio de Moab, a Ar.

2:19 Y cuando te acerques a los hijos de Amón, no los provoques, ni los hotilices; porque no te daré posesión de la tierra de los hijos de Amón, pues a los hijos de Lot la he dado por heredad.

2:20 Por tierra de gigantes fue también ella cosiderada; habitaron en ella gigantes en otro tiempo, a los cuales los amonim llamaban zamzumim;

2:21 pueblo grande y numeroso, y alto, como los hijos de El gigante; a los cuales el Eterno destruyó delante de ellos. Expulsandolos y se establecieron en su lugar,

2:22 como hizo el Eterno con los hijos de Esav que habitaban en Seir, delante de los cuales destruyó a los jorim; expulsandolos, y habitaron en su lugar hasta hoy.

2:23 Y a los avim que habitaban en aldeas hasta Gaza, los caftorim que salieron de Caftor los destruyeron, y habitaron en su lugar.

2:24 Levántense, salgan, y cruzen el arroyo de Arnón; Vean que he entregado en su mano a Sijon rey de Jeshbon, emorim, y a su tierra; comienza a tomar posesión de ella, y entra en guerra con él.

2:25 Hoy comenzaré a poner tu temor y tu espanto sobre los pueblos debajo de todo el cielo, los cuales oirán tu fama, y temblarán y se angustiarán delante de ti.

2:26 Y envié mensajeros desde el desierto de Kedemot a Sijon rey de Jeshbon con palabras de paz, diciendo:

2:27 Pasaré por tu tierra por el camino; por el camino iré, sin apartarme ni a derecha ni izquierda.

2:28 La comida me venderás por dinero, y comeré; el agua también me darás por dinero, y beberé; solamente pasaré a pie,

2:29 como lo hicieron conmigo los hijos de Esav que habitaban en Seir, y los moabim que habitaban en Ar; hasta que cruce el Yarden a la tierra que nos da el Eterno nuestro Dios.

2:30 Mas Sijon rey de Jeshbon no quiso que pasásemos por el territorio suyo; porque el Eterno tu Dios había endurecido su espíritu, y fortalecio su corazón para entregarlo en tu mano, como hasta hoy.

2:31 Y me dijo el Eterno: He aquí yo he comenzado a entregar delante de ti a Sijon y a su tierra; comienza a tomar posesión de ella para que la heredes.

2:32 Y nos salió Sijon al encuentro, él y todo su pueblo, para pelear en Yahatza.

2:33 Más el Eterno nuestro Dios lo entregó delante de nosotros; y lo derrotamos a él y a sus hijos, y a todo su pueblo.

2:34 Tomamos entonces todas sus ciudades, y destruimos todas las ciudades, hombres, mujeres y niños; no dejamos ninguno.

2:35 Solamente tomamos para nosotros los ganados, y despojos de las ciudades que habíamos tomado.

2:36 Desde Aroer, que está junto a la ribera del arroyo de Arnón, y la ciudad que está en el valle, hasta Guilad, no hubo ciudad que escapase de nosotros; todas las entregó el Eterno nuestro Dios en nuestro poder.

2:37 Solamente a la tierra de los hijos de Amón no llegamos; ni a todo lo que está a la orilla del arroyo de Yaboc ni a las ciudades del monte, ni a lugar alguno que el Eterno nuestro Dios había prohibido.

Capítulo 3

3:1 Volvimos, y subimos camino de Bashan, y nos salió al encuentro Og rey de Bashan para pelear, él y todo su pueblo, en Edrei.

3:2 Y me dijo el Eterno: No tengas temor de él, porque en tu mano he entregdo a él y a todo su pueblo, con su tierra; y harás con él como hiciste con Sijon rey de los emorim, que habitaba en Jeshbon.

3:3 Y el Eterno nuestro Dios entregó también en nuestra mano a Og rey de Bashan, y a todo su pueblo, al cual derrotamos hasta acabar con todos.

3:4 Y tomamos entonces todas sus ciudades; no quedó ciudad que no les tomásemos; sesenta ciudades, toda la tierra de Argob, del reino de Og en Bashan.

3:5 Todas estas eran ciudades fortificadas con muros altos, con puertas y barras, sin contar otras muchas ciudades sin muro.

3:6 Y las destruimos, como hicimos a Sijon rey de Jeshbon, matando en toda ciudad a hombres, mujeres y niños.

3:7 Y tomamos para nosotros todo el ganado, y los despojos de las ciudades.

3:8 También tomamos en aquel tiempo la tierra desde el arroyo de Arnón hasta el monte de Jermon, de manos de los dos reyes emorim que estaban a este lado del Yarden.

3:9 Los tsidonim llamaban a Jermon, Sirión; y los emorim, Senir.

3:10 Todas las ciudades de la llanura, y todo Guilad, y todo Bashan hasta Salja y Edrei, ciudades del reino de Og en Bashan.

3:11 Porque únicamente Og rey de Bashan había quedado del resto de los gigantes. Su cama, una cama de hierro, ¿no está en Rabát de los hijos de Amón? La longitud de ella es de nueve codos, y su anchura de cuatro codos, según el codo de un hombre.

3:12 Y esta tierra que heredamos en aquel tiempo, desde Aroer, que está junto al arroyo de Arnón, y la mitad del monte de Guilad con sus ciudades, la di a los rubenim y a los gadim;

3:13 y el resto de Guilad, y todo Bashan, del reino de Og, toda la tierra de Argob, que se llamaba la tierra de los gigantes, lo di a la media tribu de Menashe.

3:14 Yair hijo de Menashe tomó toda la tierra de Argob hasta el límite con el Gueshuri y Maacati, y la llamó por su nombre, Bashan- havot-yair, hasta hoy.

3:15 Y Guilad se lo di a Majir.

3:16 Y a los rubenim y a los gadim les di de Guilad hasta el arroyo de Arnón, teniendo por límite el medio del valle, hasta el arroyo de Yavoc, el cual es límite de los hijos de Amón;

3:17 también el Arabá, con el Yarden como límite desde Kineret hasta el mar del Arabá, el Mar de la Sal, al pie de las laderas del Pisga al oriente.

3:18 Y les mandé entonces, diciendo: el Eterno su Dios les ha dado esta tierra por heredad; pero iran armados todos los valientes delante de sus hermanos los hijos de Israel.

3:19 Solamente sus mujeres, sus hijos y sus ganados (yo sé que tenan mucho ganado), quedarán en las ciudades que les he dado,

3:20 hasta que el Eterno dé reposo a sus hermanos, así como a ustedes, y hereden ellos también la tierra que el Eterno su Dios les da al otro lado del Yarden; entonces volveran cada uno a la heredad que yo les he dado.

3:21 Ordené también a Yehoshua en aquel tiempo, diciendo:

Tus ojos vieron todo lo que el Eterno su Dios ha hecho a aquellos dos reyes; así hará el Eterno a todos los reinos a los cuales pasarás tú.

3:22 No los teman; porque el Eterno su Dios, él es el que pelea por ustedes

3:23 Y imploré a el Eterno en aquel tiempo, diciendo:

3:24 Señor el Eterno, tú has comenzado a mostrar a tu siervo tu grandeza, y tu mano poderosa; porque ¿qué dios hay en el cielo ni en la tierra que haga obras y proezas como las tuyas?

3:25 Dejame pasar, te ruego, y ver aquella tierra buena que está más allá del Yarden, aquel buen monte, y el.

3:26 Pero el Eterno se había enojado contra mí a causa de ustedes, por lo cual no me escuchó; y me dijo el Eterno: Basta, no me hables más de este asunto.

3:27 Sube a la cumbre de la cima y alza tus ojos al oeste, y al norte, y al sur, y al este, y mira con tus propios ojos; porque no pasarás el Yarden.

3:28 Y manda a Yehoshua, y anímalo, y fortalécelo; porque él ha de pasar delante de este pueblo, y él les hará heredar la tierra que verás.

3:29 Y paramos en el valle delante de Bet-peor.

Capítulo 4

4:1 Ahora, oh Israel, oye los estatutos y decretos que yo les enseño, para que los ejecuten, y vivan, y entren y posean la tierra que el Eterno el Dios de sus padres les da.

4:2 No añadiran a la palabra que yo les mando, ni disminuiran de ella, para que guarden los mandamientos de el Eterno su Dios que yo les ordeno.

4:3 Sus ojos vieron lo que hizo el Eterno con motivo de Baal- peor; que a todo hombre que fue tras de Baal-peor destruyó el Eterno tu Dios de en medio de ti.

4:4 Mas ustedes que se apegan a el Eterno su Dios, todos estan vivos hoy.

4:5 Mira, yo les he enseñado estatutos y decretos, como el Eterno mi Dios me mandó, para que hagan así en medio de la tierra en la cual entran para tomar posesión de ella.

4:6 Los preservaran y los llevaran a cabo; porque esta es su sabiduría y su inteligencia ante los ojos de los pueblos, los cuales oirán todos estos estatutos, y dirán: Ciertamente pueblo sabio y entendido, nación grande es esta.

4:7 Porque ¿qué nación grande hay que tenga dioses tan cercanos a ellos como lo está el Eterno nuestro Dios en todo cuanto le pedimos?

4:8 Y ¿qué nación grande hay que tenga estatutos y juicios justos como es toda esta ley que yo pongo hoy delante de ustedes?

4:9 Solo cuidate, y guarda tu alma con diligencia, para que no te olvides de las cosas que tus ojos han visto, ni se aparten de tu corazón todos los días de tu vida; antes bien, las enseñarás a tus hijos, y a los hijos de tus hijos.

4:10 El día que estuviste delante de el Eterno tu Dios en Joreb, cuando el Eterno me dijo: Reúneme el pueblo, para que yo les haga oír mis palabras, las cuales aprenderán, para temerme todos los días que vivieren sobre la tierra, y las enseñarán a sus hijos;

4:11 Ustedes se acercaron y se pararon al pie del monte; y el monte ardía en fuego hasta en medio de los cielos con oscuridad, nube y tinieblas;

4:12 y habló el Eterno con ustedes de en medio del fuego; oyeron la voz de sus palabras, pero no veian imagen solo sonido.

4:13 Y él les anunció su pacto, el cual les mandó a ejecutar; los diez mandamientos, y los escribió en dos tablas de piedra.

4:14 A mí también me mandó el Eterno en aquel tiempo que les enseñase los estatutos y juicios, para ejecutarlos en la tierra a la cual cruzan para tomar posesión de ella.

4:15 Pero cuiden mucho sus almas; pues ninguna figura vieron el día que el Eterno habló con ustedes de en medio del fuego;

4:16 para que no se corrompan y hagan para ustedes escultura, imagen de figura alguna, efigie de varón o hembra,

4:17 figura de animal alguno que está en la tierra, figura de alguna ave alada que vuele por el aire,

4:18 figura de ningún animal que se arrastre sobre la tierra, figura de pez alguno que haya en el agua debajo de la tierra.

4:19 No sea que alces tus ojos al cielo, y viendo el sol y la luna y las estrellas, y todo el ejército del cielo, seas impulsado, y te inclines a ellos y les sirvas; porque el Eterno tu Dios los ha concedido a todos los pueblos debajo de todos los cielos.

4:20 Pero a ustedes el Eterno les tomó, y les ha sacado del horno de hierro, de Mitzraim, para que sean el pueblo de su heredad como en este día.

4:21 Y el Eterno se enojó contra mí por causa de ustedes, y juró que yo no pasaría el Yarden, ni entraría en la buena tierra que el Eterno tu Dios te da por heredad.

4:22 Así que yo voy a morir en esta tierra, y no pasaré el Yarden; mas ustedes pasaran, y poseeran aquella buena tierra.

4:23 Cuidense, no olviden del pacto de el Eterno su Dios, que él estableció con ustedes, y no hagan escultura o imagen de ninguna cosa que el Eterno tu Dios te ha prohibido.

4:24 Porque el Eterno tu Dios es fuego consumidor, Dios celoso.

4:25 Cuando engendren hijos y nietos, y envejezcan en la tierra, si se va a corromper e hicieran escultura o imagen de cualquier cosa, e hicieran lo malo ante los ojos de el Eterno su Dios, para enojarlo;

4:26 yo pongo hoy por testigos al cielo y a la tierra, que pronto pereceras totalmente de la tierra hacia la cual cruzan el Yarden para tomar posesión de ella; no estaran en ella largos días sin que sean destruidos.

4:27 Y el Eterno les esparcirá entre los pueblos, y quedaran pocos en número entre las naciones a las cuales les llevará el Eterno.

4:28 Y serviran allí a dioses hechos de manos de hombres, de madera y piedra, que no ven, ni oyen, ni comen, ni huelen.

4:29 Mas si desde allí buscares a el Eterno tu Dios, lo hallarás, si lo buscares de todo tu corazón y de toda tu alma.

4:30 Cuando estuvieres en angustia, y te alcanzaren todas estas cosas, si en los postreros días te volvieres a el Eterno tu Dios, y oyeres su voz;

4:31 porque Dios misericordioso es el Eterno tu Dios; no te dejará, ni te destruirá, ni se olvidará del pacto que les juró a tus padres.

4:32 Porque pregunta ahora si en los tiempos pasados que han sido antes de ti, desde el día que creó Dios al hombre sobre la tierra, si desde un extremo del cielo al otro se ha hecho cosa semejante a esta gran cosa, o se ha escuchado otra como ella.

4:33 ¿Ha escuchado pueblo alguno la voz de Dios, hablando de en medio del fuego, como tú la has escuchado, sin perecer?

4:34 ¿O ha intentado Dios venir a tomar para sí una nación de en medio de otra nación, con pruebas, con señales, con milagros y con guerra, y mano poderosa y brazo extendido, y hechos aterradores como todo lo que hizo con ustedes el Eterno su Dios en Mitzraim ante tus ojos?

4:35 A ti te fue mostrado, para que supieses que el Eterno es Dios, y no hay otro fuera de él.

4:36 Desde los cielos te hizo oír su voz, para enseñarte; y sobre la tierra te mostró su gran fuego, y has escuchado sus palabras de en medio del fuego.

4:37 Y por cuanto él amó a tus padres, escogió a su descendencia después de ellos, y te sacó de Mitzraim con su presencia y con su gran poder,

4:38 para echar de delante de tu presencia naciones grandes y más fuertes que tú, y para introducirte y darte su tierra por heredad, como hoy.

4:39 Aprende hoy, y reflexiona en tu corazón que el Eterno es Dios arriba en el cielo y abajo en la tierra, y no hay otro.

4:40 Y guarda sus estatutos y sus mandamientos, los cuales yo te mando hoy, para que te vaya bien a ti y a tus hijos después de ti, y prolongues tus días sobre la tierra que el Eterno tu Dios te da para siempre.

4:41 Entonces apartó Moshe tres ciudades a este lado del Yarden al nacimiento del sol,

4:42 para que huyese allí el homicida que matase a su prójimo sin intención, sin haber tenido enemistad con él nunca antes; y que huyendo a una de estas ciudades salvase su vida:

4:43 a Betser en el desierto, en tierra de la llanura, para la tribu rubeni; Ramot en Guilad para la tribu gadi, y Golán en Bashan para la tribu menashi.

4:44 Esta, es la ley que Moshe puso delante de los hijos de Israel.

4:45 Estos son los testimonios, los estatutos y los decretos que habló Moshe a los hijos de Israel cuando salieron de Mitzraim;

4:46 a este lado del Yarden, en el valle delante de Bet-peor, en la tierra de Sijon rey de los emorim que habitaba en Jeshbon, al cual derrotó Moshe con los hijos de Israel, cuando salieron de Mitzraim;

4:47 y poseyeron su tierra, y la tierra de Og rey de Bashan; dos reyes de los emorim que estaban de este lado del Yarden, al oriente.

4:48 Desde Aroer, que está junto a la ribera del arroyo de Arnón, hasta el monte de Sion, que es Jermon;

4:49 y todo el Arabá de este lado del Yarden, al oriente, hasta el mar del Arabá, al pie de las laderas del Pisga.

Capítulo 5

5:1 Llamó Moshe a todo Israel y les dijo: Oye, Israel, los estatutos y decretos que yo pronuncio hoy en sus escuchenlos; aprendanlos, y preservarlos, para llevarlos a cabo.

5:2 el Eterno nuestro Dios hizo pacto con nosotros en Joreb.

5:3 No con nuestros padres hizo el Eterno este pacto, sino con nosotros todos los que estamos aquí hoy vivos.

5:4 Cara a cara habló el Eterno con ustedes en el monte de en medio del fuego.

5:5 Yo estaba entonces entre el Eterno y ustedes, para declararles la palabra de el Eterno; porque ustedes tuvieron temor del fuego, y no subieron al monte. Dijo:

5:6 Yo soy el Eterno tu Dios, que te saqué de tierra de Mitzraim, de casa de servidumbre.

5:7 No tendrás dioses ajenos delante de mí.

5:8 No harás para ti escultura, ni imagen alguna de cosa que está arriba en los cielos, ni abajo en la tierra, ni en las aguas debajo de la tierra.

5:9 No te inclinarás a ellas ni las servirás; porque yo soy el Eterno tu Dios, fuerte, celoso, que toma en cuenta la maldad de los padres sobre los hijos hasta la tercera y cuarta generación de los que me aborrecen,

5:10 y que hago misericordia a millares, a los que me aman y guardan mis mandamientos.

5:11 No tomarás el nombre de el Eterno tu Dios en vano; porque el Eterno no absolvera al que tome su nombre en vano.

5:12 Guardarás el día de Shabat para santificarlo, como el Eterno tu Dios te ha mandado.

5:13 San días trabajarás, y harás toda tu obra;

5:14 mas el séptimo día es reposo a el Eterno tu Dios; ninguna obra harás tú, ni tu hijo, ni tu hija, ni tu siervo, ni tu sierva, ni tu buey, ni tu asno, ni ningún animal tuyo, ni el extranjero que está dentro de tus ciudades, para que descanse tu siervo y tu sierva como tú.

5:15 Acuérdate que fuiste siervo en tierra de Mitzraim, y que el Eterno tu Dios te sacó de allá con mano fuerte y brazo extendido; por lo cual el Eterno tu Dios te ha mandado que guardes el día de Shabat.

5:16 Honra a tu padre y a tu madre, como el Eterno tu Dios te ha mandado, para que sean prolongados tus días, y para que te vaya bien sobre la tierra que el Eterno tu Dios te da.

5:17 No matarás. No cometerás adulterio. No hurtarás. No dirás falso testimonio contra tu prójimo. **5:18** No codiciarás la mujer de tu prójimo, ni desearás la casa de tu prójimo, ni su tierra, ni su siervo, ni su sierva, ni su buey, ni su asno, ni cosa alguna de tu prójimo.

5:19 Estas palabras habló el Eterno a toda su congregación en el monte, de en medio del fuego, de la nube y de la oscuridad, a gran voz; y no añadió más. Y las escribió en dos tablas de piedra, las cuales me dio a mí.

5:20 Y aconteció que cuando ustedes oyeron la voz de en medio de las tinieblas, y vieron al monte que ardía en fuego, vinieron a mí, todos los príncipes de sus tribus, y sus ancianos,

5:21 y dijeron: He aquí el Eterno nuestro Dios nos ha mostrado su gloria y su grandeza, y hemos escuchado su voz de en medio del fuego; hoy hemos visto que el Eterno habla al hombre, y éste aún vive.

5:22 Ahora, ¿por qué vamos a morir? Porque este gran fuego nos consumirá; si oyéremos otra vez la voz de el Eterno nuestro Dios, moriremos.

5:23 Porque ¿qué es el hombre, para que oiga la voz del Dios viviente que habla de en medio del fuego, como nosotros la oímos, y aún viva?

5:24 Acércate tú, y oye todas las cosas que dijere el Eterno nuestro Dios; y tú nos dirás todo lo que el Eterno nuestro Dios te dijere, y nosotros oiremos y haremos.

5:25 Y oyó el Eterno la voz de sus palabras cuando me hablaban, y me dijo el Eterno: He escuchado la voz de las palabras de este pueblo, que ellos te han hablado; bien está todo lo que han dicho.

5:26 ¡Quién diera que tuviesen tal corazón, que me temiesen y guardasen todos los días todos mis mandamientos, para que a ellos y a sus hijos les fuese bien para siempre!

5:27 Ve y diles: Regresen a sus tiendas.

5:28 Y tú quédate aquí conmigo, y te diré todos los mandamientos y estatutos y decretos que les enseñarás, a fin de que los lleven a cabo en la tierra que yo les doy por posesión.

5:29 Miren, que hagan como el Eterno su Dios les ha mandado; no se aparten a la derecha ni a la izquierdaa.

5:30 Anden en todo el camino que el Eterno su Dios les ha mandado, para que vivan y les vaya bien, y tengan largos días en la tierra que han de poseer.

Capítulo 6

6:1 Estos, son los mandamientos, estatutos y decretos que el Eterno su Dios mandó que les enseñase, para que los lleven a cabo en la tierra a la cual cruzan ustedes para tomarla;

6:2 para que temas a el Eterno tu Dios, guardando todos sus estatutos y sus mandamientos que yo te mando, tú, tu hijo, y el hijo de tu hijo, todos los días de tu vida, para que tus días sean prolongados.

6:3 Oye, oh Israel, y cuida de llevarlos a cabo, para que te vaya bien en la tierra que fluye leche y miel, y les multiplique, como te ha dicho el Eterno el Dios de tus padres.

6:4 Oye, Israel: el Eterno nuestro Dios, el Eterno uno es.

6:5 Y amarás a el Eterno tu Dios de todo tu corazón, y de toda tu alma, y con todas tus medios.

6:6 Y estas palabras que yo te mando hoy, estarán sobre tu corazón;

6:7 y las repetirás a tus hijos, y hablarás de ellas estando en tu casa, y andando por el camino, y al acostarte, y cuando te levantes.

6:8 Y las atarás como una señal en tu mano, y estarán como frontales entre tus ojos;

6:9 y las escribirás en los postes de tu casa, y en tus puertas.

6:10 Cuando el Eterno tu Dios te haya introducido en la tierra que juró a tus padres Abraham, Yztjak y Yaacov que te daría, en ciudades grandes y buenas que tú no edificaste,

6:11 y casas llenas de todo bien, que tú no llenaste, y cisternas cavadas que tú no cavaste, viñas y olivares que no plantaste, y luego que comas y te sacies,

6:12 cuídate de no olvidarte de el Eterno, que te sacó de la tierra de Mitzraim, de casa de servidumbre.

6:13 A el Eterno tu Dios temerás, y a él solo servirás, y por su nombre jurarás.

6:14 No seguiran tras de dioses ajenos, de los dioses de los pueblos que están a su alrededor;

6:15 porque el Dios celoso, el Eterno tu Dios, en medio de ti está; para que no se inflame el furor de el Eterno tu Dios contra ti, y te destruya de sobre la tierra.

6:16 No tentaran al Eterno su Dios, como lo tentaron en Masah.

6:17 Guarden cuidadosamente los mandamientos de el Eterno su Dios, y sus testimonios y sus estatutos que te ha mandado.

6:18 Y haz lo recto y bueno ante los ojos de el Eterno, para que te vaya bien, y entres y poseas la buena tierra que el Eterno juró a tus padres;

6:19 para que él arroje a tus enemigos de delante de ti, como el Eterno ha dicho.

6:20 Mañana cuando te preguntare tu hijo, diciendo: ¿Qué significan los testimonios y estatutos y decretos que el Eterno nuestro Dios les mandó?

6:21 entonces dirás a tu hijo: Nosotros éramos siervos de Faraón en Mitzraim, y el Eterno nos sacó de Mitzraim con mano poderosa.

6:22 el Eterno hizo señales y milagros grandes y terribles en Mitzraim, sobre Faraón y sobre toda su casa, delante de nuestros ojos;

6:23 y nos sacó de allá, para traernos y darnos la tierra que juró a nuestros padres.

6:24 Y nos mandó el Eterno que cumplamos todos estos estatutos, y que temamos a el Eterno nuestro Dios, para que nos vaya bien todos los días, y para que nos conserve la vida, como hasta hoy.

6:25 Y tendremos justicia cuando cuidemos de poner por obra todos estos mandamientos delante de el Eterno nuestro Dios, como él nos ha mandado.

Capítulo 7

7:1 Cuando el Eterno tu Dios te haya introducido en la tierra en la cual entrarás para tomarla, y haya echado de delante de ti a muchas naciones, al jiti, al gergeseo, al emorim, al kenaani, al ferezeo, al heveo y al jebuseo, siete naciones mayores y más poderosas que tú,

7:2 y el Eterno tu Dios las haya entregado delante de ti, y las hayas derrotado, las destruirás del todo; no harás con ellas alianza, ni tendrás de ellas misericordia.

7:3 Y no emparentarás con ellas; no darás tu hija a su hijo, ni tomarás a su hija para tu hijo.

7:4 Porque desviará a tu hijo de en pos de mí, y servirán a dioses ajenos; y el furor de el Eterno se encenderá sobre ustedes, y te destruirá pronto.

7:5 Mas así han de hacer con ellos: sus altares destruiran, y quebraran sus estatuas, y destruiran sus imágenes de Ashera, y quemaran sus esculturas en el fuego.

7:6 Porque tú eres pueblo santo para el Eterno tu Dios; el Eterno tu Dios te ha escogido para serle un pueblo especial, más que todos los pueblos que están sobre la tierra.

7:7 No por ser ustedes más que todos los pueblos les ha querido el Eterno y les ha escogido, pues ustedes eran el más insignificante de todos los pueblos;

7:8 sino por cuanto el Eterno les amó, y quiso guardar el juramento que juró a sus padres, les ha sacado el Eterno con mano poderosa, y les ha rescatado de servidumbre, de la mano de Faraón rey de Mitzraim.

7:9 Conoce, que el Eterno tu Dios es Dios, Dios fiel, que guarda el pacto y la misericordia a los que le aman y guardan sus mandamientos, hasta mil generaciones;

7:10 y que da el pago en persona al que le aborrece, destruyéndolo; y no se demora con el que le odia, en persona le dará el pago.

7:11 Guarda, por tanto, los mandamientos, estatutos y decretos que yo te mando hoy que cumplas

7:12 Y por haber escuchado estos decretos y haberlos guardado y ejecutado, el Eterno tu Dios guardará contigo el pacto y la misericordia que juró a tus padres.

7:13 Y te amará, te bendecirá y te multiplicará, y bendecirá el fruto de tu vientre y el fruto de tu tierra, tu grano, tu mosto, tu aceite, la cría de tus vacas, y los rebaños de tus ovejas, en la tierra que juró a tus padres que te daría.

7:14 Bendito serás más que todos los pueblos; no habrá en ti varón ni hembra estéril, ni en tus ganados.

7:15 Y quitará el Eterno de ti toda enfermedad; y todas las malas plagas de Mitzraim, que tú conoces, no las pondrá sobre ti, antes las pondrá sobre todos los que te aborrecieren.

7:16 Y consumirás a todos los pueblos que te da el Eterno tu Dios; no los perdonará tu ojo, ni servirás a sus dioses, porque será trampa para ti.

7:17 Si dijeres en tu corazón: Estas naciones son mucho más numerosas que yo; ¿cómo las podré exterminar?

7:18 no tengas temor de ellas; acuérdate bien de lo que hizo el Eterno tu Dios con Faraón y con todo Mitzraim;

7:19 de las grandes pruebas que vieron tus ojos, y de las señales y milagros, y de la mano poderosa y el brazo extendido con que el Eterno tu Dios te sacó; así hará el Eterno tu Dios con todos los pueblos de cuya presencia tú temieres.

7:20 También enviará el Eterno tu Dios tzira sobre ellos, hasta que perezcan los que quedaren y los que se hubieren escondido de delante de ti.

7:21 No desmayes delante de ellos, porque el Eterno tu Dios está en medio de ti, Dios grande y temible.

7:22 Y el Eterno tu Dios echará a estas naciones de delante de ti poco a poco; no podrás acabar con ellas en seguida, para que las fieras del campo no se aumenten contra ti.

7:23 Mas el Eterno tu Dios las entregará delante de ti, y él las quebrantará con gran confusion, hasta que sean destruidas.

7:24 El entregará sus reyes en tu mano, y tú destruirás el nombre de ellos de debajo del cielo; nadie te hará frente hasta que los destruyas.

7:25 Las esculturas de sus dioses quemarás en el fuego; no codiciarás plata ni oro de ellas para tomarlo para ti, para que no tropieces en ello, pues es abominación a el Eterno tu Dios;

7:26 y no traerás cosa abominable a tu casa, para que no seas anatema; del todo la aborrecerás y la abominarás, porque es anatema.

Capítulo 8

8:1 Cuidaran de poner por obra todo mandamiento que yo les ordeno hoy, para que vivan, y sean multiplicados, y entran y posean la tierra que el Eterno prometió con juramento a sus padres.

8:2 Y te acordarás de todo el camino por donde te ha traído el Eterno tu Dios estos cuarenta años en el desierto, para afligirte, para probarte, para saber lo que había en tu corazón, si habías de guardar o no sus mandamientos.

8:3 Y te afligió, y te hizo tener hambre, y te sustentó con maná, comida que no conocías tú, ni tus padres la habían conocido, para hacerte saber que no sólo de pan vivirá el hombre, mas de todo lo que sale de la boca de el Eterno vivirá el hombre.

8:4 Tu vestido nunca se envejeció sobre ti, ni el pie se te ha hinchado en estos cuarenta años.

8:5 Reconoce asimismo en tu corazón, que como castiga el hombre a su hijo, así el Eterno tu Dios te castiga.

8:6 Guardarás, los mandamientos de el Eterno tu Dios, andando en sus caminos, y temiéndole.

8:7 Porque el Eterno tu Dios te introduce en la buena tierra, tierra de arroyos, de aguas, de fuentes y de manantiales, que brotan en valles y montes;

8:8 tierra de trigo y cebada, de vides, higueras y granados; tierra de olivos, de aceite y de miel;

8:9 tierra en la cual no comerás el pan con escasez, ni te faltará nada en ella; tierra cuyas piedras son hierro, y de cuyos montes sacarás cobre.

8:10 Y comerás y te saciarás, y bendecirás a el Eterno tu Dios por la buena tierra que te ha dado.

8:11 Cuídate de no olvidarte de el Eterno tu Dios, para cumplir sus mandamientos, sus decretos y sus estatutos que yo te ordeno hoy;

8:12 no suceda que comas y te sacies, y edifiques buenas casas en que habites,

8:13 y tus vacas y tus ovejas se aumenten, y la plata y el oro se te multipliquen, y todo lo que tuvieres se aumente;

8:14 y se enorgullezca tu corazón, y te olvides de el Eterno tu Dios, que te sacó de tierra de Mitzraim, de casa de servidumbre;

8:15 que te hizo caminar por un desierto grande y espantoso, lleno de serpientes ardientes, y de escorpiones, y de sed, donde no había agua, y él te sacó agua de la roca del pedernal;

8:16 que te sustentó con maná en el desierto, comida que tus padres no habían conocido, afligiéndote y probándote, para a la postre hacerte bien;

8:17 y digas en tu corazón: Mi poder y la fuerza de mi mano me han traído esta riqueza.

8:18 Sino acuérdate de el Eterno tu Dios, porque él te da el poder para hacer las riquezas, a fin de confirmar su pacto que juró a tus padres, como en este día.

8:19 Mas si llegaras a olvidarte de el Eterno tu Dios y anduvieras tras de dioses ajenos, y les sirvieres y a ellos te inclinares, yo lo afirmo hoy contra ustedes, que de cierto pereceran.

8:20 Como las naciones que el Eterno destruirá delante de ustedes, así pereceran, por cuanto no habran atendido a la voz de el Eterno su Dios.

Capítulo 9

9:1 Oye, Israel: tú vas hoy a pasar el Yarden, para entrar a desposeer a naciones más numerosas y más poderosas que tú, ciudades grandes y amuralladas hasta el cielo;

9:2 un pueblo grande y alto, hijos de gigantes, de los cuales tienes tú conocimiento, y has escuchado decir: ¿Quién se sostendrá delante de los hijos de el gigante?

9:3 Entiende, hoy, que es el Eterno tu Dios el que pasa delante de ti como fuego consumidor, que los destruirá y humillará delante de ti; y tú los echarás, y los destruirás en seguida, como el Eterno te ha dicho.

9:4 No pienses en tu corazón cuando el Eterno tu Dios los haya echado de delante de ti, diciendo: Por mi justicia me ha traído el Eterno a poseer esta tierra; pues por la maldad de estas naciones el Eterno las arroja de delante de ti.

9:5 No por tu justicia, ni por la rectitud de tu corazón entras a poseer la tierra de ellos, sino por la maldad de estas naciones el Eterno tu Dios las arroja de delante de ti, y para confirmar la palabra que el Eterno juró a tus padres Abraham, Yztjak y Yaacov.

9:6 Por tanto, sabe que no es por tu justicia que el Eterno tu Dios te da esta buena tierra para tomarla; porque pueblo obstinado.

9:7 Acuérdate, no olvides que has provocado la ira de el Eterno tu Dios en el desierto; desde el día que saliste de la tierra de Mitzraim, hasta que entraron en este lugar, han sido rebeldes a el Eterno.

9:8 En Joreb provocaron a ira a el Eterno, y se enojó el Eterno contra ustedes para destruiros.

9:9 Cuando yo subí al monte para recibir las tablas de piedra, las tablas del pacto que el Eterno hizo con ustedes, estuve entonces en el monte cuarenta días y cuarenta noches, sin comer pan ni beber agua;

9:10 y me dio el Eterno las dos tablas de piedra escritas con el dedo de Dios; y en ellas estaba escrito según todas las palabras que les habló el Eterno en el monte, de en medio del fuego, el día de la asamblea.

9:11 Sucedió al fin de los cuarenta días y cuarenta noches, que el Eterno me dio las dos tablas de piedra, las tablas del pacto.

9:12 Y me dijo el Eterno: Levántate, desciende pronto de aquí, porque tu pueblo que sacaste de Mitzraim se ha corrompido; pronto se han apartado del camino que yo les mandé; se han hecho una imagen de fundición.

9:13 Y me habló el Eterno, diciendo: He observado a ese pueblo, y he aquí que es pueblo obstinado.

9:14 Déjame que los destruya, y borre su nombre de debajo del cielo, y yo te pondré sobre una nación fuerte y mucho más numerosa que ellos.

9:15 Y volví y descendí del monte, el cual ardía en fuego, con las tablas del pacto en mis dos manos.

9:16 Y miré, y he aquí habían pecado contra el Eterno su Dios; les habían hecho un becerro de fundición, se desviaron pronto del camino que el Eterno les había mandado.

9:17 Entonces tomé las dos tablas y las arrojé de mis dos manos, y las quebré delante de sus ojos.

9:18 Y me postré delante de el Eterno como antes, cuarenta días y cuarenta noches; no comí pan ni bebí agua, a causa de todo su pecado que habían cometido haciendo el mal ante los ojos de el Eterno para enojarlo.

9:19 Porque temí a causa del furor y de la ira con que el Eterno estaba enojado contra ustedes para destruiros. Pero el Eterno me escuchó aun esta vez.

9:20 Contra Aharon también se enojó el Eterno en gran manera para destruirlo; y también oré por Aharon en aquel entonces.

9:21 Y tomé el objeto de su pecado, el becerro que habían hecho, y lo quemé en el fuego, y lo desmenucé moliéndolo muy bien, hasta que fue reducido a polvo; y eché el polvo de él en el arroyo que descendía del monte.

9:22 También en Tabera, en Masah y en Kibrot-hataava provocaron la ira a el Eterno.

9:23 Y cuando el Eterno les envió desde Cadesh-barnea, diciendo: Suban y posean la tierra que yo les he dado, también se rebelaron al mandato de el Eterno su Dios, y no le creyeron, ni obedecieron a su voz.

9:24 Rebeldes han sido a el Eterno desde el día que yo les conozco.

9:25 Me postré, delante de el Eterno; cuarenta días y cuarenta noches estuve postrado, porque el Eterno dijo que les había de destruir.

9:26 Y oré a el Eterno, diciendo: Oh Señor el Eterno, no destruyas a tu pueblo y a tu heredad que has redimido con tu grandeza, que sacaste de Mitzraim con mano poderosa.

9:27 Acuérdate de tus siervos Abraham, Yztjak y Yaacov; no mires a la dureza de este pueblo, ni a su impiedad ni a su pecado,

9:28 no sea que digan los de la tierra de donde nos sacaste: Por cuanto no pudo el Eterno introducirlos en la tierra que les había prometido, o porque los aborrecía, los sacó para matarlos en el desierto.

9:29 Y ellos son tu pueblo y tu heredad, que sacaste con tu gran poder y con tu brazo extendido.

Capítulo 10

10:1 En aquel momento el Eterno me dijo: Lábrate dos tablas de piedra como las primeras, y sube a mí al monte, y hazte un arca de madera;

10:2 y escribiré en aquellas tablas las palabras que estaban en las primeras tablas que quebraste; y las pondrás en el arca.

10:3 E hice un arca de madera de acacia, y labré dos tablas de piedra como las primeras, y subí al monte con las dos tablas en mi mano.

10:4 Y escribió en las tablas conforme a la primera escritura, los diez mandamientos que el Eterno les había hablado en el monte de en medio del fuego, el día de la asamblea; y me las dio el Eterno.

10:5 Y volví y descendí del monte, y puse las tablas en el arca que había hecho; y allí están, como el Eterno me mandó.

10:6 Después salieron los hijos de Israel de Beerot-bene-yaacán a Mosera; allí murió Aharon, y allí fue sepultado, y en lugar suyo tuvo el sacerdocio su hijo Eleazar.

10:7 De allí partieron a Gudgod, y de Gudgod a Yotbat, tierra de arroyos de aguas.

10:8 En aquel tiempo apartó el Eterno la tribu de Leví para que llevase el arca del pacto de el Eterno, para que estuviese delante de el Eterno para servirle, y para bendecir en su nombre, hasta hoy,

10:9 por lo cual Leví no tuvo parte ni heredad con sus hermanos; el Eterno es su heredad, como el Eterno tu Dios le dijo.

10:10 Y yo estuve en el monte como los primeros días, cuarenta días y cuarenta noches; y el Eterno también me escuchó esta vez, y no quiso el Eterno destruirte.

10:11 Y me dijo el Eterno: Levántate, anda, para que marches delante del pueblo, para que entren y posean la tierra que juré a sus padres que les había de dar.

10:12 Ahora, Israel, ¿qué pide el Eterno tu Dios de ti, sino que temas a el Eterno tu Dios, que andes en todos sus caminos, y que lo ames, y sirvas a el Eterno tu Dios con todo tu corazón y con toda tu alma;

10:13 que guardes los mandamientos de el Eterno y sus estatutos, que yo te prescribo hoy, para que tengas prosperidad.

10:14 He aquí, de el Eterno tu Dios son los cielos, y los cielos de los cielos, la tierra, y todas las cosas que hay en ella.

10:15 Solamente de tus padres se deleitó el Eterno para amarlos, y escogió su descendencia después de ellos, a ustedes, de entre todos los pueblos, como en este día.

10:16 Circuncidad, el prepucio de sus corazones, y no obstinarse.

10:17 Porque el Eterno su Dios El es el Poder de todos los poderes y Señor de señores, Dios grande, poderoso y temible, que no muestra favoritismo ni acepta soborno;

10:18 que hace justicia al huérfano y a la viuda; que ama también al extranjero dándole pan y vestido.

10:19 Amaran, al extranjero; porque extranjeros fueron en la tierra de Mitzraim.

10:20 A el Eterno tu Dios temerás, a él solo servirás, a él seguirás, y por su nombre jurarás.

10:21 El es el objeto de tu alabanza, y él es tu Dios, que ha hecho contigo estas cosas grandes y terribles que tus ojos han visto.

10:22 Con setenta personas descendieron tus padres a Mitzraim, y ahora el Eterno te ha hecho como las estrellas del cielo en multitud.

Capítulo 11

11:1 Amarás, a el Eterno tu Dios, y guardarás sus ordenanzas, sus estatutos, sus decretos y sus mandamientos, todos los días.

11:2 Y comprendan hoy, porque no hablo con sus hijos que no han sabido ni visto el castigo de el Eterno su Dios, su grandeza, su mano poderosa, y su brazo extendido,

11:3 y sus señales, y sus obras que hizo en medio de Mitzraim al Faraón rey de Mitzraim, y a toda su tierra;

11:4 y lo que hizo al ejército de Mitzraim, a sus caballos y a sus carros; cómo precipitó las aguas del Mar Suf sobre ellos, cuando venían tras ustedes y el Eterno los destruyó hasta este dia;

11:5 y lo que ha hecho con ustedes en el desierto, hasta que han llegado a este lugar;

11:6 y lo que hizo con Datán y Abiram, hijos de Eliab hijo de Reuben; cómo abrió su boca la tierra, y los tragó con sus familias, sus tiendas, y todo su ganado, en medio de todo Israel.

11:7 Mas sus ojos han visto todas las grandes obras que el Eterno ha hecho.

11:8 Guardaran todos los mandamientos que yo les prescribo hoy, para que sean fortalecidos, y entran y posean la tierra a la cual cruzan para tomarla;

11:9 y para que les sean prolongados los días sobre la tierra, de la cual juró el Eterno a sus padres, que había de darla a ellos y a su descendencia, tierra que fluye leche y miel.

11:10 La tierra a la cual entras para tomarla no es como la tierra de Mitzraim de donde han salido, donde sembrabas tu semilla, y regabas con tu pie, como huerto de hortaliza.

11:11 La tierra a la cual cruzan para tomarla es tierra de montes y de vegas, que bebe las aguas de la lluvia del cielo;

11:12 tierra de la cual el Eterno tu Dios cuida; siempre están sobre ella los ojos de el Eterno tu Dios, desde el principio del año hasta el fin.

11:13 Si obedeceran cuidadosamente a mis mandamientos que yo les prescribo hoy, amando a el Eterno su Dios, y sirviéndole con todo su corazón, y con toda su alma,

11:14 yo daré la lluvia de su tierra a su tiempo, la temprana y la tardía; y recogerás tu grano, tu vino y tu aceite.

11:15 Daré también hierba en tu campo para tus ganados; y comerás, y te saciarás.

11:16 Guardense mucho no sea que su corazón sea inducido, y se desvien y sirvan a dioses ajenos, y les inclinan a ellos;

11:17 y se encienda el furor de el Eterno sobre ustedes, y cierre los cielos, y no haya lluvia, ni la tierra dé su fruto, y pereceran pronto de la buena tierra que les da el Eterno.

11:18 Por tanto, pondran estas mis palabras en su corazón y en su alma, y las ataran como señal en su mano, y serán por frontales entre sus ojos.

11:19 Y las enseñaran a sus hijos, hablando de ellas cuando te sientes en tu casa, cuando andes por el camino, cuando te acuestes, y cuando te levante,

11:20 y las escribirás en los postes de tu casa, y en tus puertas;

11:21 para que sean sus días, y los días de sus hijos, tan numerosos sobre la tierra que el Eterno juró a sus padres que les había de dar, como los días de los cielos sobre la tierra.

11:22 Porque si guardaran cuidadosamente todos estos mandamientos que yo les prescribo para que los cumplan, y si amaran a el Eterno su Dios, andando en todos sus caminos, y si-guiéndole a él,

11:23 el Eterno también echará de delante de ustedes a todas estas naciones, y desposeeran naciones grandes y más poderosas que ustedes.

11:24 Todo lugar que pisare la planta de su pie será de ustedes; desde el desierto hasta el Lebanon, desde el río Eufrates hasta el mar occidental será su territorio.

11:25 Nadie se sostendrá delante de ustedes; miedo y temor de ustedes pondrá el Eterno su Dios sobre toda la tierra que pisaran, como él les ha dicho.

11:26 He aquí yo pongo hoy delante de ustedes la bendición y la maldición:

11:27 la bendición, si oyeran los mandamientos de el Eterno su Dios, que yo les prescribo hoy,

11:28 y la maldición, si no oyeran los mandamientos de el Eterno su Dios, y les apartaran del camino que yo les ordeno hoy, para ir tras de dioses ajenos que no han conocido.

11:29 Y cuando el Eterno tu Dios te haya introducido en la tierra a la cual vas para tomarla, pondrás la bendición sobre el monte Gerizim, y la maldición sobre el monte Ebal,

11:30 los cuales están al otro lado del Yarden, tras el camino del occidente en la tierra del kenaani, que habita en el Arabá frente a Gilgal, junto al encinar de More.

11:31 Porque ustedes cruzan el Yarden para ir a poseer la tierra que les da el Eterno su Dios; y la tomaran, y habitaran en ella.

11:32 Cuidaran, de cumplir todos los estatutos y decretos que yo presento hoy delante de ustedes.

Capítulo 12

12:1 Estos son los estatutos y decretos que cuidaran de poner por obra en la tierra que el Eterno el Dios de tus padres te ha dado para que tomes posesión de ella, todos los días que ustedes vivieran sobre la tierra.

12:2 Destruiran enteramente todos los lugares donde las naciones que ustedes heredaran sirvieron a sus dioses, sobre los montes altos, y sobre los collados, y debajo de todo árbol frondoso.

12:3 Derribaran sus altares, y quebraran sus estatuas, y sus imágenes de Ashera consumiran con fuego; y destruiran las esculturas de sus dioses, y raeran su nombre de aquel lugar.

12:4 No haran así a el Eterno su Dios,

12:5 sino que el lugar que el Eterno su Dios escogiere de entre todas sus tribus, para poner allí su nombre para su habitación, ése buscaran, y allá iran.

12:6 Y allí llevaran sus holocaustos, sus sacrificios, sus diezmos, y la ofrenda elevada de sus manos, sus votos, sus ofrendas voluntarias, y las primicias de sus vacas y de sus ovejas;

12:7 y comeran allí delante de el Eterno su Dios, y les alegraran, ustedes y sus familias, en toda obra de sus manos en la cual el Eterno tu Dios te hubiere bendecido.

12:8 No haran como todo lo que hacemos nosotros aquí ahora, cada uno lo que bien le parece,

12:9 porque hasta ahora no han entrado al lugar de reposo y a la heredad que les da el Eterno su Dios.

12:10 Mas pasaran el Yarden, y habitaran en la tierra que el Eterno su Dios les hace heredar; y él les dará reposo de todos sus enemigos alrededor, y habitaran seguros.

12:11 Y al lugar que el Eterno su Dios escogiere para poner en él su nombre, allí llevaran todas las cosas que yo les mando: sus holocaustos, sus sacrificios, sus diezmos, las ofrendas elevadas de sus manos, y todo lo escogido de los votos que hubieran prometido a el Eterno.

12:12 Y se alegraran delante de el Eterno su Dios, ustedes, sus hijos, sus hijas, sus siervos y sus siervas, y el Levi que habite en sus poblaciones; por cuanto no tiene parte ni heredad con ustedes.

12:13 Cuídate de no ofrecer tus holocaustos en cualquier lugar que vieras;

12:14 sino que en el lugar que el Eterno escogiere, en una de tus tribus, allí ofrecerás tus holocaustos, y allí harás todo lo que yo te mando.

12:15 Con todo, podrás matar y comer carne en todas tus poblaciones conforme a tu deseo, según la bendición que el Eterno tu Dios te haya dado; el inpuro y el puro la podrá comer, como la de gacela o de ciervo.

12:16 Solamente que sangre no comeran; sobre la tierra la derramaran como agua.

12:17 Ni comerás en tus ciudades el diezmo de tu grano, de tu vino o de tu aceite, ni las primicias de tus vacas, ni de tus ovejas, ni los votos que prometieres, ni las ofrendas voluntarias, ni las ofrendas elevadas de tus manos;

12:18 sino que delante de el Eterno tu Dios las comerás, en el lugar que el Eterno tu Dios hubiere escogido, tú, tu hijo, tu hija, tu siervo, tu sierva, y el Levi que habita en tus poblaciones; te alegrarás delante de el Eterno tu Dios de toda la obra de tus manos.

12:19 Ten cuidado de no desamparar al Levi en todos tus días sobre la tierra.

12:20 Cuando el Eterno tu Dios ensanchare tu territorio, como él te ha dicho, y tú dijeres: Comeré carne, porque deseaste comerla, conforme a lo que deseaste podrás comer.

12:21 Si estuviere lejos de ti el lugar que el Eterno tu Dios escogiere para poner allí su nombre, podrás matar de tus vacas y de tus ovejas que el Eterno te hubiere dado, como te he mandado yo, y comerás en tus puertas según todo lo que deseares.

12:22 Lo mismo que se come la gacela y el ciervo, así las podrás comer; el inpuro y el puro podrán comer también de ellas.

12:23 Solamente que te mantengas firme en no comer sangre; porque la sangre es la vida, y no comerás la vida juntamente con su carne.

12:24 No la comerás; en tierra la derramarás como agua.

12:25 No comerás de ella, para que te vaya bien a ti y a tus hijos después de ti, cuando hicieres lo recto ante los ojos de el Eterno.

12:26 Pero las cosas que hubieres consagrado, y tus votos, las tomarás, y vendrás con ellas al lugar que el Eterno hubiere escogido;

12:27 y ofrecerás tus holocaustos, la carne y la sangre, sobre el altar de el Eterno tu Dios; y la sangre de tus sacrificios será derramada sobre el altar de el Eterno tu Dios, y podrás comer la carne. **12:28** Guarda y escucha todas estas palabras que yo te mando, para que haciendo lo bueno y lo recto ante los ojos de el Eterno tu Dios, te vaya bien a ti y a tus hijos después de ti para siempre.

12:29 Cuando el Eterno tu Dios haya destruido delante de ti las naciones adonde tú vas para poseerlas, y las heredes, y habites en su tierra,

12:30 guárdate que no tropieces yendo tras de ellas, después que sean destruidas delante de ti; no preguntes acerca de sus dioses, diciendo: De la manera que servían aquellas naciones a sus dioses, yo también les serviré.

12:31 No harás así a el Eterno tu Dios; porque toda cosa abominable que el Eterno aborrece, hicieron ellos a sus dioses; pues aun a sus hijos y a sus hijas quemaban en el fuego a sus dioses.

13:1 Cuidarás de hacer todo lo que yo te mando; no añadirás a ello, ni de ello quitarás.

Capítulo 13

13:2 Cuando se levantare en medio de ti profeta, o soñador de sueños, y te anunciare señal o prodigios,

13:3 y si se cumpliere la señal o prodigio que él te anunció, diciendo: Vamos en pos de dioses ajenos, que no conociste, y sirvámosles;

13:4 no deberás escuchar las palabras de tal profeta, ni al tal soñador de sueños; porque el Eterno su Dios les está probando, para saber si aman a el Eterno su Dios con todo su corazón, y con toda su alma.

13:5 En pos de el Eterno su Dios andaran; a él temeran, guardaran sus mandamientos y escucharan su voz, a él serviran, y a él seguiran.

13:6 Tal profeta o soñador de sueños ha de ser muerto, por cuanto aconsejó rebelión contra el Eterno su Dios que te sacó de tierra de Mitzraim y te rescató de casa de servidumbre, y trató de apartarte del camino por el cual el Eterno tu Dios te mandó que anduvieses; y así quitarás el mal de en medio de ti.

13:7 Si te incitare tu hermano, hijo de tu madre, o tu hijo, tu hija, tu mujer o tu amigo íntimo, diciendo en secreto: Vamos y sirvamos a dioses ajenos, que ni tú ni tus padres conocistan,

13:8 de los dioses de los pueblos que están en sus alrededores, cerca de ti o lejos de ti, desde un extremo de la tierra hasta el otro extremo de ella;

13:9 no accederás a él, ni le prestarás atencion; ni tu ojo le compadecerá, ni le tendrás misericordia, ni lo encubrirás,

13:10 sino que lo matarás; tu mano se alzará primero sobre él para matarle, y después la mano de todo el pueblo.

13:11 Le apedrearás hasta que muera, por cuanto trató de apartarte de el Eterno tu Dios, que te sacó de tierra de Mitzraim, de casa de servidumbre;

13:12 para que todo Israel oiga, y tema, y no vuelva a hacer en medio de ti cosa semejante a esta.

13:13 Si oyeres que dicen de alguna de tus ciudades que el Eterno tu Dios te da para vivir en ellas,

13:14 que han salido de en medio de ti hombres impíos que han instigado a los moradores de su ciudad, diciendo: Vamos y sirvamos a dioses ajenos, que ustedes no han conocido;

13:15 tú inquirirás, y buscarás y preguntarás con diligencia; y si pareciere verdad, cosa cierta, que tal abominación se hizo en medio de ti,

13:16 irremisiblemente herirás a filo de espada a los moradores de aquella ciudad, destruyéndola con todo lo que en ella hubiere, y también matarás sus animales a filo de espada.

13:17 Y juntarás todo su botín en medio de la plaza, y consumirás con fuego la ciudad y todo su botín, todo ello, como holocausto a el Eterno tu Dios, y llegará a ser un montón de ruinas para siempre; nunca más será edificada.

13:18 Y no se pegará a tu mano nada del anatema, para que el Eterno se aparte del ardor de su ira, y tenga de ti misericordia, y tenga compasión de ti, y te multiplique, como lo juró a tus padres,

13:19 cuando obedecieres a la voz de el Eterno tu Dios, guardando todos sus mandamientos que yo te mando hoy, para hacer lo recto ante los ojos de el Eterno tu Dios.

Capítulo 14

14:1 Hijos son de el Eterno su Dios; no se haran cortes, ni les raparan a causa de muerto.

14:2 Porque eres pueblo santo a el Eterno tu Dios, y el Eterno te ha escogido para que le seas un pueblo único de entre todos los pueblos que están sobre la tierra.

14:3 Nada abominable comerás.

14:4 Estos son los animales que podran comer: el toro, la oveja, la cabra,

14:5 el ciervo, la gacela, el yajmur, el íbice, el dishon,el toro salvaje y el zamer.

14:6 Y todo animal de pezuña totalmente partida,en dos uñas, y que rumiare entre los animales, ese podran comer.

14:7 Pero estos no comeran, entre los que rumian o entre los que tienen pezuña hendida: camello, liebre y conejo; porque rumian, mas no tienen pezuña hendida, serán inpuros;

14:8 ni el cerdo, porque tiene pezuña hendida, mas no rumia; les será impuro. De la carne de éstos no comeran, ni tocaran sus cuerpos muertos.

14:9 De todo lo que está en el agua, de estos podran comer: todo lo que tiene aleta y escama.

14:10 Mas todo lo que no tiene aleta y escama, no comeran; inpuro será.

14:11 Toda ave pura podran comer.

14:12 Y estas son de las que no podran comer: el águila, el quebrantahuesos, el azor,

14:13 el gallinazo, el milano según su especie,

14:14 todo cuervo según su especie,

14:15 el avestruz, la lechuza, la gaviota y el gavilán según sus especies,

14:16 el buho, la lechuza, el murcielago,

14:17 el pelícano, el buitre, el somormujo,

14:18 la cigüeña, el heron según su especie, la abubilla y el atalef.

14:19 Todo insecto alado será inpuro; no se comerá.

14:20 Toda ave pura podran comer.

14:21 No comeran ningun cadaver; al extranjero que está en tus ciudades se lo darás, y él podrá comerla; o véndela a un extranjero, porque tú eres pueblo santo a el Eterno tu Dios. No cocerás el cabrito en la leche de su madre.

14:22 Ciertamente sacaras el diezmo de todo el producto del grano que rindiere tu campo cada año.

14:23 Y comerás delante de el Eterno tu Dios en el lugar que él escogiere para poner allí su nombre, el diezmo de tu grano, de tu vino y de tu aceite, y las primicias de tus manadas y de tus ganados, para que aprendas a temer a el Eterno tu Dios todos los días.

14:24 Y si el camino fuere tan largo que no puedas llevarlo, por estar lejos de ti el lugar que el Eterno tu Dios hubiere escogido para poner en él su nombre, cuando el Eterno tu Dios te bendijere,

14:25 entonces lo venderás y guardarás el dinero en tu mano, y vendrás al lugar que el Eterno tu Dios escogiere;

14:26 y darás el dinero por todo lo que deseas, por vacas, por ovejas, por vino, por sidra, o por cualquier cosa que tú deseares; y comerás allí delante de el Eterno tu Dios, y te alegrarás tú y tu familia.

14:27 Y no desampararás al Levi que habitare en tus poblaciones; porque no tiene parte ni heredad contigo.

14:28 Al fin de cada tres años sacarás todo el diezmo de tus productos de aquel año, y lo guardarás en tus ciudades.

14:29 Y vendrá el Levi, que no tiene parte ni heredad contigo, y el extranjero, el huérfano y la viuda que hubiere en tus poblaciones, y comerán y serán saciados; para que el Eterno tu Dios te bendiga en toda obra que tus manos hicieren.

Capítulo 15

15:1 Cada siete años harás remisión.

15:2 Y esta es la manera de la remisión: perdonará a su deudor todo aquel que hizo prestamo de su mano, con el cual obligó a su prójimo; no lo demandará más a su prójimo, o a su hermano, porque El ha proclamado la remisión de el Eterno.

15:3 Del extranjero demandarás el reintegro; pero lo que tu hermano tuviere tuyo, lo perdonará tu mano,

15:4 para que así no haya en medio de ti mendigo; porque el Eterno te bendecirá con abundancia en la tierra que el Eterno tu Dios te da por heredad para que la tomes en posesión,

15:5 si escuchares fielmente la voz de el Eterno tu Dios, para guardar y cumplir todos estos mandamientos que yo te ordeno hoy.

15:6 Ya que el Eterno tu Dios te habrá bendecido, como te ha dicho, prestarás entonces a muchas naciones, mas tú no tomarás prestado; tendrás dominio sobre muchas naciones, pero sobre ti no tendrán dominio.

15:7 Cuando haya en medio de ti un necesitado de alguno de tus hermanos en alguna de tus ciudades, en la tierra que el Eterno tu Dios te da, no endurecerás tu corazón, ni cerrarás tu mano contra tu hermano pobre,

15:8 sino abrirás a él tu mano liberalmente, y en efecto le prestarás lo que necesite.

15:9 Guárdate de tener en tu corazón pensamiento perverso, diciendo: Cerca está el año séptimo, el de la remisión, y mires con malos ojos a tu hermano necesitadoo para no darle; porque él podrá clamar contra ti a el Eterno, y se te contará por pecado.

15:10 Sin falta le darás, y no serás de mezquino corazón cuando le des; porque por ello te bendecirá el Eterno tu Dios en todos tus hechos, y en todo lo que emprendas. **15:11** Porque no faltarán menesterosos en medio de la tierra; por eso yo te mando, diciendo: Abrirás tu mano a tu hermano, al pobre y al necesitado en tu tierra.

15:12 Si se vendiere a ti tu hermano hebreo o hebrea, y te hubiere servido seis años, al séptimo le despedirás libre.

15:13 Y cuando lo despidieres libre, no le enviarás con las manos vacías.

15:14 Le abastecerás liberalmente de tus ovejas, de tu era y de tu lagar; le darás de aquello en que el Eterno te hubiere bendecido.

15:15 Y te acordarás de que fuiste siervo en la tierra de Mitzraim, y que el Eterno tu Dios te rescató; por tanto yo te mando esto hoy.

15:16 Si él te dijere: No te dejaré; porque te ama a ti y a tu casa, y porque le va bien contigo;

15:17 entonces tomarás una lesna, y horadarás su oreja contra la puerta, y será tu siervo para siempre; así también harás a tu criada.

15:18 No te parezca duro cuando le enviares libre, pues por la mitad del costo de un jornalero te sirvió seis años; y el Eterno tu Dios te bendecirá en todo cuanto hicieres.

15:19 Consagrarás a el Eterno tu Dios todo primogénito macho de tus vacas y de tus ovejas; no te servirás del primogénito de tus vacas, ni esquilarás el primogénito de tus ovejas.

15:20 Delante de el Eterno tu Dios los comerás cada año, tú y tu familia, en el lugar que el Eterno escogiere.

15:21 Y si hubiere en él defecto, si fuere ciego, o cojo, o hubiere en él cualquier defecto, no lo sacrificarás a el Eterno tu Dios.

15:22 En tus ciudades lo comerás; el inpuro lo mismo que el limpio comerán de él, como de una gacela o de un ciervo.

15:23 Solamente que no comas su sangre; sobre la tierra la derramarás como agua.

Capítulo 16

16:1 Guardarás el mes de la primavera, y harás de Pesaj a el Eterno tu Dios; porque en el mes de la primavera te sacó el Eterno tu Dios de Mitzraim, de noche.

16:2 Y sacrificarás la ofrenda de Pesaj a el Eterno tu Dios, de las ovejas y de las vacas, en el lugar que el Eterno escogiere para que habite allí su nombre.

16:3 No comerás con ella pan con levadura; siete días comerás con ella pan sin levadura, pan de aflicción, porque aprisa saliste de tierra de Mitzraim; para que todos los días de tu vida te acuerdes del día en que saliste de la tierra de Mitzraim.

16:4 Y no se verá levadura contigo en todo tu territorio por siete días; y de la carne que matares en la tarde del primer día, no quedará hasta la mañana.

16:5 No podrás sacrificar la ofrenda de Pesaj en cualquiera de las ciudades que el Eterno tu Dios te da;

16:6 sino en el lugar que el Eterno tu Dios escogiere para que habite allí su nombre, sacrificarás la ofrenda de Pesaj por la tarde a la puesta del sol, a la hora que saliste de Mitzraim.

16:7 Y la asarás y comerás en el lugar que el Eterno tu Dios hubiere escogido; y por la mañana regresarás y volverás a tus tiendas.

16:8 Seis días comerás pan sin levadura, y el séptimo día será fiesta solemne a el Eterno tu Dios; no trabajarás en él.

16:9 Siete semanas contarás; desde que comenzare a meterse la hoz en las mieses comenzarás a contar las siete semanas.

16:10 Y harás la fiesta solemne de las semanas a el Eterno tu Dios; de la abundancia voluntaria de tu mano será lo que dieres, según el Eterno tu Dios te hubiere bendecido.

16:11 Y te alegrarás delante de el Eterno tu Dios, tú, tu hijo, tu hija, tu siervo, tu sierva, el Levi que habitare en tus ciudades, y el extranjero, el huérfano y la viuda que estuvieren en medio de ti, en el lugar que el Eterno tu Dios hubiere escogido para poner allí su nombre.

16:12 Y acuérdate de que fuiste siervo en Mitzraim; por tanto, guardarás y cumplirás estos estatutos.

16:13 La fiesta solemne de los tabernáculos harás por siete días, cuando hayas hecho la cosecha de tu era y de tu lagar.

16:14 Y te alegrarás en tus fiestas solemnes, tú, tu hijo, tu hija, tu siervo, tu sierva, y el Levi, el extranjero, el huérfano y la viuda que viven en tus poblaciones.

16:15 Siete días celebrarás fiesta solemne a el Eterno tu Dios en el lugar que el Eterno escogiere; porque te habrá bendecido el Eterno tu Dios en todos tus frutos, y en toda la obra de tus manos, y estarás verdaderamente alegre.

16:16 Tres veces al año se presentarán todos tus varones delante de el Eterno tu Dios en el lugar que él escogiere: en la fiesta solemne de los panes sin levadura, y en la fiesta solemne de Shabuot, y en la fiesta solemne de Sucot. Y ninguno se presentará delante de el Eterno con las manos vacías;

16:17 cada uno con la ofrenda de su mano, conforme a la bendición que el Eterno tu Dios te hubiere dado.

16:18 Jueces y oficiales pondrás en todas tus ciudades que el Eterno tu Dios te dará en tus tribus, los cuales juzgarán al pueblo con justo juicio.

16:19 No inclinaras el juicio; no mostraras favoritismo, ni tomes soborno; porque el soborno ciega los ojos de los sabios, y pervierte las palabras de los justos.

16:20 La justicia, la justicia seguirás, para que vivas y heredes la tierra que el Eterno tu Dios te da.

16:21 No plantarás ningún árbol para Ashera cerca del altar de el Eterno tu Dios, que tú te habrás hecho,

16:22 ni te levantarás estatua, lo cual aborrece el Eterno tu Dios.

Capítulo 17

17:1 No ofrecerás en sacrificio a el Eterno tu Dios, buey o cordero en el cual haya defecto o alguna cosa mala, pues es abominación a el Eterno tu Dios.

17:2 Cuando se hallare en medio de ti, en alguna de tus ciudades que el Eterno tu Dios te da, hombre o mujer que haya hecho mal ante los ojos de el Eterno tu Dios traspasando su pacto,

17:3 que hubiere ido y servido a dioses ajenos, y se hubiere inclinado a ellos, ya sea al sol, o a la luna, o a todo el ejército del cielo, lo cual yo he prohibido;

17:4 y te fuere dado aviso, y después que oyeres y hubieres indagado bien, la cosa pareciera de verdad cierta, que tal abominación ha sido hecha en Israel;

17:5 entonces sacarás a tus puertas al hombre o a la mujer que hubiere hecho esta mala cosa, sea hombre o mujer, y los apedrearás, y así morirán.

17:6 Por boca de dos o de tres testigos morirá el que hubiere de morir; no morirá por la boca de un solo testigo.

17:7 La mano de los testigos caerá primero sobre él para matarlo, y después la mano de todo el pueblo; así quitarás el mal de en medio de ti.

17:8 Cuando alguna cosa te fuere difícil en el juicio, entre una clase de sangre y sangre, entre una clase de veredicto y veredicto, y entre una clase de plaga y plaga, en asuntos de litigio en tus ciudades; entonces te levantarás y recurrirás al lugar que el Eterno tu Dios escogiere;

17:9 y vendrás a los Cohanim los Leviim, y al juez que hubiere en aquellos días, y preguntarás; y ellos te enseñarán la sentencia del juicio.

17:10 Y harás según la sentencia que te indiquen los del lugar que el Eterno escogiere, y cuidarás de hacer según todo lo que te instruyan.

17:11 Según la ley que te enseñen, y según el juicio que te digan, harás; no te apartarás ni a la derecha ni a la izquierda de la sentencia que te declaren.

17:12 Y el hombre que procediere con soberbia, no obedeciendo al Cohen que está para ministrar allí delante de el Eterno tu Dios, o al juez, morirá; y quitarás el mal de en medio de Israel.

17:13 Y todo el pueblo oirá, y temerá, y no actuarán con premeditacion.

17:14 Cuando hayas entrado en la tierra que el Eterno tu Dios te da, y tomes posesión de ella y la habites, y digas: Pondré un rey sobre mí, como todas las naciones que están en mis alrededores;

17:15 ciertamente pondrás por rey sobre ti al que el Eterno tu Dios escogiere; de entre tus hermanos pondrás rey sobre ti; no podrás poner sobre ti a hombre extranjero, que no sea tu hermano.

17:16 Solo que él no aumentará para sí caballos, ni hará volver al pueblo a Mitzraim con el fin de aumentar caballos; porque el Eterno les ha dicho: No vuelvan nunca por este camino.

17:17 Ni tomará para sí muchas mujeres, para que su corazón no se desvíe; ni plata ni oro amontonará para sí en abundancia.

17:18 Y cuando se siente sobre el trono de su reino, entonces escribirá para sí en un libro una copia de esta ley, del original que está al cuidado de los Cohanim los Leviim;

17:19 y lo tendrá consigo, y leerá en él todos los días de su vida, para que aprenda a temer a el Eterno su Dios, para guardar todas las palabras de esta ley y estos estatutos, para ponerlos por obra;

17:20 para que no se eleve su corazón sobre sus hermanos, ni se aparte del mandamiento a la derecha ni a la izquierda; a fin de que prolongue sus días en su reino, él y sus hijos, en medio de Israel.

Capítulo 18

18:1 Los Cohanim los Leviim, toda la tribu de Leví, no tendrán parte ni heredad en Israel; de las ofrendas quemadas a el Eterno y de la heredad de él comerán.

18:2 No tendrán, heredad entre sus hermanos; el Eterno es su heredad, como él les ha dicho.

18:3 Y este será el derecho de los Cohen de parte del pueblo, de los que ofrecieren en sacrificio buey o cordero: darán al Cohen la espaldilla, las quijadas y el estomago.

18:4 Las primicias de tu grano, de tu vino y de tu aceite, y las primicias de la lana de tus ovejas le darás;

18:5 porque le ha escogido el Eterno tu Dios de entre todas tus tribus, para que esté para administrar en el nombre de el Eterno, él y sus hijos para siempre.

18:6 Y cuando saliere un Levi de alguna de tus ciudades de entre todo Israel, donde hubiere vivido, y viniere con todo el deseo de su alma al lugar que el Eterno escogiere,

18:7 podrá oficiar en el nombre de el Eterno su Dios como todos sus hermanos los Leviim que estuvieren allí delante de el Eterno.

18:8 Igual ración a la de los otros comerá, salvo la venta de sus ancestros.

18:9 Cuando entres a la tierra que el Eterno tu Dios te da, no aprenderás a hacer según las abominaciones de aquellas naciones.

18:10 No sea hallado en ti quien haga pasar a su hijo o a su hija por el fuego, ni quien practique adivinación, ni pronosticador, ni sortílego, ni hechicero,

18:11 ni encantador, ni el que consute a Ob o a Yidoni, ni , ni quien consulte a los muertos.

18:12 Porque es abominación para con el Eterno cualquiera que hace estas cosas, y por estas abominaciones el Eterno tu Dios echa estas naciones de delante de ti.

18:13 Integro serás delante de el Eterno tu Dios.

18:14 Porque estas naciones que vas a heredar, a pronosticadores y a adivinos oyen; mas a ti no te ha permitido esto el Eterno tu Dios.

18:15 Profeta de en medio de ti, de tus hermanos, como yo, te levantará el Eterno tu Dios; a él oirán;

18:16 conforme a todo lo que pediste a el Eterno tu Dios en Joreb el día de la asamblea, diciendo: No vuelva yo a oír la voz de el Eterno mi Dios, ni vea yo más este gran fuego, para que no muera.

18:17 Y el Eterno me dijo: Han hablado bien en lo que han dicho.

18:18 Profeta les levantaré de en medio de sus hermanos, como tú; y pondré mis palabras en su boca, y él les hablará todo lo que yo le mandare.

18:19 Mas a cualquiera que no oyere mis palabras que él hablare en mi nombre, yo le pediré cuenta.

8:20 Pero el profeta que premeditadamente hable palabra en mi nombre, a quien yo no le haya mandado hablar, o que hablare en nombre de dioses ajenos, el tal profeta morirá.

18:21 Y si dijeres en tu corazón: ¿Cómo conoceremos la palabra que el Eterno no ha hablado?;

18:22 si el profeta hablare en nombre de el Eterno, y no se cumpliere lo que dijo, ni aconteciere, es palabra que el Eterno no ha hablado; con premeditacion habló el profeta; no tengas temor de él.

Capítulo 19

19:1 Cuando el Eterno tu Dios destruya a las naciones cuya tierra el Eterno tu Dios te da a ti, y tú las heredes, y habites en sus ciudades, y en sus casas;

19:2 te apartarás tres ciudades en medio de la tierra que el Eterno tu Dios te da para que la poseas.

19:3 Arreglarás los caminos, y dividirás en tres partes la tierra que el Eterno tu Dios te dará en heredad, y será para que todo homicida huya allí.

19:4 Y este es el caso del homicida que huirá allí, y vivirá: aquel que hiriere a su prójimo sin intención y sin haber tenido enemistad con él anteriormente;

19:5 como el que fuere con su prójimo al monte a cortar leña, y al dar su mano el golpe con el hacha para cortar algún leño, saltare el hierro del cabo, y topandose contra su prójimo y éste muriere; aquél huirá a una de estas ciudades, y vivirá;

19:6 no sea que el vengador de la sangre, enfurecido, persiga al homicida, y le alcance por ser largo el camino, y le hiera de muerte, no debiendo ser condenado a muerte por cuanto no tenía enemistad con su prójimo anteriormente.

19:7 Por tanto yo te mando, diciendo: Separarás tres ciudades.

19:8 Y si el Eterno tu Dios ensanchare tu territorio, como lo juró a tus padres, y te diere toda la tierra que prometió dar a tus padres,

19:9 siempre y cuando guardares todos estos mandamientos que yo te prescribo hoy, para llevarlos a cabo; que ames a el Eterno tu Dios y andes en sus caminos todos los días; entonces añadirás tres ciudades más a estas tres,

19:10 para que no sea derramada sangre inocente en medio de la tierra que el Eterno tu Dios te da por heredad, y no seas culpado de derramamiento de sangre.

19:11 Pero si hubiere alguno que aborreciere a su prójimo y lo acechare, y se levantare contra él y lo hiriere de muerte, y muriere; si huyere a alguna de estas ciudades,

19:12 entonces los ancianos de su ciudad enviarán y lo sacarán de allí, y lo entregarán en mano del vengador de la sangre para que muera.

19:13 No le compadecerás; y quitarás de Israel la sangre inocente, y te irá bien.

19:14 No reducirás los límites de la propiedad de tu prójimo, que fijaron los antiguos en tu patrimonio que heredes en la tierra que el Eterno tu Dios te entregue para poseerla

19:15 No se tomará en cuenta a un solo testigo contra ninguno en cualquier delito ni en cualquier pecado, en relación con cualquiera ofensa cometida. Sólo por el testimonio de dos o tres testigos se mantendrá la acusación.

19:16 Cuando se levantare testigo falso contra alguno, para testificar contra él,

19:17 entonces los dos litigantes se presentarán delante de el Eterno, y delante de los Cohen y de los jueces que hubiere en aquellos días.

19:18 Y los jueces indagarán muy bien; y si aquel testigo resultare falso, y hubiere acusado falsamente a su hermano,

19:19 entonces haran a él como él pensó hacer a su hermano; y quitarás el mal de en medio de ti.

19:20 Y los que quedaren oirán y temerán, y no volverán a hacer más una maldad semejante en medio de ti.

19:21 Y no le compadecerá tu ojo; vida por vida, ojo por ojo, diente por diente, mano por mano, pie por pie.

Capítulo 20

20:1 Cuando salgas a la guerra contra tus enemigos, si vieres caballos y carros, y un pueblo más grande que tú, no tengas temor de ellos, porque el Eterno tu Dios está contigo, el cual te sacó de tierra de Mitzraim.

20:2 Y cuando les acerquan para combatir, se pondrá en pie el Cohen y hablará al pueblo,

20:3 y les dirá: Oye, Israel, ustedes se aproximan hoy en batalla contra sus enemigos; no desmaye su corazón, no teman, ni les azoran, ni tampoco les desalentan delante de ellos;

20:4 porque el Eterno su Dios va con ustedes, para pelear por ustedes contra sus enemigos, para salvarlos.

20:5 Y los oficiales hablarán al pueblo, diciendo: ¿Quién ha edificado casa nueva, y no la ha estrenado? Vaya, y vuélvase a su casa, no sea que muera en la batalla, y algún otro la estrene.

20:6 ¿Y quién ha plantado viña, y no ha disfrutado de ella? Vaya, y vuélvase a su casa, no sea que muera en la batalla, y algún otro la disfrute.

20:7 ¿Y quién se ha desposado con mujer, y no la ha tomado? Vaya, y vuélvase a su casa, no sea que muera en la batalla, y algún otro la tome.

20:8 Y volverán los oficiales a hablar al pueblo, y dirán: ¿Quién es hombre que tiene miedo y blando de corazon? Vaya, y vuélvase a su casa, y no derrita el corazón de sus hermanos, como el suyo.

20:9 Y cuando los oficiales acaben de hablar al pueblo, entonces los capitanes del ejército tomarán el mando a la cabeza del pueblo.

20:10 Cuando te acerques a una ciudad para combatirla, le propondrás la paz.

20:11 Y si respondiere: Paz, y te abriere, todo el pueblo que en ella fuere hallado te será tributario, y te servirá.

20:12 Mas si no hiciere paz contigo, y emprendiere guerra contigo, entonces la sitiarás.

20:13 Luego que el Eterno tu Dios la entregue en tu mano, herirás a todo varón suyo a filo de espada.

20:14 Solamente las mujeres y los niños, y los animales, y todo lo que haya en la ciudad, todo su botín tomarás para ti; y comerás del botín de tus enemigos, los cuales el Eterno tu Dios te entregó.

20:15 Así harás a todas las ciudades que estén muy lejos de ti, que no sean de las ciudades de estas naciones.

20:16 Pero de las ciudades de estos pueblos que el Eterno tu Dios te da por heredad, ninguna persona dejarás con vida,

20:17 sino que los destruirás completamente: al jiti, al emori, al kenaani, al perizi, al jivi y al yebusi, como el Eterno tu Dios te ha mandado;

20:18 para que no les enseñen a hacer según todas sus abominaciones que ellos han hecho para sus dioses, y pequen contra el Eterno su Dios.

20:19 Cuando sities a alguna ciudad, peleando contra ella muchos días para tomarla, no destruirás sus árboles metiendo hacha en ellos, porque de ellos podrás comer; y no los talarás, porque el árbol del campo no es hombre para venir contra ti en el sitio.

20:20 Mas el árbol que sepas que no lleva fruto, podrás destruirlo y talarlo, para construir bastion contra la ciudad que te hace la guerra, hasta sojuzgarla.

Capítulo 21

21:1 Si en la tierra que el Eterno tu Dios te da para que la poseas, fuere hallado alguien muerto, tendido en el campo, y no se supiere quién lo mató,

21:2 entonces tus ancianos y tus jueces saldrán y medirán la distancia hasta las ciudades que están alrededor del muerto.

21:3 Y los ancianos de la ciudad más cercana al lugar donde fuere hallado el muerto, tomarán de las vacas una becerra que no haya trabajado, que no haya llevado yugo;

21:4 y los ancianos de aquella ciudad traerán la becerra a un valle escabroso, que nunca haya sido arado ni sembrado, y quebrarán la cerviz de la becerra allí en el valle.

21:5 Entonces vendrán los Cohanim hijos de Leví, porque a ellos escogió el Eterno tu Dios para que le sirvan, y para bendecir en el nombre de el Eterno; y por la palabra de ellos se decidirá toda disputa y toda ofensa.

21:6 Y todos los ancianos de la ciudad más cercana al lugar donde fuere hallado el muerto lavarán sus manos sobre la becerra cuya cerviz fue quebrada en el valle;

21:7 y declararán y dirán: Nuestras manos no han derramado esta sangre, ni nuestros ojos lo han visto.

21:8 Perdona a tu pueblo Israel, al cual redimiste, oh el Eterno; y no culpes de sangre inocente a tu pueblo Israel. Y la sangre les será perdonada.

21:9 Y tú quitarás la culpa de la sangre inocente de en medio de ti, cuando hicieres lo que es recto ante los ojos de el Eterno.

21:10 Cuando salieres a la guerra contra tus enemigos, y el Eterno tu Dios los entregare en tu mano, y tomares de ellos cautivos,

21:11 y vieres entre los cautivos a alguna mujer hermosa, y la codiciares, y la tomares para ti por mujer,

21:12 la meterás en tu casa; y ella rapará su cabeza, y cortará sus uñas,

21:13 y se quitará el vestido de su cautiverio, y se quedará en tu casa; y llorará a su padre y a su madre un mes entero; y después podrás llegarte a ella, y tú la poseeras, y ella será tu mujer.

21:14 Y si no te agradare, la dejarás en libertad; no la venderás por dinero, ni la tratarás como esclava, por cuanto la humillaste.

21:15 Si un hombre tuviere dos mujeres, la una amada y la otra aborrecida, y la amada y la aborrecida le hubieren dado hijos, y el hijo primogénito fuere de la aborrecida;

21:16 en el día que hiciere heredar a sus hijos lo que tuviere, no podrá dar el derecho de primogenitura al hijo de la amada con preferencia al hijo de la aborrecida, que es el primogénito;

21:17 mas al hijo de la aborrecida reconocerá como primogénito, para darle el doble de lo que correspondiere a cada uno de los demás; porque él es el principio de su vigor, y suyo es el derecho de la primogenitura.

21:18 Si alguno tuviere un hijo descarriado y rebelde, que no obedeciere a la voz de su padre ni a la voz de su madre, y habiéndole castigado, no les obedeciere;

21:19 entonces lo tomarán su padre y su madre, y lo sacarán ante los ancianos de su ciudad, y a la puerta del lugar donde viva;

21:20 y dirán a los ancianos de la ciudad: Este nuestro hijo es descarriado y rebelde, no obedece a nuestra voz; es glotón y borracho.

21:21 Entonces todos los hombres de su ciudad lo apedrearán, y morirá; así quitarás el mal de en medio de ti, y todo Israel oirá, y temerá.

21:22 Si alguno hubiere cometido algún crimen digno de muerte, y lo hicieran morir, y lo colgaran en un madero,

21:23 no dejaran que su cuerpo pase la noche sobre el madero; sin falta lo enterrarás el mismo día, porque maldito por Dios es el colgado; y no contaminarás tu tierra que el Eterno tu Dios te da por heredad.

Capítulo 22

22:1 Si vieres extraviado el buey de tu hermano, o su cordero, no le negarás tu ayuda; lo volverás a tu hermano.

22:2 Y si tu hermano no fuere tu vecino, o no lo conocieres, lo recogerás en tu casa, y estará contigo hasta que tu hermano lo busque, y se lo devolverás.

22:3 Así harás con su asno, así harás también con su vestido, y lo mismo harás con toda cosa de tu hermano que se le perdiere y tú la hallares; no podrás negarle tu ayuda.

22:4 Si vieres el asno de tu hermano, o su buey, caído en el camino, no te apartarás de él; le ayudarás a levantarlo.

22:5 No vestirá la mujer traje de hombre, ni el hombre vestirá ropa de mujer; porque abominación es a el Eterno tu Dios cualquiera que esto hace.

22:6 Cuando encuentres por el camino algún nido de ave en cualquier árbol, o sobre la tierra, con crias o huevos, y la madre echada sobre los crias o sobre los huevos, no tomarás la madre con los hijos.

22:7 Dejarás ir a la madre, y tomarás los crias para ti, para que te vaya bien, y prolongues tus días.

22:8 Cuando edifiques casa nueva, harás una baranda a tu techo, para que no eches culpa de sangre sobre tu casa, si de él cayere alguno.

22:9 No sembrarás tu viña con semillas diversas, no sea que se pierda todo, tanto la semilla que sembraste como el fruto de la viña.

22:10 No ararás con buey y con asno juntos.

22:11 No vestirás ropa de lana y lino juntos.

22:12 Te harás flecos en las cuatro puntas de tu manto con que te cubras.

22:13 Cuando alguno tomare mujer, y después de haberse llegado a ella la aborreciere,

22:14 y le atribuyere faltas que den que hablar, y dijere: A esta mujer tomé, y me llegué a ella, y no la hallé virgen;

22:15 entonces el padre de la joven y su madre tomarán y sacarán las señales de la virginidad de la doncella a los ancianos de la ciudad, en la puerta;

22:16 y dirá el padre de la joven a los ancianos: Yo di mi hija a este hombre por mujer, y él la aborrece;

22:17 y he aquí, él le atribuye faltas que dan que hablar, diciendo: No he hallado virgen a tu hija; pero vean aquí las señales de la virginidad de mi hija. Y extenderán la vestidura delante de los ancianos de la ciudad.

22:18 Entonces los ancianos de la ciudad tomarán al hombre y lo castigarán;

22:19 y le multarán en cien siclos de plata, las cuales darán al padre de la joven, por cuanto esparció mala fama sobre una virgen de Israel; y la tendrá por mujer, y no podrá despedirla en todos sus días.

22:20 Mas si resultare ser verdad que no se halló virginidad en la joven,

22:21 entonces la sacarán a la puerta de la casa de su padre, y la apedrearán los hombres de su ciudad, y morirá, por cuanto hizo vileza en Israel fornicando en casa de su padre; así quitarás el mal de en medio de ti.

22:22 Si fuere sorprendido alguno acostado con una mujer casada con marido, ambos morirán, el hombre que se acostó con la mujer, y la mujer también; así quitarás el mal de Israel.

22:23 Si hubiere una muchacha virgen desposada con alguno, y alguno la hallare en la ciudad, y se acostare con ella;

22:24 entonces los sacaran a ambos a la puerta de la ciudad, y los apedrearan, y morirán; la joven porque no grito en la ciudad, y el hombre porque humilló a la mujer de su prójimo; así quitarás el mal de en medio de ti.

22:25 Mas si un hombre hallare en el campo a la joven desposada, y la forzare aquel hombre, acostándose con ella, morirá solamente el hombre que se acostó con ella;

22:26 mas a la joven no le harás nada; no hay en ella culpa de muerte; pues como cuando alguno se levanta contra su prójimo y le quita la vida, así es en este caso.

22:27 Porque él la halló en el campo; grito la joven desposada, y no hubo quien la librase.

22:28 Cuando algún hombre hallare a una joven virgen que no fuere desposada, y la tomare y se acostare con ella, y fueren descubiertos;

22:29 entonces el hombre que se acostó con ella dará al padre de la joven cincuenta siclos de plata, y ella será su mujer, por cuanto la humilló; no la podrá despedir en todos sus días.

Capítulo 23

23:1 Ninguno tomará la mujer de su padre, ni profanará el lecho de su padre

23:2 No entrará en la congregación de el Eterno el que tenga magullados los testículos, o amputado su miembro viril.

23:3 No entrará bastardo(mamzer) en la congregación de el Eterno; ni hasta la décima generación no entrarán en la congregación de el Eterno.

23:4 No entrará un amoni ni moabi en la congregación de el Eterno, ni hasta la décima generación de ellos; no entrarán en la congregación de el Eterno para siempre,

23:5 por cuanto no les salieron a recibir con pan y agua al camino, cuando salieron de Mitzraim, y porque alquilaron contra ti a Bilaam hijo de Beor, de Petor en Aram Neharaim, para maldecirte.

23:6 Mas no quiso el Eterno tu Dios oír a Bilaam; y el Eterno tu Dios te convirtió la maldición en bendición, porque el Eterno tu Dios te amaba.

23:7 No procurarás la paz de ellos ni su bien en todos los días para siempre.

23:8 No aborrecerás al edomi, porque es tu hermano; no aborrecerás al egipcio, porque forastero fuiste en su tierra.

23:9 Los hijos que nacieren de ellos, en la tercera generación entrarán en la congregación de el Eterno.

23:10 Cuando salieres a campaña contra tus enemigos, te guardarás de toda cosa mala.

23:11 Si hubiere en medio de ti alguno que no fuere puro, por razón de alguna emision nocturna, saldrá fuera del campamento, y no entrará en él.

23:12 Pero al caer la noche se lavará con agua, y cuando se hubiere puesto el sol, podrá entrar en el campamento.

23:13 Tendrás un lugar fuera del campamento adonde salgas;

23:14 tendrás también entre tus armas una pala; y cuando estuvieres allí fuera, cavarás con ella, y luego al volverte cubrirás tu excremento;

23:15 porque el Eterno tu Dios anda en medio de tu campamento, para librarte y para entregar a tus enemigos delante de ti; por tanto, tu campamento ha de ser santo, para que él no vea en ti cosa inmunda, y se vuelva de en pos de ti.

23:16 No entregarás a su señor el siervo que se huyere a ti de su amo.

23:17 Morará contigo, en medio de ti, en el lugar que escogiere en alguna de tus ciudades, donde a bien tuviere; no le oprimirás.

23:18 No haya ramera de entre las hijas de Israel, ni haya hombre promiscuo de entre los hijos de Israel.

traerás la paga de una ramera ni el precio de un perro a la casa de el Eterno tu Dios ominación es a el Eterno tu Dios tanto lo uno como lo otro.

rmano cobre interés de dinero, ni interés de comestibles, ni de cosa ir interés.

xigir interés, mas de tu hermano no lo exigirás, para que te bendiga bra de tus manos en la tierra adonde vas para tomar posesión de ella.

a el Eterno tu Dios, no tardes en pagarlo; porque ciertamente lo ios de ti, y sería pecado en ti.

tengas de prometer, no habrá en ti pecado.

23:24 Pero lo que hubiere salido de tus labios, lo guardarás y lo cumplirás, conforme lo prometiste a el Eterno tu Dios, pagando la ofrenda voluntaria que prometiste con tu boca.

23:25 Cuando entres en la viña de tu prójimo, podrás comer uvas hasta saciarte; mas no pondrás en tu cesto.

23:26 Cuando entres en la mies de tu prójimo, podrás arrancar espigas con tu mano; mas no aplicarás hoz a la mies de tu prójimo.

Capítulo 24

24:1 Cuando alguno tomare mujer y se casare con ella, si no le agradare por haber hallado en ella alguna cosa indecente, le escribirá carta de divorcio, y se la entregará en su mano, y la despedirá de su casa.

24:2 Y salida de su casa, podrá ir y casarse con otro hombre.

24:3 Pero si la aborreciere este último, y le escribiere carta de divorcio, y se la entregare en su mano, y la despidiere de su casa; o si hubiere muerto este ultimo hombre que la tomó por mujer,

24:4 no podrá su primer marido, que la despidió, volverla a tomar para que sea su mujer, después que fue mancillada; porque es abominación delante de el Eterno, y no has de pervertir la tierra que el Eterno tu Dios te da por heredad.

24:5 Cuando alguno fuere recién casado, no saldrá a la guerra, ni en ninguna cosa se le ocupará; libre estará en su casa por un año, para alegrar a la mujer que tomó.

24:6 No tomarás como garantia la piedra del molino, ni la de abajo ni la de arriba; porque sería tomar como garantia la vida del hombre.

24:7 Cuando fuere hallado alguno que hubiere hurtado a uno de sus hermanos los hijos de Israel, y le hubiere esclavizado, o le hubiere vendido, morirá el tal ladrón, y quitarás el mal de en medio de ti.

24:8 En cuanto a la plaga de la tzaraat, ten cuidado de observar diligentemente y hacer según todo lo que les enseñaren los Cohanim Leviim; según yo les he mandado, así cuidaran de hacer.

24:9 Acuérdate de lo que hizo el Eterno tu Dios a Miriam en el camino, después que salieron de Mitzraim.

24:10 Cuando entregares a tu prójimo alguna cosa prestada, no entrarás en su casa para tomarle prenda.

24:11 Te quedarás fuera, y el hombre a quien prestaste te sacará la prenda.

24:12 Y si el hombre fuere pobre, no te acostarás reteniendo aún su prenda.

24:13 Sin falta le devolverás la prenda cuando el sol se ponga, para que pueda dormir en su ropa, y te bendiga; y te será justicia delante de el Eterno tu Dios.

24:14 No oprimirás al jornalero pobre y menesteroso, ya sea de tus hermanos o de los extranjeros que habitan en tu tierra dentro de tus ciudades.

24:15 En su día le darás su salario, y no se pondrá el sol sin dárselo; pues es pobre, y con él sustenta su vida; para que no clame contra ti a el Eterno, y sea en ti pecado. **24:16** Los padres no morirán por los hijos, ni los hijos por los padres; cada uno morirá por su pecado.

24:17 No torcerás el derecho del extranjero ni del huérfano, ni tomarás en prenda la ropa de la viuda,

24:18 sino que te acordarás que fuiste siervo en Mitzraim, y que de allí te rescató el Eterno tu Dios; por tanto, yo te mando que hagas esto.

24:19 Cuando siegues tu cosecha en tu campo, y olvides alguna gavilla en el campo, no volverás para recogerla; será para el extranjero, para el huérfano y para la viuda; para que te bendiga el Eterno tu Dios en toda obra de tus manos.

24:20 Cuando sacudas tus olivos, no recorrerás las ramas que hayas dejado tras de ti; serán para el extranjero, para el huérfano y para la viuda.

24:21 Cuando vendimies tu viña, no rebuscarás tras de ti; será para el extranjero, para el huérfano y para la viuda.

24:22 Y acuérdate que fuiste siervo en tierra de Mitzraim; por tanto, yo te mando que hagas esto.

Capítulo 25

25:1 Si hubiere pleito entre algunos, y acudieren al tribunal para que los jueces los juzguen, éstos absolverán al justo, y condenarán al culpable.

25:2 Y si el delincuente mereciere ser azotado, entonces el juez le hará echar en tierra, y le hará azotar en su presencia; según su delito será el número de azotes.

25:3 Se podrá dar cuarenta azotes, no más; no sea que, si lo hirieren con muchos azotes más que éstos, se sienta tu hermano envilecido delante de tus ojos.

25:4 No pondrás bozal al buey cuando trillare.

25:5 Cuando hermanos residan juntos, y muriere alguno de ellos, y no tuviere hijo, la mujer del muerto no se casará fuera con hombre extraño; su cuñado se llegará a ella, y la tomará por su mujer, y hará con ella parentescde levirato.

25:6 Y el primogénito que ella diere a luz sucederá en el nombre de su hermano muerto, para que el nombre de éste no sea borrado de Israel.

25:7 Y si el hombre no quisiere tomar a su cuñada, irá entonces su cuñada a la puerta, a los ancianos, y dirá: Mi cuñado no quiere eregir un nombre en Israel a su hermano; no quiere emparentar conmigo el levirato.

25:8 Entonces los ancianos de aquella ciudad lo harán venir, y hablarán con él; y si él se levantare y dijere: No quiero tomarla,

25:9 se acercará entonces su cuñada a él delante de los ancianos, y le quitará el calzado del pie, y escupirá frente a el, y hablará y dirá: Así será hecho al varón que no quiere edificar la casa de su hermano.

25:10 Y se le dará este nombre en Israel: La casa del descalzado.

25:11 Si algunos riñeren uno con otro, y se acercare la mujer de uno para librar a su marido de mano del que le hiere, y alargando su mano asiere de sus partes pudicas,

25:12 le cortarás entonces la mano; no la perdonarás.

25:13 No tendrás en tu bolso pesa grande y pesa chica,

25:14 ni tendrás en tu casa efa grande y efa pequeña.

25:15 Pesa exacta y justa tendrás; efa cabal y justa tendrás, para que tus días sean prolongados sobre la tierra que el Eterno tu Dios te da.

25:16 Porque abominación es a el Eterno tu Dios cualquiera que hace esto, y cualquiera que hace injusticia.

25:17 Acuérdate de lo que hizo Amalec contigo en el camino, cuando salías de Mitzraim;

25:18 de cómo te salió al encuentro en el camino, y te atacó en la retaguardia a todos los débiles que iban detrás de ti, cuando tú estabas cansado y fatigado; y no tuvo ningún temor de Dios.

25:19 Por tanto, cuando el Eterno tu Dios te dé descanso de todos tus enemigos alrededor, en la tierra que el Eterno tu Dios te da por heredad para que la poseas, borrarás la memoria de Amalec de debajo del cielo; no lo olvides.

Capítulo 26

26:1 Cuando hayas entrado en la tierra que el Eterno tu Dios te da por herencia, y tomes posesión de ella y la habites,

26:2 entonces tomarás de las primicias de todos los frutos que sacares de la tierra que el Eterno tu Dios te da, y las pondrás en una canasta, e irás al lugar que el Eterno tu Dios escogiere para hacer habitar allí su nombre.

26:3 Y te presentarás al Cohen que hubiere en aquellos días, y le dirás: Declaro hoy a el Eterno tu Dios, que he entrado en la tierra que juró el Eterno a nuestros padres que nos daría.

26:4 Y el Cohen tomará la canasta de tu mano, y la pondrá delante del altar de el Eterno tu Dios.

26:5 Entonces hablarás y dirás delante de el Eterno tu Dios: Un arami a punto de perecer fue mi padre, el cual descendió a Mitzraim y habitó allí con pocos hombres, y allí creció y llegó a ser una nación grande, fuerte y numerosa;

26:6 y los egipcios nos maltrataron y nos afligieron, y pusieron sobre nosotros dura servidumbre.

26:7 Y clamamos a el Eterno el Dios de nuestros padres; y el Eterno oyó nuestra voz, y vio nuestra aflicción, nuestro trabajo y nuestra opresión;

26:8 y el Eterno nos sacó de Mitzraim con mano fuerte, con brazo extendido, con grande espanto, y con señales y con milagros;

26:9 y nos trajo a este lugar, y nos dio esta tierra, tierra que fluye leche y miel.

26:10 Y ahora, he aquí he traído las primicias del fruto de la tierra que me diste, oh el Eterno. Y lo dejarás delante de el Eterno tu Dios, y adorarás delante de el Eterno tu Dios.

26:11 Y te alegrarás en todo el bien que el Eterno tu Dios te haya dado a ti y a tu casa, así tú como el Levi y el extranjero que está en medio de ti.

26:12 Cuando acabes de separar todo el diezmo de tus frutos en el año tercero, el año del diezmo, darás también al Levi, al extranjero, al huérfano y a la viuda; y comerán en tus aldeas, y se saciarán. **26:13** Y dirás delante de el Eterno tu Dios: He sacado lo consagrado de mi casa, y también lo he dado al Levi, al extranjero, al huérfano y a la viuda, conforme a todo lo que me has mandado; no he transgredido tus mandamientos, ni me he olvidado de ellos.

26:14 No he comido de ello en mi luto, ni he gastado de ello estando yo inpuro, ni de ello he ofrecido a los muertos; he obedecido a la voz de el Eterno mi Dios, he hecho conforme a todo lo que me has mandado.

26:15 Mira desde tu morada santa, desde el cielo, y bendice a tu pueblo Israel, y a la tierra que nos has dado, como juraste a nuestros padres, tierra que fluye leche y miel.

26:16 el Eterno tu Dios te manda hoy que cumplas estos estatutos y decretos; cuida, de llevarlos a cabo con todo tu corazón y con toda tu alma.

26:17 Has declarado solemnemente hoy que el Eterno es tu Dios, y que andarás en sus caminos, y guardarás sus estatutos, sus mandamientos y sus decretos, y que escucharás su voz.

26:18 Y el Eterno ha declarado hoy que tú eres pueblo suyo, de su exclusiva posesión, como te lo ha prometido, para que guardes todos sus mandamientos;

26:19 a fin de exaltarte sobre todas las naciones que hizo, para loor y fama y gloria, y para que seas un pueblo santo a el Eterno tu Dios, como él ha dicho.

Capítulo 27

27:1 Ordenó Moshe, con los ancianos de Israel, al pueblo, diciendo: Guardaran todos los mandamientos que yo les prescribo hoy.

27:2 Y el día que pases el Yarden a la tierra que el Eterno tu Dios te da, levantarás piedras grandes, y las revocarás con cal;

27:3 y escribirás en ellas todas las palabras de esta ley, cuando hayas pasado para entrar en la tierra que el Eterno tu Dios te da, tierra que fluye leche y miel, como el Eterno el Dios de tus padres te ha dicho.

27:4 Cuando, hayas pasado el Yarden, levantarás estas piedras que yo les mando hoy, en el monte Ebal, y las revocarás con cal;

27:5 y edificarás allí un altar a el Eterno tu Dios, altar de piedras; no alzarás sobre ellas instrumento de hierro.

27:6 De piedras enteras edificarás el altar de el Eterno tu Dios, y ofrecerás sobre él holocausto a el Eterno tu Dios;

27:7 y sacrificarás ofrendas de paz, y comerás allí, y te alegrarás delante de el Eterno tu Dios.

27:8 Y escribirás muy claramente en las piedras todas las palabras de esta ley.

27:9 Y Moshe, con los Cohanin Leviim, habló a todo Israel, diciendo: Guarda silencio y escucha, oh Israel; hoy has venido a ser pueblo de el Eterno tu Dios.

27:10 Oirás, la voz de el Eterno tu Dios, y cumplirás sus mandamientos y sus estatutos, que yo te ordeno hoy.

27:11 Y mandó Moshe al pueblo en aquel día, diciendo:

27:12 Cuando hayas pasado el Yarden, éstos estarán sobre el monte Gerizim para bendecir al pueblo: Shimon, Leví, Yehuda, Isacar, Yosef y Benjamín.

27:13 Y éstos estarán sobre el monte Ebal para pronunciar la maldición: Reuben, Gad, Asher, Zebulun, Dan y Naftali.

27:14 Y hablarán los Leviim, y dirán a todo varón de Israel en alta voz:

27:15 Maldito el hombre que hiciere escultura o imagen de fundición, abominación a el Eterno, obra de mano de artífice, y la pusiere en secreto. Y todo el pueblo responderá y dirá: Amén.

27:16 Maldito el que deshonrare a su padre o a su madre. Y dirá todo el pueblo: Amén.

27:17 Maldito el que redujere el límite de su prójimo. Y dirá todo el pueblo: Amén.

27:18 Maldito el que hiciere errar al ciego en el camino. Y dirá todo el pueblo: Amén.

27:19 Maldito el que pervirtiere el derecho del extranjero, del huérfano y de la viuda. Y dirá todo el pueblo: Amén.

27:20 Maldito el que se acostare con la mujer de su padre, por cuanto descubrió el manto de su padre. Y dirá todo el pueblo: Amén.

27:21 Maldito el que se ayuntare con cualquier bestia. Y dirá todo el pueblo: Amén.

27:22 Maldito el que se acostare con su hermana, hija de su padre, o hija de su madre. Y dirá todo el pueblo: Amén.

27:23 Maldito el que se acostare con su suegra. Y dirá todo el pueblo: Amén.

27:24 Maldito el que hiriere a su prójimo ocultamente. Y dirá todo el pueblo: Amén.

27:25 Maldito el que recibiere soborno para quitar la vida al inocente. Y dirá todo el pueblo: Amén.

27:26 Maldito el que no confirmare las palabras de esta ley para hacerlas. Y dirá todo el pueblo: Amén.

Capítulo 28

28:1 Acontecerá que si oyeres atentamente la voz de el Eterno tu Dios, para guardar y ejecutar todos sus mandamientos que yo te prescribo hoy, también el Eterno tu Dios te exaltará sobre todas las naciones de la tierra.

28:2 Y vendrán sobre ti todas estas bendiciones, y te alcanzarán, si oyeres la voz de el Eterno tu Dios.

28:3 Bendito serás tú en la ciudad, y bendito tú en el campo.

28:4 Bendito el fruto de tu vientre, el fruto de tu tierra, el fruto de tus bestias, la cría de tus vacas y los rebaños de tus ovejas.

28:5 Benditas serán tu canasta frutal y tu artesa de amasar.

28:6 Bendito serás en tu entrar, y bendito en tu salir.

28:7 el Eterno derrotará a tus enemigos que se levantaren contra ti; por un camino saldrán contra ti, y por siete caminos huirán de delante de ti.

28:8 el Eterno te enviará su bendición sobre tus graneros, y sobre todo aquello en que pusieres tu mano; y te bendecirá en la tierra que el Eterno tu Dios te da.

28:9 Te confirmará el Eterno por pueblo santo suyo, como te lo ha jurado, cuando guardares los mandamientos de el Eterno tu Dios, y anduvieres en sus caminos.

28:10 Y verán todos los pueblos de la tierra que el nombre de el Eterno es invocado sobre ti, y te temerán.

28:11 Y te hará el Eterno abundancia de bien, en el fruto de tu vientre, en el fruto de tu bestia, y en el fruto de tu tierra, en la tierra que el Eterno juró a tus padres que te había de dar.

28:12 Te abrirá el Eterno su buen tesoro, el cielo, para enviar la lluvia a tu tierra en su tiempo, y para bendecir toda obra de tus manos. Y prestarás a muchas naciones, y tú no pedirás prestado.

28:13 Te pondrá el Eterno por cabeza, y no por cola; y estarás encima solamente, y no estarás debajo, si obedecieres los mandamientos de el Eterno tu Dios, que yo te ordeno hoy, para que los guardes y cumplas,

28:14 y si no te apartares de todas las palabras que yo te mando hoy, ni a la derecha ni a la izquierda, para ir tras dioses ajenos y servirles.

28:15 Pero acontecerá, si no oyeres la voz de el Eterno tu Dios, para procurar cumplir todos sus mandamientos y sus estatutos que yo te ordeno hoy, que vendrán sobre ti todas estas maldiciones, y te alcanzarán.

28:16 Maldito serás tú en la ciudad, y maldito en el campo.

28:17 Maldita tu canasta frutal, y tu artesa de amasar.

28:18 Maldito el fruto de tu vientre, el fruto de tu tierra, la cría de tus vacas, y los rebaños de tus ovejas.

28:19 Maldito serás en tu entrar, y maldito en tu salir.

28:20 Y el Eterno enviará contra ti la maldición, quebranto y asombro en todo cuanto pusieres mano e hicieres, hasta que seas destruido, y perezcas pronto a causa de la maldad de tus actos por los que me abandonaste.

28:21 el Eterno traerá sobre ti mortandad, hasta que te consuma de la tierra a la cual entras para tomar posesión de ella.

28:22 el Eterno te herirá de tisis, de fiebre, de infección abrasiva, con sequía y espada, con calamidad repentina y con marchitamiento; y te perseguirán hasta que perezcas.

28:23 Y los cielos que están sobre tu cabeza serán de bronce, y la tierra que está debajo de ti, de hierro.

28:24 Dará el Eterno por lluvia a tu tierra polvo y ceniza; de los cielos descenderán sobre ti hasta que perezcas.

28:25 el Eterno te entregará derrotado delante de tus enemigos; por un camino saldrás contra ellos, y por siete caminos huirás delante de ellos; y serás vejado por todos los reinos de la tierra.

28:26 Y tus cadáveres servirán de comida a toda ave del cielo y fiera de la tierra, y no habrá quien las espante.

28:27 el Eterno te herirá con la úlcera de Mitzraim, y con hemorroides, con sarna, y con ulcera seca de las que no puedas ser curado.

28:28 el Eterno te herirá con locura, ceguera y turbación del corazon;

28:29 y palparás a mediodía como palpa el ciego en la oscuridad, y no serás prospero en tus caminos; y no serás sino oprimido y robado todos los días, y no habrá quien te salve.

28:30 Te desposarás con mujer, y otro varón dormirá con ella; edificarás casa, y no habitarás en ella; plantarás viña, y no la disfrutarás.

28:31 Tu buey será matado delante de tus ojos, y tú no comerás de él; tu asno será arrebatado de delante de ti, y no te será devuelto; tus ovejas serán dadas a tus enemigos, y no tendrás quien te las rescate.

28:32 Tus hijos y tus hijas serán entregados a otro pueblo, y tus ojos lo verán, y desfallecerán por ellos todo el día; y no habrá fuerza en tu mano.

28:33 El fruto de tu tierra y de todo tu trabajo comerá pueblo que no conociste; y no serás sino oprimido y quebrantado todos los días.

28:34 Y enloquecerás a causa de lo que verás con tus ojos.

28:35 Te herirá el Eterno con maligna pústula en las rodillas y en las piernas, desde la planta de tu pie hasta tu coronilla, sin que puedas ser curado.

28:36 el Eterno te llevará a ti, y al rey que hubieres puesto sobre ti, a nación que no conociste ni tú ni tus padres; y allá servirás a dioses ajenos de madera y de piedra.

28:37 Y serás motivo de horror, y servirás de refrán y de burla a todos los pueblos a los cuales te llevará el Eterno.

28:38 Sacarás mucha semilla al campo, y recogerás poco, porque la langosta lo consumirá.

28:39 Plantarás viñas y labrarás, pero no beberás vino, ni recogerás uvas, porque los gusanos se las comerán.

28:40 Tendrás olivos en todo tu territorio, mas no te ungirás con el aceite, porque tu aceituna se caerá.

28:41 Hijos e hijas engendrarás, y no serán para ti, porque irán en cautiverio.

28:42 Todos tus arboles y el fruto de tu tierra serán consumidos por la langosta.

28:43 El extranjero que estará en medio de ti se elevará sobre ti muy alto, y tú descenderás muy abajo.

28:44 El te prestará a ti, y tú no le prestarás a él; él será por cabeza, y tú serás por cola.

28:45 Y vendrán sobre ti todas estas maldiciones, y te perseguirán, y te alcanzarán hasta que perezcas; por cuanto no habrás atendido a la voz de el Eterno tu Dios, para guardar sus mandamientos y sus estatutos, que él te mandó;

28:46 y serán en ti por señal y por maravilla, y en tu descendencia para siempre.

28:47 Por cuanto no serviste a el Eterno tu Dios con alegría y con gozo de corazón, cuando todo era abundancia,

28:48 servirás, por tanto, a tus enemigos que enviare el Eterno contra ti, con hambre y con sed y con desnudez, y con falta de todas las cosas; y él pondrá yugo de hierro sobre tu cuello, hasta destruirte. **28:49** el Eterno traerá contra ti una nación de lejos, del extremo de la tierra, que vuele como águila, nación cuya lengua no entiendas;

28:50 gente fiera de rostro, que no tendrá respeto al anciano, ni perdonará al niño;

28:51 y comerá el fruto de tu bestia y el fruto de tu tierra, hasta que perezcas; y no te dejará grano, ni mosto, ni aceite, ni la cría de tus vacas, ni los rebaños de tus ovejas, hasta destruirte.

28:52 Pondrá sitio a todas tus ciudades, hasta que caigan tus muros altos y fortificados en que tú confías, en toda tu tierra; sitiará, todas tus ciudades y toda la tierra que el Eterno tu Dios te hubiere dado.

28:53 Y comerás el fruto de tu vientre, la carne de tus hijos y de tus hijas que el Eterno tu Dios te dio, en el asedio y en el tormento con que te angustiará tu enemigo.

28:54 El hombre tierno en medio de ti, y el muy delicado, mirará con malos ojos a su hermano, y a la mujer de su seno, asi como lo que quede de sus hijos que sobreviven;

28:55 para no dar a alguno de ellos de la carne de sus hijos, que él comiere, por no haberle quedado nada, en el asedio y en el apuro con que tu enemigo te oprimirá en todas tus ciudades.

28:56 La tierna y la delicada entre ustedes, que nunca la planta de su pie intentaría sentar sobre la tierra, de pura delicadeza y ternura, mirará con malos ojos al marido de su seno, a su hijo, a su hija,

28:57 al recién nacido que sale de entre sus pies, y a sus hijos que diere a luz; pues los comerá ocultamente, por la carencia de todo, en el asedio y en el apuro con que tu enemigo te oprimirá en tus ciudades.

28:58 Si no cuidares de poner por obra todas las palabras de esta ley que están escritas en este libro, temiendo este nombre glorioso y temible: EL ETERNO TU DIOS,

28:59 entonces el Eterno aumentará maravillosamente tus plagas y las plagas de tu descendencia, plagas grandes y permanentes, y enfermedades malignas y duraderas;

28:60 y traerá sobre ti todos los males de Mitzraim, delante de los cuales temiste, y no te dejarán.

28:61 Asimismo toda enfermedad y todas las calamidades que no está escrita en el libro de esta ley, el Eterno la enviará sobre ti, hasta que seas destruido.

28:62 Y quedaran pocos en número, en lugar de haber sido como las estrellas del cielo en multitud, por cuanto no obedecieron la voz de el Eterno tu Dios.

28:63 Así como el Eterno se disfrutaba en hacerles bien y en multiplicarlos, así se disfrutará el Eterno en arruinarlos y en destruirlos; y seran arrancados de sobre la tierra a la cual entran para tomar posesión de ella.

28:64 Y el Eterno te esparcirá por todos los pueblos, desde un extremo de la tierra hasta el otro extremo; y allí servirás a dioses ajenos que no conociste tú ni tus padres, de madera y a la piedra.

28:65 Y ni aun entre estas naciones descansarás, ni la planta de tu pie tendrá reposo; pues allí te dará el Eterno corazón temeroso, y desfallecimiento de ojos, y angustia del alma;

28:66 y tendrás tu vida como algo que pende delante de ti, y estarás temeroso de noche y de día, y no tendrás seguridad de tu vida.

28:67 Por la mañana dirás: ¡Quién diera que fuese la tarde! y a la tarde dirás: ¡Quién diera que fuese la mañana! por el miedo de tu corazón con que estarás amedrentado, y por lo que verán tus ojos.

28:68 Y el Eterno te hará volver a Mitzraim en barcos, por el camino del cual te ha dicho: Nunca más volverás; y allí seran vendidos a sus enemigos por esclavos y por esclavas, y no habrá quien les compre.

28:69 Estas son las palabras del pacto que el Eterno mandó a Moshe que celebrase con los hijos de Israel en la tierra de Moab, además del pacto que concertó con ellos en Joreb.

Capítulo 29

29:1 Moshe, llamó a todo Israel, y les dijo: Ustedes han visto todo lo que el Eterno ha hecho delante de sus ojos en la tierra de Mitzraim al Faraón y a todos sus siervos, y a toda su tierra,
29:2 las grandes pruebas que vieron sus ojos, las señales y las grandes maravillas.
29:3 Pero el Eterno no les ha dado corazón para entender, ni ojos para ver, ni oidos para escuchar sino hasta este dia.
29:4 Y yo les he guiado cuarenta años en el desierto; sus vestidos no se han envejecido sobre ustedes, ni su calzado se ha envejecido sobre su pie.
29:5 No han comido pan, ni bebieron vino ni sidra; para que supieraran que yo soy el Eterno su Dios.
29:6 Y llegastan a este lugar, y salieron Sijon rey de Jeshbon y Og rey de Bashan delante de nosotros para pelear, y los derrotamos;
29:7 y tomamos su tierra, y la dimos por heredad a Reuben y a Gad y a la media tribu de Menashe.
29:8 Guardaran, las palabras de este pacto, y las llevaran a cabo, para que prosperen en todo lo que hicieran.
29:9 Ustedes todos estan hoy en presencia de el Eterno su Dios; los cabezas de sus tribus, sus ancianos y sus oficiales, todos los varones de Israel;
29:10 sus niños, sus mujeres, y tus extranjeros que habitan en medio de tu campamento, desde el que corta tu leña hasta el que saca tu agua;
29:11 para que entres en el pacto de el Eterno tu Dios, y en su juramento, que el Eterno tu Dios concierta hoy contigo,
29:12 para confirmarte hoy como su pueblo, y para que él te sea a ti por Dios, de la manera que él te ha dicho, y como lo juró a tus padres Abraham, Yztjak y Yaacov.
29:13 Y no solamente con ustedes hago yo este pacto y este juramento,
29:14 sino con los que están aquí presentes hoy con nosotros delante de el Eterno nuestro Dios, y con los que no están aquí hoy con nosotros.
29:15 Porque ustedes supieron cómo habitamos en la tierra de Mitzraim, y cómo hemos pasado por en medio de las naciones por las cuales han pasado;
29:16 y han visto sus abominaciones y sus ídolos de madera y piedra, de plata y oro, que tienen consigo.
29:17 No sea que haya entre ustedes varón o mujer, o familia o tribu, cuyo corazón se aparte hoy de el Eterno nuestro Dios, para ir a servir a los dioses de esas naciones; no sea que haya en medio de ustedes raíz que produzca hiel y ajenjo,
29:18 y suceda que al oír las palabras de esta maldición, él se bendiga en su corazón, diciendo: Tendré paz, aunque ande en la dureza de mi corazón, a fin de que con la embriaguez quite la sed.
29:19 No querrá el Eterno perdonarlo, sino que entonces despedira humo la ira de el Eterno y su celo sobre el tal hombre, y se asentará sobre él toda maldición escrita en este libro, y el Eterno borrará su nombre de debajo del cielo;
29:20 y lo apartará el Eterno de todas las tribus de Israel para mal, conforme a todas las maldiciones del pacto escrito en este libro de la ley.

29:21 Y dirán las generaciones venideras, sus hijos que se levanten después de ustedes, y el extranjero que vendrá de lejanas tierras, cuando vieren las plagas de aquella tierra, y sus enfermedades de que el Eterno la habrá hecho enfermar

29:22 azufre y sal, abrasada toda su tierra; no será sembrada, ni producirá, ni crecerá en ella hierba alguna, como sucedió en la destrucción de Sedom y de Amora, de Adma y de Tzeboim, las cuales el Eterno destruyó en su furor y en su ira;

29:23 más aún, todas las naciones dirán: ¿Por qué hizo esto el Eterno a esta tierra? ¿Qué significa el ardor de esta gran ira?

29:24 Y responderán: Por cuanto abandonaron el pacto de el Eterno el Dios de sus padres, que él concertó con ellos cuando los sacó de la tierra de Mitzraim,

29:25 y fueron y sirvieron a dioses ajenos, y se inclinaron a ellos, dioses que no conocían, y que ninguna cosa les habían dado.

29:26 Por tanto, se encendió la ira de el Eterno contra esta tierra, para traer sobre ella todas las maldiciones escritas en este libro;

29:27 y el Eterno los desarraigó de su tierra con ira, con furor y con gran indignación, y los arrojó a otra tierra, como hoy se ve.

29:28 Las cosas secretas pertenecen a el Eterno nuestro Dios; mas las reveladas son para nosotros y para nuestros hijos para siempre, para que cumplamos todas las palabras de esta ley.

Capítulo 30

30:1 Sucederá que cuando hubieren venido sobre ti todas estas cosas, la bendición y la maldición que he puesto delante de ti, y te arrepintieres de corazon en medio de todas las naciones adonde te hubiere arrojado el Eterno tu Dios,

30:2 y retornaras a el Eterno tu Dios, y escucharas su voz conforme a todo lo que yo te mando hoy, tú y tus hijos, con todo tu corazón y con toda tu alma,

30:3 entonces el Eterno hará volver a tus cautivos, y tendrá misericordia de ti, y volverá a recogerte de entre todos los pueblos adonde te hubiere esparcido el Eterno tu Dios.

30:4 Aun cuando tus desterrados estuvieren en las partes más lejanas que hay debajo del cielo, de allí te recogerá el Eterno tu Dios, y de allá te tomará;

30:5 y te hará volver el Eterno tu Dios a la tierra que heredaron tus padres, y será tuya; y te hará bien, y te multiplicará más que a tus padres.

30:6 Y circuncidará el Eterno tu Dios tu corazón, y el corazón de tu descendencia, para que ames a el Eterno tu Dios con todo tu corazón y con toda tu alma, a fin de que vivas.

30:7 Y pondrá el Eterno tu Dios todas estas maldiciones sobre tus enemigos, y sobre tus aborrecedores que te persiguieron.

30:8 Y tú volverás, y oirás la voz de el Eterno, y llevaras a cabo todos sus mandamientos que yo te ordeno hoy.

30:9 Y te hará el Eterno tu Dios abundar para bien en toda obra de tus manos, en el fruto de tu vientre, en el fruto de tu bestia, y en el fruto de tu tierra, para bien; porque el Eterno volverá a regocijarse en ti para bien, de la manera que se regocijó con tus padres,

30:10 cuando obedecieres a la voz de el Eterno tu Dios, para guardar sus mandamientos y sus estatutos escritos en este libro de la ley; cuando retornes a el Eterno tu Dios con todo tu corazón y con toda tu alma.

30:11 Porque este mandamiento que yo te ordeno hoy no esta encubierto para ti, ni está lejos.

30:12 No está en el cielo, para que digas: ¿Quién subirá por nosotros al cielo, y nos lo traerá y nos lo hará oír para que lo cumplamos?

30:13 Ni está al otro lado del mar, para que digas: ¿Quién pasará por nosotros el mar, para que nos lo traiga y nos lo haga oír, a fin de que lo cumplamos?

30:14 Porque muy cerca de ti está la palabra, en tu boca y en tu corazón, para que la cumplas.

30:15 Mira, yo he puesto delante de ti hoy la vida y el bien, la muerte y el mal;

30:16 porque yo te mando hoy que ames a el Eterno tu Dios, que andes en sus caminos, y guardes sus mandamientos, sus estatutos y sus decretos, para que vivas y seas multiplicado, y el Eterno tu Dios te bendiga en la tierra a la cual entras para tomar posesión de ella.

30:17 Mas si tu corazón se apartare y no oyeres, y te dejares extraviar, y te inclinares a dioses ajenos y les sirvieres,

30:18 yo les prevengo hoy que ciertamente pereceran; no prolongaran sus días sobre la tierra adonde van, pasando el Yarden, para entrar en posesión de ella.

30:19 A los cielos y a la tierra llamo por testigos hoy contra ustedes, que les he puesto delante la vida y la muerte, la bendición y la maldición; escoge, la vida, para que vivas tú y tu descendencia;

30:20 amando a el Eterno tu Dios, atendiendo a su voz, y siguiéndole a él; porque él es vida para ti, y prolongación de tus días; a fin de que habites sobre la tierra que juró el Eterno a tus padres, Abraham, Yztjak y Yaacov, que les había de dar.

Capítulo 31

31:1 Fue Moshe y habló estas palabras a todo Israel,

31:2 y les dijo: Este día tengo ciento veinte años; no puedo más salir ni entrar; además de esto el Eterno me ha dicho: No pasarás este Yarden.

31:3 el Eterno tu Dios, él pasa delante de ti; él destruirá a estas naciones delante de ti, y las heredarás; Yehoshua será el que pasará delante de ti, como el Eterno ha dicho.

31:4 Y hará el Eterno con ellos como hizo con Sijon y con Og, reyes de los emorim, y con su tierra, a quienes destruyó.

31:5 Y los entregará el Eterno delante de ustedes, y haran con ellos conforme a todo lo que les he mandado.

31:6 Fortalezcanse y animense; no teman, ni se quebranten ante ellos, porque el Eterno tu Dios es el que va contigo; no te dejará, ni te desamparará.

31:7 Y llamó Moshe a Yehoshua, y le dijo en presencia de todo Israel:Fortalecete y anímate; porque tú entrarás con este pueblo a la tierra que juró el Eterno a sus padres que les daría, y tú se la harás heredar.

31:8 Y el Eterno va delante de ti; él estará contigo, no te dejará, ni te desamparará; no temas ni te intimides.

31:9 Y escribió Moshe esta ley, y la dio a los Cohanim hijos de Leví, que llevaban el arca del pacto de el Eterno, y a todos los ancianos de Israel.

31:10 Y les mandó Moshe, diciendo: Al fin de cada siete años, en el año de la remisión, en la fiesta de Sucot,

31:11 cuando viniere todo Israel a presentarse delante de el Eterno tu Dios en el lugar que él escogiere, leerás esta ley delante de todo Israel en sus oidos.

31:12 Harás congregar al pueblo, varones y mujeres y niños, y tus extranjeros que estuvieren en tus ciudades, para que oigan y aprendan, y teman a el Eterno su Dios, y cuiden de cumplir todas las palabras de esta ley;

31:13 y los hijos de ellos que no supieron, oigan, y aprendan a temer a el Eterno su Dios todos los días que vivieran sobre la tierra adonde van, pasando el Yarden, para tomar posesión de ella.

31:14 Y el Eterno dijo a Moshe: He aquí se ha acercado el día de tu muerte; llama a Yehoshua, y esperen en la tienda de la reunión para que yo le dé el cargo. Fueron, Moshe y Yehoshua, y esperaron en la tienda de la reunión.

31:15 Y se apareció el Eterno en la tienda, en la columna de nube; y la columna de nube se puso sobre la puerta de la tienda.

31:16 Y el Eterno dijo a Moshe: He aquí, tú vas a dormir con tus padres, y este pueblo se levantará y se protituirá tras los dioses ajenos de la tierra adonde va para estar en medio de ella; y me dejará, e invalidará mi pacto que he concertado con él;

31:17 y se encenderá mi furor contra él en aquel día; y los abandonaré, y esconderé de ellos mi rostro, y serán consumidos; y vendrán sobre ellos muchos males y angustias, y dirán en aquel día: ¿No me han venido estos males porque no está mi Dios en medio de mí?

31:18 Pero ciertamente yo esconderé mi rostro en aquel día, por todo el mal que ellos habrán hecho, por haberse vuelto a dioses ajenos.

31:19 Ahora escriban este cántico, y enséñalo a los hijos de Israel; ponlo en boca de ellos, para que este cántico me sea por testigo frente a los hijos de Israel.

31:20 Porque yo les introduciré en la tierra que juré a sus padres, la cual fluye leche y miel; y comerán y se saciarán, y engordarán; y se volverán a dioses ajenos y les servirán, y me enojarán, e invalidarán mi pacto.

31:21 Y cuando les vinieren muchos males y angustias, entonces este cántico responderá en su cara como testigo, pues será recordado por la boca de sus descendientes; porque yo conozco lo que se proponen de antemano, antes que los introduzca en la tierra que juré darles.

31:22 Y Moshe escribió este cántico aquel día, y lo enseñó a los hijos de Israel.

31:23 Y dio orden a Yehoshua hijo de Nun, y dijo: Fortalecete y anímate, pues tú introducirás a los hijos de Israel en la tierra que les juré, y yo estaré contigo.

31:24 Y cuando acabó Moshe de escribir las palabras de esta ley en un libro hasta su conclusion,

31:25 dio órdenes Moshe a los Leviim que llevaban el arca del pacto de el Eterno, diciendo:

31:26 Tomen este libro de la ley, y ponganlo al lado del arca del pacto de el Eterno su Dios, y esté allí por testigo contra ti.

31:27 Porque yo conozco tu rebelión, y tu dura cerviz; he aquí que aun viviendo yo con ustedes hoy, son rebeldes a el Eterno; ¿cuánto más después que yo haya muerto?

31:28 Congreguen ante mí todos los ancianos de sus tribus, y a sus oficiales, y hablaré en sus oidos estas palabras, y llamaré por testigos contra ellos a los cielos y a la tierra.

31:29 Porque yo sé que después de mi muerte, ciertamente les corromperan y les apartaran del camino que les he mandado; y que les ha de venir mal al final de los días, por haber hecho mal ante los ojos de el Eterno, enojándole con la obra de sus manos.

31:30 Entonces habló Moshe en los oidos de toda la congregación de Israel las palabras de este cántico hasta su conclusion.

Capítulo 32

32:1 Oigan oh cielos, y hablaré; Y oiga la tierra los dichos de mi boca.

32:2 Goteará como la lluvia mi enseñanza; Destilará como el rocío mi razonamiento; Como la llovizna sobre la grama, Y como las gotas de lluvia sobre la hierba;

32:3 Porque el nombre de el Eterno proclamaré. atribuyan la grandeza a nuestro Dios.

32:4 El es la Roca, cuya obra es perfecta, Porque todos sus caminos son rectitud; Dios confiable, y sin ninguna iniquidad en él; Es justo y recto.

32:5 La corrupción no es suya; de sus hijos es la deficiencia,Generación torcida y perversa.

32:6 ¿Así pagan a el Eterno, Pueblo vil e ignorante? ¿No es él tu padre,tu Amo? El te hizo y te estableció.

32:7 Acuérdate de los tiempos antiguos, Considera los años de generacion tras generacion; Pregunta a tu padre, y él te declarará; A tus ancianos, y ellos te dirán.

32:8 Cuando el Altísimo hizo heredar a las naciones, Cuando hizo dividir a los hijos de los hombres, Estableció los límites de los pueblos Según el número de los hijos de Israel.

32:9 Porque la porción de el Eterno es su pueblo; Yaacov es la cuerda de su heredad.

32:10 Le halló en tierra desierta, y en la desolacion el aullido del desierto; Lo trajo alrededor, lo instruyó, Lo guardó como a la niña de su ojo.

32:11 Como el águila que despierta su nido, Revolotea sobre sus crias, Extiende sus alas, los toma, Los lleva sobre sus alas,

32:12 el Eterno solo le guió, Y con él no hubo dios extraño.

32:13 Lo hizo cabalgarr sobre las alturas de la tierra, Y comió los frutos del campo, Lo amamanto con la miel de la peña, Y con aceite de la dureza de la roca;

32:14 Mantequilla de vacas y leche de cabra, Con grosura de corderos, Y carneros de Bashan; y chivos, Con lo mejor del trigo; Y de la sangre de la uva bebiste vino exelso.

32:15 Pero engordó Jeshurún, y dió coces Engordaste, te cubriste de grasa; Entonces abandonó al Dios que lo hizo, Y menospreció la Roca de su salvación.

32:16 Le despertaron celos con extranos; Lo provocaron a ira con abominaciones.

32:17 Sacrificaron a los demonios que no tienen utilidad ; A dioses que no habían conocido, A nuevos dioses venidos de cerca, Que no habían temido sus padres.

32:18 De la Roca que te creó te olvidaste; Te has olvidado de Dios tu creador.

32:19 Y lo vio el Eterno, y se encendió en ira Por el menosprecio de sus hijos y de sus hijas.

32:20 Y dijo: Esconderé de ellos mi rostro, Veré cuál será su fin; Porque son una generación perversa, Hijos en quienes no hay buena crianza.

32:21 Ellos provocaron mi celo con un no- dios; Me provocaron ira con sus vanidades; Yo entonces provocare su ira con una no-nacion, Los provocaré ira con gente vil.

32:22 Porque fuego se ha encendido en mi nariz, Y arderá hasta las profundidades del Sheol; Devorará la tierra y sus frutos, Y abrasará los fundamentos de los montes.

32:23 Yo amontonaré males sobre ellos; Emplearé en ellos mis flechas.

32:24 Hinchados de hambre, combates de demonios voladores; La aniquilacion del demonio Meriri y el diente de fieras enviaré también sobre ellos, Con veneno de serpientes de la tierra.

32:25 fuera la espada dejara sin hijos, Y dentro el terror; Así al joven como a la doncella, Al niño de pecho como al hombre cano.

32:26 Yo había dicho que los esparciría lejos, Que haría cesar de entre los hombres la memoria de ellos,

32:27 Si no fuera porque la furia del enemigo se ha acumulado, No sea que se envanezcan sus adversarios, No sea que digan: Nuestra mano poderosa Ha hecho todo esto, y no el Eterno.

32:28 Porque son nación privada de consejos, Y no hay en ellos entendimiento.

32:29 ¡Ojalá fueran sabios, que comprendieran esto, Y se dieran cuenta del fin que les espera!

32:30 ¿Cómo podría perseguir uno a mil, Y dos hacer huir a diez mil, Si su Roca no los hubiese vendido, Y el Eterno los ha entregado?

32:31 Porque la roca de ellos no es como nuestra Roca, Y aun asi nuestros enemigos son jueces.

32:32 Porque de la vid de Sedom es la vid de ellos, Y de los campos de Amora; Las uvas de ellos son uvas de hiel, Racimos muy amargos tienen.

32:33 Veneno de reptiles es su vino, Y cruel veneno de ofidios.

32:34 ¿No tengo yo esto guardado conmigo, Sellado en mis tesoros?

32:35 Mía es la venganza y la retribución; En el momento que su pie resbalará, Porque el día de su aflicción está cercano, Y lo que les está preparado en el futuro se apresura a llegar a ellos.

32:36 Cuando el Eterno juzgue a su pueblo, El reconsiderará acerca de sus siervos, al ver que su mano progresa y no hay quien sea contenido ni fortalecido.

32:37 Y dirá: ¿Dónde están sus dioses, La roca en que se refugiaron;

32:38 Que comían la grosura de sus sacrificios, Y bebían el vino de sus libaciones? Levántense, que les ayuden Y les sirvan de refugio.

32:39 Vean ahora que yo, yo soy El, Y no hay dios conmigo; Yo hago morir, y yo hago vivir; Yo aplaste, y yo sanare; Y no hay quien pueda librar de mi mano.

32:40 Porque yo alzaré a los cielos mi mano, Y diré: Vivo yo para siempre,

32:41 Si afilare mi reluciente espada, Y echare mano del juicio, Yo tomaré venganza de mis enemigos, Y daré la retribución a los que me aborrecen.

32:42 Embriagaré de sangre mis flechas, Y mi espada devorará carne; En la sangre de los muertos y de los cautivos, A causa de la primera de las brechas del enemigo.

32:43 Canten oh naciones, a su pueblo, Porque él vengará la sangre de sus siervos, Y tomará venganza de sus enemigos, Y hará expiación por la tierra de su pueblo.

32:44 Vino Moshe y recitó todas las palabras de este cántico a escuchados del pueblo, él y Yehoshua hijo de Nun.

32:45 Y acabó Moshe de recitar todas estas palabras a todo Israel;

32:46 y les dijo: Apliquen en sus corazones a todas las palabras que yo les testifico hoy, para que las mandan a sus hijos, a fin de que cuiden de cumplir todas las palabras de esta ley.

32:47 Porque no les es cosa vana; es su vida, y por medio de esta ley haran prolongar sus días sobre la tierra adonde vaan, pasando el Yarden, para tomar posesión de ella.

32:48 Y habló el Eterno a Moshe aquel mismo día, diciendo:

32:49 Sube a este monte de Abarim, al monte Nebo, situado en la tierra de Moab que está frente a Yerijo, y mira la tierra de Canaán, que yo doy por heredad a los hijos de Israel;

32:50 y muere en el monte al cual subes, y sé unido a tu pueblo, así como murió Aharon tu hermano en el monte Hor, y fue unido a su pueblo;

32:51 por cuanto pecaron contra mí en medio de los hijos de Israel en las aguas de Meriba de Cadesh, en el desierto de Zin; porque no me santificaron en medio de los hijos de Israel.

32:52 Verás, por tanto, delante de ti la tierra; mas no entrarás allá, a la tierra que doy a los hijos de Israel.

Capítulo 33

33:1 Esta es la bendición con la cual bendijo Moshe varón de Dios a los hijos de Israel, antes de morir.

33:2 Dijo: el Eterno vino de Sinaí, Y de Seir para ellos esclareció; Se manifestó desde el monte de Parán, Y vino con algunas delas santas miriadas, Con la ley de fuego a su mano derecha.

33:3 Aun amó a su pueblo; Todos los consagrados a él estaban en su mano; Por tanto, ellos siguieron en medio de tu pierna, Portando tus palabras,

33:4 Moshe nos encomendó la Tora, Como heredad a la congregación de Yaacov.

33:5 Y fue rey en Yeshurún, Cuando se congregaron el total del pueblo Con las tribus de Israel juntas.

33:6 Viva Reuben, y no muera; Y que los suyos sean parte del numero.

33:7 Y esto es para Yehuda. Dijo así: Oye, oh el Eterno, la voz de Yehuda, Y llévalo a su pueblo; Sus manos peleen su disputa, Y tú seas su ayuda contra sus enemigos.

33:8 A Leví dijo: Tu Tumim y tu Urim sean para tu varón piadoso, A quien probaste en Masah, Con quien pusiste a prueba en las aguas de Meriba,

33:9 Quien dijo de su padre y de su madre: Nunca lo he visto para bien; Y no reconoció a su hermano, Ni a sus hijos conoció; Pues ellos guardaron tus palabras, Y cumplieron tu pacto.

33:10 Ellos enseñarán tus leyes a Yaacov, Y tu Tora a Israel; Pondrán el incienso delante de ti, Y el holocausto sobre tu altar.

33:11 Bendice, oh el Eterno, su ejercito, Y recibe con agrado la obra de sus manos; Hiere los lomos de sus enemigos, Y de los que lo aborrecieren, para que no se levanten mas.

33:12 A Benjamín dijo: El amado de el Eterno habitará confiado cerca de él; Lo cubrirá todo el dia, Y entre sus hombros morará.

33:13 A Yosef dijo: Bendita de el Eterno sea tu tierra, Con lo mejor de los cielos, con el rocío, Y con el abismo que está abajo.

33:14 Con los más escogidos frutos del sol, Con el rico producto de la luna,

33:15 Con el fruto más fino de los montes primordiales, Con la abundancia de los colinas eternas,

33:16 Y con la delicia de la tierra y su plenitud; Y la gracia del que habitó en la zarza Venga sobre la cabeza de Yosef, Y sobre la frente del apartado de entre sus hermanos.

33:17 Como el primogénito de su toro es su gloria, Y sus cuernos como cuernos de reem; Con ellas corneará a los pueblos juntos hasta los fines de la tierra; Ellos son los diez millares de Efraín,
Y ellos son los millares de Menashe.

33:18 A Zebulun dijo: Alégrate, Zebulun, cuando salieres; Y tú, Isacar, en tus tiendas.

33:19 Llamarán a los pueblos a su monte; Allí sacrificarán sacrificios de justicia, Por lo cual chuparán la abundancia de los mares, Y los tesoros escondidos de la arena.

33:20 A Gad dijo: Bendito el que hizo ensanchar a Gad; Como león reside, desgarrando brazo y craneo.

33:21 Escoge lo mejor de la tierra para sí, Porque allí le fue reservada la porción del legislador. Y vino en la delantera del pueblo habiendo realizado la justicia de el Eterno y sus leyes con Israel.

33:22 A Dan dijo: Dan es cachorro de león Que salta desde Bashan.

33:23 A Naftali dijo: Naftali, saciado de favores, Y lleno de la bendición de el Eterno, Posee el mar y el sur.

33:24 A Asher dijo: Bendito sobre los hijos sea Asher; Sea el amado de sus hermanos, Y moje en aceite su pie.

33:25 Hierro y bronce serán tus cerrojos, Y como tus días serán tus vejez.

33:26 No hay como el Dios de Yeshurún, Quien cabalga sobre los cielos en tu ayuda, Y en su grandeza sobre los espacios siderales.

33:27 Son la morada del Dios primordial, Y acá abajo los brazos eternos; El echó de delante de ti al enemigo, Y dijo: Extermina.

33:28 E Israel habitará confiado, a semejanza de Yaacov En tierra de grano y de vino; También sus cielos destilarán rocío.

33:29 Bienaventurado tú, oh Israel. ¿Quién como tú, Pueblo salvado por el Eterno, Escudo de tu socorro, Y espada de tu eminencia? Tus enemigos pretenderan enganarte, Y tú pisotearás sobre sus alturas.

Capítulo 34

34:1 Subió Moshe de los campos de Moab al monte Nebo, a la cumbre del Pisga, que está enfrente de Yerijo; y le mostró el Eterno toda la tierra de Guilad hasta Dan,

34:2 todo Naftali, y la tierra de Efraín y de Menashe, toda la tierra de Yehuda hasta el mar occidental;

34:3 el Neguev, y la llanura, el valle de Yerijo, ciudad de las palmeras, hasta Tzoar.

34:4 Y le dijo el Eterno: Esta es la tierra de que juré a Abraham, a Yztjak y a Yaacov, diciendo: A tu descendencia la daré. Te he permitido verla con tus ojos, mas no pasarás allá.

34:5 Y murió allí Moshe siervo de el Eterno, en la tierra de Moab, conforme a la boca de el Eterno.

34:6 Y lo enterró en el valle, en la tierra de Moab, enfrente de Bet-peor; y ningun hombre conoce el lugar de su sepultura hasta hoy.

34:7 Era Moshe de edad de ciento veinte años cuando murió; sus ojos nunca se les curecieron, ni perdió su lozania.

34:8 Y lloraron los hijos de Israel a Moshe en los campos de Moab treinta días; y así se cumplieron los días del llanto y del luto por Moshe.

34:9 Y Yehoshua hijo de Nun fue lleno del espíritu de sabiduría, porque Moshe había puesto sus manos sobre él; y los hijos de Israel le obedecieron, e hicieron como el Eterno mandó a Moshe.

34:10 Y nunca más se levantó profeta en Israel como Moshe, a quien haya conocido el Eterno cara a cara;

34:11 en todas las señales y prodigios que el Eterno le envió a hacer en tierra de Mitzraim, a Faraón y a todos sus siervos y a toda su tierra,

34:12 y en toda la mano poderosa y en todo ese gran pavor que Moshe realizo ante los ojos de todo Israel.

JAZÁK, JAZÁK VENITJAZÉK
(¡Sé fuerte, sé fuerte, y nos fortaleceremos!)

CPSIA information can be obtained
at www.ICGtesting.com
Printed in the USA
BVHW06s2013090518
515756BV00018B/213/P